Erich-Norbert Detroy

Sales Spirit®

REDLINE WIRTSCHAFT
bei verlag moderne industrie

Bibliografische Information Der Deutschen Bibliothek
Die Deutsche Bibliothek verzeichnet diese Publikation in der Deutschen Nationalbibliografie;
detaillierte bibliografische Daten sind im Internet über http://dnb.ddb.de abrufbar.

© 2003 Redline Wirtschaft bei verlag moderne industrie, 80992 München
Internet: www.redline-wirtschaft.de

Umschlaggestaltung: Himmer, Augsburg
Redaktion: Vera Schneidereit
Satz: abc.Mediaservice GmbH, Buchloe
Druck: Himmer, Augsburg
Bindung: Thomas, Augsburg
Printed in Germany 25180/030301
ISBN 3-478-25180-X

Inhaltsverzeichnis

Sales Spirit®

Schon wieder eine Wortschöpfung, schon wieder eine neue Modewelle?
Nichts von dem – **Sales Spirit®** beschreibt eine dringende Notwendigkeit.

Das Drama 2002:
Die Wirtschaft lief nicht so, wie viele es sich wünschten. Hohe Arbeitslosigkeit und dramatische Kursrückgänge an allen Börsen sorgten für ein Stimmungstief und damit nachlassende Kauflust.

Die Praxis daher in vielen Betrieben:
jammern, lamentieren, aufgeben bereits beim Beginnen. Sich gegenseitig von Misserfolgen erzählen führt nur ins Tal der Tränen.

Wir brauchen die Umkehrung! Dringend! Wir brauchen Sales Spirit®!

Sales Spirit®

ist der Geist, der im Unternehmen weht und der alle erfasst.

Sales Spirit®

ist die Freude am Verkaufen, am Dienst am und für den Kunden.

Sales Spirit®

ist das Flair, das sich auf den Kunden überträgt,
das ihn beflügelt, noch intensiver mit uns zusammenzuarbeiten.

Denn:
Nur wer selbst begeistert ist, kann andere begeistern.
Und begeistert ist, wer von seinen Zielen fasziniert ist und diese mit kraftvoller Freude, tatkräftigem Optimismus und Konsequenz verfolgt.

Eine bemerkenswerte Studie der Reutter-Group kristallisierte die „primären" Faktoren für verkäuferischen Spitzen-Erfolg heraus:

1. Zielklarheit
2. Optimismus
3. Abschlussorientierung

Zielklarheit

Das schnelle Ziel, den Auftrag zu machen, dient nur oberflächlicher Bedürfnisbefriedigung, wie z. B. den schnellen Euro zu machen, um sich XY leisten zu können. Visionäre Ziele, Lebens- und Berufsziele vermitteln innere Befreiung, sie geben Luft zum Atmen, sie motivieren auf Dauer. Große Ziele schaffen Elan.

Optimismus

Nur Begeisterte begeistern. Ohne Selbstbewusstsein geht das nicht. Und daran muss ein Verkäufer arbeiten! Nur bei gesundem Selbstbewusstsein beginnt die Freude am Leben, am Verkaufen. Gesundes Selbstbewusstsein lässt auch Unternehmensziele (selbst wenn mal ein Produkt nicht so ganz stimmt) leichter erreichen. Gesundes Selbstbewusstsein bringt automatisch natürlichen und gewinnenden Optimismus.

Das von allen Verkaufsleitern so gehasste „invertierte Akquirieren" (man redet nur darüber, dass es nicht geht, verkauft die Interessen des Kunden ständig an die Firma) unterbleibt.

Abschlussorientierung

Den richtigen Weg – also die Verkaufsmethode, die zum Auftrag führt – zu kennen und zu beherrschen, das bringt zusammen mit Zielklarheit und Optimismus den großen Erfolg. Jetzt benötigt der Profi nur noch den Instinkt: Wie verhalte ich mich situativ richtig? Das verlangt höchste Aufmerksamkeit bei großer sozialer und emotionaler Intelligenz.

Sales Spirit®

Sales Spirit® ist Unternehmens-Denke.

erleichtert Unternehmensführung. Die Finanzen sind heute – mangels vernünftiger Unternehmensrenditen – vielerorts zentrales Thema. Doch wieviel leichter hätten wir es im Verkauf, wenn die Finanz-Controller sich mehr Gedanken um Geld-*Beschaffung* (Umsatz zu vernünftigen Preisen) als um Geld-*Verwaltung* machen würden.
Dem Verkauf und seinen Funktionen muss endlich zentrale Bedeutung geschenkt werden.

Sales Spirit®

ist existenzielle Unternehmens-Denke und -Haltung.

Sales Spirit®

muss alle erfassen, das Individuum wie das Team, das ganze Unternehmen und erst recht den Kunden.

ERICH-NORBERT DETROY
Beilstein/Württ., Januar 2003

> **Verkaufen, richtig verstanden, heißt heute:**
> **dem Kunden Hilfe geben,**
> **dem Kunden Nutzen geben.**

Verkaufen, richtig verstanden, hat nichts zu tun mit „den Kunden über den Tisch ziehen" oder mit „Hauptsache Umsatz". Leider hat „Verkaufen" durch eine Handvoll schwarzer Schafe immer wieder diesen negativen Ruf. Doch das Denken in Kategorien des eigenen, schnellen Vorteils befriedigt nur kurzfristig und bringt keinen sicheren, langfristigen Erfolg für den Verkäufer.

Verkaufen, richtig verstanden, ist eine wichtige „Funktion" im Ablauf unserer Gesellschaft – nicht nur der Wirtschaft. Verkaufen von Produkten und Leistungen heißt, zur rechten Zeit dem rechten Kunden hilfreiche Lösungen anzubieten, Rat zu bringen, Bedürfnisse zu stillen, auch Wünsche zu erfüllen. *Verkaufen – professionell verstanden –* heißt in Zukunft:

Ziel: den Kunden erfolgreich machen!

> *dem Kunden zu gesteigertem Erfolg zu verhelfen!*

Verkaufen hat sich im Lauf der gesamten gesellschaftlichen Entwicklung *stark gewandelt*: Vom Tauschhandel zum ersten Geld. Von der handwerklichen Auftragsproduktion zur industriellen Massenproduktion für einen anonymen Markt. Im Handwerk bestimmte die Nachfrage die Produktion. *Heute haben sich vielfach die Verhältnisse umgekehrt.* Der Verkäufer steht vor der Herausforderung, für die produzierten Mengen ausreichend Kunden zu finden – und sie in einem harten Wettbewerb zu gewinnen. Besser vom Ansatz her ist es, die *Angebote vom Kunden ausgehend zu konzipieren*, also *das zu produzieren, was die Kunden wollen* oder gar den Markt für ein neues Produkt zu schaffen. Meist können Verkäufer dazu nur wenig beitragen.

Das industrielle Zeitalter ist heute in erster Linie durch „*Tempo*" geprägt. Typisch ist auch der konstante Überhang der Produktion über den Bedarf. Das macht den harten Wettbewerb aus. Entscheidend ist nicht mehr die Ware, sondern der Service.

Tempo regiert die Welt.

Das *Tempo der Wirtschaft* zeigt sich vor allem in fünf Bereichen:

1. **Tempo der Innovation:**
   Im harten Wettbewerb besteht nur derjenige, der immer wieder die verbesserte Problemlösung, den immer wieder verbesserten Service anbietet. Und „besser" heißt dabei: noch *näher an den Bedürfnissen und Wünschen der Kunden.* „Neu! Neu! Neu!" ist das meistge-

brauchte (wenn auch höchst einfallslose) Schlagwort am Anfang des 21. Jahrhunderts.

2. *Tempo in der Kommunikation:*
   Eine E-Mail geht via Satellit ohne Zeitverzögerung um den Globus. „Neu" allein genügt heute bei weitem nicht mehr. „Neu" bringt nur dann einen Vorsprung im Wettbewerb, wenn davon im richtigen Moment die „richtigen" potenziellen Kunden erfahren.

3. *Tempo der Veränderung:*
   Die weltweite Vernetzung trägt dazu bei, dass ständig neue Wünsche und Erwartungen das Kaufverhalten prägen. Die vernetzte Gesellschaft kennt kaum noch abgeschlossene Kulturräume. Moden und Trends breiten sich über die globalisierten Medien meist über Nacht in allen Regionen aus.

4. *Tempo in der Logistik:*
   Die Globalisierung lässt sich nicht aufhalten, auch trotz aller Proteste ihrer Gegner nicht. Globalisierung heißt: Lokale, regionale Märkte erweisen sich im harten Wettbewerb auf Dauer als zu klein und Transport spielt heute im Rahmen von Zeit und Kosten als Faktor eine untergeordnete Rolle.

5. *Tempo der oft übergangslosen Veränderung:*
   von Zielen, von Aufgaben und auch von Leitbildern (oder „Philosophien") der Unternehmen. Kaum hat man sich als Verkäufer eines Zieles angenommen, wird es schon durch ein neues ergänzt oder ersetzt.

Wer nicht mit der Zeit geht, geht mit der Zeit.

Natürlich gab es schon immer *Wettbewerb:* In der Steinzeit kämpften die Männer mit der Keule um die Frauen. Im antiken Griechenland kämpften in Olympia die Männer um den Lorbeerkranz des Siegers. Im Mittelalter kämpften Ritter um die Gunst von Edeldamen. Im Zeitalter der Zünfte wetteiferten geschickte Handwerker um Anerkennung und Wohlstand. Heute wetteifern Verkaufs-Teams um möglichst ausgefallen konzipierte, „noch nie da gewesene" *Incentives.*

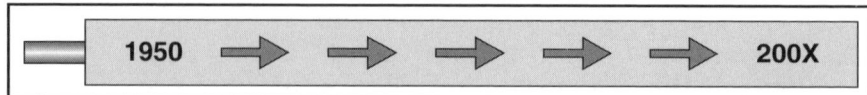

Allein in den letzten 50 Jahren *wandelte sich „Verkaufen"* grundlegend: Die *50er Jahre* waren die Jahre der „Zuteilung". Die Nachfrage überstieg das Angebot. Verkäufer waren Könige, die der Kunde hofierte.

Die *60er Jahre* standen für die allmähliche Ausgewogenheit zwischen Bedarf und Angebot. Kunden pflegten feste Geschäftsbeziehungen. Der Verkäufer wurde erwartet. Neben dem Auftragsgespräch blieb reichlich Zeit für persönliche Gespräche.

Die *70er Jahre* brachten allmählich Schärfe in den Wettbewerb. Ausländische Anbieter drängten stärker auf den deutschen Markt. Der Kunde wollte hofiert werden, argumentierte mit Alternativen für seinen Einkauf.

Die *80er Jahre* ließen dann die Dämme des Wettbewerbs brechen. Der Preis rückte in den Mittelpunkt – oft als einzig ausschlaggebendes „Argument". Kunden wurden zu informierten Wechselkäufern. Verkäufer wurden „bestellt" oder nur zu festen Zeiten „zugelassen" und gegeneinander ausgespielt.

Die *90er Jahre* steigerten die Anforderungen der Kunden noch mehr. Nicht mehr allein das Produkt und sein Preis entschieden über den Verkaufserfolg, sondern der „Service" (Beratung, Problemlösung, Abverkaufshilfen, Regalgelder, Qualitätsgarantien, logistische Pünktlichkeit usw.). Telefonische Auftragserteilung löste im Routinebereich den Verkäufer-Besuch ab. Online-Verbindungen zwischen Kunde und Lieferant wurden installiert. Verkäufer wurden in neue Aufgaben gedrängt: Großkunden-Betreuung, Neukunden-Akquise, Aktions-Betreuung, Beratung, Troubleshooting …

Die *2000er Jahre* – was wird sie prägen? Kunden werden nicht mehr zurückstecken, inzwischen „gewohnte" Leistungsqualität wird Standard. Darin unterscheiden sich Lieferanten heute weithin nicht mehr wesentlich. Wo also liegen die Chancen, auch in den 2000er Jahren im Wettbewerb die Nase vorn zu haben? Trends und Analysen zeigen, dass es die *persönliche Beziehung* sein wird, die mit dem Kunden des Unternehmens aufgebaut werden muss. Das heißt: *Soziale und emotionale Kompetenz* entscheiden in den 2000er Jahren über Erfolg im Verkauf. Nur durch diese Kompetenz werden wir auch in der Lage sein, unseren Kunden verstärkt zu gesteigertem Erfolg zu verhelfen.

„Deutsche Vertriebsmannschaften schneiden im internationalen Vergleich schlecht ab; sie sind viel zu produktorientiert und zu innovationsscheu", deckte 2002 eine Gemeinschaftsstudie von Mercuri International und der Management-Universität St. Gallen auf. Wenn es um die Einschätzung von *Trends im Vertrieb*, um *Verhaltensweisen im Verkauf* oder um den Einsatz moderner EDV-Tools geht, bilden deutsche Außendienstler das Schlusslicht im Vergleich von zwölf Ländern. Database-Marketing und IT-Einsatz im Vertrieb werden in Deutschland kaum als wichtig angesehen. Erst zwei Drittel der deutschen Manager sehen im *Verkauf einen Mehrwert für die Kunden*. Ihre Kollegen in anderen Ländern haben das zu 90 Prozent erkannt. Mercuri

„Für die, deren Zeit gekommen ist, ist es nie zu spät."

Bertolt Brecht, Die Mutter

folgert: *In Zukunft werden völlig neue Anforderungen an das Leistungsprofil von Vertriebsmannschaften gestellt werden.*

„Benchmarking" ist heute eines der Zauberworte in der Verkaufs-Steuerung. Das bedeutet: Kennzahlen messen den Erfolg.

- ❏ *Die Besten geben die Messlatte für ganze Verkaufs-Teams vor.*
- ❏ Die Besten werden anhand von Vorgaben ermittelt, ausgezeichnet und groß herausgestellt.
- ❏ An den Besten werden alle anderen gemessen.
- ❏ Die Besten stehen an der Spitze der Verdienstskala.

Wer will schon nicht zu den Besten gehören? Clevere Verkäufer beobachten deswegen die Besten scharf, um von diesen zu lernen:

- ❏ Was machen diese Besten denn anders?
- ❏ Was machen sie besser?

Doch niemand garantiert selbst den Besten, dass sie morgen noch zu den Spitzenreitern zählen. Über Nacht und in unstetem Rhythmus ändern sich *Ziele der Unternehmen.* Ein Vorstandswechsel, ein Zusammenschluss, ein neues Produkt – und schon gilt nicht mehr, was gestern noch angebetet und verherrlicht wurde. Aber Resignation ist gewiss kein aussichtsreicher Ausweg, Lebensangst und innere Kündigung sind es ebenso wenig.

Die Herausforderung liegt also darin: Wie kann sich der Verkäufer in diesem Umfeld dennoch persönlich behaupten? Wie kann er unter diesen Bedingungen seinen Erfolg erreichen?

„Erfolg" ist nach wie vor – wie in der Antike oder der nachindustriellen Gesellschaft – die wirkliche *innere Motivationskraft für jeden Menschen.*

- ❏ Erfolg bestätigt und spornt an.
- ❏ Erfolg zeugt Erfolg.
- ❏ Erfolg macht gesund – mental und sogar auch körperlich.

Der erfolgreiche Verkäufer gewinnt Liebe zu und Freude an seinem Beruf. Das strahlt er aus – ganz und gar unbewusst. *Aus innerer Freude, aus eigener Begeisterung kommt begeisternde Leistung.* Und vor allem gilt: *Kunden mögen Sieger.* Wer wäre nicht lieber „Fan" einer Siegermannschaft als deprimierter Anhänger ewiger Verlierer? Es stimmt also wirklich: Erfolg zeugt Erfolg!

Damit stehen Verkäufer vor zwei entscheidenden Aufgaben, um ihre Zukunft erfolgreich zu bewältigen:

Das Management des persönlichen „Selbst"

Dies bedeutet: zu analysieren, die eigenen Stärken und Schwächen klar zu sehen, zu Ausgewogenheit und Harmonie zu finden, ständig neue Kraft aus sich selbst und aus dem privaten Umfeld zu gewinnen, sich das nötige Wissen und Können anzueignen und aus allem zusammen täglich frische Motivation freizusetzen.

Das Management der 3 Spannungsfelder

Der Verkäufer arbeitet im dreipoligen Spannungsfeld:

Erfolg im Verkauf der Zukunft verlangt, dass Verkäufer mit sich selbst besser zurecht kommen und lernen, sich selbst besser zu managen.

- ❑ *Umfeld, die Welt* (Konjunktur, Technik, politische Lage, Gesetze, Gesellschaft, Werte-System usw.)
- ❑ *Markt und Kunde* (Wettbewerb, Ansprüche und Wünsche der Kunden)
- ❑ *Firma und Team* („Philosophie", Produkt und Dienste, Führung, Kooperation, Synergie). Hier gilt es, erfolgsfördernde Kraftlinien erfolgreich zu nutzen und erfolgsverhindernde Kraftfelder optimal zu meistern.

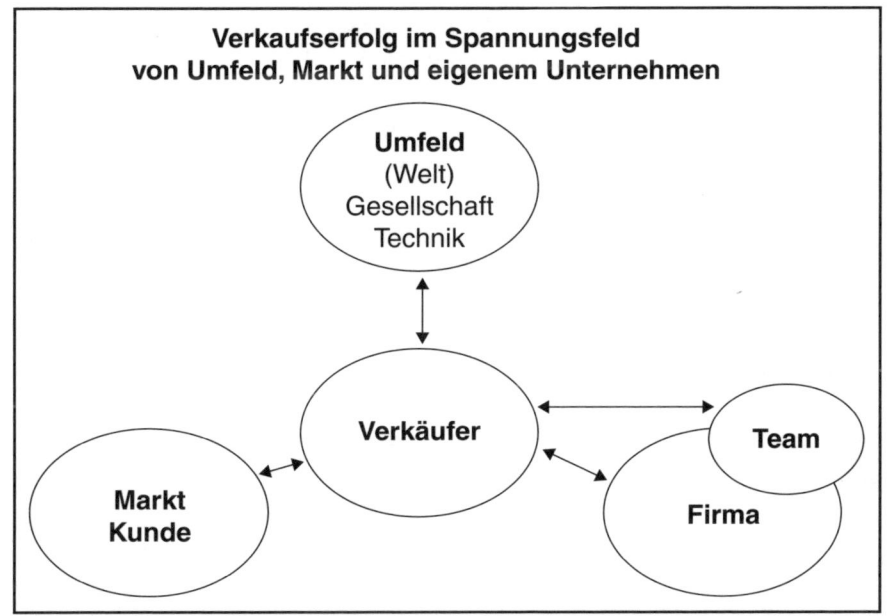

Verkaufserfolg im Spannungsfeld von Umfeld, Markt und eigenem Unternehmen

1. Verkaufen im dreifachen Spannungsfeld

1. *Das Umfeld, die Welt:*
   Hierzu gehört die Konjunktur und die Lage auf dem Arbeitsmarkt, die Situation der Weltwirtschaft mit Rohstoffmärkten und Spekulation, die politische Situation sowie auch gesellschaftliche Faktoren wie z. B. das Werte-System oder Auswirkungen von Neid, ebenso aber auch das private Umfeld des Verkäufers: Familie, Freunde und Ausgleichsmöglichkeiten zum beruflichen Engagement.

2. *Der Markt und seine Kunden:*
   Unter dem Stichwort „Markt" wirken der Wettbewerbsdruck, andere Anbieter und Substitutionsmöglichkeiten, technische Entwicklung, Branchenkonjunktur. Der Kunde setzt durch seine Erwartungen, Anforderungen und Einstellungen, seine Verhaltensweisen und auch durch sein wirtschaftliches Potenzial Spannungskräfte frei.

3. *Die Firma und das Team:*
   Hohe Erwartungen (Leistungsvolumen, Geschwindigkeit) werden an die Verkäufer gestellt. Grosse Flexibilität (Umstellungsbereitschaft) wird gefordert. Kontinuität schwindet, Unwägbarkeiten nehmen zu (Fusionen, Vorstandswechsel mit darauf folgendem Wechsel der gesamten Firmenpolitik). Verkaufserfolge sind nur noch im Team möglich, hängen also von der Qualität der Zusammenarbeit ab: Marketing, Werbung, Innendienst, Auftragsabwicklung, Logistik, Rechnungswesen, Kundendienst – wenn nicht alle Bereiche optimal abgestimmt agieren, wird der Erfolg untergraben.

Die Überwindung der widerstrebenden Kräfte und die Nutzung der Synergiekräfte im Spannungsfeld des Erfolgs sind das solide Fundament, auf das sich auch in Zukunft im Verkauf sicher bauen lässt.

Verkauf ist eine auch in Zukunft unverzichtbare Funktion im gesellschaftlichen Zusammenwirken – nicht nur wirtschaftlich, sondern auch „sozial".

Verkauf bleibt die *stabile Brücke zwischen Angebot und Bedarf.* Der Weg über diese Brücke lässt sich auch in den 2000er Jahren zum persönlichen Erfolg, zum mentalen und finanziellen Nutzen und Vorteil des engagierten Verkäufers gestalten. Ebenso profitiert der Kunde, und letztlich auch das liefernde bzw. leistende Unternehmen.

Verkäufer sind die Botschafter einer „gesunden" Zukunft. Sie tragen entscheidend zum Wohlergehen der gesamten Bevölkerung bei. Ein Kunde bestätigte das so:

> *„Viele Verkäufer haben so enorme Beiträge zur Sozialgesundheit geleistet, dass sie längst das Bundesverdienstkreuz verdient haben. "*

Dieses Buch beschäftigt sich mit den Veränderungen dieser Welt und gibt Kraft, die Zukunft zu meistern. Es beschreibt, wie man

- ❑ der heutigen *Welt* das Beste abgewinnt,
- ❑ sich bei *Kunden* allerbestens verkauft,
- ❑ als Verkäufer selbst *Charisma* bekommt,
- ❑ seine eigenen *Erfolge* managt.

Sales Spirit® ist das Ergebnis!

Epochale Veränderungen

Mit einem so hohen Tempo, das noch vor 50 Jahren unvorstellbar war, regiert heute permanenter Wandel die Welt. Ständige Veränderungen prägen das Leben. Stürmische Entwicklungen haben längst auch Einzug gehalten in der Verkäuferwelt. Ein Ziel jagt das andere – mal ist es die Umsatzsteigerung, mal ist es die Akquisition neuer Kunden und ein anderes Mal ist es die schnellste Einführung eines neuen Produkts am Markt.

Die Herausforderungen für Erfolg in der Zukunft heißen daher:

1. Wie kann sich der Verkäufer auf diese „schnelle Zeit" einstellen?
2. Wie lässt sich ständige Flexibilität, ständige Reaktionsbereitschaft vereinbaren mit dem menschlichen Lebensrhythmus, mit Verschnaufen, Abschalten und Kräfte tanken?
3. Wie lässt es sich vermeiden, dass demotivierender Stress („Ich schaff das alles nicht mehr") zu Lähmung und Resignation führen?
4. Wie lassen sich Kunden-Verluste vermeiden, die entstehen, wenn die Reaktion mit der Aktion des Kunden nicht Schritt halten kann?
5. Wie lässt sich das enorme Tempo als Schwungrad für ständige Eigenmotivation nutzen?
6. Wie kann man gerade im Tempo der Gegenwart die Nase vorn behalten und einen Vorsprung gegenüber dem Wettbewerb erreichen?

Veränderungen sind ein ständiges Element im Leben. Neues, Unbekanntes ist stets eine Herausforderung für den Menschen. Und es gilt: *Unbekanntes macht unsicher. Vielen macht es sogar Angst.* Ob Dampfmaschine, Eisenbahn, Elektrizität, Bezinkutsche, Telefon, Atomkraft, Computer, Raumfahrt, Bio- oder Gen-Forschung – düstere Prophezeiungen begleiteten stets die Einführung epochaler Technologien.

Wie jemand Neuerungen verarbeitet, ist eine individuelle Eigenschaft des Charakters. Große Denker haben sich immer schon mit der Zukunft und ihrer Bewältigung auseinander gesetzt. Es gibt eine Fülle aufmunternder „Rezepte". Alle haben eines gemeinsam: Überkommenes muss über Bord geworfen werden, sich lösen und anpacken und das Neue selbst gestalten heißt die Devise.

Vorausschauend und weitblickend zu sein heißt, den eigenen Horizont nicht für das Ende der Welt zu halten.

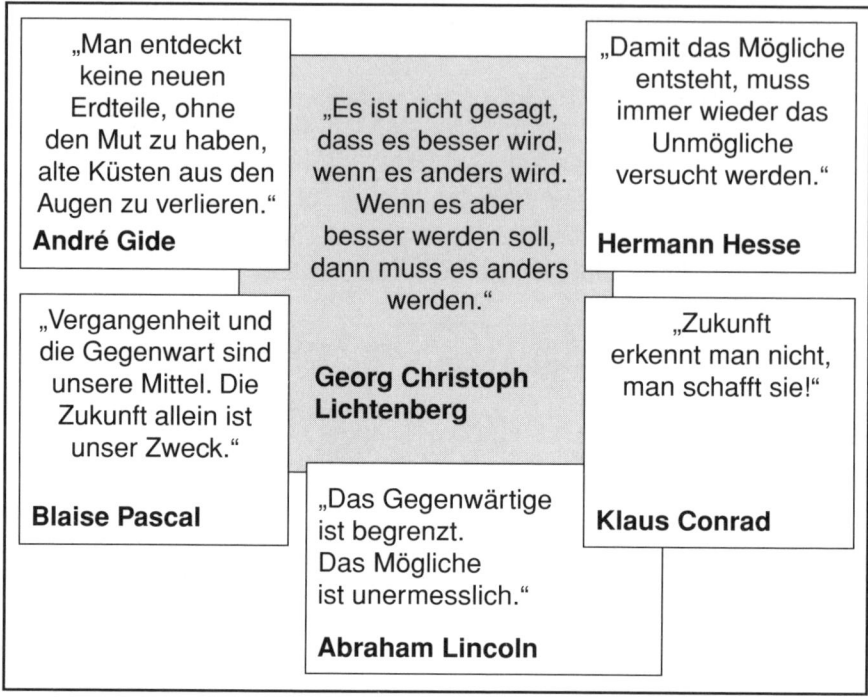

„Man entdeckt keine neuen Erdteile, ohne den Mut zu haben, alte Küsten aus den Augen zu verlieren."
André Gide

„Es ist nicht gesagt, dass es besser wird, wenn es anders wird. Wenn es aber besser werden soll, dann muss es anders werden."

Georg Christoph Lichtenberg

„Damit das Mögliche entsteht, muss immer wieder das Unmögliche versucht werden."

Hermann Hesse

„Vergangenheit und die Gegenwart sind unsere Mittel. Die Zukunft allein ist unser Zweck."

Blaise Pascal

„Zukunft erkennt man nicht, man schafft sie!"

Klaus Conrad

„Das Gegenwärtige ist begrenzt. Das Mögliche ist unermesslich."

Abraham Lincoln

Epochale Veränderungen des ausgehenden 20. Jahrhunderts brachten eine Welle einschneidender Entwicklungen. Vor allem drei große Veränderungskomplexe beeinflussen nun die Umwelt des Verkaufs im dritten Jahrtausend:

1. *Umwälzungen in der Kommunikation*
2. *Der Prozess der Globalisierung*
3. *Strukturwandel im sozialen Gefüge*

Umwälzungen in der Kommunikation

In der Steinzeit mussten die Menschen sich durch Zurufe verständigen. Die Kommunikationsweite überstieg die Sichtweite nur unwesentlich. Die Indianer benutzten Rauchzeichen auf weithin sichtbaren Bergen. Die Griechen überbrachten ihre Botschaften in der Antike durch Läufer, die Römer dann durch Reiter. Im Mittelalter verbreiteten sich Informationen durch reisende Händler, Boten bzw. Kuriere, fahrende Spielleute oder Brieftauben. Im 17. Jahrhundert begann die regelmäßige Postbeförderung durch Thurn und Taxis. Ein „Brief" oder eine Warensendung von Hamburg bis München war zwei Wochen unterwegs. Als im 20. Jahrhundert Telefon, Fernschreiber und Telefax Einzug hielten, schrumpfte mit diesen auch die vom Kunden erwartete Reaktionszeit auf Stunden, zuweilen auf Bruchteile davon. Es galt und gilt die Faustregel: *„Laufzeit entspricht Reaktionszeit. "*

Computer-Technik und Raumfahrt-Technik (Schlagworte: Daten-Autobahn, Internet, Handy, weltumspannendes Satelliten-Netz) öffneten neue Dimensionen der Kommunikation. Elektronik-Pionier Konrad Zuse führte mit *Bit* (Ladung) und *No-Bit* (keine Ladung) eine völlig neue „Sprache" in die Kommunikation und Informationsverarbeitung ein. 1936-38 entwickelte er seine erste programmgesteuerte Rechenmaschine.

1941 bricht mit dem Relaisrechner Zuse Z3 eine neue Welt an: erst Lochkarten, dann Datenbänder, dann Speicherplatten. Die ersten Computer hatten Garagengröße. Heute hat ein schlichtes Handy in seinem Chip etwa die Kapazitäten einer IBM-Großanlage vom Ende der 60er Jahre. Inzwischen gibt es in Deutschland über 25 Millionen Personalcomputer und mehr Handy-Anschlüsse als Festnetz-Telefone. Das ist die Entwicklung von gerade mal 50 Jahren.

Speicher- und Verarbeitungsmedien wurden immer kleiner und gleichzeitig immer leistungsfähiger, vor allem schneller. Glasfaserkabel und hauptsächlich das inzwischen weltumspannende *Satelliten-Netz* beschleunigen das Tempo der Kommunikation: Die *Daten-Autobahn* des weltweiten Internets ist dabei, das Telefon und das Fax abzulösen. Und die Installationen für die nächste Stufe sind in vollem Gange: In den neuen *UMTS-Netzen* wird der Zugang zum Internet mobil und unabhängig vom Arbeitsplatz. Vom UMTS-Handy aus lassen sich E-Mails versenden und empfangen, Internet-Informationen abrufen oder E-Commerce-Transaktionen vornehmen, egal ob aus dem Auto, aus dem Hotel oder aus der Wochenend-Hütte.

„Computer sind nutzlos. Sie können nur Antworten geben. "
Pablo Picasso

Die global ausgerichtete „Weltgesellschaft" ist geboren. Bis 2020 kann jeder Mensch an jedem Ort der Erde auf alle öffentlich zugänglichen Informationen zugreifen, prognostiziert Prof. Dr. Werner Weidenfeld, Politikwissenschaftler an der Universität München. Er sieht die Stofflichkeit der realen Welt durch eine neue Dimension erweitert. In der Zukunftsgesellschaft sind Innovation und sozialer Wandel intensiv vernetzt.

Das *Internet* ist wohl die größte der epochalen Umwälzungen am Übergang zum dritten Jahrtausend. Zunächst für wissenschaftliche Zwecke konzipiert, entwickelte sich binnen weniger Jahre aus der weltweiten *Computer-Vernetzung und der Satelliten-Übertragung* ein breites Massenmedium. Das Internet ermöglicht per Mausklick vom Schreibtisch aus den Zugriff auf *Datenbanken* am anderen Ende der Welt, egal ob wirtschaftliche, technische oder juristische Informationen gesucht werden. Die stürmische *Entwicklung des Internets* unterstützte von der Kommunikationsseite her die *Entwicklung der Globalisierung* – auch wenn natürlich die Konzerne zur internen Kommunikation allesamt ihre eigenen *Intra-Netze* aufgebaut haben. Doch auch diese wären ohne das globale Satelliten-Netz nicht denkbar.

Sendegeschwindigkeit bestimmt Reaktionsgeschwindigkeit.

Der elektronischen Post, *der E-Mail, gehört zweifelsohne die Zukunft.* Mit der elektronischen Signatur hat sie inzwischen Dokumenten-Reife erlangt und kann weltweit gültige Verträge besiegeln. Praktisch zeitlos rast die Nachricht über die Daten-Autobahnen – egal ob zum Kunden in der nächsten Stadt oder zum Chip-Anbieter in Singapur. Auch die Kosten sind in beiden Fällen gleich, soweit die Datenmenge in etwa übereinstimmt. Wer aber auf eine als „very urgent" eingestufte E-Mail nicht binnen 30 Minuten eine Antwort erhält, wird zu Recht protestierend nachfragen oder wird sich an den Wettbewerber wenden, der schneller reagiert.

Der Großteil der Unternehmen war im Jahr 2002 weit davon entfernt, auf angemessene Reaktionszeiten eingestellt zu sein – das belegte eine Studie der Unternehmensberatung Mummert & Partner . Auch wenn nicht jede Antwort sofort parat sein kann, so ist doch die prompte Reaktion unverzichtbar: „Danke! Ihre Anfrage haben wir empfangen, Ihr erbetenes Angebot ist in Arbeit. Sie erhalten es voraussichtlich bis zum …" Das lässt sich programmieren. *Es gibt keine Zeitpuffer mehr.* Klassisches Abarbeiten vom „Stapel" führt in den Strudel des Untergangs.

Das Internet eröffnete auch *neue Kommunikations- und Kaufgewohnheiten.*

❑ Im Bereich *Business to Consumer* („B2C") funktioniert der *Einkaufsbummel durch das Web* schon weithin störungsfrei und mit kontinuierlich steigendem Volumen.

❑ Im Bereich *Business to Business* („B2B") wird das Internet derzeit vor allem noch intensiv zum *Datenaustausch* genutzt. Viele Kunden sind bereits direkt mit wichtigen Lieferanten vernetzt („Intranet"). Aber auch im „B2B" zeigen die Umsatzstatistiken via www. steil nach oben.

Auch *der traditionelle „Schriftverkehr" wird durch das E-Mailen per Internet abgelöst* (z. B. für Anfragen, Angebote, Reklamationsbeantwortung, Sonderaktionen usw.).

Wohin geht die weitere Entwicklung der digitalen und virtuellen Welt?

Die vergangenen Jahrzehnte lehrten: Verlässliche *Prognosen sind kaum möglich*. Stets haben innovative Sprünge alle Vorhersagen Lügen gestraft. Das Internet ist nur ein Beispiel dafür. Kaum scheint eine Technik „im Griff", schon ist sie veraltet und neue Entwicklungen haben sie abgelöst.

❑ *Die Sprach-Erkennung* durch Computer steht unmittelbar vor ihrem großen Durchbruch.

❑ In Japan wird bereits fieberhaft an Humanoiden gearbeitet, also an *Robotern, die so gut wie alle menschlichen Routine-Aufgaben übernehmen können:* Montage- und Wartungsarbeiten ebenso wie Autofahren oder auch Standard-Verhandlungen mit Kunden.

❑ *Telefonieren via Internet* ist startklar. Ferner sind Computer in der Lage, das Gespräch aufzuzeichnen und der Text kann dann anschließend schriftlich zu einem Protokoll, einem förmlichen Angebot oder zu einer Auftragsbestätigung weiterbearbeitet werden.

❑ *Telefon, IT-Infrastruktur und Stromversorgung werden schon in Kürze über nur noch eine Steckdose laufen.* Die großen Energiekonzerne haben erste Testnetze geschaltet und entwickeln damit neue Alternativen zum konventionellen Telefonnetz.

❑ *Integrierte Kommunikationszentralen* werden schon in wenigen Jahren in jedem Haushalt stehen. Integriert werden so der Computer mit Internet-Zugang mit E-Mail und Lifecam-Übertragung, der Fernseher (natürlich mit Breitbandkommunikation und mit individueller Programmzusammenstellung) und das Telefon (natürlich auch mit Bildübertragung).

Das ist weder Science-Fiction noch sind es Technikträume. Das ist *Stand der Technik des Jahres 2003*. An den Endgeräten zu Preisen, die den breiten Absatz erlauben, wird fieberhaft gearbeitet. Ein erschwingliches Angebot wird nicht lange auf sich warten lassen, das zeigt der Blick wenige Jahre zurück: Erste tragbare Telefone kosteten ums Jahr 1980 rund 10.000 DM und wogen fünf Kilo und die Mehrheit verkündete in Umfragen: „Ich will auch mal Ruhe haben und nicht ständig für alle erreichbar sein." Heute gibt's das Handy quasi kostenlos und die meisten schalten nicht mal beim Schlafengehen ab.

„Die Marktführer müssen lernen, die Innovation zur Routine zu machen".

Philip Kotler

Erfolgsorientierte Verkäufer dürfen in diesem neuen Kommunikations-Umfeld nicht fragen: „Bin ich als Verkäufer dieser neuen Welt gewachsen?" oder „Bin ich bereit für diese neue Welt?" *Nicht das „Ob" entscheidet, sondern das „Wie".*

> **Die Konsequenzen für erfolgreiche Zukunft im Verkauf heißen daher:**
>
> 1. Alle modernen Kommunikationstechniken konsequent nutzen.
> 2. Durch den Einsatz der modernen Kommunikationstechniken noch serviceorientierter sein.
> 3. Dem Kunden so viel an Bequemlichkeit, Schnelligkeit, Flexibilität bieten wie nur möglich.
> 4. Durch hohes Reaktionstempo die Nase vorn haben.
> 5. Ständig wach sein und aufnahmebereit: Wissen, Kenntnisse, Fertigkeiten und Techniken „à jour" halten.

Der Prozess der Globalisierung

Die Welt wurde zum kleinen Dorf.

Die modernen Kommunikationsmedien, insbesondere das Fernsehen, machen die Welt „zum kleinen Dorf". Egal ob Erdbeben im Ural, Waldbrände in USA oder Australien, Sklavenarbeit in China, Groß-Pleiten in Korea, Banken-Krise in Japan, Streik in Mexico, Viehseuche in England, Bürgerkrieg im Kongo, Geiselnahme in Indonesien – nahezu zeitgleich mit dem Geschehen ist CNN vor Ort und nach wenigen Minuten flimmern weltweit die gleichen Bilder über die Bildschirme. Alles ist für alle ebenso präsent wie der Brand im Nachbardorf. *Entfernungsbewusstsein hat sich aufgelöst.*

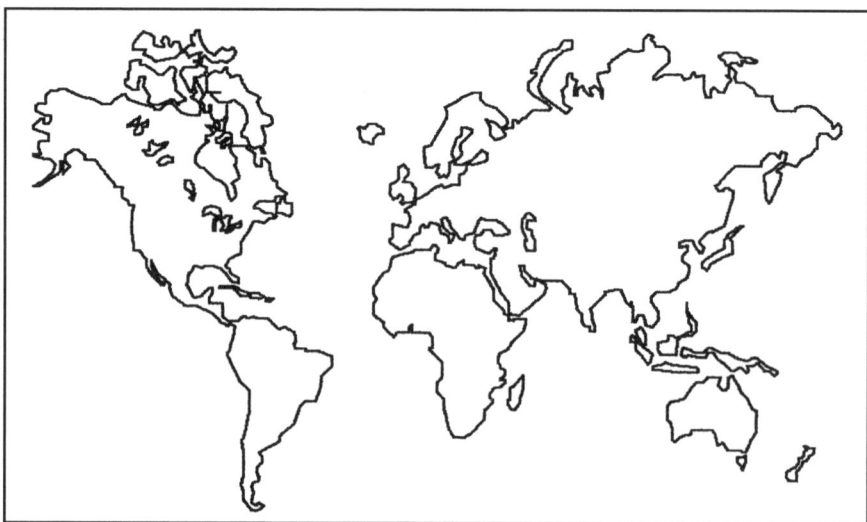

Globales Denken und Handeln, begünstigt durch die Umwälzungen in Kommunikation und Logistik, lösten nationales Denken ab. Multinationale Konzerne, so genannte „Global Player", gewinnen an Macht.

Egal ob Siemens, Dow Chemical, DaimlerChrysler, Deutsche Post, Allianz-Gruppe, Volkswagen, British-Petrol/Shell, Pfizer – um nur einige Beispiele zu nennen –, längst sind *den Konzernen die nationalen Grenzen zu eng geworden.* Das Schlagwort von den „multinationalen Konzernen" wurde nach wenigen Jahren von der Realität überholt: *Global Player* zu sein ist heute das Gebot der Stunde. Der „Hauptsitz" einer Gesellschaft hat längst an Bedeutung verloren. Nach *weltweiten Optimierungsaspekten* werden Finanzen, Produktion, Vertrieb und Verkauf gesteuert, aufgeteilt, verlagert – und oft genug zur Steuervermeidung auch „manipuliert".

Von Kritikern oft als „heimatlos" bezeichnet und nur noch konzentriert auf die global durchdrungene Unternehmenswelt, wandelten sich auch das Weltbild und die Ethik der Manager der großen Unternehmen: Menschen, Regionen, Grenzen und Distanzen sind oft Nebensache im globalen „Spiel" um Rationalisierung, Finanzierung, Absatz und Gewinne.

Nationale Interessen oder kulturelle Bindungen gelten selten noch etwas in diesen „Global-Strategien" zur Minimierung der Kosten und Maximierung des Shareholder-Value. *Verantwortung tritt (leider!) immer mehr in den Hintergrund.*

Arbeitsintensive Produktionen folgen den weltweiten *Lohndifferenzen* und den „tariflichen" Arbeitszeiten: dort 50 Stunden oder mehr, hier gerade noch 35 Stunden. Qualifizierung lässt sich schaffen. Mentale Eigenschaften wie z.B. Fleiß und Zuverlässigkeit gehen in den Lohn-Koeffizienten mit ein. Steuervorteile und Subventionen werden weltweit genutzt und mit zusätzlichen Transportkosten gegengerechnet. So entsteht die neue Form der *weltweiten Arbeitsteilung. Bodenständigkeit und Standort-Treue weichen weltweitem „Kosten-Management".*

Weltbezogenes Management-Denken und damit die weltweite Beweglichkeit von Menschen, von Know-how und von Gütern nimmt in Zukunft weiter zu. Doch es gibt auch eine *Gegenbewegung*: Von Lokalisierung sprechen erste Zukunfts-Szenarien.

„Die gefährlichste Weltanschauung ist die Weltanschauung der Leute, welche die Welt nie angeschaut haben."

Alexander von Humboldt

Die Menschen haben das Bedürfnis, in der globalen Welt auch ihre *lokalen und regionalen Besonderheiten zu bewahren* wie Dialekt, Küche, Brauchtum. „So entsteht ein Spannungsfeld, das überbrückende Lösungen fordert", mahnt Dr. Thomas Heck aus dem Bereich Trend-Research der Hypo-Vereinsbank (München). „Think global – act local!"

Die Globalisierung lässt sich nutzen. Die entscheidenden Ansatzpunkte dabei sind:

1. Welche neuen Märkte öffnen sich „hinterm angestammten Horizont?"
2. Was lässt sich wie transportieren, also verlagern?
3. Welche Schritte beugen heute schon dem Abstieg in der Qualifizierung vor?
4. Welche Entwicklungen, Umstrukturierungen sind heute nötig, um für kommenden Wettbewerb gewappnet zu sein?
5. Wie lässt sich der Aufbruch zu neuen Horizonten finanzieren?
6. Wo bieten sich welche „strategischen Partnerschaften" an? (Kooperation statt Konfrontation, Zusammenarbeit statt Egomanie)
7. Auf welche Entwicklungen heißt es sich vorzubereiten, ohne dass dabei die Motivation zusammenbricht? (Abstriche am Anspruchsdenken? Verzichte auf Gewohnheiten, auf Bequemlichkeiten, auf dies und jenes im Lebensstandard?)

Logistikwachstum ist Folge der Globalisierung

Unter dem Schlagwort *„Just in time"* entfernten sich die Unternehmen mehr und mehr vom „Lager- und Bestände-Denken". Produkte werden heute synchron zum Arbeitsprozess direkt an das Produktionsband geliefert, teils um den halben Globus. Der Bedarfsrhythmus des Kunden gibt heute die Reaktionsgeschwindigkeit des Lieferanten vor. Die Scanner-Kassen des Handels sind mit den Lieferanten vernetzt. Was tagsüber abverkauft wird, kann über Nacht nachgeliefert werden. Logistik-Systeme wie Fed-Ex oder United Parcel offerieren innerhalb der EU-Länder bereits „Garantierte Lieferung binnen 24 Stunden".

Der Druck der „Global Player" wird dafür sorgen, dass weltweit die *Handelshemmnisse ganz allmählich zurückgehen*, bürokratische und technische Hürden abgebaut werden. Was transportabel ist, wird mehr und mehr auch tatsächlich transportiert. Das Volumen der bewegten Gütermasse und die Summe der Transport-Kilometer werden in den kommenden Jahrzehnten ums Vielfache wachsen, darin sind sich Verkehrsexperten einig. *Die Welt befindet sich im Austausch.* Die Logistik- und Transport-Branche und mit ihr ihre Lieferanten (Flugzeug-, LKW-, Schiff-, Eisenbahn-Produzenten; Verkehrswege-Bauer) werden zukünftig starke Zuwächse verzeichnen können und stets vor der Herausforderung stehen, noch leistungsstärkere Lösungen anzubieten.

Strukturwandel im sozialen Gefüge

Unter sozialem Gefüge versteht man das soziale Verhalten und die soziale Ordnung der Menschen untereinander. Und hier hat sich in den letzten 100 Jahren dramatisch viel verändert: Über ein Drittel aller Ehen sind geschieden, rund ein Drittel der Mitteleuropäer leben als Single, das Heer derer, die in sozialer Eiszeit vegetieren, ist unüberschaubar. Welchen Ursachen haben wir dies zu verdanken?

Die wohl größte Umwälzung des sozialen Gefüges bringt der *Wandel der Alters- und der Erwerbsstruktur der deutschen Bevölkerung.* Auf je einen Berufstätigen kommt schließlich bereits ein Nicht-Erwerbstätiger: Kinder, Schüler, Studenten, Pensionäre, Rentner, Erwerbsunfähige, Arbeitslose und Sozialhilfe-Empfänger.

So kommt es unter anderem zu der enormen Zahl von *Single-Haushalten. Sie prägen heute die Konsumgesellschaft*: Wohnungsgrundrisse, Packungsgrößen, Auto-Design, Urlaubsattraktionen, Convenience-Produkte – Singles sind das am heftigsten umworbene Marktsegment. Jeder zweite Erwachsene in Großstädten lebt heute bereits als Single.

Die *Scheidungsrate* hat in den Städten bereits die 50%-Marke erreicht, und landesweit steigt sie kontinuierlich. *Neue Formen für Partnerschaft und Zusammenleben setzen sich durch.* Die traditionelle Ehe und Familie gibt es in der postindustriellen „offenen" Gesellschaft kaum noch. Doppelverdienst ist nahezu die Regel – zur Selbstverwirklichung oder für Ansprüche an den Lebensstandard. Kindererziehung wird immer häufiger in Krippen, Kindergärten, Schulen und Horte verlagert. Pflegebedürftigkeit wird an Heime und Mobil-Dienste delegiert.

Die „Ich-Gesellschaft" hat Einzug gehalten. *Selbstverwirklichung hat oft die erste Priorität*, nicht mehr Verantwortung für den/die andere(n). In den „westlichen Industrieländern" und hier vor allem in den städtischen Ballungszentren ist die Großfamilie mit ihrer „Fürsorge- und Auffang-Gemeinschaft" weithin zerfallen. Oft schon vor dem 18. Geburtstag „fliehen" die Youngsters aus der Familie. *Führung und Vorbilder fehlen. Erziehung, Fürsorge und Teilhabe werden ausgelagert.* Karriere und überwiegend doppelte Berufstätigkeit lassen keinen Raum dafür in den Familien.

Ich statt wir

Die Ich-Gesellschaft
hat Einzug gehalten.

Frederic Vester, der gesellschaftskritische Soziologe aus München, ist über-
zeugt, dass bereits ein Drittel aller Menschen in „sozialer Eiszeit" lebt:
„Solche Menschen haben zwar viele Menschen um sich herum, aber niemand
in sich drin, niemand, zu dem sie besonderes Vertrauen oder gar innige
Freundschaft pflegen. […] Soziale Aufgaben, um Nöte zu lindern, mehren
sich rasch […] zwischenmenschliche Armut breitet sich aus. Menschen in der
sozialen Eiszeit neigen dazu, Single zu werden, oft sind sie geschieden. Groß-
familien sterben aus. Die Mäuse-Kinos (Fernseher und Computer-
Bildschirm) bieten keinen Ersatz."

Cliquen, Interessen-Zirkel, Hobby- und Kontakt-Clubs und ähnliche *Grup-
penbildungen* entstehen zuhauf bei der Suche nach *Ersatz für die Geborgen-
heit in der Familie*. Neudeutsch und marketing-technisch werden sie auch
„*Cluster*" genannt. Die Couch der Psychiater ersetzt die vertrauensvolle
Aussprache mit dem Partner oder Vertrauten. Events über Events halten die
„Stimmung" auf Touren, um die *innere Einsamkeit* zu überdröhnen und das
Aufmerksamkeits-Defizit-Syndrom (ADS) auszugleichen.

Der Fluch der Angst

Am Computer arbeitet der Mensch alleine. In der gesamten Berufswelt
herrscht angesichts des Wettbewerbs um knappe Arbeitsplätze tendenziell
der *Kampf „aller gegen alle"*. Unendliche Energie wird nicht in positive
Leistung umgesetzt, sondern aufgewandt, um an den Stühlen anderer zu sägen. Der um sich greifende „*Fluch der Angst*" ist treffend dargestellt und
markant in eine volkswirtschaftliche Schadensrechnung umgesetzt im Buch
„*Kostenfaktor Angst*" von Winfried Panse und Wolfgang Stegmann.

Die *Karriere* steht bei den meisten Singles im Vordergrund. Karriere machen
aber heißt, unentwegt besser sein als die anderen, und das möglichst ohne
Blößen und Schwachstellen zu zeigen. Entsprechend ist einerseits die *innere
Zermürbung*, aber andererseits auch die *hohe Kaufkraft* vieler Singles. Geld
auszugeben bedeutet für viele die schnellste und einfachste Zuwendung an
sich selbst. *Das ist die Gegenwart und das wird in den kommenden Jahrzehnten der „Ich-Gesellschaft" weiter expandieren.*

Konsequenzen für den Verkäufer

*Der größte Mangel in den zwischenmenschlichen Beziehungen des anbre-
chenden dritten Jahrtausends ist anerkennende Nähe, Wärme und Geborgenheit. Daher muss die Zukunft des Verkaufs in Beziehungen liegen.*

Diese Prognose einer grundlegenden Prämisse für künftige Erfolge fällt vor dem Hintergrund dieser Entwicklungen leicht.

Kunden sind Menschen, die nicht nach Systematisierungen oder Prozessprogrammen „funktionieren":

❑ Kunden erwarten Anerkennung, individuelle Wertschätzung, Aufmerksamkeit und Zuwendung, Betreuung und Service.
❑ Kunden suchen Verständnis, Vertrauen, Zuverlässigkeit, Redlichkeit, und auch „Gleichklang".
❑ Und selbst „eiskalte" Einkäufer tragen zutiefst in sich das menschliche Bedürfnis nach „Kontakt". Der Mensch will verstanden werden, akzeptiert, gewürdigt und anerkannt.

Der Mensch braucht „Nähe", die ihm keine noch so perfekte Produktpräsentation, keine noch so freundliche „Stimme" an der Hotline vermitteln kann, wenn die Antworten vor Inkompetenz triefen. Der *Mensch sucht Übereinstimmung in den Erfahrungen und Gesprächsthemen*, das heißt *Harmonie* – sei es über Automarke, Hunderasse, Kinder, Haus und Garten, bürokratische Schikanen, Krankheit oder Hobby. Vorsicht dabei aber vor der Politik, da lässt sich gar zu schnell und trefflich streiten. Und der Kunde wird in seinen in Jahren verwurzelten Einstellungen verletzt. Politik ist daher rundweg „tabu" im Gespräch mit dem Kunden.

Menschen suchen Nähe.

In den frühen 90er Jahren machte eine Firma durch eine Werbekampagne mit Lippen auf sich aufmerksam. Im Werbespot versprach man, dass eine neue Liebe beginne – sonst nichts.

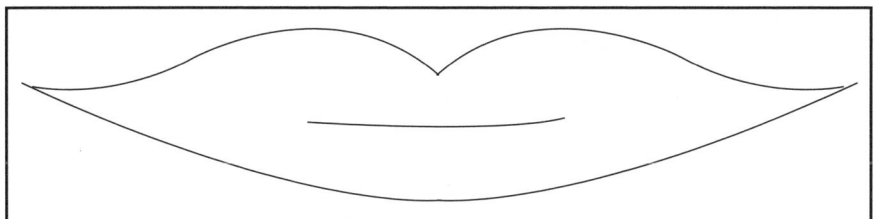

Das Rätsel wurde mit der zweiten Anzeigen- bzw. TV-Spot-Serie geklärt. Die küssenden Lippen sagten „Daewoo, eine neue Liebe beginnt". Die damals beabsichtigte Bekanntheitsquote von 40% wurde auf 85% getrimmt. Man hatte das innerste menschliche Bedürfnis nach Nähe erfüllt.

Für das erfolgreiche Verkaufen von morgen und übermorgen müssen alle lernen,

- ❑ mehr „menschliche Nähe" zu zeigen,
- ❑ mehr Einfühlungsvermögen in den Kunden zu beweisen,
- ❑ mehr fürsorgliche und hilfsbereite „menschliche Wärme" zu vermitteln.

Der Kunde muss als Mensch hinter der „Funktion Kunde" wahrgenommen und angesprochen werden. *Beziehungen lösen Lieferverbindungen ab.*

Nachhaltiges Eingehen auf den Kunden und seine Bedürfnisse beflügelt den einzelnen Verkaufsabschluss. Aus dem momentanen Kunden-Anliegen müssen wir lernen, Pläne für eine *gemeinsame Zukunft* zu schmieden. Weil im systemorientierten Management aber auch Beziehungen „organisiert" und „standardisiert" werden müssen, dreht sich zum Start ins dritte Jahrtausend alles um „*CRM*", um *Customer Relationship Management*. Beziehungen aber „funktionieren" trotz aller methodischen „CRM"-Ansätze weniger über Systeme und perfekte Organisation als vielmehr über soziale und emotionale

Zwischenmenschlich statt zwischenapparatig

Fähigkeiten von Menschen. *Soziale und emotionale Kompetenz werden bei weithin identischen Produkten über Erfolg und Misserfolg entscheiden. Das Motto kann nur heißen: Zwischenmenschlich statt zwischenapparatig.*

Der große Wertewandel

Alles redet vom Wertewandel.

Doch wissen wir eigentlich, was Werte an sich sind? Ist ein Wert immer materiell messbar? Und wissen wir andererseits, was sich da gewandelt haben soll? Beide Fragen zu beantworten ist höchst interessant, reden wir doch beim Kunden von Wertschöpfung und sind dabei von seinen höchst individuellen Wertvorstellungen abhängig.

Was sind Werte? Millionär zu sein? Gesund zu sein? Eine glückliche Familie zu haben? Geschickt und überzeugend auftreten und gewandt reden zu können? Vor sich selbst keine Scham zu haben? Anderen nützlich und hilfreich zu sein? Geltung zu genießen? *So viele Menschen die Erde bevölkern, so viele individuell zusammengefügte „Wertvorstellungs-Kombinationen" gibt es.*

Werte des Menschen – eine bunte Vielfalt

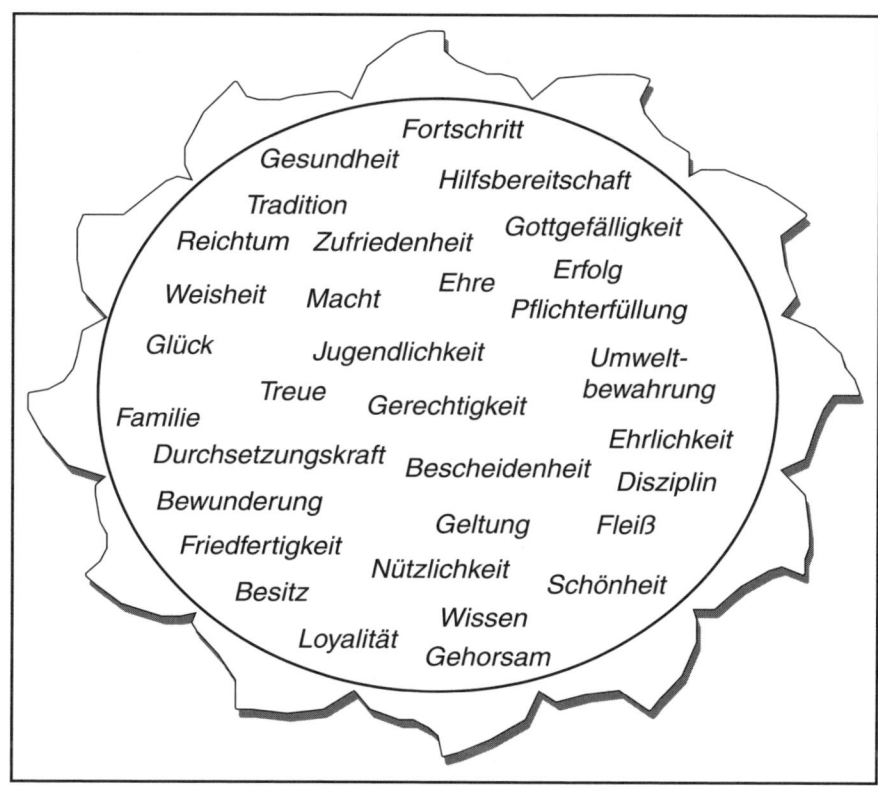

Menschliche Werte und „Wertschätzungen" sind nicht absolut. *Jeder Mensch hat seine ganz eigene innere Werte-Ordnung.* Natürlich sind hundert Euro hundert Euro. Aber dem einen sichern sie den Lebensunterhalt für eine ganze Woche, der andere zündet sich überheblich damit die Zigarre an. *Werte sind höchst subjektiv,* sogar dann, wenn sie objektiv „definiert" sind. Was niemand will, hat keinen Wert. Und doch lässt sich aus „Wertlosem" sehr schnell „Wertvolles" machen. Künstler wie Joseph Beuys oder Andy Warhol sind der Beweis dafür. *Was selten ist oder knapp und von vielen begehrt wird, hat hohen Wert.*

Werte entwickeln sich auch höchst unterschiedlich von Kultur zu Kultur und von Epoche zu Epoche. Was heute als „alter Zopf" gilt, war einst höchste Eleganz. „Making money" gilt dem Amerikaner als höchster Wert, aber dem buddhistischen Mönch als Versuchung und als Abkehr vom „Geist des Lebens". Was den einen Hochhalten und Pflege der Vergangenheit, ist den anderen davoneilender Fortschrittsglaube.

Jeder Mensch hat seine eigene Werte-Ordnung.

Wertesysteme haben schon viele Kriege ausgelöst, denn Wertegemeinschaften versuchen immer wieder anderen Wertegemeinschaften ihr Wertverständnis aufzuzwingen.

Zerfällt das individuelle oder das gesellschaftliche Wertesystem, so zerfällt häufig auch der *Glaube in die Zukunft. Wertesysteme überleben nur durch ständigen Wandel.* Das gilt ebenso für menschliche Eigenschaften und *Verhaltensweisen* wie auch für *Charaktereigenschaften* und *„Tugenden".* Die einen treten zurück, andere rücken nach vorne. Manche gelten immer weniger, auf andere legen die Menschen mehr und mehr Wert. Wohin der Wandel geht, das erwächst aus der Gesamtentwicklung einer Gesellschaft.

Alles ist im Fluss. Auch jeder Verkäufer bewegt sich in diesem *Spannungsfeld der permanenten Werte-Entwicklung.* Als junger Mensch sehne ich mich nach Werten wie Auto, Familie und Haus, im Alter dann eher nach Geborgenheit, Ruhe und Glückseligkeit.

Und natürlich stehen auch die Kunden in diesem unaufhörlichen Fluss der Werte. Vor allem: Jeder Mensch steht an einem anderen Punkt in dieser unaufhaltsamen Strömung. Dennoch aber sind übergreifende Trends erkennbar.

Die Gesellschaft unterlag in den letzten 50 bis 100 Jahren in Mitteleuropa einem starken Wandel. Krieg und Wirtschaftswunder, Quantensprünge der Technik und elementare soziographische Veränderungen prägten unsere Werterweiterung entscheidend. Manche von unseren Großeltern noch hoch gehaltene Werte werden heute belächelt. Andere, die stärker geworden sind, gehen zu Lasten des Gemeinwohls.

Aktuelle Werteströmungen	
Werte tendenziell im Abstieg ⇓	**Werte tendenziell im Aufwind** ⇑
Fleiß	Bequemlichkeit
Disziplin	Freiheit
Pflichterfüllung	(Lebens-)Genuss, Selbstverwirklichung, Rechte
Traditionsverbundenheit	Trend-Gefolgschaft, Mode

Aktuelle Werteströmungen	
Werte tendenziell im Abstieg ⇓	**Werte tendenziell im Aufwind** ⇑
Stabilität, Kontinuität	Entdeckerfreude, Abenteuerlust, Gestaltungswille
Gehorsam	Eigenverantwortung, Mitwirkung
Treue	Flexibilität, Wechselbereitschaft
Dienstbereitschaft	Anspruchsdenken
Hilfsbereitschaft, Gemeinsinn	Egoismus, Ich-Bezogenheit
Bescheidenheit	Komfort-Erwartung, Luxus-Liebe
Prinzipientreue	Entscheidungsfreiheit, Unabhängigkeit
Pünktlichkeit	Ungebundenheit
Gläubigkeit (Religiosität)	Freidenken, Atheismus
Anerkennung von Obrigkeit	„Ego-Trip"
Ehrlichkeit	Opportunismus
Allgemeinbildung (humanistische Bildung)	Spezialwissen, Expertenwissen
Besitz	Nutzen, Zweckdienlichkeit

Die Zukunft unseres abendländischen bzw. westlichen Werte-Systems wird sich wohl weniger an Gen-Forschung und Bio-Technologie entscheiden, als vielmehr an „ethischen Werten", wie zum Beispiel am *Umgang mit der Globalisierung der Wirtschaft,* am *Umgang mit den Ressourcen und Grenzen der Natur* und, last but not least, am *Umgang der Menschen miteinander*: Zumindest eine halbwegs stabile soziale Gerechtigkeit muss allmählich einkehren, nicht nur innerhalb staatlicher Grenzen, sondern global, sonst werden irgendwann die ordnenden Dämme brechen .

Kurzfristig gedachtes Gewinnstreben (die Schlagworte sind „Shareholder-Value" und „Quarterly Thinking") beherrscht die Management-Etagen. Das Ziel liegt darin, in der Wertschätzung durch die Kapitalgeber möglichst gut dazustehen. Als Indiz gilt der Aktienkurs und damit die Bewertung des Unternehmens. Auf Teufel komm raus wird also in den Unternehmen *Quarterly-Polishing* betrieben. Um in den von der Börse geforderten Quartalsberichten möglichst gut dazustehen, werden *Ziele und Vorgaben* kurzfristig und sprunghaft verändert, Umsätze verlagert, Planungen nicht selten auf den Kopf gestellt.

Wo bleibt die gesellschaftlich-soziale Verantwortung?

„In einer Welt, in der wirtschaftlicher Erfolg zum Maß aller Dinge hochstilisiert wird, hat es Moral natürlich schwer. Sie wird als Wachstumsbremse, als Handlungshemmnis oder als Freiheitsbeschränkung diskreditiert".

Prof. Dr. Ernst Ulrich von Weizsäcker

Erste Anzeichen signalisieren allerdings einen *kommenden Wertewandel in den Unternehmen* und zeigen erste Abkehr-Tendenzen vom reinen Denken in „Shareholder-Value". Am Fraunhofer-Institut für Arbeitswirtschaft und Organisation in Stuttgart fordert zum Beispiel Dr. Bernhard von Mutius die „wertebalancierte Unternehmensführung" (siehe Grafik unten).

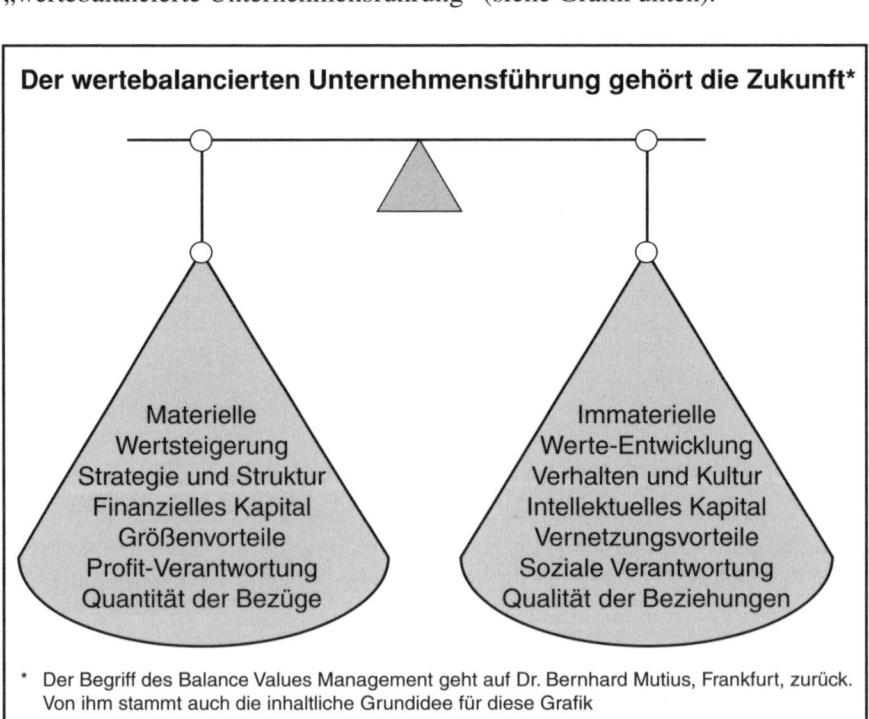

Der wertebalancierten Unternehmensführung gehört die Zukunft*

Materielle	Immaterielle
Wertsteigerung	Werte-Entwicklung
Strategie und Struktur	Verhalten und Kultur
Finanzielles Kapital	Intellektuelles Kapital
Größenvorteile	Vernetzungsvorteile
Profit-Verantwortung	Soziale Verantwortung
Quantität der Bezüge	Qualität der Beziehungen

* Der Begriff des Balance Values Management geht auf Dr. Bernhard Mutius, Frankfurt, zurück. Von ihm stammt auch die inhaltliche Grundidee für diese Grafik

Der Chemiekonzern BASF (Ludwigshafen) publizierte für das Jahr 2001 erstmals einen von unabhängigen Prüfern zertifizierten „Bericht zur Gesellschaftlichen Verantwortung".

Die größte deutsche Fonds-Gesellschaft, die DWS, orientiert sich z.B. bei Entscheidungen, welche Unternehmen ins Portefeuille genommen werden, an einem Bewertungssystem, das auch „ethische" Werte berücksichtigt: z.B. Management-Qualität und -Tiefe, Beherrschbarkeit des Unternehmenswachstums, Umweltverhalten, Unternehmensphilosophie, Zukunftsausrichtung.

„Ethik ist die Wissenschaft von der menschlichen Pflicht."

David Swing

Maslow ordnete einst die Werte des Menschen in der bekannten „*Bedürfnispyramide*": Wer Hunger hat, zeigt wenig Wertschätzung für höhere kulturelle Werte. Wer aber seine „Vital-Bedürfnisse" gestillt hat, wendet sich „Höherem" zu: Geselligkeit, Kultur, sozialen Aufgaben oder auch der Fürsorge für die Umwelt. Den Menschen der postindustriellen Gesellschaften aber geht *Subjektivität über alles*. Sie scheinen überindividuelle Werte zurückzustellen hinter ich-bezogenen Werten wie *Selbstverwirklichung* und *Erlebnishunger*.

Diese nun bekannten tendenziellen Werte-Verschiebungen lassen sich erfolgversprechend in die persönlichen Anstrengungen des Verkäufers einfügen. Das heißt: *Tendenziell aufsteigende Werte* (siehe Tabelle S. 32/33) *müssen stärker angesprochen werden*. Solch verstärkte Ansprache schlägt sich in den folgenden Punkten nieder:

1. Den Kaufprozess erleichtern.
2. Ehrliche Wertschätzung des Kunden auf Dauer erarbeiten.
3. Höhere Kontaktfrequenz mit Kunden pflegen.
4. Vermittlung von mehr Spaß beim Kaufprozess beachten.
5. Ausgeprägte Hilfeleistung gegenüber dem Kunden zeigen.
6. Verstärkte Erneuerungs-Freudigkeit als Verkäufer wahrnehmen.
7. Ständig höchste Aufmerksamkeit gewährleisten.
8. Stärkere Einbeziehung des Kunden in die Zusammenarbeit anstreben.

Längerfristig allerdings kommt der Verkäufer nicht darum herum, sein bislang gewohntes Denken und Handeln von Grund auf in Frage zu stellen, sich von Vorhandenem und Althergebrachtem zu lösen und sich so frei zu machen für neue Ansätze, die es ihm ermöglichen, sich auf die in höchstem Maße individuellen Werte der Kunden einzustellen.

Eine Reihe von *Prüfpunkten* kann hilfreich sein, sich auf die *Herausforderungen* von morgen einzustellen. Dabei jedoch genügt es nicht, die Fragen nur nickend zu überlesen, sondern es geht dabei darum, sich mit Papier und Stift zu rüsten und zu jedem Prüf-Punkt ehrlich und offen die persönlichen Antworten zu überlegen und festzuhalten. Das bedarf einiger Zeit, eines guten Quäntchens Geduld und vor allem anstrengender, oft auch unbequemer Denk-Arbeit in Richtung nüchterner Selbstanalyse. Am besten ist es, die nun folgenden Prüf-Punkte zu kopieren und sich der Selbstprüfung in einer ruhigen Stunde zu unterziehen.

Den Wertewandel nutzen!

Die entscheidenden Prüfpunkte für den Aufbruch zu künftigen Spitzen-Erfolgen, zu begeisterndem Sales Spirit®

1. **Welche Werteveränderungen zeichnen sich ab?**

   ❑ Was signalisieren uns diese Trends?
   ❑ Worauf können wir (ich) aktiv einwirken … und wie?

2. **Welches Wertebild (Art und Dominanz) entspricht meinem eigenen Ego?**

   ❑ Welche Werte sind für mich „morgen" wichtig?
   ❑ Wie lässt sich meine Veränderungsbereitschaft definieren?
   ❑ Welche Toleranz habe ich gegenüber anderen Werten?

3. **Wie ist das Wertesystem (Inhalt und Bedeutung) des eigenen Unternehmens zu beschreiben?**

   ❑ Welche Werte sind zukünftig für uns wichtiger?
   ❑ Wie hoch ist die Bereitschaft zur Veränderung einzustufen?
   ❑ Welche Einflussmöglichkeiten bestehen?

---

4. Welche Werte schafft die zu verkaufende Leistung?

- ❑ Welche objektiven Werte vermitteln Leistungen dem Kunden?
- ❑ Welche subjektiven Werte kann die Leistung erfüllen?

Den Wertewandel nutzen!

Wunsch des Kunden nach	Erfüllungsgrad			
	–	0	+	++
quantifizierbarem Nutzen/Gewinn				
problemlosem Einkauf (bequem etc.)				
Verlässlichkeit/Sicherheit				
Mitwirkung/Einbeziehung				
Entscheidungsfreiheit (-freude)				
Freundschaft (Harmonie, „Familie")				

- ❑ Auf welche Zukunftstrends laufen die Planungen hin?
- ❑ Welche Änderungschancen am Werte-Profil für unsere Leistungen sind zu erkennen?

5. Inwieweit gehe ich als Verkäufer auf die individuellen Werte meiner Kunden/Interessenten ein?

- ❑ Stelle ich genügend Fragen, habe ich echtes Interesse an dem, was den Kunden wirklich interessiert und an seinen Werten?
- ❑ Was tue ich ständig, um einfach mehr Interesse an anderen zu entwickeln?

Irritierende Trends und mögliche Auswege

Wir sehen die Zukunft mit gemischten Gefühlen, mit Vorfreude oder Angst. Und weil der Mensch gerne wüsste, was die Zukunft so bringt, hörte er schon immer auf die, die vorgaben, sie zu kennen: Sterndeuter, Wahrsager, wissenschaftliche Prognostiker und Berater.

„Angst ist für die Seele ebenso gesund wie ein Bad für den Körper."

Maxim Gorki

Entscheidend ist, dass wir die Zukunft einfach selbst mitgestalten. Dann ist die Überraschung gering, die Vorfreude groß, die Angst eliminiert, sie mahnt nur noch zur Vorsicht.

Sales Spirit® muss also geschaffen werden, kommt nicht von selbst. Nur Tagträumer glauben, ein Wunder würde alles regeln.

„Per aspera ad astra"

Seneca

Wer keine Lust verspürt, Verkaufen in Zukunft als große Chance zu sehen, sein Glück selbst auf den Weg zu bringen, der lebt auch keinen kraftvollen Sales Spirit®.

Natürlich kann der Weg der Zukunft dornig sein: „Per aspera ad astra" mahnte Seneca im „Rasenden Herkules", was soviel heißt wie, dass es zu den Sternen nur über raue Wege geht. Freuen wir uns also über die Unebenheiten der Zukunft. Sie sind Herausforderungen für die Tüchtigen, die sich motivieren mit: „Weil es schwierig ist braucht man mich!"

Unbekanntes macht natürlich unsicher, macht Angst. Das ist ein völlig natürlicher Ur-Instinkt des Menschen.

Auf Angst gibt es grundsätzlich zwei konträre Reaktionen: *kämpfen oder flüchten. Ängste können real sein oder eingebildet. Manche Ängste sind begründet, andere sind herbeigeredet.* Erstaunlich allerdings, wie oft „herbeigeredetes Unheil" dann wirklich eintrifft. Von *„Selffulfilling Prophecy"* sprechen die Psychologen. Schon in der Bibel steht bei Hiob, 3,25: „Denn ich fürchtete einen Schrecken, und er traf mich, und wovor mir bangte, das kam über mich."

Ängste machen krank – das weiß schon die Spruchweisheit. Wie also lassen sich Ängste überwinden? Oder wie lässt sich verhindern, dass Angst überhaupt erst entsteht?

Psychologen raten, eine *Angst „mental erfolgreich zu durchwandern".* In der Psyche und im Gespräch mit dem Therapeuten werden in bildhaften Vorstellungen Angst machende Situationen erfolgreich überwunden. Dahinter steht als Erkenntnis, dass eine Situation, die bereits einmal erfolgreich durchlebt wurde, beim nächsten Eintreten keine Angst mehr auslöst oder zumindest deutlich weniger.

Ähnlich wird im praktischen *Verkaufs-Training* verfahren: Neue Verkäufer überwinden unnötigen Respekt vor dem Kundenbesuch, indem sie zunächst mit einem erfahrenen „Verkaufs-Profi" mitreisen, der auch schwierige Situationen sicher überwindet. Andersherum ist es oft auch hilfreich, einen Kollegen zu begleiten, der selbst noch etwas unsicher ist.

Das führt zur Erfahrung: „Wenn der es schafft, dann schaffe ich es allemal." Auch in *Verkäufer-Seminaren* werden konkrete Situationen des Kunden-Gesprächs in Rollenspielen geübt und dann gemeinsam mit dem Trainer analysiert. So entstehen im Unterbewusstsein verfügbare *Erfahrungen zur Bewältigung schwieriger realer Situationen.* Erfahrene Verkaufs-Trainer bauen zwar Hürden in die Übungen ein, sorgen aber dafür, dass letztendlich *die trainierenden Verkäufer immer „gewinnen" und „gut aussehen".* Denn nur so kann vorab die *Angst vor dem Kunden-Gespräch überwunden* werden. Der Verkäufer erlebt im professionell geführten Verkaufs-Training, wie er seine Leistung von Tag zu Tag verbessert. Er kann dies in den Video-Aufzeichnungen selbst bewundern. So steigert sich der innere Mut und Tatendrang, auch bei schwierigsten Kunden zu bestehen.

Pessimisten und *Optimisten* werden seit eh und je anhand der Wasserglas-Perspektive (halbvoll versus halbleer) unterschieden: Optimisten nehmen oft Gewitterwolken gar nicht wahr und werden sich über die Gefahren von Blitz und Donner erst bewusst, wenn sie den sicheren Unterstand erreicht haben. *Pessimisten befürchten stets das Schlimmste,* machen aus jeder „Gelegenheit" ein „Problem" und sind dann total erstaunt, wenn sie erleben, dass die Wirklichkeit wieder mal weit weniger schlimm war als die mental aufgebauschte Angst vor einem „worst case". Optimisten sehen in jeder Herausforderung eine neue Chance.

Nur Training stählt den Geist.

Die alltägliche *Angst des Verkäufers* ist fokussiert auf das *„Nein" des Kunden.* Ein „Nein" schon zum Termin oder ein „Nein" zu einer Bestellung. Ein paar Mal „Nein" hintereinander und die Angst des Verkäufers vor dem nächsten Kunden wächst schnell ins Unermessliche, zuweilen bis hin zur *Lähmung,* also zur psychischen Unfähigkeit, Termine zu vereinbaren, Kunden zu besuchen, den nächsten Auftrag anzusteuern.

Verkäufer stehen heute auch unter ständig steigendem *Leistungsdruck.* Nur die Besten gelten weithin als Messlatte für das gesamte Team (Benchmarking). Anerkennung (und auch Einkommen) hängen davon ab, mit den Besten mithalten zu können. Die Angst abzufallen, mit dem Tempo nicht mehr Schritt halten zu können, grassiert in den meisten Verkaufs-Organisationen. *„Angst fressen Seele auf",* so der Titel eines bekannten Spielfilms von R. W. Fassbinder. *Angst führt zu Depressionen, lähmt und macht krank.*

Die Angst vor dem NEIN lähmt.

Wie gelingt es, dem *Teufelskreis von demotivierendem Druck und Angst zu entfliehen?* Wie gelingt es, Leistungsdruck mit Lebenslust zu verbinden? *Sportler können da ein gutes Vorbild sein.* Siegeswille, Ehrgeiz und oft sogar „Gier" nach immer höheren Herausforderungen, gepaart mit Selbstdisziplin, Trainingsfleiß, bewusster Lebensgestaltung, Balance zwischen Anspannung im Training und Entspannung in der Freizeit, Loslassen können, also den inneren Blick zeitweise völlig abwenden können vom ehrgeizigen Ziel – das sind ihre bewährten Rezepte. Dabei ist Doping die verderbliche Krücke derjenigen, die mit den natürlichen Rezepten scheitern.

Glücklich auch, wer in der *Familie* seinen *festen Halt* hat und seinen sicheren *Rückzug* aus dem Leistungsstress. Kinderlachen ist gewiss einer der stärksten Energiespender für den nächsten Tag oder die nächste Woche. Und ebenso der/die Partner/in, die auffangen und Rückhalt geben, die Verständnis haben und zeigen, und die fürsorglich und mitdenkend das Abschalten und Auftanken begleiten und zum Ausgleich motivieren.

Also …

- ❏ Lieben:
  Den Verkäufer-Beruf lieben anstatt den Alltag fürchten.
- ❏ Wissen:
  Verkaufen hat eine unverzichtbare Funktion für das Wachstum der Wirtschaft.
- ❏ Realisieren:
  Ohne Verkauf gibt es keinen Fortschritt.
- ❏ Nutzen:
  Nirgendwo lernt man so viele wertvolle Menschen kennen wie hier.
- ❏ Genießen:
  Die Gestaltungsfreiheit für Erfolg kennt keine Grenzen.

Zwölf Erfolgsrezepte zur Angstprävention:

1. Herausforderungen und Chancen sehen statt „Probleme" und „Gefahren".
2. Eigene Kräfte richtig einschätzen, sich was zutrauen, aber sich nicht übernehmen.
3. Die „Latte" etwas höher legen als es die Bequemlichkeit gerne hätte.
4. Siegeswillen und auch gesunden Ehrgeiz kultivieren.
5. Das tägliche Leben sortieren und ordnen.
6. Die Zeit sinnvoll aufteilen und planen.
7. Balance finden zwischen Anspannung und Entspannung.
8. Ausgleich pflegen, ein echtes Hobby haben.
9. Selbstdisziplin in der Lebensweise.
10. Abschalten lernen, „kreative Pausen" einlegen.
11. Signale beobachten und Trends erkennen.
12. Soziale Kontakte pflegen.

Vier Entwicklungen sind es vor allem, die zum Beginn des dritten Jahrtausends manchen Verkäufern schlaflose Nächte bereiten:

1. *Die Fusionitis mit ständig neuen Entscheidern*
2. *Die Bürde der zunehmenden Verantwortung*
3. *Verlust an Stabilität und Kontinuität in der Lebensplanung*
4. *Neue Medien als Alternative zum klassischen Verkauf*

Es ist nützlich und hilfreich, sich mit diesen Veränderungen intensiv zu beschäftigen, denn sie bringen neue Bedrohungen und *große Herausforderungen* mit sich. Doch gerade darin stecken *enorme Chancen* für die Besten.

Die Fusionitis mit ständig neuen Entscheidern

Finanz-Management rückt für die Unternehmenssteuerung immer stärker in den Mittelpunkt. Die *Controller* geben die Richtung vor. Komplette Unternehmensteile werden über Nacht verkauft, wenn für den Erlös anderswo höhere *Renditen* winken. *Fusionen* und *Aufkäufe* werden (sofern es nicht um reine Macht-Ansammlung geht) nach der Zahl der einsparbaren Mitarbeiter und der damit verbundenen *Kostenersparnis entschieden*. Unternehmen werden immer weniger nach menschlichen Aspekten gesteuert, sondern über *Kennzahlen*. Es sind die *Computer-Programme*, die „Optimal-Werte" vorgeben, und die deren Erreichungsgrad kontrollieren. Gnadenlos monieren die Statistiken *ohne Rücksicht auf individuelle Aspekte* jedes „Defizit". Zurückbleiben führt schnell zum Ausscheiden.

Ob Auto oder Pharma, ob Banken oder Versicherungen, ob Elektrobranche oder Maschinenbau – mit Fusionen wird die Führerschaft im Markt angestrebt. *„Der Größte sein" ist vielfach Ziel* des Top-Managements. Mit *Marktführerschaft* verbindet sich die Hoffnung, die Richtung vorgeben zu können und die Existenz zu sichern.

Innovationen werden immer schwieriger, verschlingen immer mehr Forschungs- und Entwicklungsaufwand und auch Investitionen in die Markteinführung. Die Überzeugung geht um, dass nur die „Großen" da auf Dauer mithalten können, obwohl es meist „Kleine" sind oder sogar „Kleinste", die mit Durchbrüchen neue Märkte öffnen. Das Resultat: Diese Kleinen werden dann ganz schnell aufgekauft und im Verbund des bürokratisierten Groß-Konzerns geht deren Kreativkraft schnell verloren.

Wenig überlegt wird bei Fusionen immer wieder, ob denn die *Kulturen* der zusammengeworfenen Unternehmen *zusammenpassen*. Nur zwei Beispiele: Die gescheiterte Fusion von BMW mit Rover bescherte dem Münchner Auto-Konzern Milliardenverluste. Die Fusion von Daimler mit Chrysler stürzte den deutschen „Edel-Konzern" anfänglich in Kursabgründe und zwang den einst kerngesunden deutschen Daimler-Konzern zu harten Überlebenskämpfen an fernen Standorten.

Management-Glosse:
Ein Huhn und ein Schwein beschließen zu fusionieren.
„Was wollen wir produzieren?", fragt das Schwein.
„Nun, Ham & Eggs!", sagt das Huhn.
Meint das Schwein nach kurzer Überlegung: „Bist du verrückt,
da geht ja einer von uns beiden hopps!" – „Klar", sagt das Huhn listig,
„das ist bei einer Fusion immer so!"

Unternehmenskultur äußert sich im *Verhalten nach Außen* ebenso wie nach Innen, d.h. im *internen Umgang miteinander.* Sie wird geprägt von den Einstellungen und Zielen des Managements ebenso wie von Einstellungen und Verhaltensweisen der Mitarbeiter. Die *Verkäufer sind die wichtige Nahtstelle.* *An Verkäufern erlebt der Kunde ganz persönlich unterschiedliche Unternehmenskulturen.* Verkäufer haben also hohen Einfluss auf die Wahrnehmung eines Unternehmens durch die Kunden und sie sind daher auch ihrerseits prägender Faktor einer Unternehmenskultur. *Am Verkäufer macht der Kunde seine Einschätzung des Unternehmens fest:* Vertrauen oder Misstrauen, Gelegenheitskauf oder feste Stammbeziehung, rationale Zufriedenheit oder emotionale Begeisterung.

Die Herausforderung:

Auffassungsgabe und begeisternde *Veränderungsbereitschaft* sind gefordert. Der *Verkäufer ist der Botschafter des Unternehmens.* Er übermittelt Neuerungen an die Kunden oder beruhigt deren Befürchtungen, gerade bei Fusionen. Das nennt sich Sales Spirit®.

Die Bürde der zunehmenden Verantwortung

„Empowerment" ist ein Mode-Begriff aus den USA. Er besagt: Mitarbeiter sollen stärker in die *Ergebnis-Verantwortung* einbezogen werden. Ziele von Mitarbeitern und Unternehmen sollen zusammenpassen. Damit sollen Motivation und Leistung gesteigert werden, sowohl in der Menge, aber vor allem

auch in der Qualität. Bekannt ist, dass zwischen der zu übernehmenden *Verantwortung und den übertragenen Befugnissen Ausgewogenheit herrschen muss*. Niemand kann Leistungsverantwortung tragen, wenn er nicht die Befugnisse hat, auf die Leistungserstellung einzuwirken. Hier gibt es allerdings Nachholbedarf.

Befugnisse zu übertragen fällt den Führungskräften nicht leicht. Sie haben Angst, dass damit leichtfertig umgegangen wird. Machen wir es unserem Chef leicht: Trainieren wir unsere Verkaufskünste bis zur Perfektion. Unser Sales Spirit® verleiht den Bossen Flügel.

„Der Preis der Größe heißt Verantwortung."

Sir Winston Churchill

Teamwork ist fruchtbar, zweifelsohne. Mehrere Köpfe haben mehr Erfolgsideen als ein Kopf. Zusammenarbeiten spornt an und steigert nachweislich die Gesamtleistung. Viele *Entscheidungen werden heute ja auch auf Teams verlagert* („Projektgruppen", „Task-Forces" etc.) – in vielen Fällen allerdings auch deshalb, weil einzelne keine Verantwortung auf sich nehmen wollen. Erreicht das Team nicht das erwartete Ergebnis, so kann sich jeder ducken und Verantwortung ablehnen. Doch solche *Flucht aus der Verantwortung* kann verheerende Folgen haben für ein Unternehmen. *Der Erfolg hat viele Väter, der Misserfolg bleibt immer ein Waisenkind.* Statt nach Auswegen zur Verbesserung zu suchen, werden die Kräfte sinnlos vergeudet bei der Suche nach Schuldigen.

Eng mit dem Umgang mit Verantwortung verbunden ist damit die Frage: *Wie wird in einem Unternehmen mit Fehlern und Misserfolgen umgegangen?* Ist die Bestrafung der Schuldigen wichtiger oder das *Vermeiden* gleicher oder ähnlicher Fehler in der Zukunft? *Aus Fehlern lernen macht Fehler fruchtbar.* Unvollkommenheit ist unentrinnbares Schicksal des Menschen, somit also auch die Möglichkeit, „Fehler" zu machen. Die östliche Philosophie des „Kaizen" basiert auf der Erkenntnis, dass es *im menschlich-irdischen Leben nie Vollkommenheit geben kann, aber ständige Verbesserung.* „Der Weg ist das Ziel": Ständige Schritte, seien sie noch so klein und scheinbar unbedeutend, lassen Prozesse oder Dinge besser werden.

Die Herausforderung:

Die Ursache vieler innerbetrieblicher Spannungen liegt im *„Kästchen-Denken":* Bequem ist, sich herauszuhalten nach dem Motto „Ist nicht mein Ressort". Diese Flucht aus der Verantwortung führt zum Dauer-Sport mit der Grundregel „Schuld ist immer der andere". *Gewinnbringendes Empowerment* aber gelingt nur dann, wenn unternehmensinterne „Schnittstellen" sich von Reibungsflächen zu *Verbindungs- und Verzahnungsmechanismen* wandeln. Das Rezept heißt also: *über den Tellerrand hinausschauen und sich mit-verantwortlich fühlen für alle Aufgaben und Kontakte, die mit dem Kunden ablaufen.* Auch für die Verantwortung der Kollegen. Mehr dazu im Kapitel über Team-Selling, dem Sales Spirit® aller.

Verlust an Stabilität und Kontinuität in der Lebensplanung

In der Zeit der Zünfte wurde der Beruf und damit die Werkstatt und das hand-werkliche Know-how über Generationen an den Ältesten weitervererbt. Noch vor ein paar Jahrzehnten wurden diejenigen hoch geehrt, die 30, 40 oder gar 50 Jahre einem Unternehmen „treu gedient" hatten. Am Anfang des Berufslebens stand die Ausbildung. Der erlernte Beruf wurde dann ein Leben lang ausgeübt. Für viele war es schwierig, sich auf neue Maschinen umzu-stellen, auf technische Neuerungen. Als in den 60er Jahren die ersten elektro-nischen Buchungsmaschinen aufkamen, gab es viele Buchhalter, die heim-lich in der Schublade ihre manuelle Buchhaltung weiterführten, weil sie der neuen Maschine nicht trauten.

Heute hat erlerntes *Wissen höchstens noch eine Halbwertzeit* [1] *von drei, fünf bis maximal zehn Jahren*, je nach Disziplin. Die Entwicklung von Technolo-gien und darauf basierenden neuen Systemen in Kommunikation, Arbeits- und Konsumwelt und im gesamten Lebensumfeld hat ein Tempo erreicht, das *ständiges Nachlernen*, sogar immer *wiederkehrendes Neu-Lernen* unum-gänglich macht. Manches Wissen muss „entrümpelt" werden. Trendforscher Gerd Gehrken nennt das „entlernen", das heißt: Gelerntes, Gewohntes muss abgestreift werden, um (geistigen) Platz für das Neue zu schaffen.

Leben ist lebens-langes Lernen.

Mehrmaliger *Berufswechsel* im Lauf des Lebens ist weithin verbreitet. Man-che Berufe wurden völlig überflüssig, andere entstehen völlig neu. *Langfris-tige Lebensplanungen tragen nicht mehr. Lebenslange Flexibilität tritt an die Stelle langfristiger Lebensplanung.*

> *„Menschen widersetzen sich nicht dem Wandel, sie widersetzen sich dem Versuch, gewandelt zu werden"*, sagte Unternehmensberater Dr. Reinhard Sprenger. Wer sich aber nach dieser Maxime verhält, ist nicht bereit, die Zukunft mitzugestalten. *„Die Zukunft ist auch nicht mehr das, was sie mal war"* ironisiert ein Schlagwort das Festhalten am Hergebrachten.
> *„Wer zu spät kommt, den bestraft das Leben"* – diese Einsicht von Michail

---

[1]   Als „Halbwertzeit des Wissens" wird die Zeitspanne bezeichnet, in der etwa die Hälfte des zum Zeitpunkt X vor-handenen Wissens veraltet, also überholt ist und durch neue Erkenntnisse ersetzt ist.

Gorbatschow ist das wohl berühmteste und treffendste politische Schlagwort des vergangenen Jahrzehnts.

Langfristiges Denken wird auch in den Unternehmen mehr und mehr durch immer kürzer laufende „Aktionspläne" ersetzt (z. B. Produkt-Einführungen, Produkt-Promotion, Neukunden-Akquise, B- und C-Kunden-Selektion, System-Umstellungen auf Computer, Online-Kontakte usw.). Technologische Entwicklung einerseits und nahezu ständige Umwälzungen am Markt, durch Fusionen, neue Produkte, neue Verfahren usw., stellen Verkäufer vor hohe Bewährungsaufgaben und führen häufig auch zu demotivierenden Versagensängsten.

Langbewährte Erfahrungen führen nicht mehr zum Erfolg. Lange Zeit erfolgreich praktizierte *Gewohnheiten werden obsolet.* Aufgebaute *Beziehungen brechen* über Nacht zusammen. *Erwartungen zerplatzen* ebenso wie persönliche Lebensplanungen.

Die Herausforderung:

Es gilt also die *persönliche Lebensplanung bewusst selbst in die Hand zu nehmen* und dabei *ständig flexibel zu bleiben*:

- ❏ Entwicklungen wachsam beobachten und Alternativen zur persönlichen Anpassung bereit haben.
- ❏ Sich hängen lassen und jammern zieht nur tiefer nach unten. Lamentierende Rückschau öffnet keine Chancen in die Zukunft.
- ❏ Die Zukunft ist nicht Schicksal, sondern die *Zukunft entsteht aus einer Fülle von Chancen und Möglichkeiten, die jeder für sich aktiv, motiviert und kraftvoll gestalten kann.*

Neue Medien als Alternative zum klassischen Verkauf

Als die Entwicklung des *Telefon-Verkaufs* einsetzte, bekam so mancher Innendienst-Mitarbeiter über das Telefon vom Kunden zu hören: „Ich warte lieber, bis Ihr Vertreter kommt." Aufträge wurden bevorzugt persönlich erteilt, wurden auf Papier niedergeschrieben, abends zur Post gebracht (später dann auf das Fax gelegt). Die „Disposition" arbeitete dann die Aufträge vom Stapel ab ... War's die schöne alte Zeit?

Seit Jahrzehnten läuft bereits der gesamte Pharmahandel über *Datenfernüber-tragung* (Dafü). Die Apotheken bestellen bei Erreichen des Mindestbestands per Dafü. Im Großhandelslager wird die Lieferung aus Einzelpackungen zu-sammengestellt – teils in erheblichem Umfang bereits automatisiert. Parallel dazu werden die Apotheker per Telefon zu Zusatzaufträgen im Bereich des frei-verkäuflichen Gesundheitssortiments motiviert. Ein Heer von Fahrern bringt bis zu dreimal pro Tag die Bestellungen zu den Apotheken.

Bei den großen Handelsketten haben *Scanner-Kassen* Einzug gehalten, die Strichcodes von jeder Packung ablesen. Jeder abverkaufte Artikel wird so im *Zentralrechner* erfasst und mit dem Lagerbestand abgeglichen. Definierte Mindestbestände lösen die Nachbestellungen automatisch online aus.

Moderne Scanning-Systeme übernehmen viele wichtige Handelsaufgaben au-tomatisch, so z. B. Lager-Optimierung, Bestandsüberwachung, Bestellung, Berechnungen von Durchlaufgeschwindigkeit oder Erträgen per Quadratzen-timeter im Regal. Im programmierten Dialog mit den Lieferanten können fort-geschrittene Systeme[2] neue Produkt- und Ausstattungsvarianten gestalten.

Standardaufträge werden in „aufgerüsteten" Systemen heute beim Kunden ins *Laptop des Verkäufers* getippt oder per MDE (Mobile-Daten-Erfassung) erfasst. Online sind die Erfassungsgeräte mit dem System der Zentrale verbunden.

Macht Technik den Verkäufer arbeitslos?

Zeitgleich erscheinen auf dem Hand-Bildschirm die *Lieferbarkeit* und die vo-raussichtliche Lieferfrist. *Preise* kommen aus der *Datenbank* und der Verkäu-fer hat keinen Einfluss mehr darauf. Sogar die Konditionen (Skonto, Zahlungs-fristen usw.) sind fest programmiert. *Verkäufer haben in solchen Systemen scheinbar ihre „Macht" verloren. Doch* sie haben jetzt durch ihr Auftreten, durch ihre persönlichen Fähigkeiten, *Kunden zu gewinnen und zu begeistern,* einen *individuell erweiterten Aktions-Radius* im Wettbewerb um den Erfolg.

Echte verkäuferische *Sonderaufgaben* können jetzt verstärkt persönlich wahrgenommen werden. Die Routinearbeiten erledigt ja die Elektronik. Das gilt vor allem für folgende Bereiche:

❑ Abverkauf forcieren
❑ Zusatzprodukte verkaufen
❑ Neu-Produkte einführen
❑ Aktionen vorbereiten und betreuen
❑ System-Umstellungen einführen

---

[2] Bekannt als Supply-Chain-Management-Systeme, abgekürzt SCM-Systeme.

❑ Abnahme-Verträge aushandeln
❑ Neu-Kunden akquirieren
❑ Persönliche Kontakte jenseits des laufenden Gesprächs pflegen

Im „*E-Commerce*" begann der Boom der Umsätze mit den Endverbrauchern („B2C" – Business to Consumer). Im Bereich Business to Business („B2B") steht heute definitives Verkaufen und Einkaufen via Internet noch ziemlich am Anfang der Entwicklung. Doch zunehmend nutzen auch Unternehmen die bequeme *Bestellung via World Wide Web*.

Mit einem Klick in die Suchmaschine lassen sich weltweite *Preisvergleiche* und Komplett-Übersichten über *alternative Lieferanten* auf den Monitor holen. Mehr und mehr Branchen-Marktplätze werden eingerichtet. Und mehr und mehr folgen Bestellungen dem preisgünstigsten Angebot. Da bedarf es schon wirklich *enger und tragfähiger Beziehungen zu den Kunden*, wenn die Versuchung nicht obsiegen soll, das „Fremdgehen" doch mal auszuprobieren.

Kunden aber wollen sich trotz aller „Neuen Medien" begehrt fühlen, sie wollen umworben, oft sogar umschmeichelt und in ihrem ganz persönlichen „Ego" aufgewertet werden. *Vertrauen* und *Kunden-Treue* bauen sich nicht über Medien und Systeme auf, sondern nur zwischen Menschen. Und alle „*Einzelfälle*" kann ein perfekter Chip nicht ersetzen. Was soll das Silizium schon antworten, wenn ein Kunde plötzlich einen lohnenswerten Auftrag an eine Preisbedingung zu knüpfen versucht? Da muss auch in Zukunft der Verkäufer persönlich ran.

Die Herausforderung:

Auf Dauer werden dem Verkäufer alle automatisierbaren Verkaufsaufgaben abgenommen. Die reine Auftragserfassung entfällt. Darin liegt die große Chance der Zukunft. So gewinnen Spitzen-Verkäufer wieder Luft für *Kunden-Kontakte mit hoher Qualität*: Wohl denjenigen, die neben der expliziten Beherrschung der neuen Medien und Techniken das *Verhandeln* nicht verlernt haben. Für sie birgt die Zukunft die besten Perspektiven. Sie brauchen keine Angst zu haben, durch Medien-Technik und Computer-Systeme ersetzt zu werden. Mit gezieltem Einsatz ihres Verhandlungsgeschicks im *Gespräch „Auge in Auge"* bleiben sie unersetzlich für *schwierige Aufgaben sowie Neukunden-Akquisition*,

Dem Verkäufer fällt die höherwertige Aufgabe zu.

Der richtige Sales Spirit® lässt abheben. *Großaufträge über harte Preisgespräche* – zukunftsorientiertes Verkaufs-Training legt daher den Schwerpunkt nicht mehr auf Verkaufs-Techniken, sondern auf die Entwicklung persönlicher Verhandlungskunst.

Neue Chancen erkennen und nutzen

Der Verkäufer mit Sales Spirit® ist ein Mensch, der nicht untergeht. Er sucht immer Chancen, sieht in der größten Schwierigkeit gerade seine Herausforderung.

> Wo Licht ist, da ist auch Schatten.
> Wo Glück ist, da ist auch Pech.
> Wo Sieg ist, da ist auch Niederlage.
> Wo Erfolg ist, da ist auch Misserfolg.
> Wo Gesundheit ist, da ist auch Leid.
> Wo Licht ist, da ist auch Dunkelheit.
> Wo Reichtum ist, da ist auch Armut.
> Höhen entstehen erst durch die Tiefen nebenan.

Gewinnen aus Fehlern und Niederlagen

Das Leben kennt stets zwei Seiten der Medaille: Wer siegen will, muss Besiegte hinter sich zurücklassen. Wer sich „besiegt" fühlt, sinnt auf Revanche, oft voller Hass sogar auf Rache. Wer aber ein Scheitern nicht als Niederlage oder gar als Untergang begreift, sondern darin eine Herausforderung zum Lernen sieht und zum Neuanfang, dem öffnen sich neue Perspektiven und neue Chancen. Alles im Leben hat zwei Aspekte.

Das aus dem Zen-Buddhismus stammende Symbol von *Yin und Yang*[3] steht für das *Ineinandergreifen unterschiedlicher, ja zuweilen scheinbar gegensätzlicher Kräfte.* Die tiefere Erklärung bezieht die dunkle Hälfte auf die in sich ruhende, tief gründende „weibliche" Seite des Lebens, die helle Seite auf die mehr unruhige, stärker beweglich und mehr nach außen tendierende „männliche" Seite des Lebens. Ganz generell steht dieses Zeichen für die *Gegensätze dieser Welt*, die stets miteinander verwoben, nie eindeutig (d. h. die gesamte Fläche füllend) ausgeprägt sind. Die ausgewogen-harmonische Verschlungenheit der beiden Felder von Yin und Yang mahnt die Menschen, nach Harmonie zu streben, nicht Gegensätze zu artikulieren.

Ebenso gilt: *Nichts Böses, in dem nicht auch etwas Gutes steckt … und umgekehrt.* Das sagt uns der weiße Punkt im schwarzen Feld und der schwarze im weißen.

Kein Verlust also, der nicht neue Chancen öffnet. Daher gilt: *Zuversicht bringt voran.* Oberhalb der Wolken scheint immer die Sonne. Es kommt immer auf die Augen des Betrachters an. *Der Blickwinkel unterscheidet Optimisten und Pessimisten.*

Es kommt drauf an, *das Beste aus der gegebenen Situation zu machen.* Jedes Desaster birgt in sich die Herausforderung „to overcome". *Erfolge, die stolz machen, entstehen im Gegenwind.*

Gerne wird auch das „*Boiled-Frog-Syndrom"* zitiert: Wird ein Frosch ins kochende Wasser geworfen, ist er in Sekunden tot. Wird der Frosch aber ins kalte Wasser gesetzt, das dann ganz langsam aber kontinuierlich erhitzt wird, so überlebt der Frosch deutlich länger. Das heißt: Auf die *Fähigkeit zur Anpassung* kommt es an.

Eine andere Fabel erzählt von den zwei Fröschen, die in ein Milchfass fielen und die hohe Kante nicht erklimmen konnten. Der eine sah nur Ausweglosigkeit, genoss noch mal in vollen Zügen die Sahne und ging unter. Der andere aber gab nicht auf, schwamm und schwamm, ruderte und ruderte, immer im Kreis. Und es wurde Nacht, und es wurde Morgen, und siehe da: Er saß auf einem Klumpen Butter, konnte sich abstoßen und hüpfte aus dem Fass. *Nicht aufgeben ist also die Devise für den Erfolg.*

> *„Laß regnen, wenn es regnen will, dem Wetter seinen Lauf; denn wenn es nicht mehr regnen will, so hört's von selber auf!"*
>
> *Johann Wolfgang von Goethe*

> *„Wenn ein Mensch das Scheitern aus seinem Leben verdrängen will, dann ist er nicht mehr am Leben."*
>
> *Johannes Galli, Freiburg*

---

[3] Ursprünglich aus der chinesischen Sheng-Zeit, 13.–11. Jahrhundert vor Chr.

Beispiel:

Fusionsbedingt verlor kürzlich eine Bekannte ihren Arbeitsplatz. Sie war hoch dotierte Managerin eines Versicherungskonzerns. Voller Enttäuschung und hörbarer Verzweiflung telefonierte sie am Samstag nach ihrem letzten Arbeitstag mit mir. „Was wirst du jetzt tun", fragte ich sie, „bekommst du denn genügend Arbeitslosengeld?" Da aber kam ihre Antwort heftig und voller Trotz: „Das gönn ich denen nicht. Niemals werd ich mich arbeitslos melden. Hab heute schon mit einer Zeitarbeitsfirma telefoniert, da kann ich am Montag erst mal als Sekretärin anfangen. Lieber weniger verdient als mich vom Staat aushalten lassen."

Kämpfen und den Kopf oben behalten, das war dieser zukunftsorientierten Frau wichtiger als zu lamentieren und sich eine bequeme Zeit zu gönnen, obwohl sie dafür jahrzehntelang ihre Beiträge bezahlt hatte. Am Freitag endete ihr eines Leben, am Montag begann ihr neues.

Kurz danach arbeite sie als „Ausgeliehene" so erfolgreich in einer Firma, dass man sie dort unbedingt behalten wollte. Mit ihr gemeinsam wurde nach einer angemessenen Position im Unternehmen gesucht und gefunden. Sales Spirit® frei nach dem Alten Fritz bedeutet: *„Aufgesessen, nach vorne blicken."* Denn Zukunft will gemanagt werden. Von uns.

> **Sales Spirit® –**
> **das sind die sieben Voraussetzungen für Erfolge im Wandel:**
>
> 1. *Nicht der Vergangenheit hinterher trauern.*
>   Das ist Geschichte, beinhaltet schöne Erinnerungen.
> 2. *Das „Morgen lässt sich gestalten.*
>   Aktiv Pläne schmieden macht Spaß.
> 3. *Nach Chancen Ausschau halten und sie ergreifen.*
>   Denn wer Hindernisse befürchtet, der bekommt sie.
> 4. *Bei Not und Angst: Es gibt immer einen Ausweg, eine Lösung.*
>   Hilf dir mit Yin und Yang.
> 5. *Optimismus zeigen, das schafft Verbündete.*
>   Pessimisten ernten, was sie ausstrahlen.
> 6. *Das Engagement für aktives Verkaufen verstärken.*
>   Schlagzahl hoch setzen, statt zu früh aufgeben.
> 7. *Hellwach sein: Irgendwo ist immer ein Trend.*
>   Der frühe Vogel fängt den Wurm.

Gewinnen durch bewusste Gestaltung des eigenen Lebens

Erfolg beginnt im Kopf – zuerst im eigenen! Die Herausforderungen durch den Wandel sind echte Chancen. Verklärende Trauer über vergangene „gute alte Zeiten" frisst die Kraft für Erkennen und schnelles Nutzen neuer Chancen. *Anpackender Aufbruch führt über klagende Rückschau hinweg.* So wandeln sich Bedrohungen zur Startrampe für neue Erfolge.

Ewiger Urlaub, Spaß und Nichtstun ohne Ende – fehlt da nicht bald *sinnvolle Beschäftigung* mit *Resultaten*, die *Anerkennung* bringen, die *Selbstbestätigung* liefern? Ist ein Leben ohne Herausforderung auf Dauer nicht öde und leer?

Im Jet-Set *grassiert oft die Langeweile.* Die letzten Extreme sind durchlebt, so gut wie jeder denkbare Luxus ist ausgekostet. Viele Profi-Urlauber *fliehen vor dem „Dauer-Spaß"* nach relativ kurzer Zeit und suchen sich wieder sinnhaltigere Aufgaben.

Ohne Herausforderung gibt es keine Erfolge, auf die man stolz sein kann. Ohne Stolz wächst kein Selbstwertgefühl.

Der krasse *Wechsel von Lebensrichtungen* ist heute keine Seltenheit mehr. *Wandlungsfähigkeit* wird zugestanden, vielfach sogar gefordert. *Flexibilität zählt mehr als Prinzipientreue.* Das *eigene Leben bewusst gestalten* ist eines der Schlagworte.

„Es kommt nicht darauf an, die Zukunft vorherzusagen, sondern auf sie vorbereitet zu sein."

Perikles

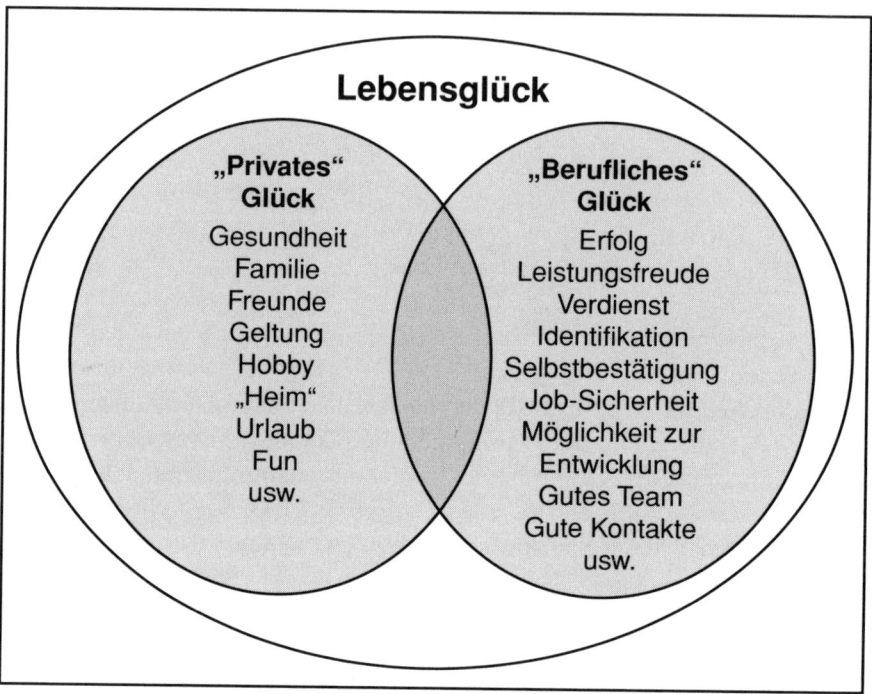

Individuelles „*Lebensglück*" erreicht der Mensch in zwei Feldern. Beide sind innig ineinander verwoben:

❑ *Persönliche Lebenserfüllung* mit Freundschaften, mit Geselligkeit und „Geltung", mit Selbstverwirklichung und trotzdem auch Partnerschaft, vielfach immer noch mit Kindern, oft im eigenen Traumhaus. Zeit für das Hobby und Geld genug für den Traumurlaub gehören ebenfalls dazu.

❑ *Berufliches Glück* entsteht durch *Erfolg und Anerkennung*, durch Selbstverwirklichung, und auch hier durch *Stolz auf erreichte Leistungen* und *finanziellen Aufstieg*. Das aber gelingt nur bei *kontinuierlicher Entwicklung von Wissen und Können* durch Seminare, Kurse und Selbststudium.

Glück, persönliche Zufriedenheit und damit innere Ausgeglichenheit (Harmonie) sind *Grundvoraussetzungen für ein erfolgreiches Leben*, privat ebenso wie im Beruf. Wer blockiert ist von Unzufriedenheit, wer unentwegt mit seinem Schicksal hadert, wer im privaten Bereich eine Katastrophe nach der anderen durchlebt, der kann nicht die Kraft haben zum Erfolg im Beruf.

Sales Spirit® – erfolgreiches Verkaufen – heißt auch:

- ❑ Den Rücken frei haben.
- ❑ Kraft aus stabilen Wurzeln ziehen zu können.
- ❑ Mit sich selbst im Reinen sein.
- ❑ Wissen, wohin man will.
- ❑ Verfügbare Kräfte sinnvoll einteilen.
- ❑ Freude daran haben, wenn es allen gut geht.

Dieses Kapitel befasste sich mit der „Welt" und wie sie sich verändert hat. In dieser Welt bewegt sich nun unser „Kunde". Der hat sich natürlich mit verändert, seine Ansprüche sind heute vergleichsweise höher. Der Kunde ist ein Teil des „Marktes", und der hat sich noch gravierender verändert; noch nie war die Konkurrenz so groß.

Und wie nun der Verkäufer mit Sales Spirit® sowohl aus dem „Markt" das Beste macht, als auch den „Kunden" am besten betreut, das sind Komponenten, die uns das folgende Kapitel liefert.

Unter Verkäufern kursiert der Witz vom verstorbenen Einkaufschef:

Ein Verkäufer besucht seinen größten Kunden, durch dessen Einkaufschef Schulze er sich immer über den Tisch gezogen fühlte. Als er am Empfang nach Schulze fragt, erfährt er, dass dieser verstorben sei. Beflissen äußert er sein Bedauern, geht und kommt nach gut einer Stunde wieder, fragt wieder nach Einkaufsleiter Schulze und wieder wird ihm mitgeteilt, dass Schulze nicht mehr unter den Lebenden weilt. Erneut äußert der Verkäufer höflich sein Bedauern, geht, kommt abermals nach kurzer Zeit wieder und fragt zum dritten Mal nach Einkaufsleiter Schulze. Die Empfangsdame wird ungeduldig und erwidert barsch: „Der ist verstorben.“ Zum dritten Mal äußert der Verkäufer sein Bedauern und wendet sich zum Gehen. Doch jetzt ruft die Empfangsdame ihm nach: „Verdammt noch mal, warum kommen Sie denn dreimal?“ Darauf der Verkäufer: „Ach, ich konnt's nicht oft genug hören!“

Einkaufen und Verkaufen wird häufig von den Beteiligten als Gegnerschaft missverstanden. Jede Seite sieht ihre Aufgabe darin, die andere zu „besiegen", sich den letzten irgendwie möglichen Vorteil zu ergattern. Die inneren Einstellungen von Verkäufern sehen zuweilen so aus:

- ❑ „Der Kunde zieht mir nur die Hosen aus.“
- ❑ „Er benutzt mich nur, um seine Interessen durchzusetzen.“
- ❑ „In Verhandlungen habe ich das Gefühl, mein Kunde erwartet, dass ich als Bittsteller mit hochrotem Kopf vor seinem Schreibtisch stehe.“

Das beliebte Schlagwort heißt: *„Der Kunde ist König!"* Und manche Verkäufer fürchten ihn als absolutistischen „Sonnenkönig" oder gar als gnadenlosen Despoten. Dem König unterwirft man sich, man zeigt Ehrfurcht und tritt als Bittsteller auf. Der König als Despot verteilt Almosen, anderes haben seine Vasallen nicht verdient. Wer sich solchen Herrschaftsverhältnissen unterworfen hat, dem fällt es schwer, sich wieder aufzurichten und auf gleicher Augenhöhe zu verhandeln.

Aber konstitutionelle Monarchien haben gezeigt, dass der „König" bei weitem kein frei schaltender und waltender „Herrscher" über die ihm ausgelieferten „Untertanen" sein muss. Der Satz vom Kunden als König soll vielmehr daran erinnern, dass es der Kunde ist, der durch seine Wünsche, durch seine Bedürfnisse erst jedes Geschäft möglich macht. *Wer des Kunden Wünsche optimal erfüllt, wer ihm optimalen Nutzen bringt, der hat die Nase vorn im Wettbewerb um den Rang als „Hoflieferant".*

*Der Kunde ist König!
Ist der Kunde König?*

Damit ist der Weg vorgezeichnet: *Optimale Wunscherfüllung zum Nutzen des Kunden setzt Partnerschaft voraus* – gute Beziehung also mit Dialog, Austausch von Ideen, Forderungen, Möglichkeiten.

Was nutzt es einem Einkäufer, wenn er die Verkäufer so unter Druck setzt, dass jegliche kreative Idee erstickt? Was nützt es dem Einkäufer, wenn er die Verkäufer und damit seine Lieferanten ständig nur drückt, ihnen kaum Luft zum Atmen lässt? Aber andererseits verbaut sich der Verkäufer den Weg zum Erfolg, der vom Einkäufer innerlich ein Bild des Buhmanns aufbaut, der sich in Antipathie ergeht. *Innerliche „Feindbilder" blockieren den Weg zum erfolgreichen Gespräch.*

Partnerschaft heißt Gegenseitigkeit und Ausgewogenheit im Geben und Nehmen.

Verkäufer können sich nur dann kreativ für den Kunden einsetzen, wenn der Kunde sich öffnet, wenn er darlegt, welche Vorstellungen, Wünsche und Erwartungen er hat. *Nur im offenen Gespräch wird echte Freundschaft gepflegt.*

Viele unterschiedliche Instrumente werden heute eingesetzt, um Kunden zu gewinnen und bei der Stange zu halten: Kredite, Bonus-Systeme, Schulungen, Events sind nur einige Beispiele. Aber muss denn in dieser Partnerschaft der Kunde „gebunden" werden? Trägt wirkliche, überzeugte Freundschaft nicht von alleine? Im gesunden Menschen wirkt ein unüberwindliches Gefühl für Gerechtigkeit:

Gibst du mir, geb' ich dir. Hilfst du mir, helf' ich dir.

Statt auf Konfrontations- oder Unterwürfigkeitskurs winkt der Verkaufserfolg durch gekonntes Manövrieren auf einem Kurs von *Harmonie und Fairness.*

„Fairness" – also das Spiel mit ausgewogenem Geben und Nehmen – hat viele Ebenen: „Geben", also den Kunden „König" sein zu lassen, heißt nicht, in erster Linie beim Preis nachzulassen. Das ist einfallslos. Verkäufer haben viele Möglichkeiten, dem Kunden etwas zu geben. Dazu zunächst einige Beispiele:

❑ Den Nutzen des Kunden als Basis für das gesamte Angebot im Auge haben.
❑ Fair und reell anbieten: bei angemessener Qualität reell kalkulierte Preise ohne „Basar-Polster".
❑ Den Kunden nicht warten lassen, weder mit dem Besuch, noch bei der Lieferung.
❑ Individuell auf die Wünsche des Kunden eingehen, keine „konfektionierten" Angebote, keine angelernten Argumentationen
❑ Zuverlässig und vertrauenswürdig sein.

- ❑ Es dem Kunden bequem machen – von der Auswahl und Bestellung bis zur Zahlung.
- ❑ Hilfreich sein: Inbetriebnahme, An- und Verwendung, Schulung, technischer Support, Wartung und Pannendienst.

Fazit: Ein gutes Geschäft gibt es nur, wenn beide Partner ein Geschäft machen!

Die Anspruchshaltung des Kunden wächst

Je höher die Sättigung von Grundbedürfnissen wie Essen, Kleidung, Wohnen, desto höher werden die *Anforderungen an das „Mehr"*: Vergnügen, Selbstverwirklichung, Bequemlichkeit, Sicherheit. Zu den Bedürfnissen jenseits von Grundsättigung und Zusatznutzen zählen dann z. B. Möglichkeiten zur Mitgestaltung oder auch Wünsche nach Faszination und mitreißenden Erlebnissen – sei es durch trendige Einkaufswelten oder durch Gourmet-Genüsse, sei es durch außergewöhnliche Reisen oder durch mitreißende Unterhaltung.

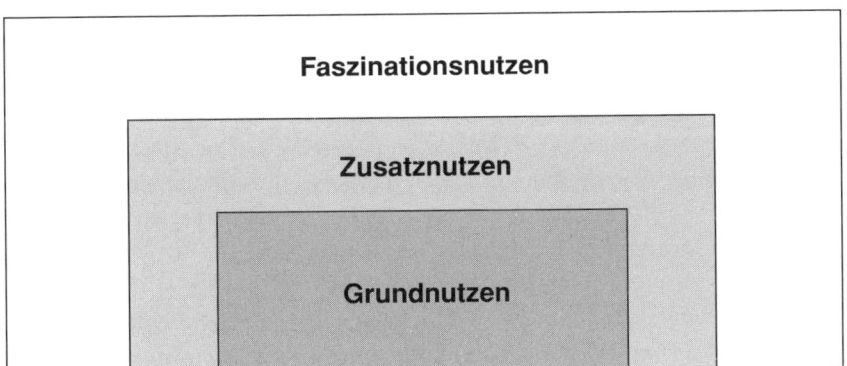

Überzogene Anspruchshaltung auf Kunden-Seite kann für Zulieferer bedrohlich werden: In Amerika haben Anwälte in einer Sammelklage in der ersten Instanz 80 Milliarden Dollar Schadensersatz von der Zigaretten-Industrie erstritten. Zuckerkranke klagen gegen Süßwarenhersteller, Patienten gegen Ärzte. Hohe Schadensersatz-Aussichten sind einfach verlockend – vor allem für geschäftstüchtige Anwälte.

„Man kann nicht immer nur nehmen, man muss sich auch geben lassen."

Kalauer von Elmar Brandt

Wie wahr, Anspruchshaltungen steigen, werden gesetzlich sogar untermauert. Seit Beginn des Jahres 2002 gilt zudem ein *neues, deutlich ver-*

schärftes Haftungsrecht, das Lieferunternehmen noch stärker in die Pflicht nimmt:

- ❑ Die Garantiefrist für technische Geräte wird grundsätzlich auf zwei Jahre festgelegt und sie kann auch in den „Allgemeinen Geschäftsbedingungen" nicht verkürzt werden.
- ❑ Die Voraussetzungen, unter denen der Käufer vom Kauf zurücktreten und die Ware zurückgeben kann, werden erleichtert.

Das gesetzliche Umfeld stärkt den Käufer. Diese Tendenz zum „Kundenschutz" und zum „Verbraucherschutz" wird sich fortsetzen. Damit wird es für Lieferanten immer wichtiger, das Vertrauen des Kunden nicht zu enttäuschen. Nur mit *Ehrlichkeit und Fairness* lassen sich Ehrlichkeit und Fairness auf Kundenseite gewinnen. Amerikas Großversender Lands End ebenso wie auch die Firma Wippermann (Bünde in Westfalen) haben das bewiesen:

Auf alle Artikel aus dem Lands-End-Katalog gibt es lebenslange Garantie. Ohne Zeitbegrenzung kann der Kunde in den USA sich über Mängel am Produkt beklagen und die Ware zurückgeben und Lands End zahlt den Kaufpreis zurück. Deutsche Skeptiker mutmaßten sofort: „Das muss zum Ruin von Lands End führen." Doch dem war nicht so. Weniger als ein Prozent aller Kunden in den USA missbrauchten die großzügige Garantie, indem sie beispielsweise durchgelaufene Schuhe als „Reklamation" zurücksandten. Der positive Image-Effekt überdeckte die Aufwendungen für die wenigen missbräuchlichen Rückgaben bei weitem. Fairness gegen Fairness erwies sich als erfolgreiches Prinzip der Kundenbindung.

Wippermann-Stammkunden in Bünde/Westfalen bekommen eine VIP-Karte mit Sesam-öffne-dich-Funktion: Aus einem Handlager können sich die Stammkunden bei eiligem Bedarf außerhalb der Geschäftszeiten mit Hilfe der Karte rund um die Uhr selbst bedienen. Entnommene Waren schreiben sie von Hand auf ausgelegte Lieferscheine. Die Diebstahlquote tendiert gegen Null.

Vom Grundnutzen zum Zusatznutzen

Grundnutzen ist allseits eine Selbstverständlichkeit: Ein Auto wird nicht mehr danach beurteilt, ob es geeignet ist für den Transport von Personen und/oder Dingen von A nach B, sondern das Urteil über ein Produkt hängt längst vom *Zusatznutzen* ab. Beim Auto sind das zum Beispiel: Image, Komfort,

Tempo, Sicherheit oder Wirtschaftlichkeit. Zusatznutzen für den Kunden bedeutet: nicht nur das Produkt verkaufen, sondern Gewinn, Vorteile für seine Geschäfte, Prestige, Spaß, letztendlich „Glück".

In der Überflussgesellschaft geht es häufig nur noch um eines: Wer schnappt sich den größten und den leckersten Bissen? *Gewinner zu sein ist das Maß aller Dinge* – am besten durch das Austricksen von anderen, sei das der Hersteller, der Fachhandel, ein Wettbewerber, eine Versicherung, ein Kreditgeber oder das Finanzamt. Benchmarking, das ständige Maßnehmen an den Besten, hat längst auch im privaten Kreis Einzug gehalten:

❑ Mein Auto, meine Yacht, meine Frau – so warben lange Zeit die Sparkassen, untrüglicher Ausdruck für modernes männlich-erfolgreiches Lebensgefühl.

❑ Partygespräche drehen sich in vielen Fällen mehr oder minder offen darum, wer denn „Bester" ist:
- Wer spielt am besten Tennis?
- Wer hat das größte Auto?
- Wer hat das schnellste Handy?
- Wer hat die „besten" Aktien?
- Wer hat die Bilder vom trendigsten Künstler?
- Wer hat die gängigsten Bestseller gelesen?
- Wer hat die tollsten Erfolge im Job?

Fazit für erfolgreiches Verkaufen: *Bester im Erfolgs-Wettrennen wird sein, wer den Kunden „Bester" sein lässt.* Erfolgreich verkaufen heißt, dem Kunden zu helfen, „Bester" zu sein. Der tadellose Grundnutzen des Produkts ist für den Kunden selbstverständlich. Der Kunde kauft heute, wenn er Zusatznutzen bekommt, wenn er seinen Gewinn durch den Kauf klar erkennen kann. *Der Kunde bleibt und wird Stammkunde, wenn er Faszinationsnutzen bekommt,* d.h. wenn er zum „Fan" seines Lieferanten wird. Begeisterte Kunden wechseln nicht.

Fans are fanatic.

Kommunikationstechnik hilft, aber ersetzt keine Verkäufer

Massenweise werden anfangs des dritten Jahrtausends bereits Bücher, CDs und Reisen per Internet bestellt. Die entsprechenden Branchen verzeichnen im stationären Handel heftige Umsatzeinbrüche. Doch erst wenige der E-Commerce-Vertreiber berichteten bereits im Jahr 2002 über schwarze Zahlen. Otto-Versand in Deutschland zählte dazu. Viele der Internet-Anbieter steckten im Jahr 2002 noch in der Verlustzone. Und viele private Käufer schreckt noch die Unsicherheit über die Seriosität der Anbieter und über die Datensicherheit im Web ab. Da gibt es grundsätzliche Fragen:

- ❏ Stimmen Bild und Versprechen mit der Ware überein?
- ❏ Wird zuverlässig geliefert?
- ❏ Wird korrekt abgebucht?
- ❏ Wie steht es um Rückgabe und/oder Reklamationen?
- ❏ Werden Daten streng vertraulich behandelt?
- ❏ Lassen sich Daten während der Übertragung ausspähen?

Markttransparenz wie noch nie: nur Zusatznutzen gewinnt

Im Bereich „Business to Business" (B2B) diente das *Internet* von Anfang an primär zum Aufspüren von *Produkt- und Verfahrensinformationen*, zur Suche nach *Lieferquellen* und zum weltweiten *Preisvergleich*. Bei weltweit genormten Produkten bietet das Internet dem Kunden fantastische Möglichkeiten zur Suche nach dem günstigsten Anbieter.

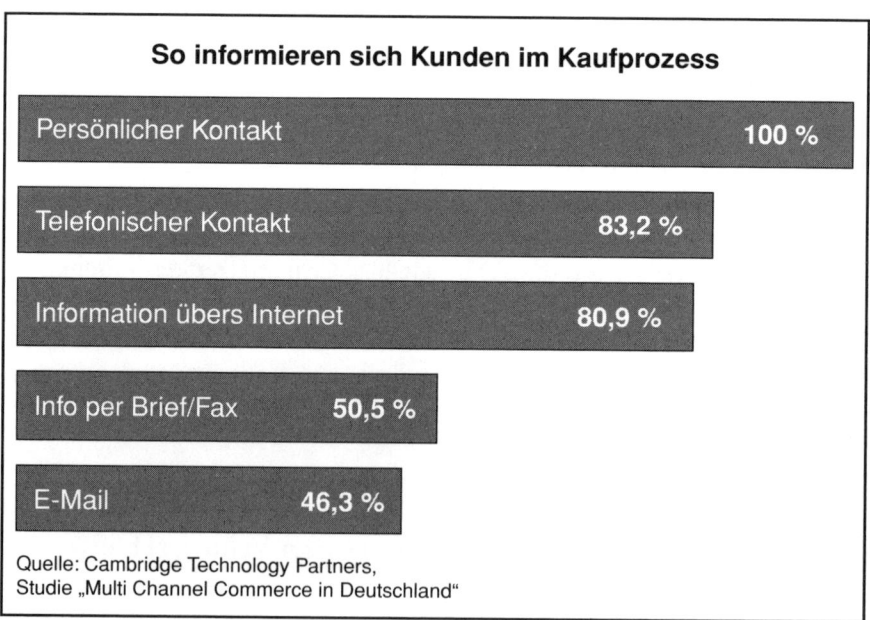

So informieren sich Kunden im Kaufprozess

Persönlicher Kontakt	**100 %**
Telefonischer Kontakt	**83,2 %**
Information übers Internet	**80,9 %**
Info per Brief/Fax	**50,5 %**
E-Mail	**46,3 %**

Quelle: Cambridge Technology Partners,
Studie „Multi Channel Commerce in Deutschland"

Die Studie über Multi Channel Commerce von Cambridge Technology Partners zeigte im Jahr 2002, dass jeder Business-Kunde vor einem Kauf im Schnitt vier bis fünf Informationskanäle nutzt. Die Wahl hat er z.B. zwischen Internet, Prospekten und/oder Angeboten, E-Mail- und/oder Telefon-Anfragen, Fachzeitschriften und/oder Bücher, Messen und/oder Seminaren, Informationen über Kollegen und/oder Verbände. Das Dilemma liegt darin, dass im Schnitt die verkaufenden Unternehmen höchstens zwei „Kanäle" aufeinander abstimmen, andere „eigenständig", oft genug sogar widersprüchlich laufen (Quelle: Cambridge Technology Partners, Frankfurt). In der Phase der Information vor dem Kauf erlangt das Internet nach der CTP-Studie zunehmende Bedeutung.

Für letzte Klärungen allerdings und für den Kaufabschluss wird nach wie vor das persönliche Gespräch bevorzugt.

Angesichts solch vielfältiger Informationsquellen lässt sich kein Kunde weder heute noch in Zukunft ein X für ein U vormachen. Anbieter, deren Preise nicht wettbewerbskonform sind, werden von den Kunden gnadenlos abgestraft – es sei denn der „mitgelieferte" Zusatznutzen wiegt in den Augen des Kunden die Preisdifferenz auf.

Fazit für den erfolgsorientierten Verkäufer:

Produkt-Eignung, Produkt-Qualität und Produkt-Grundnutzen sind Mindestvoraussetzung. Der Kunde kauft nach Zusatznutzen.

Zum Zusatznutzen zählen beispielsweise persönliche, vertrauensvolle Beziehung, kompetente Beratung, Lieferschnelligkeit, Liefersicherheit, Hilfsbereitschaft („Service-Qualität") des Lieferanten. Auch die Flexibilität gegenüber Sonderwünschen des Kunden oder die Schnelligkeit oder Kulanz bei Hilfsbedürftigkeit des Kunden können maßgeblich sein für den Auftrag.

Priorität Nr. 1: sich als den besseren Partner verkaufen.

Neue Kommunikationstechnik stärkt die Kunden

Die heranwachsende Generation wächst mit den elektronischen Medien von klein an auf. In der Mehrzahl der privaten Haushalte ist der Computer inzwischen zumindest für die jüngere Generation ebenso selbstverständlich wie längst für die anderen Telefon und Fernseher. In absehbarer Zeit werden die Kommunikationsmedien zusammenwachsen und nur noch über eine Leitung an das weltweite Netz angeschlossen sein. Der Fernseher wird gleichzeitig Monitor des Computers sein, die Computer-Tastatur gleichzeitig Telefon-Tastatur und die Verbindung zum Netz läuft dann kabellos über Funk.

Produkttests und Preisübersichten werden sich via Internet im Handumdrehen verbreiten. Wer mit *Suchmaschinen* umzugehen weiß und über ausreichende Englischkenntnisse verfügt, kann sich weltweit über Angebote, Preise und Innovationen informieren. Kunden-Aufklärung durch Verbraucherorganisationen oder durch Fachverbände steht im Wettbewerb mit gezielter Kunden-Beeinflussung durch Hersteller und Händler. *Verkäufer, die mit dem Wissensstand ihrer Kunden nicht mithalten können, haben schlechte Karten.*

Vereint werden auch kleine Kunden stark

Die Marktmacht auch kleinerer Kunden wird erheblich steigen: Gewerbliche oder genossenschaftlich organisierte Dienstleister werden anbieten, *Käufer-Gemeinschaften* zu bilden, um dann „per Menge" bekannte Produkte zu Vorzugspreisen zu beschaffen: 100 Kleinlaster des gleichen Typs sind als Gemeinschaftsauftrag preisgünstiger zu beziehen als bei 100 Einzelkäufen. Bei größeren Anschaffungen lohnt sich also der Auftrag an eine der zahlreichen Preisagenturen.

Sehr weislich geschieht alles, was für das Gemeinwohl geschieht.

Deutsches Sprichwort

Gebündelte Marktmacht und per Datenautobahn erreichbare *Markttransparenz* verlangen von den Lieferanten und von den einzelnen Verkäufern, dass sie sich gehörig anstrengen müssen, um mit den ständig steigenden Anforderungen und auch mit den technischen und kommunikativen Möglichkeiten ihrer Kunden auf gleicher Höhe zu bleiben.

Das heißt: Die Schnelligkeit der Medien lässt keine Zeitpuffer mehr zu. Die *Reaktionsschnelligkeit muss enorm gesteigert werden*. Wer per E-Mail eine Anfrage de facto laufzeitlos übersendet oder einen Wunsch äußert, der erwartet die Reaktion im Handumdrehen. Kann nicht sofort eine Lösung angeboten werden, so bedarf es mindestens der Eingangsbestätigung und der Zusicherung einer angemessenen Antwortfrist.

Die tiefe Markttransparenz auf Kunden-Seite verlangt auch: Der Kunde muss nicht nur vom Produkt überzeugt werden. Vergleichbare Produkte findet der Kunde in aller Regel bei mehreren Anbietern. *Der Kunde muss auf der persönlichen Ebene gewonnen werden*. Das Vertrauen muss stimmen. Der Kunde will sich sicher, umsorgt und geborgen fühlen. Dieses kann er nicht aus dem Internet und auch nicht über gemeinschaftlichen Mengen-Einkauf beziehen.

Service-Empfindlichkeit eskaliert

Wer nur ein nacktes Produkt zu verkaufen hat, muss unentwegt fürchten, schlagartig aus dem Markt zu fallen: Ein Wettbewerber unterbietet den Preis oder ein Ersatzprodukt kommt auf den Markt – ohne Kundenbindung bedeutet das das „Aus" für den, der seinem Produkt nicht durch *Zusatznutzen* eine Marktnische gesichert hat.

Produkte sind austauschbar, Menschen nicht.

Der Basisnutzen eines Produkts wird vom Kunden heute als völlig normal und selbstverständlich angenommen. Damit lässt sich kaum noch bewusst wahrgenommene Zufriedenheit beim Kunden erzielen. Die Aufmerksamkeit des Kunden ist auf den Zusatznutzen gerichtet. Dieser beginnt bereits mit dem Lächeln der Verkäuferin oder des Verkäufers, konzentriert sich dann auf individuelle und kompetente Beratung und richtet sich, last but not least, auf schnellen, zuverlässigen und kostengünstigen Service. *Produkteigenschaften werden als ehemals primäre Entscheidungsfaktoren von Menscheneigenschaften verdrängt.*

Wer durch Zusatznutzen die Nase vorn hat, der erntet den Erfolg. Erfolgreiche Unternehmen praktizieren schon heute, was die Kunden morgen als „Service-Qualität" erwarten. Doch *keine noch so spitzenmäßige Leistung garantiert Bestand.* Jeder Vorsprung wird über kurz oder lang von Wettbewerbern kopiert und dann meist auch überboten. Doch dann sind die Spitzenreiter des Erfolgs-Marathons schon wieder eine Runde voraus.

Individualität, also *Menschlichkeit* im Umgang mit Kunden, so wird die Devise der Zukunft lauten. Der Lieferant, der Verkäufer muss sich wandeln zum Freund des Kunden: *Der Kunde erwartet als allererstes Freund-lichkeit. Daraus kann dann Freund-schaft wachsen.*

Höchst erstaunlich, wie abgeschlagen in der Studie des Zukunfts-Instituts *„Kunden-Loyalität"* eingestuft wird. Im Prinzip müsste für tragende Kunden-Beziehungen das Loyalitätsprinzip ganz obenan stehen, denn es schließt ja Individualisierung und „Relationship" mit ein.

Offen bleibt auch die Frage, wann gesteuerte Kundenbindungs-Programme über *Kunden-Karten oder Bonus-Hefte* ihre Grenzen erreichen. Mag Otto Normalbürger noch stolz auf seine Kunden-Karte sein, viele mündige Kunden lehnen es zunehmend ab, ständig ihre Käufe nach dem Kriterium auszurichten: „Welches Geschäft, welcher Händler ist angeschlossen?" „Kunden-

Zwang" ist kein adäquates Kriterium für Verkaufs-Strategien, die auf langfristige *Beziehungen* setzen. Der „neue Kunde" will mitwirken, auf mitgestalten. Er verlangt Antworten auf seine Bedürfnisse, individuelle Angebote und Problemlösungen, und das alles ganz schnell. Nur der Verkäufer gewinnt, der seinem Kunden mehr Gewinn bringt.

Zehn Erfolgsantworten auf zunehmende Kunden-Ansprüche:

1. Der Kunde ist weder Gegner noch absolutistischer „König":
   Ziel der Beziehung zum Kunden muss gleichberechtigt kooperierende Partnerschaft sein.
2. Gute Geschäfte gedeihen nur, wenn beide Seiten gewinnen:
   Der Gewinn des Kunden entscheidet über den Verkaufserfolg.
3. Taugliche Produkte sind heute „Norm":
   Kunden entscheiden den Auftrag nach Zusatznutzen. Der Kunde erwartet mehr als das nackte Produkt.
4. Ertragsreiche Beziehungen zu Kunden bauen auf gegenseitiges Vertrauen:
   Vor Kunden-Loyalität ist die Loyalität von Lieferant und Verkäufer gesetzt.
5. Den Kunden „Bester" sein lassen:
   Vorteile mitbringen und nützliche Tipps, die den Kunden erfolgreich machen.
6. Moderne Kommunikationstechnik beherrschen:
   Sie nutzen und kaufmotivierend einsetzen.
7. Kunden, auch Kleinkunden gewinnen Marktmacht:
   Höchste Aufmerksamkeit ist verkäuferische Pflicht.
8. Menscheneigenschaften überflügeln Produkteigenschaften:
   Der Auftrag geht an den, der der bessere Partner ist.
9. Individualität geht vor Konfektion:
   Wer am stärksten auf den Kunden eingeht, wer die flexibelste Lösung anbietet, wird den Auftrag bekommen.
10. Menschlichkeit und Freundlichkeit überflügeln Systeme:
    Kunden-Bindung wird von Kunden-Begeisterung abgelöst.

Kunden im Wechselbad der Gefühle

Jan Carlzon, Präsident von Scandinavian Airlines (SAS) schrieb bereits 1984 seinen Manager-Kollegen ins Stammbuch („Moments of Truth"), dass sich im Kontakt mit Kunden das Schicksal jedes Unternehmens entscheidet.

> *„Jeder Kunden-Kontakt birgt in sich die Chance zur Begeisterung, aber auch das Risiko der Verärgerung."*

In Köln wurden bei einer Umfrage an 3250 Kunden zwei Fragen gestellt:

- ❑ Was ärgert sie beim Einkaufen am meisten?
- ❑ Was freut sie am meisten?

Die Auswertung der Antworten zeigt eindeutig, dass *menschliche Faktoren weit stärker wiegen als Produkteigenschaften.*

Kunden-Frust	Kunden-Lust
Mangel an …	1. Individualität
1. Erreichbarkeit von Verkaufs- personal	2. Kompetenz des Verkäufers/ Personals
2. Hilfsbereitschaft	3. Kauf-Erlebnis

Die Ergebnisse der Kölner Untersuchung deckten auf, dass es in einer Fülle von Ärger- und Freude-Auslösern *fünf entscheidende Einflussfaktoren* gibt: zwei Grundärgernisse und drei herausragende Auslöser für Freude.

1. Grundärgernis: *Niemand ist da* für Fragen, Beratung und Hilfe.
2. Grundärgernis: *Verkäufer zeigt keine Hilfsbereitschaft*, kennt sich nicht aus, gibt falsche Auskunft.

1. Freude-Auslöser: *Individuelle, persönliche Ansprache*, hier ist man wer.
2. Freude-Auslöser: *Fundiertes Wissen* zum Produkt und vor allem zu dessen An- und/oder Verwendung.
3. Freude-Auslöser: *Beeindruckendes Kauferlebnis,* das Erfrischende, Gast zu sein.

Kunden wissen sehr wohl, was sie ärgert

Auf die Frage „Über was haben Sie sich beim Kaufen schon mal so richtig geärgert?" sprudelt bei den meisten Kunden lang aufgestauter Missmut im heftigen Schwall hervor. Frust-Erlebnisse zuhauf haben sich im Gedächtnis festgesetzt. Grundlegend in der menschlichen Psyche verankert ist die Tatsache: *Ärger bleibt wesentlich länger und intensiver haften als positive Erlebnisse.*

Zum Ärger des Kunden genügt es schon, dass seine Erwartungen nicht erfüllt werden. Des Kunden Ärgerlichkeit endet in Frustration. Noch heftiger ist der Ärger über *nicht eingehaltene Versprechen* des Lieferanten oder des Verkäufers. Der Kunde fühlt sich getäuscht. Bei diesem Lieferanten wird dieser Kunde nicht mehr kaufen.

Ebenso ärgern sich kaufinteressierte Kunden über *mangelnde Erreichbarkeit* von Verkaufs- oder Beratungspersonal. Der Kunde wartet bei Bedarf nicht gern auf den Verkäufer oder auf den Service-Techniker. Kunden warten ebenso nicht gern im Geschäft. Anrufer ärgern sich über Warteschleifen oder mehrfaches Weiterverbinden. Internet-Benutzer erwarten unmittelbare Antwort auf die E-Mail. Zu langes Warten auf bestellte Ware, die per Post oder Paketdienst kommen soll, lässt die Neigung zur Rücksendung von Tag zu Tag wachsen, bereitet den Boden für Reklamationen und schreckt von Wiederkäufen ab.

Hauptquellen für Kunden-Ärgernisse sind z.B. im *stationären* Handel:

- ❑ zu wenig oder keine Parkplätze
- ❑ fehlende Übersicht und unklare Führung zu den Produktgruppen
- ❑ defekte Einkaufswagen
- ❑ Unordnung im ganzen Laden
- ❑ Unsauberkeit (Boden, Kittel des Personals, Waren selbst)
- ❑ herumstehende leere Kartons
- ❑ voll gestellte Gänge
- ❑ Rolltreppen, die nur aufwärts fahren
- ❑ nicht aufgefüllte Regale oder ausverkaufte Produkte
- ❑ fehlende oder unvollständige Preisauszeichnungen
- ❑ niemand zu finden zur Beantwortung von Fragen
- ❑ inkompetente Antworten von nicht informiertem Personal
- ❑ Unkenntnis des Personals über Sortimente anderer Abteilungen
- ❑ lange Schlangen an den Kassen
- ❑ achtloses, unfreundliches Kassenpersonal
- ❑ fehlende Einpack- oder Ladehilfe
- ❑ fehlender oder überteuerter Zustellservice

Auch auf vielen *Messeständen* wird der Interessent oder der kontaktsuchende Kunde abgeschreckt durch Verkäufer, die

- ❏ gelangweilt herumstehen und abweisende Körperhaltung zeigen,
- ❏ vertieft sind in Unterhaltungen untereinander, in Zeitungen oder in innigen Kaffeeklatsch,
- ❏ auf die schüchterne erste Frage eines Interessenten als allererstes mit einer kriminalistischen Inquisitions-Attacke reagieren („Wer sind Sie denn überhaupt?"),
- ❏ auf einen vorsichtigen interessierten Blick mit einem Schwall hochtrabender technischer Details antworten,
- ❏ sich aufgrund eines unschlüssigen Kontakt-Signals den Kunden angeln wollen („Kommen Sie mal näher! Sie fragen nach einem einmaligen Schnäppchen – dieses Produkt bieten wir Ihnen nur hier auf der Messe um 33% Prozent unter dem Listenpreis, da gibt es kein Zögern …"),
- ❏ selbst bei simplen Fragen des Interessenten antworten: „Da müssen Sie sich an den technischen Support wenden, kommen Sie doch in einer Stunde wieder."

Auch zahlreiche *Besuche von Verkäufern bei ihren Kunden* bergen ähnliche Frust-Quellen. Besonders kunden-verärgernd wirken hier:

- ❏ Verspätung, Unpünktlichkeit
- ❏ ungepflegtes Erscheinungsbild, Mund- oder Körpergeruch
- ❏ fehlende oder mangelhafte Vorbereitung
- ❏ langatmiges, langweilendes und abschweifendes Schwätzertum
- ❏ Ich-Orientierung mit egozentrischen Selbstdarstellungen
- ❏ Produkt-Orientierung statt Nutzen-Orientierung
- ❏ Interesselosigkeit gegenüber Kunden-Bedürfnissen und -Wünschen
- ❏ Besserwisserei: Recht gehabt – Kunden verloren

Die Sicht des Kunden entscheidet

Kunden-Abschreckung wird also auf vielfache Weise praktiziert – meist unbewusst und unbemerkt. Das Wort von der „Servicewüste" geht nicht ganz zu Unrecht um. Von „Dienstleistungs-Diaspora" spricht Minoru Tominaga aus Japan, wenn er auf Deutschland blickt. Kostendenken rangiert in deutschen Unternehmensführungen vor Service-Denken und tatsächlicher Kundenorientierung.

„Die deutsche Wirtschaft hätte in den Jahren 2001 und 2002 etwa für vier Milliarden Euro zusätzliche Aufträge im Bereich der Informations- und Kommunikationstechnologie vergeben, wenn nicht Zweifel an und schlechte Erfahrungen mit der Service-Qualität der IT-Branche diese Aufträge verhindert hätten. Schlechter Service erwies sich als Auftragskiller."

Studie der Orga, Karlsruhe, 2002, www.orga.de

Ist alles wirklich so schlecht? Oder kaufen Minoru Tominaga oder Günter Ogger („König Kunde – angeschmiert und abserviert", Droemer) immer in den falschen Geschäften ein?

Selbst wenn es mit der „Servicewüste" so wäre, das wäre und ist die Chance für all diejenigen, die es besser machen!

„Der Ärger ist als Gewitter, nicht als Dauerregen gedacht; er soll die Luft reinigen und nicht die Ernte verderben."

Ernst R. Hauschka

Offenheit für Kontakte, das Talent, sich in andere hineinzuversetzen, die Freude daran, *anderen helfen und nützen* zu können – das sind nicht durchwegs ausgeprägte, „typisch deutsche" Charaktereigenschaften, doch darauf kommt es an.

Das praktizierte Service-Verhalten aber deckt Selbstbeobachtung nur unzureichend auf. *Das Urteil der Kunden ist entscheidend.* Und fast noch wichtiger ist es zu erfahren:

- ❑ Warum werden die Nicht-Kunden denn nicht zu Kunden?
- ❑ Was stört sie? Was schreckt ab?

Fremdbild geht hier vor Selbstbild. Erst die fundierte Befragung der Kunden gibt den richtungsweisenden Aufschluss.

Kundenorientierung schreiben sich mehr und mehr Unternehmen auf die Fahne. Doch in der Unternehmensspitze ist oft niemand, der sich mit voller Kraft um die Ausrichtung an den und auf die Kunden kümmert. In zu vielen Fällen bleibt der Slogan damit ein leeres Schlagwort. Niemand misst oder beurteilt die tatsächliche Kundenorientierung. Irrigerweise glauben manche Manager, dass hoher Aufwand für ein technisch dominiertes CRM-System mit Kundenorientierung gleichzusetzen sei.

Wann gibt es in der Unternehmensführung endlich das Primat des Verkaufs?

Kundenwünsche kennen – Verkaufs-Erfolge ernten

Viele Verkäufer stöhnen und stellen sich die Frage: *„Wissen Kunden überhaupt, was sie wollen?"*

Dem Kunden kann man's nie recht machen. Gib ihm die Hand und er verlangt den ganzen Arm.

Ganz im Gegensatz dazu sehen andere Verkäufer ihre Aufgabe darin, im eigenen Unternehmen als *Anwälte der Kunden* aufzutreten und für die Erfüllung möglichst aller Kunden-Wünsche zu werben. Sie sammeln eifrig Lob, Kritik und Anregungen durch die Kunden und geben auch engagiert alles „nach innen" weiter. Doch in zahlreichen Unternehmen erreichen sie damit nicht viel Echo: Eingespielte Technik, eingespielte Abläufe, etablierte Abteilungen und deren „Usancen" sind oft stärker als Kundenwünsche.

Die Top-Strategen der Unternehmen wissen in vielen Fällen um diesen Missstand und setzen daher auf *Direkt-Umfragen bei Kunden.* Viel Geld wird dabei oft für Ergebnisse investiert, die aufmerksame Verkäufer längst von ihren Kunden mitbekommen haben.

Der Prophet findet kein Gehör im eignen Land.

Zufriedenheit oder Unzufriedenheit erfragen?

> *„Die praktizierte Standard-Frage ‚Waren Sie mit uns zufrieden?'*
> *ist zur Entwicklung einer Service-Philosophie weitgehend unbrauchbar.*
> *Täglich wechseln Millionen zufriedener Kunden den Lieferanten. Das heißt:*
> *Zufriedenheit bindet keinen Kunden emotional an das Unternehmen."*

Vertriebs-Consultant Alexander Christiani

Wohin gehen die Kunden-Wünsche im dritten Jahrtausend? Marketing-Berater Friedhelm Lammoth prophezeit eine „Dekade des Narzissmus" und fordert die *„lernende Beziehung zum Kunden".* Der Hintergrund dabei:

- ❑ Der aufwändigste Weg zum Umsatz-Wachstum ist ständige Neu-Akquisition.
- ❑ Kostengünstiger ist es, ehemalige Kunden zurückzugewinnen.
- ❑ Am lukrativsten aber ist es, bisherige Kunden zu halten.

Entscheidend für künftige Erfolge ist es daher doch zu wissen:

1. Warum sind denn unsere Kunden bei uns Kunden?
   - ❑ Was zieht sie an?
   - ❑ Was hält sie bei der Stange?

2. Warum sind die Nicht-Kunden dagegen nicht unsere Kunden?
   ❑ Was stößt sie ab?
   ❑ Wodurch würden sie Kunden werden?

Daher heißt es zunächst: die *Fragen an Bereits-Kunden und an Noch-nicht-Kunden sorgfältig trennen.* Die Fragen müssen unterschiedlich gestellt, die Antworten separat interpretiert werden.

Mit zahlreichen *Umfragen* wird unentwegt versucht, einen Einblick in Kunden-Präferenzen zu gewinnen. Es wird Aufschluss gesucht über Kunden-Wünsche und vor allem über Kunden-Zufriedenheit. Aber sind die Ergebnisse solcher Umfragen aussagefähig?

❑ Kunden können zwar beurteilen, was sie erfahren haben.
❑ Aber Kunden können nicht beurteilen, was sie nicht kennen.

„Man sieht nur, was man weiß.“

Johann Wolfgang von Goethe

Tatsächlich zeigt sich immer wieder, dass Menschen nur wahrnehmen und bewerten, was sie kennen. Das belegen einige Beispiele:

❑ Kunden, die nie in Frankreich, in Italien oder in den USA die Annehmlichkeit des stressfreien Einkaufens am Abend, teils sogar über das gesamte Wochenende erlebt haben, werden kaum ihre Unzufriedenheit mit deutschen Ladenschlusszeiten artikulieren.
❑ Kunden, die nie erlebt haben, wie in manchen Firmen Amerikas mit Reklamationen umgegangen wird, werden kaum große Unzufriedenheit äußern über das typisch deutsche „De-jure-Denken" bei Antworten auf Reklamationen, ganz nach dem Grundsatz „Recht haben ist wichtiger als Kunden begeistern".
❑ Kunden, die nie erlebt haben, wie einfach sich kundenorientiert konstruierte Geräte programmieren und handhaben lassen, werden kaum Unzufriedenheit über ihren erst mit großer Mühe in Gang gebrachten neuen PC äußern.
❑ Kunden, die eine neue Maschine, ein neues Verfahren nicht kennen, werden kaum Unzufriedenheit äußern über das Bewährte, das ihnen ihr Lieferant seit vielen Jahren liefert.

Umfragen nach der Kunden-Zufriedenheit sind also stets rückwärts gewandt und auf bisherige Praktiken bezogen. Das ist natürlich dort hilfreich und erfolgsführend, wo es darum geht, Fehler und Leistungsdefizite abzubauen.

Aber im Prinzip darf nie übersehen werden: Zufriedenheitsumfragen bewerten das Gewesene – und sie zementieren es so, wie der Kunde darüber seine

Zufriedenheit bekundet. *Zufriedenheitsumfragen sind also keine Herausforderung zu Neuerungen, zu Verbesserungen.*

Eine Alternative zur Zufriedenheitsumfrage liegt in der *Unzufriedenheitsumfrage*, wie sie z. B. realisiert wurde in einem Workshop, der von Clienting-Trainer und -Berater F. Christian Zach für ein Tagungshotel durchgeführt wurde:

> *Das neue Haus stand kurz vor der Eröffnung eines großen Anbaus. Zwei Ziele galt es zu erreichen:*
>
> *1. Das neue Tagungspotenzial des Hotels bei Trainern und Veranstaltern bekannt zu machen*
> *2. In möglichst allen Details besser zu sein als vergleichbare Tagungshotels.*
>
> *Für beide Ziele wurde das Instrument eines Workshops gewählt: An hunderte von Adressen namentlich bekannter Trainer und Veranstalter ging die Einladung zu einem Frei-Wochenende im neuen Hotel. Freitagabend bis Sonntagnachmittag, alles „auf Einladung", inklusive Familie – unter einer Bedingung: am späteren Samstagnachmittag die „Pflichtteilnahme" an zwei moderierten Workshop-Stunden für die Trainer und Tagungsveranstalter. Thema des Workshops: „Was mich schon immer an Tagungshotels ärgerte." 18 Teilnehmer sagten zu, ein guter Querschnitt. Mit bekannter Moderationsmethode wurden von den Praktikern aus jahrelangen Alltagserfahrungen hunderte von Kritikpunkten gesammelt, gruppiert und gewichtet.*

Eine bessere Grundlage hätte das Hotelmanagement mit dem gesamten Team kaum haben können, sich mit aller Kraft und vor allem gezielt anzustrengen, um letztlich besser zu sein als die große Schar der Wettbewerber.

Wer Kunden nach dem Optimum befragt, muss sich allerdings auch auf *unbequeme Ideen der Kunden* gefasst machen. Kunden-Wünsche achten nicht auf Branchen-Usancen. Kunden übertragen begeisternde Erfahrungen ohne Zögern aus einer Branche in die andere, in der es das „noch nie gegeben hat". Im Hotel-Beispiel führte das dazu, dass ein Trainer die ständigen Gummibärchen auf dem Kopfkissen abkanzelte: „Behalten Sie Ihre Haribo-Bärchen und lassen Sie mir stattdessen endlich das Zimmer für die 24 Stunden, die Sie mir berechnen. Beim Mietauto gilt das ja auch."

Fragt sich natürlich: Woher die Handling-Zeit für das Reinemachen nehmen?

Umfragen-Durchführung und -Auswertung

Das jährlich unter Sponsorschaft der Deutsche Post AG erhobene Deutsche Kundendienst-Barometer hat gewiss mehr Show-Effekt als definitive Aussagekraft. In vielen Fällen sind Zufriedenheitsumfragen bei Kunden nicht viel mehr als Werbegags: Die *Kunden sollen glauben, dass sie mitgestalten können.* Einschneidende Änderungen an Produkten, an Service-Leistungen oder auch am Verkaufs-Verhalten bewirken die Umfrage-Ergebnisse vielfach nicht. Besonders unrühmliche Beispiele sind hier der in den meisten Hotelzimmern ausliegende Gäste-Fragebogen. Häufig werden sie nicht mal ausgewertet oder nur zu realitätsfernen Statistiken verdichtet, aber auch eine zeitnahe Auswertung führt nur in Einzelfällen zu erkennbaren Ergebnissen.

> *„Jeder Missstand im Unternehmen kann am besten durch Mithilfe der Kunden abgestellt werden. Die Kunden müssen allerdings dazu gebracht werden, aktiv mitzuarbeiten. Wenn wir erreichen, dass der Kunde kommt und sich beklagt, ehe er bei der Konkurrenz kauft, dann ist schon viel gewonnen."*

> *Günter Schröter, zuständig für Kundenkarten bei Euroshell Deutschland*

In der Automobil-Branche werden Händler seit Jahren durch den *Customer-Satisfaction-Index* (CSI) bewertet. Der CSI erlangte zuerst in den USA große Bedeutung, wird aber inzwischen auch in Deutschland praktiziert. Die Auto-Hersteller lassen Autofahrer über deren Zufriedenheit mit ihrem Händler befragen. Der CSI hat auch Auswirkungen auf die Konditionen, die einem Händler vom Werk eingeräumt werden. Das soll die Händler motivieren, sich in Service und Kunden-Orientierung besonders anzustrengen. Bei den CSI-Erhebungen wird allerdings nicht berücksichtigt, inwieweit Unzufriedenheiten mit dem Fahrzeug (Bedienung, Qualität) und mit dessen Hersteller (Kulanzverhalten, Ersatzteil-Verfügbarkeit) in die Antworten einfließen.

„Wer nichts verändern will, wird auch das verlieren, was er bewahren möchte."

Gustav Heinemann

Doch auch beim CSI gilt: Hat der Kunde nicht den Eindruck, dass sich etwas verbessert, sieht er das Ausfüllen nicht mehr ein. Geschweige denn, dass er die (halb-)jährliche Beantwortung von immer gleichen Fragen allmählich als Zumutung empfindet.

Vor jede Umfrage ist die *Auswahl und Formulierung der Fragen* gestellt. Kernfragen werden zumeist sein:

❑ Was werten die Kunden als „Schlüssel-Faktoren" für Qualität und Zufriedenheit, einerseits beim Produkt (Basisnutzen), andererseits beim Service (Zusatznutzen)?

❑ Wie erfüllt das zu beurteilende Unternehmen diese Kriterien?
❑ Wie erfüllen Wettbewerber diese Kriterien?

Sinnvoll ist es auch, die *Umfrage nicht selbst durchzuführen*, sondern ein neutrales Institut damit zu beauftragen. Die Antworten werden deutlich ehrlicher ausfallen. Und ebenso wichtig ist die Gewähr dafür, dass bewertende Antworten und die Adressen der Einsender sofort bei Eingang der Antwort getrennt werden. Die Bewertung und Gewichtung der Antworten kann über einen Code auf dem Fragebogen erfolgen (Kunden-Kategorie, Umsatz-Kategorie usw.).

Erfolgt die *Umfrage per Telefon*, ist es wichtig, darauf zu achten, dass die Befragten nicht gerade unter Stress stehen und daher unwirsch, also betont negativ antworten. Telefonische Umfragen durch diejenigen, die Gegenstand der Umfrage sind, machen keinerlei Sinn. Hier kann die Umfrage nur über neutrale Beauftragte laufen.

Wird die Teilnahme an der Umfrage mit einer „Belohung" (z.B. Gewinnauslosung, kleines Give-away, Naturalrabatt oder -bonus) gewürdigt, so lässt sich der *Rücklauf deutlich steigern*. Den Befragten aber muss dabei absolut klar sein, dass es keine Möglichkeit gibt, durch wohlgefällige Antworten die Belohnungschance zu verbessern. Zudem ist bei allen Kunden-Umfragen ein *Sicherheitsnetz einzuziehen*, um zu verhindern, dass die Ergebnisse durch einseitige Teilnehmerschaft verzerrt werden. Weder darf es für „Fans" des umfragenden Unternehmens möglich sein, viele Freunde zu motivieren, begeisterte Antworten zu geben, noch darf es für enttäuschte Ex-Kunden möglich sein, über viele Kollegen ihrer Meinung ein Übergewicht zu verleihen. Geschlossene Teilnehmerkreise, möglichst sogar noch repräsentativ selektiert, sind daher allemal aussagekräftiger als offene Teilnehmerkreise.

Die Aussagen aus Zufriedenheitsumfragen sind zudem stets zu relativieren. Das heißt, sie werden erst im *Zeitvergleich* hilfreich. Im Vergleich von heute mit gestern stellt der Kunde Gleiches neben Gleiches: Den Service-Stand seines Lieferanten heute im Vergleich mit der Service-Qualität des Vorjahres. Um solche Vergleichsaussagen zu bekommen ist es erforderlich, dass Kunden-Umfragen regelmäßig durchgeführt werden. Nur so werden Entwicklungen sichtbar.

Kunden-Umfragen sind gewiss ein wertvolles Instrument, bessere und tiefere Einblicke in Kunden-Zufriedenheit, in Kunden-Wünsche und in Kunden-Enttäuschungen zu bekommen. Darauf lassen sich dann gezielte *Leistungsverbesserungen* (Verhalten, Produkt, Dienste, Konditionen usw.) aufbauen und erfolgsorientierte Strategien für tragfähige Beziehungen zu den Kunden entwickeln.

Kunden werden Mit-Unternehmer.

Doch weithin wird solches *Potenzial hier unachtsam vertan*: Aus vielen Umfragen folgen nämlich nur umfangreiche Auswertungen und Berichte, zuweilen auch noch Grundsatz-Memoranden von Vorstand, Marketing- oder Vertriebsleitung.

Doch konkretes Handeln im Alltag des Unternehmens und seiner Abteilungen und Mitarbeiter bleiben zu oft aus: Es kommt nicht zur Neu-Konzipierung von Produkten, zur Umstellung von Service-Konzepten, zum Außendienst-Training gegen erkennbare Defizite im Kunden-Kontakt. Viele Unternehmen könnten viel besser dastehen, würden sie nur die Informationen, die sie von ihren Kunden bekommen, schneller und sinnvoller umsetzen.

Konkrete Maßnahmen, so schnell als nur möglich eingeleitet, können Zufriedenheitsumfragen wirklich wertvoll machen. Umfragen können durchaus ausgebaut werden zu reißfesten *Fäden im Beziehungsaufbau und Beziehungsgeflecht* mit Kunden. Umfragen, aus denen erkennbare Mitwirkung folgt, geben den Kunden ein Gefühl von Anerkennung und von Aufwertung. Kunden fühlen sich ernst genommen und sogar als Mitgestalter „ihres" Lieferanten.

Kundenwünsche gehen vor Eigenwünsche

Die Entwicklung neuer Produkte ist in vielen Unternehmen nach wie vor Sache der *Produktentwicklung*. Ein Team von Ingenieuren oder Chemikern oder anderen Experten sinnt über neue Entwicklungen und experimentiert mit neuen Anwendungen. Das Denken in den Entwicklungsabteilungen ist zumeist von „Technik", oft auch von „Design" und in starkem Ausmaß von bisherigen Produkterfahrungen und -anwendungen bestimmt.

Die Entwickler diskutieren sich die Köpfe darüber heiß, was dem Kunden gefallen könnte. Und am Labortisch entwickelte Test-Versionen werden dann (leider nicht immer) in *Testmärkten* auf die Akzeptanz durch potenzielle Kunden getestet. Aufwändige Marketing-Kampagnen suchen schließlich dann nach Käufern für die neu entwickelten Produkte.

Die eigene Perspektive, Fortführung von Tradition, Vertrauen auf bisherige Erfolge und oft auch der eigene Geschmack sind Orientierungslinien für Entwicklung und Verbesserungen der Produkte. „Mir gefällt's", sagt der Entwicklungs-Chef oder gar der Vorstand. Also wird es gemacht. *Teure Flops* sind immer wieder die Quittung solcher Entscheidungen.

Kunden einbeziehen verhindert Flops

Erst wenige Unternehmen haben *Kunden-Beiräte* etabliert, lassen Kunden aktiv mitwirken in Produktentwicklung und Produktverbesserung. Dabei zeigt sich dann: Tatsächliche Kunden-Wünsche liegen oft total jenseits traditioneller Sichtweisen, jenseits weiterentwickelter Techniken oder Verfahren.

> *„Bei Thyssen-Krupp wird in Workshops mit Kunden nach Prozess-*
> *Verbesserungen und nach spezifischen Problemlösungen gesucht.*
> *Wichtig ist dabei die fachübergreifende Zusammensetzung,*
> *sowohl auf Kunden-Seite wie auch auf Veranstalter-Seite.*
> *Die alltägliche Kooperation zwischen Thyssen-Krupp und seinen*
> *Kunden wurde durch diese Workshops deutlich verbessert.“*
>
> *Dr. Rembert Horstmann, Krupp Thyssen Stainless, Duisburg*

Durch das *Einbeziehen von Kunden* und vor allem auch von Nicht-Kunden mit ihren Wünschen und Vorstellungen öffnen sich oft völlig neue, bislang verpasste Perspektiven. Doch das Einbeziehen der Kunden stellt vielfach auch vor völlig neue Herausforderungen. Es sind oft Kleinigkeiten, die aus Kunden-Sicht ein *Produkt ganz entscheidend verbessern*, die aber den Technikern in den Konstruktionsabteilungen häufig erschienen zu banal erscheinen und deswegen nicht wahrgenommen werden. Drei Beispiele machen das deutlich:

„Warum siehst du den Splitter im Auge deines Bruders, aber den Balken in deinem Auge bemerkst du nicht.“

Matthäus 7,3

❑ In der Automobil-Industrie ist zwar die Vernetzung zwischen Lieferanten (Zubehör, Bauteile) und Kunden (Autohersteller) weit fortgeschritten. Praktisch alle Entwicklungen laufen gemeinsam. Doch die letztendlichen Benutzer der Autos bleiben außen vor: Was sich Millionen von Autofahrern für ihre Autos sehnlichst wünschen (z.B. mehr Ablageflächen im Fahrerbereich, gleiche Anordnung von Hebeln und Instrumenten quer über alle Hersteller und Modelle), darüber gehen die Techniker in den Konstruktionsteams großzügig hinweg.

❑ In der Konsumgüter-Industrie regiert nach wie vor weithin das Prinzip des Erfindens, dann ausprobieren im Testmarkt, und schließlich pushen mit Werbemillionen.

❑ Und unter den Markt-Giganten des Markenartikel-Markts ebenso wie bei Banken oder bei Versicherungen gilt weiterhin: Macht's der Wettbewerber, muss es so schnell als möglich in möglichst ähnlicher Form auch bei uns ins Sortiment.

Kunden sehen oft das kontinuierliche *Wettrennen um neue Produkte* mit ganz anderen, mit kritischen, oft sogar mit verärgerten Augen. Aufwändige technische Perfektion macht Produkte bei Anwendern oft eher unbeliebt. Vieles an eingebauter, oft preistreibender Technik-Perfektion wird von den Anwendern überhaupt nicht genutzt. Konstanz schätzen die meisten Kunden höher als unentwegten Modellwechsel, der sich oft auf pure Neu-Anordnung von Bedienelementen beschränkt. Auch zwischen Design und Funktionalität liegen zuweilen Welten. Ebenso sind tausende von Packungen im Umlauf, die für Kunden der Verpackungstechnik oft wahre Ärgernisse darstellen: Für das simple Öffnen sind zuweilen Lupe und der halbe Werkzeugkasten erforderlich.

Von Egozentrik zum Denken mit des Kunden Kopf

Kunden denken anders. Sie bevorzugen

- ❑ Zweckdienlichkeit und günstige Gebrauchskosten,
- ❑ Einfachheit in der Bedienung,
- ❑ Sicherheit und Haltbarkeit im Gebrauch,
- ❑ Nähe und Schnelligkeit von Service im Bedarfsfall,
- ❑ langfristig gesicherte Versorgung.

Erfolg im Verkauf wurzelt in der Umkehr des Denkens: raus aus Egozentrik, und stattdessen hinein ins Denken mit dem Kopf des Kunden. Des Kunden Kenntnisse, Verständnisse und Geschicklichkeiten, des Kunden Augen, des Kunden Hände werden zur Vorgabe für Produktentwicklung und Produktverbesserungen. *Kunden möchten gefragt, beteiligt und einbezogen werden.*

Ehrlich und offen für *Anpassungen* die Kunden nach ihren Wünschen und Interessen fragen – das gelingt nur durch den Abschied von tief eingewurzelter Selbstgefälligkeit: Nicht Bauknecht weiß dann länger, was Frauen wünschen, sondern Frauen sagen klipp und klar, was Frauen wünschen.

Das aber setzt voraus, die *richtigen Fragen* in richtiger Weise stellen zu können: kein Verhör, keine Inquisition. Kunden einfach mal zum Reden bringen und dabei zuhören – nicht „Ohren zu" und schon bei den ersten Worten des Kunden über Antworten und Einwände nachdenken, sondern jedes aufnehmen, bis ins Detail der Kunden-Vorstellungen nachfragen und jedes Detail klären.

Die *tatsächlichen Wünsche der Kunden zu kennen* und die Bereitschaft wie auch die Fähigkeit, darauf in ständiger Flexibilität passende Produkte, Dienste sowie Strategien und Verhaltensweisen im Kunden-Kontakt maßzuschneidern, das schafft den *Vorsprung der Besseren.*

Zehn erfolgreiche Wege zum glücklichen Kunden:

1. *Menschliche Faktoren wiegen stärker als Produkteigenschaften.*
   Im freundschaftlichen Kontakt zum Kunden entscheidet sich der Erfolg.
2. *Quellen für Kunden-Ärger erkennen und ausmerzen.*
   Präsent sein, hilfsbereit sein.
3. *Service-Qualität steigern – aus Kunden-Sicht!*
   Kunden beurteilen Service nicht nach Systemperfektion, sondern nach Unterstützungsleistung und Qualität.
4. *In die tatsächlichen Kunden-Wünsche vordringen.*
   Scheinbar nebensächliche Äußerungen ernst und wichtig nehmen.
5. *Vorsicht vor rückwärts gewandten Zufriedenheitsumfragen.*
   Erfahrungen der Vergangenheit führen nicht zu erfolgsöffnenden Fortschritten für die Zukunft.
6. *Unbequeme Wünsche von Kunden sind Herausforderungen.*
   Nur anspruchsvolle Kunden sind echte Freunde.
7. *Kunden-Befragungen objektiv durchführen.*
   Durch neutrale Fragen Befangenheit und Hemmungen der Kunden auschalten.
8. *Kunden mitwirken lassen.*
   Eingebundene Kunden haben intensive Beziehung zum Ergebnis.
9. Nicht alles technisch machbare und trendige macht Kunden glücklich.
   Kunden bevorzugen Konstanz, Einfachheit und Zuverlässigkeit und vor allem Gebrauchstauglichkeit im Alltag.
10. *Dank, wem Dank gebührt.*
    Kunden wollen wissen, was aus ihren Tipps und Vorschlägen geworden ist.

Mehr bieten als Kunden erwarten – das macht Kunden zu „Fans"

Nur begeisterte Kunden sind wirklich treue Kunden. Nur zufriedene Kunden wechseln schnell. Zufriedenheit wächst eher aus rationalen Kriterien. *Erst Begeisterung macht Kunden zu „Fans".* Und Fans verzeihen ihrem „Idol" oder ihrem Verein auch mal eine schwache Leistung, sogar einen Schnitzer. Fans haben vom Morgen bis zum Abend ihr „Idol" vor dem geistigen Auge. Bei Problemen leiden, bei „Siegen" feiern sie mit. Fans identifizieren sich mit ihrem Idol.

Behandle Kunden so, wie du selbst gerne behandelt werden möchtest.

Ärger, Enttäuschung und Frust vertreiben Kunden. Erfreuliche Erlebnisse lassen Kunden-Herzen höher schlagen, lassen Kunden wiederkommen und wiederkaufen. Was ist dem Kunden „wichtig"? Natürlich immer das, woran es ihm im Augenblick am meisten mangelt. Das ist von Kunde zu Kunde verschieden, das ändert sich auch bei ein und demselben Kunden im Lauf der Zeit, zuweilen von einem Tag auf den anderen.

Kunden-Faszination entsteht durch *positiv empfundene Erlebnisse* und Eindrücke des Kunden, zum Beispiel durch

- ❑ positive Überraschung bei Werbung und Terminvereinbarung,
- ❑ freudige Erlebnisse beim Verkaufs-Gespräch,
- ❑ freudige Erlebnisse bei Lieferung, Montage und Einweisung,
- ❑ erfreuliche Eindrücke bei der Rechnungsstellung,
- ❑ positive Erlebnisse in der Nach-Kauf-Betreuung,
- ❑ freudvolle Erlebnisse mit dem Kundendienst,
- ❑ erfreuliche Erfahrungen bei Reklamationen.

An der Schwelle zum dritten Jahrtausend sind Kunden materiell weitgehend „gesättigt". Benötigte Produkte können sie in den meisten Fällen von verschiedenen Lieferanten qualitativ weithin gleichwertig beziehen. Daher zählen für Kunden bei der *Kaufentscheidung* entweder in erster Linie der Preis oder aber in hohem Maß die *nichtmateriellen Kriterien*. Beispiele für solche positiv wirkende Kunden-Werte sind:

1. *Soziale Kontakte*
   Menschen statt System, Zuwendung, Fürsorge, Freundlichkeit, Individualität, persönliche Anerkennung, Zusammengehörigkeitsgefühl.

2. *Sicherheit und Kontinuität*
   Verlässliche Lieferanten, langjährige Gesprächspartner, Service auf der Basis von Hilfsbereitschaft durch kleine und größere Dienstleistungen.

3. *Vertrauen*
   Glaubwürdigkeit, Authentizität, Erfahrungen von Zuverlässigkeit und Einfühlung, fachliche Kompetenz für die Beratung in allen Ver- und Anwendungen.

4. *Faszination*
   Ambiente von Verkaufsräumen, Erscheinungsbild von Verkäufern und Verkaufs-Unterlagen, beeindruckende, positiv überraschende, begeisternde Erlebnisse.

5. *Emotionale Brücken*
   Gefühlsmäßige Beziehung zum Verkäufer und über diesen auch zum Lieferanten.

Sollen Plus-Punkte zur Kunden-Faszination beitragen, so müssen sie oberhalb der Zufriedenheitsgrenze des Kunden angesiedelt sein. Das heißt: *Ein klein bisschen mehr geben, als der Kunde erwartet.*

Faszinations-Punkte müssen beim Kunden ein positiv überraschtes „Whow" auslösen, ein „Whow", das ins Herz des Kunden eindringt, das emotionale Spuren hinterlässt. So entsteht beim Kunden ein Gefühl von „Geborgenheit", letztendlich sogar von *„Glück"* darüber, den „idealen" Lieferanten (oder Dienstleister oder Betreuer) gefunden zu haben.

Nur wer die Herzen bewegt, kann die Welt bewegen.

Soziale Kontakte machen Kunden zugänglich

Menschen statt System, Freundlichkeit, Zuwendung, Fürsorge – in der sozial kalten Welt sucht der Kunde nach Anerkennung seiner Individualität, nach Verständnis für seine persönlichen Probleme und Wünsche, nach Brücken „von Mensch zu Mensch", also nach „Zugehörigkeit". Mit dem Kunden ein „Wir-Gefühl" aufzubauen, das begründet eine stabile Dauerbeziehung.

Gesellschaftliche Kontakte sind ein menschliches Grundbedürfnis. Sie bringen neue Bekanntschaften, neue Beziehungen – privat ebenso wie geschäftlich. So entstehen Empfindungen von Zugehörigkeit, von Beachtung und persönlicher Aufwertung. Beziehungen baut der Kunde aber nicht zu einem „anonymen" Unternehmen auf, nicht zu einem „System", nicht zu einer „Organisation". *Beziehungen bilden sich zwischen Menschen.* Beziehungen entstehen, wenn der Funke überspringt.

Höfliche Worte vermögen viel und kosten wenig.

Deutsches Sprichwort

Als erstes erwarten Kunden völlig zu Recht *Freundlichkeit und Höflichkeit*. Insoweit sind Kunden auf alle Fälle „Könige". Vom Geld der Kunden lebt jeder Verkäufer. Daher dürfen Kunden auch ruhig ein wenig „hofiert" werden – wobei es wichtig ist, die regionalen „Sitten" zu beachten: In Wien klingt solches „Hofieren" natürlich etwas anders als in Hamburg. Höflichkeit setzt natürlich voraus, im „Knigge" wohl bewandert zu sein. Dabei gilt als erster Grundsatz: nicht steife Regeln zelebrieren, sondern dem Kunden natürliche, möglichst individuelle Zuwendung erweisen.

Dem Erfolg im Verkauf dient es, *für Kunden Möglichkeiten zu sozialen Kontakten zu schaffen*. Kunden-Veranstaltungen sind ein treffliches Mittel dazu. Solche Veranstaltungen können zum Beispiel sein:

- ❏ Kunden-Feste
- ❏ Tage der „Offenen Tür"
- ❏ Kunden-Messen mit Get-Together-Party
- ❏ Kunden-Seminare oder -Tagungen
- ❏ Erfa-Gruppen (Erfahrungsaustausch-Gruppen)
- ❏ Kunden-Reisen (als Incentive oder als Studienreisen)

Solche Kunden-Events können entweder für alle Kunden offen stehen, oder aber sie können einem ausgewählten Kundenkreis vorbehalten bleiben. Dann dienen sie als *„Incentive" für die treuesten Kunden*, für die Kunden mit den höchsten Umsätzen, entweder insgesamt oder bei einer Produkteinführung.

Beispiel:

Zur Eröffnung des neuen Büros seiner Werbeagentur lud der Inhaber alle Kunden zu einer Baumpflanz-Aktion. Jeder Kunde sollte sein eigenes Bäumchen mitbringen. Werkzeug stand zur Verfügung, ein Landschaftsgärtner leitete die Pflanz-Aktion. Bei jedem Baum wurde ein Schild angebracht: biologische Bezeichnung und von wem wann gepflanzt. Seither schauen die meisten Kunden regelmäßig vorbei, ob und wie denn ihr Baum gedeiht.

Die Kunden sollen bei solchen „Events" natürlich *Erlebnisse genießen*, zu denen sie sonst wenig Gelegenheit haben. Sie sollen sich zudem untereinander kennen lernen, Erfahrungen austauschen, neue Anregungen und Geschäftsideen mitnehmen. Nicht zuletzt sollen die Kunden auch Spaß haben. Aber entscheidend ist der *Kontakt mit den Menschen, die im Unternehmen hinter den „Kulissen" wirken*: Telefon-Dienst, Auftragsbearbeitung, Lager, Versand, Rechnungsabteilung, aber auch Marketing, Werbung, Verkaufsförderung und Produkt-Management. Den Verkäufern obliegt es dabei, „ihre" Kunden mit Vertretern der „internen" Bereiche in Kontakt und ins Gespräch zu bringen.

Manchen Unternehmen ist es gelungen, ihren *Kunden-Events* ein so hohes „Prestige" zu verleihen, dass Nicht-Kunden zu Kunden werden, nur um auch eine Einladung zu bekommen und mit dabei zu sein im „Gesellschaftlichen Rahmen". Andere Unternehmen haben ihre begeisterten Kunden in „*Fan-Clubs*" zusammengeführt. Es ist eine Ehre, dazuzugehören. Die Club-Mitglieder tragen stolz die Club-Nadel und haben die Club-Fahne im Büro hängen. Das regelmäßige Club-Magazin wird heiß erwartet. Das „Idol-Unternehmen" sorgt natürlich für Ereignisse, die regelmäßig die Begeisterung der Club-Kunden auf kräftiger Flamme halten. Beispiele: Top-Partner-Meeting, Sommer- oder Weihnachtsfest.

Wir ziehen alle an einem Strang.

Die Kunden-Datei – Zauberschlüssel zum Verkaufs-Erfolg

Nichts liegt dem Menschen näher als das eigene Ich. Das gilt auch für Kunden. Und das „eigene Ich" spiegelt sich zuerst im Namen. *Kunden mit Namen ansprechen* öffnet daher die Tür schon einen ersten Spalt breit. Ein gutes Namensgedächtnis ist auf dem Erfolgsweg im Verkauf kaum hoch genug zu bewerten. Wem es nicht von Natur gegeben, der kann es trainieren.

Kunden fühlen sich durch namentliche Ansprache, also durch die individuelle Zuwendung, aufgewertet. Darauf lässt sich aussichtsreich ein Gespräch aufbauen. Individualität ist heute Trumpf. Zu „No-Name-Kunden" gibt es keine tragenden Beziehungen. Kunden, die nicht emotional gebunden werden, wechseln den Lieferanten nach Lust und Laune, sei es bei kleinsten Preisdifferenzen oder aus erwartungsvoller (meist unterbewusster) Hoffnung auf die emotionale Brücke.

„Der Name ist ein Stück des Seins und der Seele."
Thomas Mann

Individuelle Zuwendung setzt allerdings mehr voraus als nur Höflichkeit und Namensgedächtnis: *Individualität im Service baut auf profunder Kenntnis des Kunden.* Das wiederum ist eine Frage der gut geführten Kunden-Datei. Eine erfolgsorientierte Kunden-Datei basiert nicht nur auf dem Datum des letzten Auftrags und auf dem Umsatzvolumen im Vorjahr. Unter anderem enthält die wirklich nützliche Kunden-Datei auch Aufzeichnungen z. B. über:

❑ Datum des ersten Auftrags des Kunden. Darauf lässt sich mal eine kleine Aufmerksamkeit gründen.
❑ Bisher gekaufte Produkte und Mengen sowie eingeräumte Konditionen.

❑ Aufzeichnungen über Angebote, Aktionen und Teilnahme an Events.

❑ Umsatzpotenzial, das noch akquiriert werden kann.

❑ Spezielle fachliche Fragen des Kunden, Besonderheiten seines Ablaufs, Details zu Mitarbeitern, Hinweise auf Mit-Entscheider im Hintergrund.

❑ Exakte Aufzeichnungen über Sonderwünsche.

❑ Reklamationen und die Art und Weise von deren Regelung.

❑ Notizen über Bemerkungen des Kunden zu Wettbewerbern und/oder Mit-Lieferanten.

❑ Aufzeichnungen zu privaten Angaben des Kunden von Hund über Automarke und Eigenheim bis zu Urlaub, Hobby und natürlich Partner und Kinder.

❑ Vermerke über Geburtstage (auch Partner, Kinder, Mit-Entscheider) und andere „Feier-Tage" (z. B. Haus-Einzug, Auto-Kauf).

Noch so umfangreiches und wohl gespeichertes Wissen über den Kunden aber verpufft nutzlos, wenn es nicht für *intensive Vorbereitung* genutzt wird – nicht erst auf dem Hof des Kunden, sondern am Abend vorher in ruhiger Stunde. Dabei gehört auch der aufmerksame Blick auf die Web-Seite des Kunden zur guten Vorbereitung. Erst die eingehende Vorbereitung macht die individuelle Ansprache des Kunden möglich, die das Tor zur „Seele" öffnet.

Kundenkontakte richtig zu nutzen und Informationen über Kunden professionell zu sammeln und zu verwalten, ist heute mitentscheidend für den langfristigen Verkaufs-Erfolg und für gute Kunden-Beziehungen. Der *schnelle Zugriff auf fundierte Kunden-Informationen* zählt. Umso erschreckender: Rund 45% der Außendienst-Verkäufer setzen immer noch auf Papier statt auf schnelle und sichere Software für Kundenkontakt-Management. Detailinformationen über individuelle Angebote oder Vereinbarungen zu Preis, Menge, Liefertermin oder nächstem Besuchstermin, Notizen zu voraussichtlichem Bedarf oder zu erschließendem Umsatzpotenzial und Kontakte zu Wettbewerbern können dabei heute per Computer-Software optimal aufbereitet und auf Knopfdruck abgerufen werden.

„Vorbereitung ist 90% des Erfolges."

Gustav Käser

Wenn der Verkäufer den Kunden nicht nur mit Namen begrüßt, sondern sich nach dem Wohl der Kinder, der kranken Tante oder des Hundes erkundigen kann, und/oder gezielt nach der Zufriedenheit mit dem neuen Auto und/oder mit dem Objekt des letzten Kaufes fragen kann, dann ist der Kunde angenehm berührt: „Was der sich alles über mich gemerkt hat …" und er fühlt sich als „wichtig". *Kunden aufzuwerten* ist einer der einfachsten Wege, erste Funken von *Kunden-Begeisterung zu entfachen.*

Umfangreiches individuelles Wissen über den Kunden und seine geschäftlichen wie privaten „Umstände" erlauben es auch mal in den „*Smalltalk*" auszuweichen, wenn sich das Verkaufs-Gespräch festzufahren droht. Gelingt es, den Kunden auf erfreuliche Themen seines ureigensten Interessenbereichs zu führen, *entspannt das und führt den Kunden in positive Stimmung.* Das hilft oft zum erfolgreichen Abschluss des anschließend fortgeführten Verkaufs-Gesprächs.

Fürsorge baut Brücken zu begeisterten Kunden

Zu einem beträchtlichen Teil ist auch individuelle *Fürsorge* für einen Kunden nur möglich, wenn der Verkäufer dessen individuelle Situation auf das Beste kennt. Auf dieser Basis lassen sich dann gezielte Fragen stellen, die den Kunden öffnen und positiv auf das Gespräch einstimmen. Das stereotype „Wie kann ich Ihnen helfen?" wird abgelöst durch exakt und individuell treffende Fragen oder Tipps:

„Herr Kunde Sie haben doch neulich geklagt über … Da hab ich mich mal schlau gemacht. Haben Sie schon mal probiert, ob sich das Problem lösen lässt, wenn Sie … Wäre toll, wenn das bei Ihnen den Ausweg bringen kann."

Zur Fürsorge zählt auch, dass der Verkäufer rechtzeitig den Kunden anruft, wenn er aus der Kunden-Datei sieht, dass dessen Bestand doch zu Ende gehen muss, wenn er einen *interessanten Tipp* erfährt, wenn der Firmenurlaub bevorsteht oder eine *Sonderaktion* mit interessanten Preisen oder aber eine Preis-Erhöhung bevorsteht.

Kunden honorieren solche „eigentlich nicht erwartete Fürsorge" mit deutlichen *Gefühlen von Dankbarkeit und auch von Begeisterung*: „Was der für mich tut, wie der sich für mich interessiert, das ist ja enorm. Das hab ich noch nie erlebt."

Positive Wirkung beim Kunden erzielen „*Hotlines*" über gebührenfreie 800er-Rufnummern, auf der von kompetenten Mitarbeitern Rat notfalls sogar hilfreiche Tat möglichst rund um die Uhr eingeholt werden kann. Ganz gewiss aber zeugt es nicht von Fürsorge und von Zuwendung den Kunden gegenüber, wenn für Informationen oder auch für Rückfragen zur Lieferung oder gar für Reklamationen Hotlines nur über gebührenpflichtige 0190er-Nummern zu erreichen sind. Schon die Zumutung, bei ausbleibender Lieferung, bei Reklamationen, bei falschen Rechnungen oder nicht berechtigten Mahnungen eine gebührenpflichtige 01805er-Nummer anzuwählen, zeugt von *Überheblichkeit und von Ego-Denken* anstelle von Fürsorge den Kunden gegenüber.

Einseitiges Denken in Schablonen von „Kosten sparen um jeden Preis" führt auf diese Weise in die Beziehungsfalle und wirkt als Kunden-Abschreckung. Viele Unternehmen missachten die einfachsten Wege, emotional tragende Brücken zu ihren Kunden aufzubauen. Verkäufer, die hier das rechte *Gespür* haben und auch die rechte Portion *Eigeninitiative* zur rechten Zeit, die haben auch im Wettlauf um den Auftrags-Erfolg des öfteren die Nase vorn.

„Wenn jeder dem anderen helfen würde, wäre allen geholfen."

Marie von Ebner-Eschenbach

Übrigens darf in der Verkaufs-Beziehung auch an die *Hilfsbereitschaft des Kunden* appelliert werden – nicht zu stark, nicht zu auffällig, aber ein bisschen tut der Beziehung gut. Das heißt: Gar zu viel Selbstsicherheit muss der Verkäufer gar nicht vorführen. Es reicht, dosiert mal eine Schwäche zu zeigen, eine Wissenslücke, den Kunden mal um einen Gefallen anzugehen – das gibt dem Kunden ein Gefühl von Überlegenheit, ein Gefühl von Stolz. Er kann glänzen. Und schon ist der Kunde aufgewertet. Dafür ist er dann wieder dankbar.

Sicherheit und Kontinuität gewinnen Kunden emotional

Bei jedem Termin ein neuer Verkäufer, bei jedem Besuch am Bankschalter ein neuer Berater, bei jeder Bestellung, bei jeder Rückfrage eine andere Stimme in der Leitung – und zudem noch das Ärgernis: „Der hat wieder von nichts keine Ahnung." So entsteht sie nicht, die *tragfähige und ertragreiche Dauerbeziehung zum Kunden*.

Ständiger Wechsel verärgert. Kunden wollen nicht immer wieder einen ganzen Vorgang von vorne her aufrollen müssen. Ständige Fluktuation im Mitarbeiter-Stamm kostet also nicht nur eine Menge Geld für laufende Personalanzeigen, für Gespräche mit BewerberInnen und für die Einarbeitung. *Fluktuation kostet vor allem auch Kunden.* Der Aufwand, gute und beim Kunden beliebte Mitarbeiter bei der Stange zu halten, hat hohen „Return on Investment". Mitarbeiter-Bindung sogt für langfristig ertragreiche Kunden-Bindung.

Jede(r) „Neue" im Verkaufs-Team, intern wie im Außendienst, muss erst mal *das neue Umfeld kennen lernen,* sowohl den „Stallgeruch" wie auch „seine" Kunden. Erst dann kann er seine Fähigkeiten entfalten, erst dann kann er anfangen, Beziehungen aufzubauen, Kunden zu faszinieren und sie so zu „Fans" des Unternehmens und des Produkts zu machen. Damit erst beginnt die Erfolgswelle zu tragen. Dafür sollte motivierende und kontinuierliche Mitarbeiter-Politik auch den Boden bereiten.

Hilfsbereitschaft nicht nur vor dem Kauf

Erfolgreich verkaufen in der Zukunft baut auf Hilfsbereitschaft gegenüber dem Kunden:

- ❑ Was kann dem Kunden das Leben einfacher machen?
- ❑ Was kann ihn aus einer Zwickmühle befreien?
- ❑ Was kann ihm mehr Umsatz, bessere Erträge bringen?
- ❑ Was kann ihm das Leben schöner machen, mehr „Spaß" bereiten?
- ❑ Was kann ihm lang gehegte Träume erfüllen?

Eine der fundamentalen Forderungen des Kunden an seinen Lieferanten und an den Verkäufer ist das Verlangen nach *Hilfsbereitschaft*. In der technisierten und arbeitsteiligen Welt ist der Mensch auf Hilfsbereitschaft angewiesen, denn für ein hohes Maß an Selbsthilfe fehlen Kenntnisse und Werkzeuge. Das *Zeitalter der unverzichtbaren Experten* ist längst angebrochen.

Kleine Geschenke erhalten die Freundschaft, kleine Dienste im rechten Moment noch viel mehr.

Bleibt aber im Moment des Bedarfs die schnelle Verfügbarkeit der Experten aus, macht sich ein Gefühl von *Hilflosigkeit* breit. *Ohmacht führt zu Frustration* und diese schlägt sich nieder auf das Produkt und auf dessen Lieferanten. Solche Verärgerung multipliziert sich dann auch noch, denn der Kunde wird in seinem Kontaktkreis, oft auch in seinem Fachverband von diesem Produkt, von diesem Lieferanten vehement abraten.

Beispiel (Kauf einer vollautomatischen Espresso-Maschine):

Die Frustration beginnt damit, dass die umfangreiche Gebrauchsanleitung nur in Italienisch beiliegt, ergänzt nur durch ein kopiertes Blatt mit holpriger deutscher Übersetzung, und diese auch offenbar nur für wenige Punkte der umfangreichen Anleitung. Vermerkt ist auch ein deutsches Service-Center mit Adresse und Telefonnummer. Der Versuch der Grundprogrammierung der Maschine anhand der spärlichen und teils unverständlichen Hinweise in deutscher Sprache scheitert. Erst durch drei (umständliche und gebührenpflichtige) Telefonate mit dem Service-Center gelingt es schließlich, die Maschine in Betrieb zu setzen. Allen Freunden und Bekannten wird dieser Kunde mit harschen Worten vom Kauf dieser Espresso-Maschine abraten.

Das „Plus" an Hilfsbereitschaft, das Kunden begeistert, zeigt sich vor allem nach dem Kauf. Jetzt heißt es, Kunden im Kaufentschluss zu bestätigen, z.B. durch laufende *An- und Verwendungs-Tipps* oder andere nützliche Hinweise für die Kunden, die etwa über einen Newsletter verbreitet werden. Hilfsbereitschaft umfasst im Reparaturfall auch die *Ersatzmaschine* oder das Ersatzauto. Manchmal liegt Hilfsbereitschaft darin, dass der Lieferant dem Kunden vorübergehend Experten „ausleiht". Auch *Kunden-Schulungen, Seminare* für die Verkäufer oder für die Kunden des Kunden fallen unter Hilfsbereitschaft.

Vertrauen ist die Basis für Kundenfaszination

„Vertrauen ist gut –
Kontrolle ist besser."

Lenin

So die uralte Kaufmanns-Regel „Ein Mann ein Wort", der Handschlag galt. Heute sind seitenlange, von Juristen bis ins Detail formulierte Verträge mit den Unterschriften mehrerer Zeichnungsberechtigter erforderlich. Viele Menschen sehen ein gegebenes Wort nur noch dann als verbindlich an, wenn sie es niederschreiben und unterzeichnen müssen. Leider.

Die *Tugend der Glaubwürdigkeit* wird weithin nicht mehr besonders hochgehalten. Vieles wird schnell und in schwelgenden Worten versprochen. Zu wenig wird oft gehalten. Das mit Beginn des Jahres 2002 in Kraft getretene Gewährleistungsgesetz schreibt daher vor, dass in Katalogen oder Verkaufsanpreisungen genannte Eigenschaften und Vorteile auch gehalten werden müssen, andernfalls kann der Kunde den Kauf rückgängig machen, teils sogar Schadensersatz fordern. Lässt sich Ehrlichkeit wirklich nur noch per Gesetz erzwingen?

Umso mehr gilt: *Kunden schätzen Glaubwürdigkeit und Redlichkeit.* Kunden bleiben treu bei Lieferanten, die beides in der Dauer einer Geschäftsbeziehung erweisen und bestätigen.

Vertrauen wird nicht an einem Tag und nicht mit einem Geschäft gewonnen. *Vertrauen baut sich allmählich auf,* ist die Quintessenz aus einem Erfahrungsprozess und festigt sich in dessen Verlauf mehr und mehr. Schnelle Einmal-Geschäfte bauen auf momentanem Preisvorteil, nicht auf Vertrauen des Käufers gegenüber dem Lieferanten. Aber die anhaltende Beziehung eines Lieferanten zu treuen und daher ertragsreichen Stammkunden kommt ohne Vertrauen nicht aus. Das gilt gegenseitig.

Der Gegenpol zu Vertrauen ist Enttäuschung. *Kunden zu täuschen* heißt, Erwartungen zu wecken, die dann nicht eingehalten werden. Der vereinbarte „Tausch" kippt einseitig weg, der Kunde wird enttäuscht und erlebt dadurch

Frustrationsgefühle. Zuweilen steigt sogar Wut auf. Der Weg in den Konflikt ist vorprogrammiert und mit dem Konflikt droht der Bruch der Beziehung zum Kunden.

Keine Versprechen, die sich nicht halten lassen

Gefühle wirken tiefer als rationale Urteile, egal ob positiv oder negativ. Auf Verstandesebene lässt sich manches mit schlüssigen Argumenten und Erklärungen geraderücken. Emotionale Verletzungen verzeiht des Kunden Seele nicht so schnell. *Enttäuschte Kunden sind verlorene Kunden.*

Goodwill ist schnell verspielt, auch bei langjährigen Stammkunden. Teuer wird für das Unternehmen dadurch ein zu forscher Verkäufer,

Wer einmal lügt, dem glaubt man auch in Zukunft nicht.

- ❑ der Variationen am Produkt mit dem Kunden „vereinbart", die von der Produktion nicht realisiert werden können,
- ❑ der Lieferfristen verspricht, die dann nicht gehalten werden können,
- ❑ der Rabatte oder Zahlungskonditionen einräumt, die von der Verkaufs-Leitung nicht genehmigt werden,
- ❑ der „umfangreiche Einweisung und Schulung" zusagt, die sich dann als Luftnummer entpuppen.

Der Verkäufer verspricht ins Blaue hinein, was sich nicht halten lässt. Der Kunde aber „erlebt" diese Unhaltbarkeit von Terminen und Preisen als Charakterzug des Zuliefer-Unternehmens. Über diese „Erfahrungen" spricht der Kunde mit Kollegen. *Schnell breitet sich ein solch negatives Urteil aus.* Das Vertrauen ist auf breiter Front dahin.

Der Verkäufer muss nicht mal bewusst und in böser Absicht „lügen". Er meint es vielleicht gut, will den Auftrag mitnehmen, um jeden Preis. Oft genügt es schon, dass einem Verkäufer in der Hitze des Wunsches nach dem Auftrag der eigene Idealismus durchgeht, dass er in diesem Moment schlichtweg „vergisst", mit welchen laufenden Wirrungen in seinem Unternehmen Produktion oder Vertrieb unentwegt kämpfen und wie oft alles drunter und drüber geht. Beim Kunden aber kommt nur eines an: Versprochen und gebrochen.

Mit vorschnellen Zusagen, Zusicherungen und Versprechen geht nicht nur das *Gesicht verloren*, nicht nur Stammkunden springen ab, sondern auch potenzielle Neu-Kunden sind vor diesem Lieferanten gewarnt. Mit vorschnellen Versprechen an seine Kunden kann ein Verkäufer seinem Unternehmen schweren Schaden zufügen, auch wenn sie in bester Absicht und in naivem Glauben gegeben werden.

Optimismus erzeugt Tatkraft, übertriebener Optimismus Feinde.

Es ist ein Irrtum, dass sich Verkaufs-Erfolg gründen ließe auf nicht haltbaren, aber dem Kunden wohlgefälligen Versprechen. Nur wer sich den Kunden gegenüber loyal verhält, wird *von den Kunden mit Vertrauen belohnt*. Das ist dann die stabile Grundlage für langfristige Beziehungen mit dem Kunden, die wertvoller sind als kurzfristiges Umsatzdenken.

Verkäufer mit Kompetenz sind beim Kunden willkommen

In der mit Informationen überladenen Welt *sucht der Kunde nach Orientierung durch Kompetenz*. Niemand kann alles wissen, doch der kompetente Verkäufer muss solides Grundwissen parat haben und dann darüber hinaus wissen, wo er aktuell benötigte Informationen rasch und zielgenau findet, so zum Beispiel

- ❏ Informationen über den Kunden,
- ❏ Informationen über den Wettbewerb,
- ❏ Informationen über die Technik,
- ❏ Informationen über Gesetze und weltwirtschaftliche Lage,
- ❏ Informationen zu Anwendung und Gebrauch.

Das *Internet mit seinen Datenbanken und Suchmaschinen* hat zwar in den letzten zehn Jahren völlig neue, früher nie vorstellbare Möglichkeiten der Informationsbeschaffung eröffnet. Englische Sprachkenntnisse sind aber für die Recherche im Internet weithin eine Grundvoraussetzung. Um die völlige Offenheit des weltweiten Webs zu umgehen, haben zahlreiche Unternehmen *Intra-Netze* aufgebaut. Das gesamte im Unternehmen vorhandene Wissen zu Technik, Produkten, Kunden, Markt, Rechtslage usw. ist dann in diesen Netzen abrufbar, zu denen meist nur Mitarbeiter Zugang haben, manchmal in beschränktem Maß auch Kunden. Doch der Verkäufer als persönliche Schnittstelle und Informationsquelle steht bei den Kunden immer noch an erster Stelle. Das beweisen Umfragen bei Einkäufern.

Kunden wollen Verkäufer, die entscheiden können

Eng verknüpft mit Verlässlichkeit und Vertrauen sind Befugnisse, also die organisatorische Kompetenz, die einem Verkäufer verliehen werden kann. „Organisatorische Kompetenz" umfasst die Rechte und Handlungsspielräume, die Mitarbeitern nach den formellen Richtlinien der Organisation zustehen, ebenso aber auch die klar gezogenen Grenzen („Nicht-Rechte"), für die es

Änderungen erst mit Zustimmung des Vorgesetzten geben darf. Für Kunden ist es wesentlich zu wissen:

- ❏ Worüber kann ich mit meinem Ansprechpartner, dem Verkäufer, verhandeln?
- ❏ Wofür ist er zuständig und bis zu welcher Grenze?
- ❏ Welche Termin- oder Lieferzusagen kann er verbindlich eingehen?
- ❏ Wie viel Rabatt- oder Bonuspunkte kann er verbindlich geben?
- ❏ Welche Konditionen kann er einräumen?
- ❏ Wer ist Ansprechpartner jenseits des Verkaufs-Gesprächs?
- ❏ Wer ist wofür Ansprechpartner nach dem Kauf?

Nichts ist schlimmer als der Verkäufer, der wegen jeder Kleinigkeit erst mal zum Handy greifen muss:

„Bitte einen Moment, da muss ich erst bei der Verkaufs-Leitung rückfragen."

Mit vollem Recht wird der Kunde unwirsch und verabschiedet solche Verkäufer kurz angebunden:

„Wissen Sie, es ist gewiss am besten, wenn Ihr Verkaufsleiter mal persönlich vorbeikommt."

„Entscheider" oder „Rückfrager": Verkäufer ohne klare und ausreichende organisatorische Kompetenz haben keine Geltung und sind nichts weiter als Zeitdiebe für den Kunden.

Vor der Zuteilung von Verantwortung und entsprechenden organisatorisch fundierten Verhandlungsspielräumen ist natürlich der *Verkäufer zum kompetenten Verhandlungsführer* zu schulen. Schnell ist viel Geld verschenkt, wenn ein Verkäufer nicht gelernt hat, erfolgreich zum Beispiel über Preise zu verhandeln. Gutes Verkäufer-Training ist hier unerlässlich. Niemand schickt Astronauten zur Außenreparatur an der Raumsonde, ohne sie vorher bis ins letzte Detail dafür fit zu machen.

Übung macht den Meister.

Die Sprache der Kunden sprechen

Kunden erwarten vom Verkäufer, dass er sich präzise und vor allem auch verständlich ausdrücken kann. An der kundenverständlichen Weitergabe von Informationen scheitern viele Verkäufer: Sie schaffen es nicht, ihren *Fachjargon zu verlassen*, sich für den Kunden anschaulich und verständlich auszudrücken. Nicht Fachjargon zeugt von Kompetenz, sondern die Fähigkeit, die Sprache des Kunden zu sprechen. *Wissen wird erst nützlich, wenn es dem Kunden verständlich und umsetzbar übermittelt wird*, wenn es vom Kunden auch erfasst werden kann.

Das Telefon ist im Kontakt zum Kunden für erfolgsorientierte Verkäufer eines der wichtigsten Arbeitsmittel. Doch gerade am Telefon ist die Sprache (Tonfall, Stimmlage, Gesprächseinstieg) ein primärer Entscheidungsfaktor über Erfolg oder Nicht-Erfolg eines Anrufs. Wie schwer es vielen Verkäufern fällt, sich auf ein Kunden-Gespräch vorzubereiten und sich dann auch verständlich auszudrücken, das unterstreicht eine Analyse von Telefon-Gesprächen von Verkäufern:

> *Im Sommer 2002 untersuchte die Fachzeitschrift „acquisa"[4] die Telefon-Kompetenz von Verkäufern und stellte „miserable" Ergebnisse fest: Ein Viertel der getesteten Verkäufer fiel schon bei den grundlegenden kommunikativen Fähigkeiten durch. Vier von zehn der anrufenden Verkäufer schafften es nicht, zum Angerufenen eine Sach- oder gar eine Beziehungsebene aufzubauen. Jeder zweite Tester (Geschäftsführer, Vertriebs- und Marketing-Leiter) stellte fest, dass vor dem Anruf keine Informationen über das anzurufende Unternehmen gesammelt wurden. Das Fazit zog der Vertriebs-Chef eines Software-Hauses: „Es wird ohne jeglichen Ansatzpunkt zum Bedarf angerufen. Der Verkäufer geht meist nicht auf die individuellen Bedürfnisse seines Gesprächspartners ein und verhält sich oft auch völlig unsensibel."*

Vertrauensgewinn beim Kunden hat viel mit der Fähigkeit des Verkäufers zu tun, mit dem Kunden in dessen Sprache und in dessen Denkkategorien *gemeinsam nach Lösungen zu suchen*. Denn Vertrauen wächst in hohem Maß jenseits der rationalen Ebene, im Bereich der Gefühle. Gefühle aber wollen direkt und „ein-dring-lich" angesprochen werden. Es gilt also den Ton und die Worte zu finden, die erfolgreich bei den Kunden Vertrauen aufbauen.

Im Kopf des Kunden denken

Fachkompetenz kann erst wirksam werden, wenn sie gepaart ist mit der Fähigkeit von Einfühlung und Kommunikation. *Erfolg im Verkäufer-Beruf setzt neben Fachkompetenz daher auch emotionale und soziale Fähigkeiten voraus.* Diese sind nötig, um zum Beispiel

- ❏ Fragen des Kunden zutreffend interpretieren zu können,
- ❏ nicht über die Fragen des Kunden hinweg zu argumentieren,

---

[4]   *acquisa* (Ausgabe September 2002), Max Schimmel-Verlag, Weka-Gruppe, Würzburg.

- ❑ sich in die Denk- und Vorstellungswelt des Kunden hineinversetzen zu können,
- ❑ sich verständlich ausdrücken zu können,
- ❑ im Dialog das im Augenblick Überflüssige weglassen zu können,
- ❑ gefeit zu sein gegen egozentrische Besserwisserei und Rechthaberei.

Im erfolgsorientierten Verkaufs-Gespräch steht die Abgabe von Informationen ohnehin erst an zweiter Stelle. Es ist nämlich wichtiger, den *Kunden zu öffnen und möglichst viele Informationen vom Kunden zu bekommen.* Vor allem offene Fragen und aktives Zuhören sind die probaten Instrumente, den Kunden zum Reden zu bringen. Gelingt es gar, den Kunden zum Erzählen über Erfahrungen oder Gefühle von Unzufriedenheit mit bisherigen Lieferanten und Produkten zu bewegen, so wird der Kunde herangeführt an Wünsche nach Verbesserung. Daran lässt sich sein „Ja" zum neuen Auftrag festmachen.

Nicht zuletzt ist zu beachten: Kunden mögen es nicht, wenn sie „zugeschwätzt" werden. Da kommt schnell mal Misstrauen auf.

Faszinierendes „Ambiente" begeistert die Kunden

Prestige erfreut Kunden. Prestige des Lieferanten strahlt auch auf die Kunden ab, *sie möchten gerne stolz sein auf ihren Geschäftspartner.* Kunden wollen als Verkäufer keine grauen Mäuse, aber auch keine schrillen Zirkus-Clowns. Langweiler stoßen ab, notorische Schwätzer und Witzereißer fallen durch. Farbe belebt, aber scheckige Buntheit wirkt lächerlich.

Wie kann ein Unternehmen diesen Kunden-Erwartungen Rechnung tragen und den goldenen Mittelweg finden? Es allen immer recht zu machen, klappt nie. Wie beim Verkäufer selbst so ist auch beim Unternehmen die *„Harmonie" zwischen Produkt und Ambiente* gefordert:

- ❑ Noble Produkte lassen sich nicht in schäbigen Verkaufsräumen oder von ungepflegten Verkäufern präsentieren.
- ❑ Unternehmen, deren Verkaufs-Argumentation auf besonderer Preiswürdigkeit beruht, zerstören dieses Image mit dem Firmengebäude aus glitzerndem Glas und poliertem Marmor oder auch mit dem Luxus-Pkw des Außendienst-Verkäufers.

Harmonie von Produkt und Erscheinung

Für den *Verkaufs- und Ausstellungsraum* beginnt das „Ambiente" bereits außen an der Fassade und setzt sich fort auf dem Parkplatz und beim Pförtner. Farben, Licht, Raumgröße und -aufteilung, natürlich auch die Möblierung und die Ausstattung eines Raums mit Bildern und Pflanzen bestimmen das Ambiente, das Kunden in Kaufstimmung versetzen soll. Milliardenschwere chinesische Business-Magnaten geben Millionen aus, um von einem Feng-Shui-Meister das Ambiente ihrer Geschäftsräume auf Erfolg ausrichten zu lassen. Das weit geringere Honorar für einen einfühlsamen Raumausstatter ist gewiss nicht schlecht investiert, wenn Kunden in den Geschäftsräumen empfangen werden.

Ein Beispiel für „Ambiente" liefert die Stadt Wolfsburg gemeinsam mit der Volkswagen AG:

> Der Wolfsburger Bahnhof wurde völlig neu gestaltet. Weiß dominiert als Farbe. Das macht hell und freundlich. Alles ist ebenerdig, so dass die Fahrgäste ihr Gepäck nicht über Treppen schleppen müssen. Alle Anschlüsse in die Stadt sind deutlich ausgeschildert und bequem zu erreichen. Zur Adventszeit wandelt VW seine weithin sichtbaren Schornsteine zu Adventskerzen um, erst einen mit „flammendem" Licht auf der Spitze, schließlich alle vier.

Zwei grundsätzlich *verschiedene Kaufmuster* haben sich herausgebildet:

- ❑ Alltäglicher *Grundbedarf* wird bei hohem Preisbewusstsein im Discountmarkt auf der „grünen Wiese" gedeckt.
- ❑ Beim Erfüllen von *individuellen Zusatzwünschen* suchen Kunden das „Einkaufserlebnis" und achten dabei nicht so dezidiert auf den Preis.

Ebenso muss auch der Verkäufer auf sein „Ambiente" achten. Das Bild muss für den Kunden harmonisch erscheinen, vom Outfit bis zum Auto. Sportlich oder elegant, dezent oder repräsentativ, leger oder formell – auch hier heißt es, *Produkt und Erscheinungsbild in Einklang zu bringen*, um überzeugend auf den Kunden zu wirken. Moderne Produkte vertragen sich nicht mit altbackenem Erscheinungsbild. Kunden werden irritiert, wenn Widersprüche klaffen zwischen Produktanspruch und Verkäufer-Erscheinung. Das „Bild", das ein Verkäufer von sich abgibt, ist wesentlicher Bestandteil der Gesamtinszenierung namens „Verkauf". *Vertrauen beim Kunden* gewinnt nur der Verkäufer, der in dieses Gesamtbild passt.

Bilder und Visionen prägen Eindrücke beim Kunden

Durch Worte wird die Vorstellungskraft von Kunden häufig nicht geweckt. Es ist nicht jedermann gegeben, mit Worten allein faszinierende *Visionen* von Nutzen, von Erfolg, von Glück im Kunden zu wecken.

„Kleider machen Leute."

Gottfried Keller

Zwischen Produkt und Nutzen, zwischen Produkt und Genuss-Erlebnis wuchern oft schier undurchdringliche Wortgestrüppe. Der Verkäufer redet, trägt vor, was er in der Produktschulung mühsam erlernt – zum einen Ohr des Kunden geht's rein, zum anderen hinaus. Fazit: Die meisten *Wortkaskaden vermitteln keine positiven Erlebnisse* in der Erwartungs- und Wunschwelt des Kunden.

Im Verkauf „Business to Business" öffnen *Koffer-Video* und *bewegte Bildwelten*, die per Laptop von der CD oder aus dem *Internet* abgerufen werden, völlig neue Möglichkeiten, die Kunden ein Produkt „erleben" zu lassen. Die Technik ermöglicht es auch jederzeit, diese Computerbilder in Großprojektion zu zeigen.

Animationstechniken erlauben *virtuelle Reisen* ins Innere von Maschinen, ins Innere von Verarbeitungsprozessen. Simulationen von Anwendungsergebnissen und die virtuelle Vorwegnahme des Nutzens und des Erfolges durch den Kauf werden nicht nur sichtbar, sondern erlebbar gemacht. Bilder faszinieren tausendfach mehr als Worte, bewegte Bilder hundertfach mehr als die besten Fotografien.

Ein Bild sagt mehr als 1000 Worte.

Realität übertrifft Virtualität

Doch wo immer es möglich ist, da soll natürlich das *wirkliche Erlebnis* dem virtuellen Erlebnis vorgezogen werden: *Kunden-Einladungen* zu Vorführungen, zu Tests, zu Besichtigungen und Erfahrungsaustausch bei Kollegen sind Erlebnisse, die feste Beziehungen vorbereiten. Allen steuerlichen Einschränkungen zum Trotz haben sich Kunden-Reisen und Kunden-Events als herausragende Möglichkeiten zur Kunden-Gewinnung und zur Festigung von Beziehungen zu Kunden bewährt.

Zehn Erfolgstipps, wie Kunden sich als „Fans" begeistern lassen:

1. *Kunden werden „Fans" durch Hilfsbereitschaft und Partnerschaft.*
   Kunden positiv verblüffen – das begeistert.
2. *Kunden werden durch das „Mehr" begeistert.*
   Mehr an Zusatznutzen, mehr an Vertrauen, mehr an Kauf-Erlebnis.
3. *Die totale Markttransparenz verlangt Ehrlichkeit.*
   Nur mit Fairness lassen sich loyale Kunden gewinnen.
4. *Kunden gewinnen heißt Kunden zu „Gewinnern" machen.*
   Kunden wollen „Beste" sein, verhelfen wir ihnen dazu.
5. *Soziale Kontakte und emotionale Brücken führen ins Netzwerk des Clubs.*
   Begeisterte Kunden wollen Sicherheit, Kontinuität, Faszination und Vertrauen.
6. *Kunden individuell und persönlich ansprechen.*
   Bestens Bescheid wissen über jeden Kunden.
7. *Kontinuität beim Vertriebspersonal schafft Nähe.*
   Daher Abkehr von schnellem Personenwechsel und von kurzfristigem Kostendenken.
8. *Glaubwürdigkeit und Redlichkeit schaffen Fans.*
   Kein Versprechen, das sich nicht halten lässt.
9. *Kunden erwarten kompetente Gesprächspartner.*
   Verkäufer, die rundum trainiert sind, haben die besten Chancen.
10. *Die Sprache des Kunden sprechen.*
    Kein Geschwätz, kein Techno-Quatsch, präzise und klar sein.

Von Kundenbindung zur Kundenbegeisterung

„Zufriedenheit ist rational. Begeisterung ist emotional. Zufrieden gestellt zu werden erwartet heute praktisch jeder Kunde ganz selbstverständlich von jedem Lieferanten. Zufriedenheit ist daher kein Element der Kunden-Bindung mehr. Bindung der Kunden kann nur noch auf der emotionalen Ebene erfolgen. Kunden müssen von ihrem Lieferanten begeistert sein. Zufriedenheit ist das, was selbstverständlich ist. Begeisterung der Kunden entsteht, wenn der Kunde ein wenig mehr bekommt, als er eigentlich erwartet."

F. Christian Zach, Schnaitsee

Die Erwartungen der Menschen werden immer größer. Kunden von heute sind *fordernde Kunden*. Je weiter die Sättigung des Grundbedarfs voranschreitet, desto höher klettern die Erwartungen der Kunden an Komfort, „Luxus" und „Extra"-Leistungen, die der Lieferant mit seinem Produkt verbindet. Vor allem „Extras", die positiv auf des Kunden Emotionen wirken, werden immer beliebter. Langfristiger Verkaufs-Erfolg setzt voraus, Kunden positiv zu verblüffen, sie zu begeistern, und sie zu faszinieren. *Zusatznutzen entscheidet über Kauf oder Nicht-Kauf.*

Verkaufen muss sich auf diese neue Ebene des Kampfes um Erfolge einstellen. Das setzt einen *grundlegenden Wandel des Kompetenz-Profils* für den erfolgreichen Verkäufer voraus. Nicht mehr betriebswirtschaftliches und produktbezogenes Know-how sind erste Voraussetzungen für Erfolge, sondern die Fähigkeiten, mit Menschen umzugehen, sie zu verstehen und sie emotional gewinnen zu können. Die Ausgangslage hat sich verändert:

- ❑ Es wird nicht mehr verkauft, sondern es wird gekauft!
- ❑ Kunden haben eine breite Auswahl von Bezugsquellen.
- ❑ Kunden wissen, dass sie von den meisten Produktalternativen zufrieden gestellt werden.
- ❑ Kunden lassen sich immer weniger binden, nicht mehr durch Tradition (oder Gewohnheit), auch nicht mehr über Boni oder ähnliche Systeme.
- ❑ Kunden wollen nicht nur Produkte, nicht nur Problemlösungen, sondern auch „gute Gefühle".

Die Sprache der Partnerschaft:	
Vom „Wir haben" zum „Sie bekommen"	
Wir bieten an …	Sie finden bei uns …
Wir stellen bereit …	Sie haben die Auswahl …
Unser Produkt …	Ihre neue Maschine (Police usw.)
Wir verlangen …	Sie steuern bei …
Eigenschaft XYZ …	Ihr Nutzen aus XYZ …
Unsere Mitarbeiter …	Ihr Helfer-Team …

Sprache ist ein verräterischer Indikator innerer Einstellungen. Wer Kunden nach wie vor als „Untergebene" oder als „Bittsteller" einstuft, verrät das in seinen Sätzen. Tief verwurzeltes Partnerschaftsdenken drückt sich auch in Wortwahl und Formulierungen aus.

3. Der Kunde – König, Gegner oder Partner?

Das heißt: Der Kampf um anhaltende Erfolge bei den Kunden muss sich auf die *Ebene von Partnerschaft* verlagern: Freundschaft zum Kunden als Gegenleistung für die Freundschaft des Kunden, Vernetzung mit dem Kunden durch Hilfsbereitschaft, eigene Unentbehrlichkeit für den Kunden als dessen Nutzenbringer.

Partnerschaft statt Kundenbindung

„Kein Mensch will mehr im Wir-Land der Gemeinschaftserlebnisse leben, sondern alle wollen ins Ich-Land der individuellen Freiheiten"

Friedhelm Lammoth, St. Gallen

Kundenbindungs-Programme sind anfangs des dritten Jahrtausends noch „in", aber wie lange noch? Denn: *Binden heißt fesseln.* Wer mag in Zeiten hochgeschraubter persönlicher Freiheitsideale schon gern gefesselt werden, gar noch unfreiwillig und unterschwellig? Kunden wollen vor allem ihr „Ego" bestätigt sehen. Vom Zeitalter der *„Egonomics"* spricht Amerikas Trend-Ikone Faith Popcorn.

Lässt sich denn individuelle *Partnerschaft* mit Kunden erreichen, ohne die Kunden binden zu wollen? Lässt sich zu Kunden gar *„Freundschaft"* aufbauen? Tragfähige Freundschaft mit Kunden – ist das nicht ein Widerspruch in sich? Ist „Freundschaft" nicht längst ein Wert, der im Geschäftsalltag nichts mehr verloren hat?

In Kunden-Karten steckt Zwang und Enttäuschung

Kunden-Karten galten im Jahr 2002 noch als das allseits bevorzugte Instrument, um Kunden-Treue und Mehrkäufe zu induzieren. Fluggesellschaften und Hotelgruppen, Mietauto-Anbieter und Warenhauskonzerne, Stromversorger und Drogeriemarktketten – ein Schwall von Kunden-Karten beult noch immer die Brieftaschen der Konsumenten aus.

Aber manche Kunden-Karten und *Bonusprogramme* sind so ausgetüftelt, dass sie Kunden förmlich zwingen, mehr und mehr zu kaufen, und alles nur von einem einzigen „Lieferanten" oder von einer Firmengruppe, die sich im Bonusprogramm zusammengeschlossen hat, zu beziehen. Denn erst ab einer hoch gelegten Schwelle ist der anvisierte Bonus zu haben.

Liest der Kunde das Kleingedruckte der Kunden-Karten und der Bonussysteme genau, so stellt er häufig eine Fülle von *Beschränkungen und Ausschlüssen* fest. Die wohl formulierten Schlagzeilen erweisen sich angesichts der Details häufig als vielfach relativierter „schöner Schein". Der Frust der Kunden ist häufig groß, wenn es an die Einlösung der angepriesenen Boni geht.

Kunden-Karten und Bonussysteme erweisen sich häufig somit nicht als Königsweg zu treuen und ertragreichen Stammkunden, sondern als Frustrationsquelle, die eine Schar verärgerter Ex-Kunden hervorbringt. Gibt es Alternativen? Kann Kunden-Bindung durch tragfähigere Beziehungen zwischen Lieferant und Kunde ersetzt werden, durch Partnerschaft oder gar durch Freundschaft?

Sind Freundschaft und Geschäfte vereinbar?

Das geflügelte Wort mahnt dazu, *Freundschaft und Geschäfte sauber getrennt zu halten.* Ist Partnerschaft (also eine Beziehung zwischen zwei gleichwertigen und auch gleich starken „Parteien") im Verkaufsalltag nicht nur noch ein längst entschwundenes Wunschbild?

Schnaps ist Schnaps, Geschäft ist Geschäft.

Freundschaft – wortwörtlich betrachtet – heißt, *für einen Freund zu schaffen.* Nichts anderes besagt das grundlegende zukunftssichernde Erfolgsrezept für den Verkauf: *des Kunden Nutzen mehren!* Aber natürlich zerbricht Freundschaft, wenn immer nur der eine schafft und der andere nimmt. Tragfähige Freundschaft beruht auf Gegenseitigkeit, auf der Ausgewogenheit von Geben und Nehmen. Denn das *Gesetz der Reziprozität,* das Gesetz vom Ausgleich zwischen Geben und Nehmen, steckt in jedem Menschen. Im Geschäftsleben wird jedoch zu häufig versucht, es außer Kraft zu setzen – von beiden Seiten: von Verkäufern, die jemanden über den Tisch ziehen wollen, von Kunden, die jedes Zugeständnis nur als Basis für die nächste Forderung nutzen.

Freundschaft lässt sich *nicht einfordern.* Partnerschaft mit Kunden muss gewonnen und dann gepflegt werden, jeden Tag aufs Neue. Ganze Unternehmen stehen vor der Herausforderung, „beziehungsfähig" zu werden. Das geht alle an im Unternehmen, nicht nur die Verkäufer. Jeder, der Kontakt hat mit dem Kunden, ist ein „Botschafter der Freundschaft" – oder eben das Gegenteil.

Liebe ist, wenn man geben kann, ohne zu erwarten, wenn man nehmen kann, ohne sich verpflichtet zu fühlen.

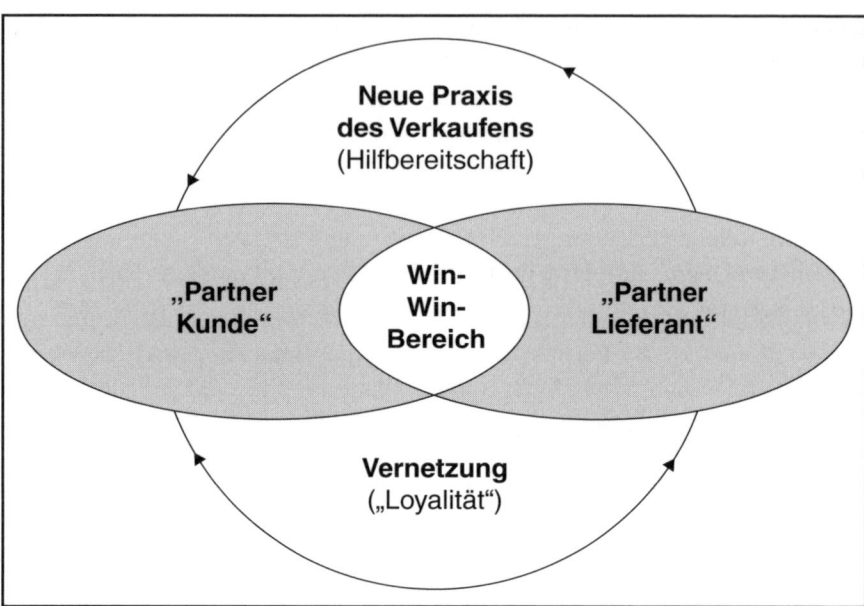

„Freundschaft" oder auch Partnerschaft lässt sich *nicht erkaufen*. Noch so aufwändige Geschenke machen Kunden nicht zu Freunden, sondern erzielen höchstens einen „Mitnahme-Effekt". Zudem gelten in den meisten Einkaufsabteilungen längst Richtlinien, die die Annahme von Geschenken untersagen, sei es generell oder jenseits einer Wert-Obergrenze

In den meisten Firmen liegt die Wert-Obergrenze für die Annahme persönlicher Geschenke bei 25 Euro. In anderen Unternehmen müssen alle Geschenke jenseits eines Wertes von 5 Euro für Wohltätigkeitsbasare zur Verfügung gestellt werden. Aber natürlich spricht nichts gegen einen Kugelschreiber oder einen pfiffigen Computer-Rückspiegel für die Sekretärin.

Auch Rabatte und Extra-Boni kaufen keine Freundschaft von Kunden, sondern wecken nur noch heftigeres Verlangen nach weiteren Preisnachlässen beim nächsten Auftragsgespräch.

Partnerschaft durch Balance von Geben und Nehmen

„Gib den Arbeitern ihren Lohn, noch ehe der Schweiß auf ihrer Stirn trocken wird."

Aus dem Koran

„Freundschaft" pflegen mit Kunden heißt also, die *Balance zwischen Geben und Nehmen* anzustreben und in der Waage zu halten. Das heißt konkret: Ob Nachlass oder „Extra"-Leistung in Bereichen wie z. B. Einweisung, Hilfsbereitschaft, Terminflexibilität usw. – alles „Geben" an den Kunden hat im Verkauf auch das „Nehmen vom Kunden" zur Folge. Geschickte Verhandlungsführung erreicht mit jedem Geben an den Kunden auch ein Nehmen vom

Kunden wie z.B. höhere Bestellmenge, Akzeptanz des Listenpreises, Abholung statt Lieferung, Sofortzahlung bei Lieferung und ähnliches mehr. *Erfolgsorientierte Verkäufer geben nicht, ohne zu bekommen.* Sie nutzen mit großem Geschick das in jedem Menschen (also auch im Kunden) verankerte innere „Gerechtigkeitsgefühl".

Wie erfolgreiche Verkäufer gerechtes „Geben und Nehmen" in Preisverhandlungen erreichen, das wird ausführlich erläutert in meinem Buch *„Sich durchsetzen in Preisgesprächen und -verhandlungen".*

Natürlich liegt es beim Verkäufer, für den Kunden *das erste „Geben"* anzubieten; denn der *Verkäufer will ja etwas vom Kunden*: den Auftrag, und damit des Kunden heiligstes Gut, sein Geld. Einmal mehr erweist sich profunde, detaillierte Kunden-Kenntnis als die sichere Basis für den erfolgreichen Einstieg in die zum Auftrag führende Spirale von Geben und Nehmen. *Jeder Kunde hat seinen ganz persönlichen „Knackpunkt".* Den gilt es zu kennen aus früheren Gesprächen, oder es heißt ihn aufzuspüren im aktuellen Gespräch.

Kunden-Begeisterung entsteht, wenn der Kunde ein wenig mehr bekommt, als er „eigentlich" erwartet. Damit kommt ein *Gefühl wohligen Erstaunens* auf und dann von Dankbarkeit. Diese Gefühlseindrücke beim Kunden sind es, auf denen sich der Grundstein legen lässt für dauerhafte, auch für belastbare Beziehungen.

Kein Nehmen ohne „Danke"

Zu jedem Nehmen gehört natürlich das „Danke" dessen, der nimmt. Endet die Bereitschaft zum „Danke", so endet bald auch die Freund- oder Partnerschaft. Kein Mensch ist auf Dauer bereit zu helfen oder zu geben, wenn er dafür kein Danke bekommt. Aus der Natur des Verkaufs-Geschäftes heraus empfindet der Kunde natürlich weniger innere Verpflichtung zum „Danke". Er steht ja auf dem Standpunkt: *„Der Verkäufer will was von mir, also soll er sich mal anstrengen."*

Daher ist es Aufgabe des Verkäufers, das „Danke" des Kunden auf sublime Weise einzufordern. Solches „Danke" muss ja nicht als Wort ausgesprochen werden, solches „Danke" kann auch mit der gekonnt formulierten *Frage nach einem Zugeständnis* eingefordert werden. Der Verkäufer kann z.B. fragen: *„Herr Kunde, wenn sich dieser extrem frühe Liefertermin realisieren ließe, wären sind Sie dann bereit, für die Bestellmenge XY den Listenpreis zu akzeptieren?"*

Darauf der Kunde: *„Ausnahmsweise, aber nur, wenn Ihr LKW definitiv am XX-ten um spätestens 9 Uhr auf dem Hof steht."*

Der Kunde hat sich bedankt dafür, dass der Verkäufer zugesagt hat, ihm für den dringenden Bedarf aus der Patsche zu helfen.

Das „Danke" im Prozess von Geben und Nehmen kann sich recht verschieden ausdrücken:

- ❏ Durch das simple *Wort* „Danke".
- ❏ Durch eine *Gegenleistung* (Geben gegen Geben).
- ❏ Oder auch in *Aufwertung und Anerkennung* („Lob") für den Geschäftspartner.

Entscheidend für die Wirkung eines „Dankeschön" ist dabei stets der *direkte Bezug zum Geben*: Nicht erst mal großspurig über ein Geben des Kunden hinweggehen und im eigenen Wortschwall fortfahren, sondern jedes Signal von Geben sofort mit einem „Danke" beantworten, unterbrechen und dem Kunden mit einer Portion Aufwertung signalisieren, dass seine Bemerkung wahrgenommen wurde und gewürdigt wird:

„Der Dank ist für kleine Seelen eine drückende Last, für edle Herzen ein Bedürfnis."

Georg Christoph Lichtenberg

„Das, Herr Kunde, ist ein entscheidender Schritt. Danke, dass Sie mir hier entgegenkommen. Sie werden sehen, das bringt Ihnen einen ansehnlichen Zusatzgewinn."

Loyale Kunden sind treue Kunden

Im Jahr 2002 tauchte das Schlagwort von der *Kunden-Loyalität* auf. Loyalität bedeutet laut Duden: freiwillige Treue, Anständigkeit, Redlichkeit und Achtung vor den Interessen anderer. Können das zukunftsführende Maximen sein, die in tragfähigen Kunden-Beziehungen das Verhalten beider Seiten steuern? Werden Kunden auf dieser Basis freiwillig zu Stammkunden, motiviert und „bei der Stange gehalten" durch ihre emotional verankerte Begeisterung?

Im Grunde genommen wird durch das neue Schlagwort nichts weiter ausgedrückt als die systematische Gewinnung und *Pflege von Stammkunden*. Die Erkenntnisse des Loyality-Marketing fußen auf der uralten betriebswirtschaftlichen Erkenntnis, dass es achtmal kostengünstiger ist, bisherige Kunden zu pflegen und ihr Umsatzpotenzial auszuweiten als ständig wieder neue Kunden gewinnen zu müssen.

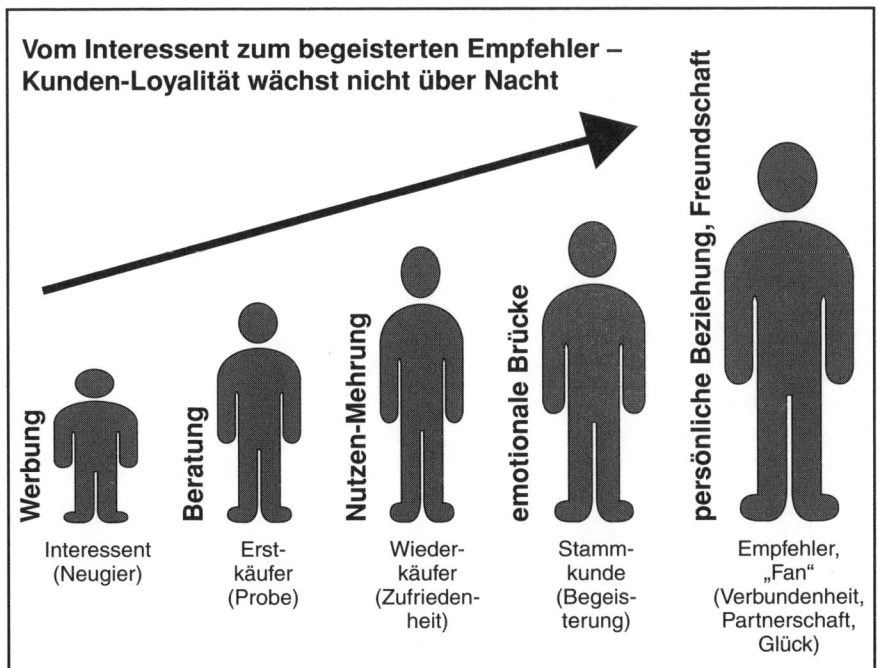

**Vom Interessent zum begeisterten Empfehler –
Kunden-Loyalität wächst nicht über Nacht**

Werbung · Beratung · Nutzen-Mehrung · emotionale Brücke · persönliche Beziehung, Freundschaft

| Interessent (Neugier) | Erst-käufer (Probe) | Wieder-käufer (Zufrieden-heit) | Stamm-kunde (Begeis-terung) | Empfehler, „Fan" (Verbundenheit, Partnerschaft, Glück) |

Die Loyalität treuer Stammkunden und Fürsprecher wächst ganz allmählich: vom Interesse zum Probekauf, durch Zufriedenheit zum Wiederkauf, durch Überzeugung zum Weiterkauf, durch Faszination zu Zusammenarbeit und Vernetzung, durch emotional tief wurzelnde Begeisterung („Glücksgefühl") zum Empfehler. Dieser Wachstumsprozess verkraftet weder Frost noch Brüche oder Enttäuschungen.

Doch das Ziel lohnt: *„Fan-Kunden"* kaufen mehr, vor allem sie kaufen in vielen Fällen „von allein", ohne aufwändige Werbung und ohne viele Außendienstbesuche. Die Begeisterung des Kunden zu gewinnen, nicht nur seine Zufriedenheit – darauf kommt es an. *Begeisterung ist emotional. Zufriedenheit ist rational.* Emotion bindet, Ratio dagegen folgt schnell den Verschiebungen der Basisfakten: Der Wettbewerb ist günstiger, liefert schneller, die Qualität ist genormt – der rational zufriedene Kunde folgt seiner Erkenntnis und wechselt sofort.

Der „Fan-Kunde" aber wird „seinen" Verkäufer auf die neue Wettbewerbslage hinweisen und ihn auffordern: *„Da müsst ihr aber was tun."*

Der begeisterte Kunde ist bereit, sich „seinen tollen Lieferanten" sogar etwas kosten zu lassen – natürlich in Grenzen.

3. Der Kunde – König, Gegner oder Partner?

Partnerschaft pflanzt sich fort – Empfehler gewinnen

Der Kunde, der Vertrauen und innere Bindungen zu „seinem" Verkäufer hat, zu „seinem" Lieferanten, geht nicht gleich beim kleinsten Preisvorteil der Wettbewerber fremd. Der Kunde, der Vertrauen hat, der sich „gut aufgehoben" fühlt, der lässt sich auch führen – heute zum Zusatzauftrag, morgen zur Probe-Order eines neuen Produkts. Und der wertvollste Schatz emotional gebundener Kunden ist vor allem auch deren *Empfehlungspotenzial.*

Der Kunde, der von „seinem" Lieferanten begeistert ist, ist auch bereit, Empfehlungen abzugeben, sich als positive Referenz zur Verfügung zu stellen. *Begeisterte Kunden sind die besten Werbeträger* – und Sie sparen damit viel Werbegeld. Empfehler sind zudem auch die wirksamste Werbung für „ihren" Lieferanten; denn empfohlene Kunden haben von Anfang an eine stärkere Bindung an den Lieferanten als per Werbung und vorsichtigem Erstkauf zuwachsende Neukunden. Aber Empfehlungen gehören auch zu den gefährlichsten Werbe-Wegen: Wehe, der „gute Tipp" erweist sich für den Neu-Kunden als Fehlschlag. Dann verliert der Empfehler sein Gesicht. Das verzeiht er nicht. Da ist nicht nur der Neu-Kunde dahin, da ist auch der bisherige Stammkunde verloren.

Der erfolgsorientierte Verkäufer fürchtet nicht, sich einen Zacken aus der Krone zu brechen, wenn er sich bei zufriedenen Kunden mal erkundigt, wer im *Kollegenkreis* auch mal Bedarf haben könnte.

Die zuweilen etwas geringschätzig angesehene Bitte um Empfehlungen muss beileibe nicht in plump bettelnden Worten vorgetragen werden. Warum den Kunden nicht ganz natürlich um einen Tipp oder einen Gefallen bitten?

Aber ein schnell hingeworfener Name allein ist noch keine Empfehlung. Da braucht es unbedingt noch ein paar *Zusatz-Informationen:*

- ❏ Warum gerade der?
- ❏ Welchen Bedarf?
- ❏ Wo kauft er bisher?

Und auch wenn ein Kunde mal *„Nein"* sagt auf die Frage nach einer Empfehlung, dann ist das sein natürliches Recht und kein Fiasko.

Aber wer eine Empfehlung oder eine Referenz bekommt, der hat dann unausweichlich die Pflicht, diesen „Fürspruch" auch zu verfolgen. Der Empfehler fühlt sich zu Recht getäuscht, bleibt seine Empfehlung unbeachtet. Selbstverständlich bekommt der Empfehler dann auch zunächst zeitnahe Informationen darüber, wie und wann der Empfohlene angesprochen wurde und welche Resonanz erfolgte. Das „Danke" folgt dann später.

Selbstverständlich sollte es sein, für Empfehlungen und Referenzen auch zu danken: ein erfreutes *Danke* für jede Empfehlung, ein Blumenstrauß (oder sonst was Nettes) für den ersten Probekauf des Empfohlenen, eine angemessene Bonusgutschrift oder ein angemessenes Incentive bei Wiederkäufen. Mit geschickt gestaffelten und clever ausgelobten „Dankeschöns" lassen sich ganze *„Empfehlungsolympiaden"* starten.

„Wie gut ist es doch, wenn man Leute kennt, die Leute kennen."

Ken Kaska

> *Besonderes Geschick, begeisterte Kunden zu Empfehlern zu machen, zeigt eBay, das größte Internet-Auktionshaus der Welt. Über Empfehlungen bestreitet eBay nahezu seine komplette Neukunden-Gewinnung. Mehr als die Hälfte der aktuellen Kunden kamen per Empfehlung zu eBay. Die so geworbenen Kunden lassen sich von den Empfehlern dann auch bei der optimalen Nutzung der eBay-Auktions-Plattformen helfen. So werden die Empfehler auch noch zu kostenlosen „Kunden-Beratern" und eBay kann die Kosten für Kunden-Informationssysteme per Telefon oder über E-Mail-Antworten auf minimalem Stand halten.*

Kunden sollen nicht nur Stammkunden bleiben, sondern sie sollen auch bei anderen über den außergewöhnlichen Service „ihres" Lieferanten erzählen. Das Weiterreichen eines „guten Einkaufstipps" ist unter „Kollegen" zwar weithin üblich, aber nicht alle Kunden kommen von sich aus auf die Idee, „ihren" Lieferanten auch weiterzuempfehlen. Da sind dann Takt und Geschicklichkeit des Verkäufers gefragt, auch von solchen „Egoisten" mal einen Tipp auf den mit seinem Lieferanten unzufriedenen „Kollegen" oder eine Referenz oder eine Empfehlung zu bekommen.

Am einfachsten ist es, Kunden zu Empfehlungen zu ermuntern, wenn ein *Incentive-Wettbewerb* läuft, der Kunden zum Empfehlen animieren soll. „Mitmachen, mitgewinnen" ist dann ein Slogan, der sich problemlos als Auftakt anbringen lässt, um das Gespräch auf die Frage nach Empfehlungen zu lenken.

Netzwerke schaffen feste Beziehungen zu den Kunden

Alles, was dem Kunden hilft, das hilft auch dem Lieferanten. Stabile und damit auch ertragreiche Kunden-Beziehungen der Zukunft bauen darauf, dem Kunden zu helfen, seinerseits „besser" zu werden. Als „Netzwerk-Star" in den USA wird das Chemie-Unternehmen Buckman gerühmt. Das Firmen-Motto lautet: *„Buckman Labs makes Chemicals, but it sells Knowledge. "*[5]

Erfolgreiche Unternehmen sind dabei, Prozesse und Systeme mit einem primären Ziel zu entwickeln: dem Kunden so viel wie möglich zu helfen, ihm sein „Leben" zu erleichtern und ihm Arbeiten abzunehmen. Die Besten entwickeln dabei Ideen und Wege, die überkommene Regeln und Gewohnheiten völlig über den Haufen werfen und es dem Kunden ermöglichen, *möglichst viel an Abläufen und aufwändigen Aufgaben auszugliedern.*

Der *Verkäufer wird zum Berater, zum „Coach" des Kunden.* Er wird zum „Beziehungsarbeiter", zum Ideen-Geber und zum ständigen Betreuer des Kunden in allen Geschäftslagen. Der Verkäufer hilft dem Kunden zum Beispiel dabei,

- ❑ erfolgreicher zu verkaufen,
- ❑ technische Prozesse zu optimieren,
- ❑ schnell und kostengünstig an erforderliches Wissen zu kommen,
- ❑ Steuern zu sparen,
- ❑ aufwändiges Lehrgeld zu vermeiden,
- ❑ Forschungsaufgaben oder Entwicklungen zu auszugliedern,
- ❑ an neue Aufträge zu kommen,
- ❑ alles in allem also bessere Erträge zu erzielen.

Dem Einfallsreichtum hinsichtlich solcher *Hilfsbereitschaft* den Kunden gegenüber sind kaum Grenzen gesetzt. Von Optimierungstipps bis zu Hinweisen auf Verkaufs-Chancen, von Sortimentsbildung (siehe Herlitz-Beispiel unten) bis Logistik, von An- und Verwendungsberatung bis zu Kursen und Seminaren, wobei in Zukunft E-Learning-Pakete als Mittel der Netzwerkbildung mit Kunden gewiss stark zunehmen werden. Kostengünstig und effektiv lassen sich per E-Learning Kunden und deren Mitarbeiter über Entwicklungen und Verwendung von Produkten und Service-Leistungen informieren. Aus Problemen und Wünschen der Kunden lassen sich gezielt entsprechende Lernpakete schnüren.

Je enger diese Verflechtungen, desto schwerer wird für den Kunden der Absprung, desto resistenter wird der Kunde auch gegen Preisdifferenzen, solange sich diese in seinem Toleranzrahmen halten. Ein Beispiel dafür lieferte die Herlitz AG (Berlin), die im Frühjahr 2002 Insolvenz anmelden musste

---

[5] Übersetzt: „Buckmann stellt Chemikalien her, aber verkauft wird Wissen."

und bereits im Herbst 2002 dank einer neuen Geschäftsstrategie wieder schwarze Zahlen schrieb und sogar auf Wachstumskurs ging:

> *Für den Büro- und Schreibwarenhersteller Herlitz meldete das neue Management den Aktionären kurz nach der Insolvenz wieder schwarze Zahlen, die auf einem völlig neuen Unternehmenskonzept beruhten. Neben der klassischen Produktion von Bürobedarf baute die Zukunftsstrategie auf deutlich verstärkten Know-how-Transfer zu den Handelspartnern. Herlitz nutzte dafür das im Bereich „Papier, Schreibwaren, Bürobedarf" über Jahrzehnte aufgebaute Sortiments- und Bedarfswissen, das über einen separat gebildeten Geschäftsbereich „Dienstleistungen" auf den Markt gebracht wurde. Dem Handel offeriert Herlitz damit Einrichtung und Pflege kompletter Abteilungen oder Shops mit einem Sortiment, das von bis zu 200 Herstellern stammt. Die komplette Logistik übernimmt Herlitz. Norbert Strecker, Marketing- und Vertriebsvorstand bei Herlitz, prognostiziert: „Herlitz hat große Chancen, maßgebliche Marktpotenziale zu erschließen, weil wir unseren Handelspartnern helfen, die Effizienz zu steigern."*

Durch die aktive Hilfe des Lieferanten im „Dienst" des Kunden-Nutzens entstehen enge *Verflechtungen zwischen Lieferant und Kunde*. Oft wird dann auch vom „*Netzwerk*" mit dem Kunden gesprochen oder von „*Win-Win-Geschäften*", also von Geschäftsbeziehungen, deren Gewinne für beide Seiten klar ersichtlich und beiden Seiten auch klar bewusst sind.

Zehn Erfolgsleitlinien, wie Kunden als Partner gewonnen werden:

1. *Kunden erwarten als Mindestleistung Zufriedenheit von jedem Lieferanten.*
   Stammkunden werden nur durch begeisternden Zusatznutzen gewonnen.

2. *Fans lassen sich nicht mit traditionellen Verkäufer-Kompetenzen erreichen.*
   Den Vorsprung im Gefühl der Kunden gewinnt der emotional und sozial kompetente Verkäufer.

3. *Das Ziel der Partnerschaft mit Kunden ist keine neue Technik oder Taktik.*
   Es ist eine neue innere Grundeinstellung den Kunden gegenüber.

4. *Partnerschaftliches Denken zeigt sich schon in der Sprache des Verkäufers.*
   Vom „Ich biete" und „Wir haben" zum „Sie bekommen".

5. *Kunden zu binden ist in der Zeit der „Egonomics" nicht mehr zeitgemäß.* Karten- und Bonussysteme widerstreben dem Individualitätsdrang und der Entscheidungsfreiheit.

6. *Wer etwas für seinen Freund schafft, der wird sich dessen Freundschaft sichern.*
   Sich für den Kunden einsetzen, die Gewinne des Kunden mehren – das ist die Strategie.

7. *Prozesse und Abläufe für den Kunden vereinfachen.*
   So werden Netzwerke geflochten.

8. *In jedem Menschen steckt ein Grundinstinkt für Dankbarkeit.*
   Wer dem Kunden gibt, wer dem Kunden hilft, hat einen Stein im Brett

9. *Echte Partnerkunden fallen nicht vom Himmel.*
   Kunden als Partner zu gewinnen fordert Zeit, Mühe und Geduld.

10. *Das „Danke" ist ein Grundbaustein für faire Partnerschaft.*
    Kunden haben ein „Danke" verdient: angemessene Vergünstigungen.

Customer Relationship Management: Einstellung geht vor System

Der Informationsaustausch in komplexen organisatorischen Systemen beinhaltet durchaus Schwierigkeiten. Schon in kleinen Unternehmen hat der Chef zuweilen seine Probleme, alles zu erfahren, was seine Verkäufer mit den Kunden ausgehandelt haben. Jeder ist mit seiner Aufgabe vollauf beschäftigt. *Quer-Information bleibt da leicht auf der Strecke.* Ein Beispiel aus einer sonst in hohem Maß kundenorientierten Kfz-Werkstatt mit nur sechs Mitarbeitern:

> *Der langjährige Kunde vereinbart am Telefon mit dem Meister „seiner" Auto-Werkstatt einen „Sonderpreis" für einen Satz neuer Reifen. Der Meister notiert den abgesprochenen Pauschalpreis für die Reifen auf dem Reparaturauftrag. Doch die Buchhalterin überliest später beim Ausschreiben der Rechnung die Notiz und setzt den neuen Reifensatz anhand der Standard-Preisliste in die Rechnung, mehr als 50% höher als es der Meister mit dem Kunden abgesprochen hatte. Der Kunde bekommt die Rechnung, prüft sie und sieht rot. Zwei Tage später steht er erbost direkt vor dem Chef. Der weiß von nichts und verteidigt zunächst mal seine Preisliste. Der Kunde reagiert sauer. Der Meister ist Gott sei Dank im Haus, hört die bereits lautstarke Diskussion und kann das Versehen aufklären, sich beim Kunden entschuldigen und eine neue Rechnung zusagen. Die Beziehung zum Kunden ist nochmal gerettet.*

Schutz gegen Bruchstellen der Quer-Information sollen künftig genormte Systeme für sämtliche Kunden-Kontakte und -Beziehungen geben. *Customer Relationship Management* (CRM) – übersetzt „Kunden-Beziehungs-Management" – ist eingangs des 21. Jahrhunderts das wohl am häufigsten benutzte Schlagwort im Bezug auf Kunden-Orientierung. Doch ausgbaute CRM-Systeme sollen mehr leisten als Kunden-Informationen poolen: Die computerbasierten Systeme sollen Unternehmens- und Kunden-Strategien aufeinander ausrichten, kundenbezogene Prozesse abteilungsübergreifend von Entwicklung über Marketing und Vertrieb bis zum Kundendienst optimieren und dadurch die Treue der Kunden stärken und so langfristig die Ertragskraft stärken.

Unternehmen erkennen zunehmend, dass eine mehr oder minder große Zahl der Kunden unzureichend betreut wird, dass weite Potenziale möglicher Kunden nicht ausgeschöpft sind. So sind die Erwartungen an CRM-Systeme hoch: „Kunden-Beziehungen festigen" nennen 57 % der Unternehmen Euro-

pas als Ziel für ein CRM-System, 30 % wollen individuellere Produktdiffe-
renzierungen realisieren und nur 13 % stellen auf Umsatzsteigerung ab. Dabei wird durchwegs sehr genau auf den Return on Investment geachtet. [6]

Staumauern im Informationsfluss

Je größer die Unternehmen, je mehr Kontaktkanäle, desto schwieriger die
einheitliche Abstimmung und der allseitige *Austausch von Wissen und Informationen* – trotz des gesamten Berichtswesens, das immer aufwändiger wird.

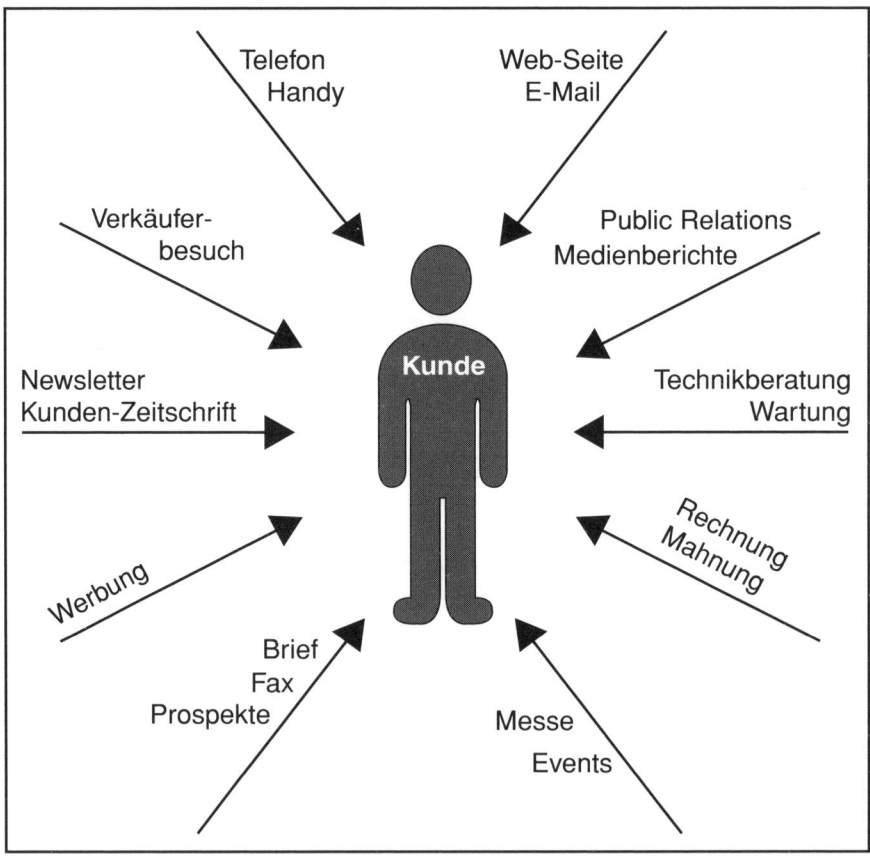

Jeder Bereich hat seine eigenen Ziele und Ideen und auch seine „eigenen
Sorgen". Jede Abteilung sieht sich ganz spezifisch für ihre Aufgabe verantwortlich, im Umgang mit den Kunden die besten Ergebnisse einzufahren.

---

[6] Quelle: Meta-Group Deutschland GmbH, München.

- ❏ Das *Produkt-Management*
  will „sein" Produkt möglichst bekannt und umsatzstark machen, hier gibt es keine Kunden, sondern nur Zielgruppen.
- ❏ Die *Werbeabteilung*
  will Kauf-Sog beim Handel erzeugen, hier gibt es keine Kunden, sondern nur Medienstrategien und Kontaktfrequenzen.
- ❏ Die *Verkaufsförderung*
  will dem Handel beim Abverkauf helfen, sie denkt nicht in Kundennutzen, sondern in Einsatzorten.
- ❏ Die *Key-Account-Manager*
  wollen jede Störung in der optimalen Belieferung und Betreuung ihrer Top-Kunden ausschließen, alle anderen Abnehmer stören nur dabei.
- ❏ Für die *Technik*
  gibt es keine Kunden, sondern nur Losnummern und „Norm" im Gegensatz zu zeitraubenden Extra-Wünschen.
- ❏ Die *Buchhaltung*
  will möglichst korrekte Rechnungen ausstellen und pünktlichen Zahlungseingang erreichen, sie sieht keine Kunden, sondern nur „Schuldner".
- ❏ Das *Call-Center*
  hört keine Kunden am Telefon, sondern nur viele Anrufer, die es mit geringen Wartezeiten abzuarbeiten gilt.
- ❏ Der *Versand* (die *Logistik*)
  denkt nicht nach „Kunden", sondern in „Lieferorten", und sucht nach optimaler Wege- und Auslastungsplanung.
- ❏ Der *Kundendienst*
  wurde zum Profit-Center ernannt. Seither gibt es hier statt Kunden nur noch Ertragsbringer. Vor allem gilt es, Kulanzleistungen und unberechnete Garantieleistungen soweit als möglich abzuwehren.
- ❏ Das *Reklamations-Management*
  ist mit Juristen besetzt, die in möglichst vielen Fällen Recht behalten und die Beschwerden von „Anspruchsstellern" zurückweisen wollen.

Und so setzt sich das in vielen Unternehmen von Abteilung zu Abteilung fort.

Zudem sieht die Realität zumeist so aus, dass die Abteilungen zwar ihre eigenen „Aufzeichnungen" über „Außen"-Kontakte führen, doch solche „*Abteilungsdokumentationen*" wurden bislang viel zu oft nicht in einem zentralen Informationspool zusammengeführt, aus dem dann jede Abteilung sich per Mausklick über alle Kontakte zu einem Kunden informieren könnte. Der Verkäufer, der dann regelmäßig den direkten Kontakt zum Kunden hat, kann sich von diesem anhören, was alles quer und gegeneinander gelaufen ist. Und er hatte keine Chance, sich vorab zu informieren, sich über die volle Breite der Kontakte mit diesem Kunden kundig zu machen. Wie der sprichwörtliche begossene Pudel steht der Verkäufer dem Kunden dann gegenüber, kann dem wütenden Kunden nicht mal widersprechen, soll aber auch nicht das eigene Unternehmen madig machen.

Alle Informationen, alle Kontakte in einem System

Abhilfe gegen solche Missstände sollen automatisierte *Systeme des Customer Relationship Management* bringen. Vor jedem Kontakt zu einem Kunden wird die zentrale „Datenbank" zu allen Kontakten mit diesem Kunden aufgerufen. Und umgekehrt gilt: Jede Information aus jedem Kontakt mit einem Kunden fließt sofort in das zentrale „Kunden-Protokoll" ein. Um das zu managen wird auf dem CRM-Markt inzwischen eine Fülle von Software-Paketen angeboten. Großunternehmen investierten bereits Millionenbeträge in CRM-Systeme. Über höchst kostspieliges Lehrgeld wird von vielen Seiten berichtet, aber bislang selten über den überzeugenden und endgültig durchschlagenden Effekt.

Die meisten CRM-Systeme kranken offenbar an *zu viel Informationstechnologie und zu wenig definitiver Kunden-Orientierung.* Nicht die eigentlichen „Manager" der Beziehung zu und mit den Kunden, also die Verkäufer, geben bei den Konzepten und Installationen von CRM-Systemen die Richtung vor, sondern die Informatiker und die Computer-Programmierer. Doch das Vertrauen auf Informatiker-Dominanz ging schon einmal schief: In den 70er Jahren des 20. Jahrhunderts galten „Management-Informations-Systeme" als das Nonplusultra moderner Unternehmensführung. Mit gigantischen Computer-Installationen wurden ganze Etagen vollgestellt. Aber niemand in der Unternehmensführung wollte und konnte dann die zentnerschweren Listenstapel und Tabellenkalkulationen lesen, deuten und nutzvoll im Management umsetzen.

Die Gefahr droht, dass Unternehmen von CRM-Systemem zu viel erwarten, und das auch noch alles in einem Anlauf. Risiken und Nebenwirkungen aber werden dabei zu wenig bedacht. Falsch angepackte CRM-Systeme können zu ruinösen Geldvernichtungssystemen werden: Kunden-Abschreckung statt Beziehungspflege.

Beziehungen zwischen Menschen, nicht zu Systemen

Es geht um die *Beziehungen zu den Kunden* und darum, wie diese Beziehungen zu mehr Umsatz und Wachstum führen können. Beziehungen aber bilden sich nur zwischen Menschen. Mit Systemen oder mit Software baut kein Kunde eine „Beziehung" auf. Und stabile, ertragreiche Beziehungen zu treuen und begeisterten Kunden kann niemand über ein noch so teures System „käuflich erwerben". Kunden reagieren skeptisch, wenn nicht blockierend, wenn sie das Gefühl bekommen, nur noch ein „Datensatz" in einem Software-Konzept zu sein.

„CRM findet nicht dank einer Software, sondern dank dem Verständnis der Geschäftsleitung und aller Mitarbeiter statt."

Lorenz A. Aries, Schweiz

Ehe ein CRM-System Sinn macht, heißt es im Unternehmen erst mal, „Totale Kunden-Orientierung" („TKO") zu implementieren. Das ist schwieriger als ein CRM-System zu installieren. Denn Einstellungen und Verhaltensweisen gegenüber den Kunden ändern sich nur in langsamen Prozessen. Ein CRM-Software-System kann per Computer-Technik wesentlich fixer installiert werden.

Customer Relations, also Beziehungen zu und vor allem mit Kunden können nur funktionieren, wenn mit voller Konsequenz *der Kunde* mit seinen Bedürfnissen und Wünschen *im Mittelpunkt* allen Denkens und aller Konzepte steht. Der Computer ist dabei ein hervorragendes Hilfsinstrument, große Datenmengen aus unterschiedlichen Quellen zu sammeln, zu verdichten und sie wieder blitzschnell einem breiten Nutzerkreis zur Verfügung zustellen. Das ist der Punkt, an dem dann die Software-Techniker helfen müssen. Und dabei gilt: Standardprogramme machen CRM-Systeme natürlich kostengünstiger als immer wieder neu vollzogene Einzellösungen.

Zwischenmenschlich statt zwischenappa-ratig ...

Doch die Software-Systeme können und dürfen nur Hilfsmittel sein. Entscheidend für den Erfolg von CRM-Systemen ist im Kern die Einstellung gegenüber den Kunden, und zwar

❏ die Einstellung des Top-Managements,
❏ die Einstellung von Verkaufs-Leitung und Verkäufern,
❏ die Einstellung sämtlicher Mitarbeiter in allen Bereichen des Unternehmens.

... also Sales Spirit®

Kunden und Kontakte perfekt managen

CRM-Systeme aber sollen nicht nur Informationen zusammenführen und sie auf Knopfdruck zur Verfügung stellen. Das war bereits das Ziel für CAS-Systeme (Computer Aided Selling) – die in den 90er Jahren heftig propagierte Zusammenführung und Nutzung sämtlicher Informationen über einen Kunden im Computer. CRM-Systeme sollen das komplette „*Kunden-Management*" übernehmen und es so weit als nur möglich automatisieren, also von menschlichen Fehlermöglichkeiten befreien: kein Vergessen mehr, kein Geringschätzen, keine mangelnde Motivation, keine Informationslücken etc. Aber immer ist dabei zu bedenken: *Software kann keine Kunden „managen",* schon gar nicht Kunden begeistern. Sie kann höchstens Strategien der Kunden-Gewinnung und -Pflege unterstützen.

Computer ersetzen nicht den Menschen.

Sämtliche Abteilungen von Entwicklung über Marketing bis zum Service und sämtliche Informationskanäle von Shareholder-Information und Image-Werbung bis zum Einzelangebot und Außendienst-Besuch sollen in umfangreichen CRM-Systemen verbunden werden und im gesamten Unternehmen unter den Aspekten effizienter Kunden-Betreuung zur Nutzung bereitstehen.

> *Die Referenz Film GmbH hat ein CRM-System realisiert. Geschäftsführer Andreas Menzinger ist hoch erfreut über die seither realisierten Vorzüge im Kunden-Kontakt: „Wenn heute ein Kunde nach Büroschluss anruft und nur noch einen Grafiker erreicht, der Überstunden macht, und nun diesen nach der Kopie seines Videobandes fragt, die er erst gestern beim Kopierdienst in Auftrag gegeben hat, so kann der mit dem Vorgang überhaupt nicht befasste Grafiker mit einem Blick auf den Bildschirm des Telefons sagen, dass die Kassette am Nachmittag per Post auf den Weg gegangen ist. Kunden honorieren die bessere Betreuung. Das hat sich bereits in Umsätzen bezahlt gemacht."*

Vor dem Ziel, *optimierte Kunden-Beziehungen* zu erreichen, heißt es intern im Unternehmen *Hierarchien und angestammte Grenzen niederzureißen.* Reibungsverluste und Informationslücken zwischen Abteilungen und/oder Produktlinien müssen endlich ausgemerzt werden.

CRM-Systeme sollen künftig auch *Kontakte zu Kunden steuern*, möglichst kostenoptimiert und ertragsmaximiert. Jeder Kunde soll trotz aller wachsenden Vielfalt das Gefühl haben, dass jeder Mitarbeiter genau über ihn und alle laufenden Projekte bestens informiert ist. Kontakt steuern schließt natürlich auch Termin- und Fristenmanagement mit ein.

> *Jeweils im September findet die DIMA, die Messe der deutschen Direktmarketing-Branche statt. Versäumt ein Verkäufer eines Herstellers von Video-Produktionen die Entscheidungsfrist etwa ein Dreiviertel Jahr vor der Messe, dann läuft auf dem Messestand des seit Jahren umworbenen Kunden auch in diesem Jahr garantiert wieder keine Vi-*

deo-Produktion aus seinem Unternehmen. Der Vorlaufprozess von Konzept, Entscheidung, Produktion und Installation muss auf den Messetermin abgestellt sein. Trotz Milliarden von Synapsen im menschlichen Gehirn – bei solch langfristigen Terminabstimmungen läuft immer wieder die Koordinierung aus dem Ruder. Das kann der Computer sicherer.

Euphorische Hoffnungen erwarten von künftigen CRM-Systemen, dass sie in der Lage sein sollen, aus einer Masse von Informationen über Kunden ebenso wie über Noch-nicht-Kunden *gezielt individuelle Kontakte zu generieren*, die exakt die Bedürfnisse der Angesprochenen treffen und die Empfänger verblüffen, sie also zu begeisterten Kunden werden lassen.

Eine Studie im Unternehmen Brother International zeigte: Bei jedem Kunden-Kontakt, egal über welchen Kanal, hat jeder Mitarbeiter auf Knopfdruck ein komplettes Profil mit der gesamten Kunden-Historie. Die Servicezeit bei der Betreuung von Endkunden ließ sich dadurch um 40% auf je 1,80 US-Dollar senken; die Servicezeit bei der Händler-Betreuung ließ sich um 50% auf je 3,50 US-Dollar reduzieren.

Der österreichische Schleifmittel-Hersteller Tyrolit (ein Unternehmen der Swarovski-Gruppe) produziert an 19 Standorten in 60 Ländern rund 70 000 Produkte. Aufgrund des Drucks von Großkunden stand Tyrolit vor der Aufgabe, seine Produktlinien und Verfahrenslösungen zu integrieren und zudem die Zahl der Ansprechpartner für die Kunden zu reduzieren. Dies gelang über ein CRM-System, wobei die Transaktionskosten um ein Viertel gesenkt werden konnten. Detaillierte Kunden-Analysen öffneten zudem bessere Erkenntnisse über neue bzw. zusätzliche Verkaufs-Chancen. (aquisa, Juli 2002)

Vor allem soll mit CRM-Systemen auch viel teure „*Verwaltungszeit*" im Kunden-Management eingespart werden. Das aber kann zu gefährlichen Trugschlüssen führen: Nach traditionellen Denkmustern wurde eingesparte Zeit meist sofort umgesetzt in Einsparung von Mitarbeitern, also in Kostenrückführung. Das aber kann nicht Sinn und Zweck von optimiertem Kunden-Management sein.

Es geht vielmehr darum, eingesparte administrative Zeit umzusetzen in den Ausbau und in die Pflege der Beziehungen zu den Kunden. *Mehr Zeit für die Kunden* – das schlägt sich nieder im Ausbau von Umsätzen und Erträgen.

Kunden bewerten und selektieren

Mit welchen Kunden will ein Unternehmen überhaupt Beziehungen aufbauen und pflegen? CRM-Systeme sollen auch darauf die Antwort erleichtern, indem sie dem Urteil über „Kunden-Rentabilität" und damit der Kunden-Selektion dienen. Kunden werden in „Klassen" eingeteilt, von „Top" bis „Ex":

- ❏ Top-Kunden (A-Kunden oder auch Premium-Kunden) sollen maximale Aufmerksamkeit und Betreuung erfahren.
- ❏ Bei B- und C-Kunden sinkt dann die Kontaktfrequenz und die Betreuungsintensität.
- ❏ Und die Gruppe der „nicht rentablen Kunden" bekommt letztendlich mitgeteilt: *„Aus betriebsbedingten Gründen können wir Sie leider in Zukunft nicht mehr beliefern. "*

Die Mitteilung an Kunden „Tschüss, wir wollen Sie nicht mehr" ist allerdings stets problematisch und erfordert viel Feingefühl. Schnell fängt sich ein Unternehmen das Image von *Arroganz und Überheblichkeit* ein. Die brisante Mitteilung ist auf alle Fälle „service-optimiert" zu verpacken, indem der Kunde z. B. auf ein Netz von Großhändlern hingewiesen wird oder auf die Möglichkeit zum Direktbezug via Internet.

Die Deutsche Bank machte schmerzliche Erfahrungen, als sie ihre Kunden „klassifizierte" und öffentlich publizierte, dass die „wenig ertragreichen Privatkunden" in einen neuen Bereich „ausgegliedert" werden sollten. Unsensible Äußerungen der Bankenführung, die den Ausfall von Millionen-Forderungen bei Handwerksbetrieben als „Peanuts" abqualifizierten, trugen zur Negativ-Wirkung auf das Image der Deutschen Bank bei. So schlug der Kunden-Klassifizierung eine Welle von Empörung aus den Medien und aus der breiten Öffentlichkeit entgegen und führte zum Wegbrechen breiter Kunden-Kreise. Um deren Rückgewinnung kämpft die Großbank seither in einem aufwändigen und lang anhaltenden Prozess.

Für Kunden-Klassifizierungen und auch -Selektionen werden häufig nur bisherige Umsätze zu Grunde gelegt. *Unausgeschöpfte Potenziale* von bisherigen Klein-Kunden werden oft zu wenig ausgelotet. Zu häufig wird auch nicht bewertet, ob ein Klein-Kunde vielleicht Multiplikator ist (z.B. Berater oder Innungsmeister) oder bereits über Empfehlungen eine ganze Reihe von A- und B-Kunden gebracht hat. Der Außendienst-Besuch bei einem anderen Kleinst-Kunden lohnt vielleicht, weil dieser in seiner Branche immer das

Ohr auf den Schienen hat und der Verkäufer bei ihm stets diesen oder jenen höchst nützlichen Tipp mitgenommen hat. Noch so ausgetüftelte Software-Systeme können solche individuellen „Einzelfall-Faktoren" einfach nicht erfassen.

Das Urteil „Klein-Kunde" wird in vielen Unternehmen vorschnell gefällt und mit falschen Konsequenzen beantwortet.

Der ausselektierte Kunde wird es zudem in den meisten Fällen als Affront empfinden, wenn er „ausgemustert" wird. Das ist *Kunden-Abwertung* pur. Schnell verbreitet ein dermaßen enttäuschter Kunde die Botschaft: „Die bei ,A' haben's nicht mehr nötig." Und er fügt vielleicht hinzu: „Bei XYZ ist mir das nicht passiert."

Ein solches Image wirkt schnell auch mal bei den Kunden der Klassen A und B. Da besteht die Gefahr, dass sich diese solidarisieren und mit einem Auftragsboykott gegenüber Lieferant „A" reagieren.

Die bessere Alternative zum Ausmustern von Klein-Kunden ist es allemal, sich erst auf deren Potenzial zu konzentrieren und mit interessanten, individuell maßgeschneiderten Angeboten möglichst viele Klein-Kunden zu locken, auch in die Oberliga „aufzusteigen". Natürlich möchten auch Klein-Kunden gern „VIP"-Kunden werden. Also werden sie als „*Development-Kunden*" besonders intensiv umworben. Die Frage heißt demnach: Wie kann Development-Kunden geholfen werden, ihren Umsatz so auszuweiten, dass sie die obere Spielklasse erreichen?

Zehn Erfolgstipps zu Einführung und Nutzung eines CRM-Systems:

1. *Langfristige treue Stammkunden, begeisterte „Fans" schafft kein System!*
   Ohne „Totale Kunden-Orientierung" (TKO) verursacht ein CRM-System nur hohe Kosten und keinen Sinn.

2. *Auf umfassender Information baut die erfolgreiche Langfrist-Beziehung zum Kunden auf.*
   Lücken in Informationsaustausch und -weitergabe muss ein CRM-System schließen.

3. *Kein CRM-System kann besser sein als die Menschen, die es nutzen.*
   Das System macht erst Sinn, wenn alle im Unternehmen es für jeden Kunden-Kontakt nutzen.

4. *Ein CRM-System kann helfen, die Vielzahl der Kanäle zum Kunden zu koordinieren.*
   „One face to the Customer" nutzt allen, vor allem dem Kunden.

5. *Messlatte für das CRM-System ist:*
   Der Kunde und die Beziehung zu ihm muss im Mittelpunkt des CRM-Systems stehen.

6. *Allein die Anwendung entscheidet über Wert oder Unwert eines CRM-Systems.*
   Lieber einfacher, dafür aber für alle in der Beziehungspflege zu den Kunden verständlich und dienlich.

7. *Kein CRM kann Nutzen bringen ohne kontinuierliche Datenfütterung.*
   Nachlässigkeit und Vergesslichkeit bei der Informationseingabe müssen ausgeschaltet werden.

8. *Software kann keine Kontakte managen.*
   Sie kann nur bei der Kontaktpflege und -intensivierung helfen.

9. *CRM-Systme müssen „Verwaltungszeiten" einsparen.*
   Zeitgewinn ist definitiv für intensivere Kunden-Kontakte zu nutzen.

10. *Kunden-Bewertung und -Selektion durch ein CRM-System ist eine heikle Sache.*
    Aber sinnvoll, wenn dadurch sich Kunden entwickeln.

Prozessketten im Verkauf

Wie nimmt ein Kunde einen Lieferanten wahr? Die Wahrnehmung beginnt mit dem ersten *Eindruck* beim Telefon-Anruf, setzt sich fort beim Eintreten des Verkäufers, verstärkt sich mit der Lieferung der Ware und mit der Rechnung, wird geprägt vom Verhalten des Kundendienstes und beim Umgang mit einer Reklamation oder beim Besuch des Kunden auf dem Messestand. Kunden nehmen Anbieter und Lieferanten „ganzheitlich" wahr. Das heißt: Die Summe vieler Einzel-Eindrücke formt sich zu einem Gesamtbild.

Im Lauf eines teils bewussten, teils unbewussten Wahrnehmungsprozesses kumulieren sich die Eindrücke. Die *Wahrnehmungen* eines Kunden im Lauf einer Prozesskette sind vielfältig und unterschiedlich: Manche sind „erwartungsgemäß", andere sind begeisternd, wieder andere sind frustrierend. Manche Eindrücke lösen Wohlwollen aus, andere Ärger und Ablehnung. Für den Lieferanten (und damit also für den erfolgsorientierten Verkäufer) gilt es, das bleibende Urteil des Kunden insgesamt positiv zu färben.

„Unsere Wahrnehmungen sind abhängig von der Verfassung unseres Körpers."

Demokrit

Hier einige beispielhafte chronologisch prägende Eindrücke auf den Kunden in unterschiedlichen Prozessketten:

1. Telefon

▷ Wie oft klingelt es, ehe abgenommen wird? ▷ Wie freundlich ist der Gruß, wie verständlich die Vorstellung? ▷ Wird das Anliegen schnell erfasst und zeigt sich Kompetenz beim Verbinden zum zuständigen Sachbearbeiter? ▷ Wird das Gespräch bei Nichtannahme durch den Sachbearbeiter zurückgenommen, statt in einer Warteschleife hängen gelassen? ▷ Wird ein Rückruf vereinbart? ▷ Wird verständlich und vollständig beraten? ▷ Wird eine Bestellung korrekt aufgenommen? ▷ Beendet am Schluss ein freundliches „Danke für Ihren Anruf" das Gespräch? ▷ …

2. Brief

▷ Der Eindruck eines Briefes beginnt schon vor dem Öffnen: sauberes, festes Kuvert? ▷ Massenadresse oder individuell im Fenster? ▷ Korrekter Name und Vorname? ▷ Briefmarke oder Massenstempel? ▷ Klarer Absender? ▷ Ist das Kuvert leicht zu öffnen? ▷ Dann natürlich der Inhalt: Welches Papier? ▷ Individuelle Anrede oder anonyme Massensendung? ▷ Übersichtlich, in Sekunden erfassbar, keine ausufernden Phrasen? ▷ Klare Nutzendarstellung? ▷ …

3. Der Kunde – König, Gegner oder Partner?

3. Außendienst-Besuch

▷ Der Verkäufer setzt die ersten Eindrücke mit dem Auffahren auf den Besucherparkplatz: ▷ Zustand des Autos? ▷ Wie parkt er? ▷ Wie ist er angezogen und wie geht er auf den Eingang zu? ▷ Wie grüßt er? ▷ Wie stellt er sich vor und wie präsentiert er seine Firma, sein Produkt? ▷ … Das sind nur einige wenige Beispiele aus der Prozesskette eines Verkäufer-Besuchs.

4. Messe-Auftritt

▷ Zahlreiche Negativ-Eindrücke wirken hier auf Interessenten und Kunden: ▷ zu dunkler Stand ▷ enger Eingang ▷ hohe Stufe ▷ Krümel auf dem Teppich ▷ ungeordnete Unterlagen ▷ gelangweiltes, oft rauchendes, zuweilen auch frühstückendes Standpersonal ▷ … Wie soll sich da ein Besucher begeistern?

5. Besucher-Empfang

▷ Sind Wegweiser aufgestellt und Parkplätze ausgewiesen? ▷ Kommt der Gastgeber zur Begrüßung dem Gast mit sichtbar gezeigter Freude entgegen, öffnet die Tür, hilft aus dem Mantel? ▷ Wird im Haus höflich und präzise weitergeholfen, der Weg gezeigt, das Haus erklärt? ▷ Zeigt sich Gastfreundschaft durch Getränke und einen Imbiss? ▷ Betreuung mit Informationen und kompetenten Antworten auf Fragen? ▷ Informationsunterlagen, Muster? ▷ Persönlicher, herzlicher Abschied? ▷ Begleitung bis zum Auto? ▷ …

Bei einer Maschinenfabrik in Esslingen bekommt jeder angemeldete Besucher rechtzeitig per Fax oder E-Mail eine genaue Anfahrtsskizze. Er findet dann einen reservierten Parkplatz, der groß und deutlich mit seinem Namen gekennzeichnet ist, und zwar nicht irgendwo auf einem abgelegenen Besucherparkplatz, sondern direkt am Eingang des Hauptgebäudes, dort wo bei anderen Unternehmen meist die Autos der Geschäftsleitung parken. Am Empfang steht dann eine große Tafel, auf der der Besucher mit Namen willkommen geheißen wird. Ebenso persönlich begrüßt die Empfangssekretärin, bietet Platz an und eine Tasse Kaffee und eine neue interessante Zeitschrift, bis der bereits verständigte zuständige Mitarbeiter kommt und den Besucher abholt.

Konflikte und Reklamationen – Schatten über der Beziehung mit dem Kunden

Nicht immer herrscht nur eitel Sonnenschein zwischen Kunde und Verkäufer. Konflikte (das Wort Konflikt stammt aus dem Lateinischen: configere = zusammenprallen, zusammenstoßen) sind aus zwischenmenschlichen Kontakten nicht wegzudenken. Unentwegte Einigkeit in allen Absichten und Gedanken, das wäre Langeweile pur. Im Konflikt prallen unterschiedliche Standpunkte zusammen. Die Un-Einigkeit entsteht durch Unterschiede im Wissen, in Erziehung, in den Erfahrungen, in den Absichten und Erwartungen oder in persönlichen Einschätzungen. Bei solchen Entzweiungen ist immer zu unterscheiden, ob die Meinungen in der Sache auseinander gehen oder in Empfindungen und Einschätzungen, also in der Psyche.

❑ *Sachlich bedingte Konflikte* können sehr fruchtbar sein, sie dienen der Wahrheitsfindung, nutzen dem kreativen Suchen nach Lösungen, dem Suchen und Finden des Besten.

❑ *Persönlich ausgelöste Konflikte* sind heikel. Hier geht es um das Kräftemessen zweier Menschen (oder Gruppen), wobei das persönliche Rechthaben, die Emotionalität wichtiger ist als die Sache. Hier geht es nicht um Suche nach Wahrheit, sondern um Verletzung des anderen.

Aus sachlichen Konflikten ergibt sich meist eine „höhere" gegenseitige Einsicht oder aber ein gegenseitig ausgewogener Kompromiss. Psychischen Konflikten droht häufig die *Eskalation*. Aus dem Mückenstich auf der Seele wird der zerfleischende Biss eines mächtigen Tigers. Dagegen schützt nur der rechtzeitige *Ausstieg* vor der Absturzkurve in der Achterbahn des persönlichen Konflikts. Dabei muss „Ausstieg" nicht heißen, dem anderen „Recht" zu geben. Ausstieg aus unfruchtbaren Konflikten beweist nur das Talent, sich zurücknehmen und einen Fehdehandschuh auch einfach mal liegen lassen zu können.

Im Verkaufs-Gespräch können Konflikte sowohl zusammenschweißen und ein Wir-Gefühl wachsen lassen wie auch den Bruch herbeiführen – nicht nur für das eine Gespräch, sondern für die gesamte Beziehung mit diesem Kunden. Denn es gilt:

„Truth arises from disagreement amongst friends."

David Hume

❑ Gemeinsam überwundene Konflikte stärken eine Beziehung.

❑ Nicht ausgetragene, aufgestaute oder gar eskalierte Konflikte bilden keine Basis mehr für eine gemeinsame Zukunft.

Mit Besserwisserei und Rechthaberei hat schon so mancher Verkäufer eine ganze Reihe von Kunden verprellt. Aufbau und Pflege von Kunden-Beziehungen und unfruchtbare Konflikte vertragen sich wie Feuer und Löschwasser.

Wie also lassen sich Konflikte aus der Beziehung mit dem Kunden heraushalten oder wie lassen sie sich fruchtbar überwinden, so sie denn schon aufkommen? In der Antike und bis weit darüber hinaus wurde die Eristik, d.h. die Kunst des Streitens, gepflegt. Eine Übung bestand im Rollentausch: Die „Streithähne" mussten jeweils für eine Weile in die Rolle und in die Argumente des Gegners schlüpfen und dessen Standpunkt als so genannter „Advocatus Diaboli" (Anwalt des Teufels) vertreten. In vielen Verkaufs-Trainings wird das im Prinzip heute noch angewandt, wenn der Verkäufer im *Rollenspiel* als widerspenstiger Kunde agieren muss.

Das Bekenntnis von Charles de Gaulle hilft allen Verkäufern, die Probleme mit Konflikten haben:

> *„Mit Churchill habe ich mich viel und bitter gestritten, aber wir sind immer wieder miteinander ausgekommen. Mit Roosevelt habe ich mich niemals gestritten, aber ich bin niemals mit ihm ausgekommen."*

Ursachen von Konflikten

An den Symptomen kann man selten heilen.

Kunden fühlen sich zuweilen einem Verkäufer unterlegen und versuchen das dann durch forcierte Konfliktneigung zu kompensieren. Nicht wenige Verkäufer haben heute Universitätsabschluss. Der Einkäufer „von altem Schrot und Korn" hat dagegen den kaufmännischen Beruf „von der Pieke auf" erlernt, aber dabei nie verwunden, dass er nicht studieren konnte. Verkäufer bringen häufig weit detaillierteres Fachwissen mit, als es der Kunde hat. Zuweilen ist es auch die körperliche Konstitution (z.B. Körpergröße), die beim Kunden ein Unterlegensheitsgefühl auslöst, das er dann in erhöhter Konfliktneigung zu kompensieren sucht.

Ebenso kommt es vor, dass Ansichten und Äußerungen des Kunden dem Verkäufer voll und ganz gegen den Strich gehen. Natürlich muss der Verkäufer nicht jedem Spleen des Kunden begeistert zustimmen. Aber es mag die politische, die religiöse oder gesellschaftliche Meinung des Kunden noch so sehr der eigenen Überzeugung des Verkäufers zuwiderlaufen, Widerspruch, abwertendes Urteil, gar Streit sind hier voll wirksame Erfolgskiller.

Achtet der Verkäufer das individuelle Wertesystem des Kunden, so kann er auch seinerseits Achtung seiner Werte erwarten. Hält sich der Kunde nicht an diese Grundregel des zwischenmenschlichen Umgangs, dann kann der Verkäufer durchaus auch ganz offen, aber in aller Höflichkeit, die Toleranz gegenüber seinen Ansichten einfordern und dann möglichst schnell mit entsprechendem Gesprächsgeschick den Kunden wieder zum Produkt und zur Auftragsfrage zurückführen.

Jeder Mensch hat auch seinen ganz individuellen *Konfliktcharakter*. Der eine lebt nach dem Motto „Nur keinen Streit vermeiden" und läuft im Konflikt erst zur Hochform auf. Andere scheuen jede Störung der Harmonie, sehen bei kleinsten Meinungsverschiedenheiten sofort den Zusammenbruch der gesamten Beziehung. Der eine kämpft, der andere reagiert wie gelähmt. Der eine bauscht auf, der andere sucht sofort zu glätten. Natürlich tragen auch die Konfliktcharaktere des Kunden und des Verkäufers zur Entwicklung und zum Verlauf von Konflikten bei.

Ziehen sich Konfliktwolken über einem Verkaufs-Gespräch zusammen, so gilt es auf jeden Fall so schnell als möglich die Ursachen der Uneinigkeit aufzudecken. Die *Ursache-Klärung* ist wichtig für die Suche nach dem angemessenen Ausweg aus einem Konflikt. Geschickte Fragen helfen an dieser Stelle dann weiter:

- ❑ *„Herr Kunde, was denken Sie, wo liegen die Ursachen für unsere unterschiedlichen Ansichten?"*
- ❑ *„Diesen Punkt sehen wir aber recht verschieden – wie kommt das?"*
- ❑ *„Herr Kunde, erlauben Sie mir die Frage: Wieso tragen Sie diesen grundsätzlichen Einwand gerade mit mir aus? Das trifft doch auf alle ebenso zu!"*
- ❑ *„Verzeihung Herr Kunde, habe ich Sie mit einer Bemerkung verletzt?"*
- ❑ *„Darf ich hier mal eben unterbrechen? Denn ich habe das Gefühl, es liegt ein Konflikt in der Luft. Bin ich denn persönlich die Ursache dafür?"*
- ❑ *„Herr Kunde, ich werde das Gefühl nicht los, zwischen uns stimmt die Chemie nicht. Woran liegt es? Was mache ich falsch?"*

Auswege aus Konflikten

Kommt es im Gespräch mit dem Kunden zum Konflikt, so ist der Verkäufer im Vorteil, der sich zurücknehmen kann und nicht auf den Konflikt einsteigt.

Entscheidend aber ist in jedem Fall, einen Konflikt nicht unkontrolliert in den Bereich der Gefühle eskalieren zu lassen.

> *„Herr Kunde, das sehen wir wohl beide klar: Hier sind wir grundlegend unterschiedlicher Meinung. Aber ich denke, dass es uns der Erfüllung ihrer Bedürfnisse nicht näher bringt, wenn wir uns darüber nun entzweien. Es geht ja darum, dass Sie möglichst schnell vom Nutzen XYZ des neuen Produktes profitieren."*

Je mehr *Emotionalität* ins Spiel gelangt, desto größer die Gefahr, dass ein Konflikt außer Kontrolle gerät. Empört das Gespräch zu verlassen, die Türe knallend hinter sich zuschlagen, das kostet viel – zu viel, nämlich den Kunden und den künftigen Erfolg mit ihm gemeinsam. Der Schaden ist kaum mehr zu beheben.

Bei Konflikten, die ihre Ursache in der Psyche des Kunden haben, verliert kein Verkäufer das Gesicht, wenn er die emotionalen Bedürfnisse des Kunden „bedient", sei es mit Aufwertung, sei es mit Anerkennung, sei es auch mit Zustimmung. Es fällt wahrlich niemanden ein Zacken aus der Krone, wenn er die *Meinungen anderer* gelten lässt und diesen Achtung zollt. Über messbare, zählbare Tatsachen kann es wenig unlösbare Konflikte geben. Über Meinungen, über Geschmack, über Einstellungen und Wertesysteme ist Streit nicht angebracht. Jeder Mensch hat ein Ur-Recht auf seine Meinung.

Ebenso wenig verliert jemand sein Gesicht, wenn er auf Vorwürfe des Kunden hin einen *Fehler* eingesteht, sich entschuldigt und klar macht, dass er daraus gelernt hat, dass dieser Fehler nicht wieder passieren wird.

Sind die Konfliktquellen erst mal erkannt, dann gelingt es meist auch, den Konflikt beizulegen oder sich auf eine Zwei-ung zu einigen. Vera F. Birkenbihl macht in ihrem Buch „Das neue Stroh im Kopf" anschaulich klar, dass es durchaus nicht immer der Einigkeit bedarf, dass sich Konflikte auch vortrefflich durch das *Zwei-igen* überwinden lassen.

> *„Das Prinzip, sich nicht immer EIN-igen zu müssen, sondern sich auch mal über ZWEI-igkeit einig sein zu können, besagt: Neben der ‚MEIN-ung' kann ja durchaus auch eine ‚DEIN-ung' bestehen bleiben. Alles im Leben hat nicht nur ein ‚entweder' und ein ‚oder', sondern in breitem Feld auch ein ‚sowohl als auch'. Die Polarisierung auf nur zwei Alternativen entspricht der Jahrtausende alten ‚abendländischen' Philosophie (‚falsch' ODER ‚richtig'). Die asiatische (‚östliche') Philosophie ist weitaus offener für*

die meist unendlich vielen Möglichkeiten im Dazwischen (‚teils zutreffend, aber auch teils anders'). Die östliche Denkweise hilft in zahllosen Gesprächen ‚Harmonie' zu finden statt Konfrontation. "

Gemeinsam feststellen, dass die MEIN-ungen unterschiedlich sind, dass dies schlichtweg der Vielfalt dieser Welt entspricht und dass man deswegen dennoch auf anderer Ebene fruchtbar miteinander vorankommen kann.

„Herr Kunde, hier haben wir beide eine interessante, unterschiedliche Meinung. Das hat ja nichts mit der Frage, wie wir Ihren Bedarf ..."

Und geschickt kehrt der sozial kompetente Verkäufer wieder zurück zum sachlichen Gespräch um das Produkt und dessen Nutzen für den Kunden. Natürlich notiert er nach dem Besuch sofort in seiner Datenbank ein paar Stichworte zu den Meinungen und Empfindlichkeiten des Kunden.

Zuweilen geraten ein Kunde und ein Verkäufer nach und nach und recht unmerklich in die so genannte *Beziehungsfalle*.

Vorsicht vor Beziehungsfallen

> *Von „Beziehungsfalle" wird gesprochen, wenn beide Parteien tun und lassen können, was sie wollen, und es stets von der anderen Seite negativ ausgelegt wird. Beispiel: Ehemann bringt Blumen mit. Ehefrau kommentiert: „Du wirst es schon nötig haben". Bringt Ehemann keine Blumen mit, so bekommt er den Vorwurf: „Du hast es wohl nicht mehr nötig. "*

Konflikte wurden nicht rechtzeitig ausgeräumt, schwelen unterbewusst weiter, vergiften eine Beziehung von innen heraus und blockieren damit den sachlichen Umgang miteinander: Der Verkäufer schiebt den fälligen Besuch immer wieder auf, hat oft sogar beste „Vernunftgründe" dafür. Doch solche „Flucht" bringt keinen Ausweg, belastet nur. Ebenso kann es auch sein, dass der Kunde dem Gespräch aus dem Weg geht und hofft, dass er einen anderen Lieferanten findet. Dann ist es zu spät, die Bereinigung des Konfliktes zu versuchen.

Kommt es beim schwelenden Konflikt dann doch zum Besuch beim Kunden, dann verläuft das Gespräch oft gereizt bis eisig, keiner spricht den schwelenden Konflikt an. Aber an irgendeinem (meist recht nebensächlichen) Punkt entzündet sich dieser dann doch. Es platzt einem der beiden „der Kragen". Jetzt wird's heftig. Die Beziehung zerbricht auf diese Weise meist endgültig. Das wäre durchaus nicht nötig gewesen, hätten beide den „Mumm" gehabt, ein *klärendes offenes Gespräch* herbeizuführen. Die Initiative dazu muss natürlich vom Verkäufer ausgehen, denn sein Top-Interesse muss es ja sein, die

Beziehung zum Kunden stabil und ertragreich zu halten. Mit Geschick im passenden Moment heißt es also den schwelenden Konflikt anzusprechen, mit dem Ziel, eine Brücke über die Kluft zu legen:

„Herr Kunde, wie empfinden Sie es denn? Ich werde das Gefühl nicht los, zwischen Ihnen und mir steht eine Mauer. Woher kann das kommen?"

Jetzt kommt es auf die Bereitschaft des Kunden an, sich zu öffnen. Hat er seinerseits genug Nutzenerwartung, die Beziehung zu retten und weiter daraus zu profitieren? Dann kann sein, dass er z. B. antwortet:

„Erinnern Sie sich noch: Damals, als ich hier neu anfing, da haben Sie mich keines Blickes gewürdigt und sich sogar meinem damaligen Chef gegenüber recht skeptisch über mich geäußert – und heute erwarten Sie von mir Sympathie, Vertrauen und die besten Aufträge ..."

Jetzt liegt ein lang schwelender Konflikt offen auf dem Tisch und damit ist der Ausweg aus der Beziehungsfalle freigegeben.

Mit einer Entschuldigung oder einem Eingeständnis eines früheren Fehlurteils, mit einem angemessenen Quantum an Aufwertung für den verärgerten Einkäufer gibt es die Chance, die „Mauer" zu beseitigen und einen Neuanfang für die Beziehung zu starten. Das gelingt am besten mit dem gemeinsamen *Einstieg in Pläne und Absprachen für die Zukunft.* Positive vorwärts gerichtete Aufmerksamkeit deckt negative Rückschau und anhaltenden inneren Gram über Verlauf und Ausgang des Konfliktes am besten zu.

Doch natürlich gibt es auch Konfliktsituationen, aus denen die verwickelten Parteien keinen Ausweg mehr finden. Es kommt vor, dass Kunde und Verkäufer einfach nicht miteinander „können" oder dass sie sich unlösbar in der Beziehungsfalle verstrickt haben. Zuweilen kann dann ein „*Vermittler*" (z. B. ein Sachverständiger oder ein erfahrener Kollege) den Ausgleich schaffen oder ein „*Gremium*": Zum Beispiel kann sich der Einkäufer mit dem Einkaufsleiter zu einem klärenden Grundsatzgespräch mit dem Verkäufer und dem Verkaufsleiter verabreden.

Doch führen alle Versuche zu keinem Ausweg aus der verfahrenen Situation, dann gilt der Grundsatz: Die auch in Zukunft tragende Beziehung zum Kunden ist immer wichtiger als organisatorische Regeln. Da heißt es dann schon mal einen Kunden einem anderen Verkäufer zuzuteilen, auch wenn das mit festgelegten Gebietsgrenzen nicht übereinstimmt und klare Organisationslinien etwas durcheinander bringt.

Konflikte positiv nutzen – Aufbruch in neue Gemeinsamkeit

Am Ende eines Konflikts muss immer eine „Schlussbestätigung" des geschlossenen „Friedens" erfolgen. Beide Parteien müssen erklären, dass der Konflikt entweder aus der Welt geschafft oder aber als erledigt abgelegt ist.

„Sind Sie, Herr Kunde, auch froh, dass wir das geklärt haben (abhaken konnten)? Jetzt wissen wir beide, woran wir sind. Darauf lässt sich aufbauen. Das ist doch sicher auch Ihre Sicht der Dinge?"

Jetzt muss ein „Ja" vom Kunden kommen, sonst schwelt möglicherweise der Konflikt doch noch verdeckt weiter und vergiftet die Beziehung. Und am besten schließt sich dann noch eine gemeinsame „Friedenspfeife" an: ein kleines „Extra", zum Beispiel eine Einladung zum nächsten Kunden-Event, eine gemeinsam geplante Aktion für das kommende Quartal – oder was auch immer die neue Harmonie bestätigt und festigt. Es darf auch gern mal ein Glas Prosecco sein, mit dem auf die Überwindung des Konflikts angestoßen wird.

Konflikte haben durchaus auch ihre fruchtbaren Seiten: *Konflikte fordern heraus* und zwar beide Parteien!

- ❑ Positive *Stresshormone* machen eine Reihe von Menschen im Konflikt hellwach und fördern bei ihnen die treffendsten Argumente zutage.
- ❑ Auf andere Menschen allerdings *wirken Konflikte lähmend*: Sie empfinden einen Einsturz der Harmonie-Brücke, verlieren den Boden unter den Füßen, beginnen zu stottern, brechen in Schweiß aus und bringen keine zwei Gedanken mehr auf die Reihe.

Verkäufer mit emotionaler Kompetenz können jenseits gesprochener Worte auch an körperlichen und mimischen Signalen des Kunden feststellen, zu welcher Reaktion er neigt. Demgemäß muss dann der Konflikt schnell geglättet werden oder aber er kann für eine kontrollierte Welle von beidseitiger Kreativität genutzt werden, um schließlich im gemeinsamen *Kompromiss* ein neues *Wir-Gefühl* mit dem Kunden zu erreichen.

Einigung macht Konflikte fruchtbar.

„Sehen Sie, Herr Kunde, das ist das Vorzügliche an der Beziehung mit Ihnen: Sie haben die Argumente parat, die zur Einigung führen. Sie wissen, wo Ihre Vorteile liegen. Jetzt gilt es noch die für Sie optimalen Liefertermine und die passenden Teilmengen festzuschreiben."

Angst vor dem Konflikt mit dem Kunden ist unbegründet. Es kommt darauf an, was aus Konflikten gemacht wird: Konflikte können oft zu erheblich verbesserten Lösungen führen, Konflikte können *Fehler* oder Leistungsmängel *aufdecken* und beitragen, diese auszumerzen. Über die Einigung nach einem Konflikt können erstaunlich intensive und stabile Beziehungen entstehen nach dem Motto:

„Gemeinsam haben wir's geschafft! Gemeinsam werden wir auch künftige Probleme meistern!"

Verkäufer, die versuchen, möglichst jeden Konflikt zu vermeiden, haben oft *Angst vor Kritik und vor Ablehnung.* Andere Verkäufer gehen lustlos durch ihren beruflichen Tag und weichen Konflikten aus, da das Gespräch dann ja anstrengend werden könnte. Aber dem Kunden unentwegt unterwürfig nach dem Mund zu reden, pausenlos „Honig ums Maul zu schmieren", das wirkt bald unehrlich, schleimerisch und unsympathisch. Mancher Kunde empfindet solches Verhalten als peinlich und reagiert aggressiv. Dosierter und sachlicher Widerspruch zeigt Ehrlichkeit und belebt das Gespräch, auch beim Verkaufen.

Reklamationen: Vom Kundenärger zur Kundenbegeisterung

Reklamationen sind im Grunde nichts anderes als eine besondere Form des Konflikts. Viele Verkäufer fürchten sich vor Reklamationen und machen einen großen Bogen um den reklamierenden Kunden. Verkäufer und ebenso Kunden-Betreuer im Innendienst sehen Reklamationen häufig als persönlichen *Angriff*. Sie reagieren als erstes mit *Rechtfertigung* und haben nur ein Ziel: dem Kunden zu beweisen, dass er Unrecht hat. In Reklamationsabteilungen großer Unternehmen sitzen häufig Juristen, für die es von Anfang an vor allem darum geht, mögliche Ansprüche des Kunden abzuwehren.

Reklamationen sind Kunden-Geschenke.

Doch in Wirklichkeit gilt: Reklamationen sind der meistverkannte Schatz eines Unternehmens. Reklamationen sind *Gold wert* für jedes Unternehmen, und können kaum hoch genug bewertet werden. Reklamierende Kunden sagen dem Unternehmen wie und wo etwas besser werden kann – Reklamationen sind *kostenlose Beratung*, sie ersparen hohes Honorar für teure Berater.

❑   Solange ein Kunde reklamiert, liegt ihm „sein" Lieferant noch am Herzen, sonst würde er sich den Ärger ersparen und kommentarlos zu einem neuen Lieferanten abwandern.

❑ Solange ein Kunde noch reklamiert, hat er die Hoffnung darauf, dass „seinem" Lieferanten nur ein Ausrutscher unterlaufen ist, der sich nachbessern lässt.

❑ Solange der Kunde noch reklamiert, hat er noch Glauben und Hoffnung auf die Hilfsbereitschaft „seines" Lieferanten.

Es ist kaum nachvollziehbar, wieso reklamierende Kunden dennoch immer wieder mit abweisender Reklamationsbehandlung endgültig verärgert und verscheucht werden.

„Jede Reklamation ist Chefsache" gilt in konsequent kundenorientierten Unternehmen. Doch zunächst wenden sich Kunden mit Klagen nicht an die Unternehmensspitze, sondern meist an den Außendienst-Verkäufer oder an einen Mitarbeiter beim Lieferanten, mit dem sie häufig zu tun haben. Egal ob draußen oder drinnen: Alle Mitarbeiter müssen geschult sein,

Reklamationen sind nicht nach unten delegierbar.

❑ Reklamationen kundenfreundlich anzunehmen,

❑ und dann entweder „die Sache" in einem vorbestimmten Rahmen ganz fix selbst zu erledigen,

❑ oder aber Erledigung binnen einer Frist von XY Tagen zuzusagen,

❑ und die Reklamation an die zuständige Stelle weiterzugeben mitsamt der zugesagten Erledigungsfrist.

Es ist Sache dessen, der die Reklamation angenommen und deren Erledigung zugesagt hat, sich um die Einhaltung der Frist zu kümmern und den Kunden über den Stand des Fortgangs zu informieren, sich auch beim Kunden abschließend nach dessen wiederhergestellter Zufriedenheit zu erkundigen. Die Zielsetzung muss lauten:

Der Kunde soll verblüfft sein,

❑ wie schnell das bei uns geht,

❑ wie gründlich wir dabei vorgehen,

❑ wie sehr wir uns menschlich um ihn bemühen,

❑ wie wir grundsätzlich daraus gelernt haben.

Zahlreiche Markenunternehmen haben inzwischen für die Endverbraucher *Hotlines* eingerichtet, an die Reklamationen gemeldet werden können. Da ist es dann entscheidend, dass gut geschulte Mitarbeiter die Reklamationen annehmen, am besten mit einem festgelegten *Rahmen zur Soforterledigung*. In Großunternehmen wurden separate Abteilungen für das Reklamations-Management eingerichtet.

Reklamations-Management: am Verständnis hängt alles

Aber egal, an wen eine Reklamation des Kunden zuerst gelangt, auf den Umgang mit einer „Beschwerde" heißt es bestens vorbereitet zu sein. Kaum anderswo liegen Kunden-Begeisterung oder Kunden-Verlust auf Dauer so eng beieinander. Als Grundregeln müssen gelten:

❑ Als erstes hat der reklamierende Kunde mal Recht – nicht im juristischen Sinn, sondern im emotionalen Sinn: Er ist verärgert, er will etwas besser haben aus seiner Sicht, er sagt es dem Lieferanten und gibt diesem damit die Chance, besser zu werden. Also hat er zunächst mal ein Recht auf ein „Danke" verdient. Und als Kunde hat er zudem ein Grundrecht auf *Verständnis*.

❑ Als zweites heißt es den reklamierenden Kunden zu *besänftigen* durch *Hilfsbereitschaft*. Das geht nicht mit Widerspruch, nicht mit Rechtfertigung, nicht mit Vertröstungen. Ärger beim Kunden muss den Lieferanten ärgern. Hilfsbereitschaft im Verkauf heißt auch: Dem Kunden Ärger abnehmen und ihn nicht mit Widerspruch noch mehr ärgern.

❑ Dann kommt die *Klärungsphase*: Um was geht es? Was hat den Ärger ausgelöst? Wie sehr brennt es auf den Nägeln? Wer kann womit am besten und ggf. am schnellsten helfen?

❑ Nun folgt die *Bearbeitungsphase*. Die Beschwerde muss nun an den Zuständigen, der *Abhilfe* schaffen kann, weitergeleitet werden, und zwar kompromisslos so schnell wie de facto möglich. Keine Abarbeitung „vom Stapel", sondern Sofort-Erledigung. Solange der Ärger beim Kunden auf der Flamme bleibt, solange steigt die Temperatur. Wehe, wenn er überkocht.

❑ Nicht zu umgehen ist die *Ursachenforschung* – nicht um als Lieferant Recht zu behalten und möglichst keine Kosten zu haben, sondern um Fehler und nicht erfüllte Kunden-Erwartungen für die Zukunft auszumerzen! Jetzt heißt es den Beratungsgehalt der Reklamation optimal zu nutzen.

❑ Ganz besonders heikel wird es dann bei der *Kostenentscheidung*: Je kulanter ein Unternehmen, desto höher ist nicht unbedingt der Fan-Koeffizient seiner Kunden. Unternehmen jedoch, die ihre Kunden durch faire, in die Zukunft weisende Kulanz begeistern, erfahren immer wieder, dass diese mit Fairness darauf reagieren. Kleinkarierte Verweigerung von Kostenübernahme bei Reklamationen kommt teuer: Der Kunde zahlt vielleicht, aber ganz sicher ist er für die Zukunft mit seinem gesamten langfristigen Ertragswert abzuschreiben.

❑ Das Sahnehäubchen im Reklamations-Management ist die *Nachbe-arbeitung*. Wetten, dass der Kunde mit Begeisterung reagiert, wenn er nach bereinigter Reklamation vom Chef des Lieferanten angerufen und gefragt wird: *„Ich habe gehört, Sie hatten Klagen. Ist alles wieder im Lot? Hat alles so geklappt, wie Sie es gewünscht haben? Was können wir denn tun, Sie für Ihren Ärger ein bisschen zu entschädigen? Haben Sie denn Lust, Gast bei unserem nächsten Kunden-Event zu sein?"* Reklamationen sind Chef-Sache, nicht zuletzt um aus einer Reklamation einen auf Dauer begeisterten Kunden zu gewinnen.

Reklamationen sind Chefsache.

Rechtfertigung führt nur zur Eskalation

Der gröbste Fehler ist es, auf eine Kunden-Reklamation zuallererst mit einer Rechtfertigung und mit Schuldabwälzung zu antworten:

❑ *„Das kann nicht sein …"*
❑ *„Das hat es noch nie gegeben …"*
❑ *„Da müssen Sie sich aber täuschen …"*
❑ *„Da haben Sie wahrscheinlich die Anlage falsch bedient …"*
❑ *„Am Produkt kann das nicht liegen …"*
❑ *„Wir haben die strengste Qualitätskontrolle, die möglich ist …"*
❑ *„Haben Sie denn auch wirklich geprüft, ob …"*
❑ *„Das hätten Sie uns doch viel früher melden müssen …"*
❑ *„Bisher hat doch auch alles gestimmt …"*
❑ *„Aber das ist doch nun wirklich eine Lappalie …"*
❑ *„Solch kleine Abweichungen sind in den Lieferbedingungen ausdrücklich vorbehalten …"*
❑ *„Wir sind auch abhängig von dem, was wir geliefert bekommen …"* *„Ohne rechtliche Prüfung lässt sich das nicht beurteilen …"*

Oder als schlimmste Abfuhr:

❑ *„Ihre Reklamation ist doch ganz klar unberechtigt, denn …"*

Der reklamierende Kunde kann auf solche Konfrontationen nur mit *Eskalation* seines Ärgers reagieren. Aus zwar von Ärger getränkter, aber dennoch wohlwollender und vor allem hoffnungsvoller Reklamation wird jetzt aggressive Wut. Der Kunde fühlt sich nicht für voll genommen, abgewertet, gering geachtet. Jetzt heißt es für ihn, sich auf die Hinterbeine zu stellen:

❑ *„Das lass ich mir von denen nicht gefallen …"*
❑ *„So kommen mir die nicht, nach zehn Jahren ständiger Aufträge …"*

- ❑ *„Unverschämt, wie die mit meinen Problemen umgehen ..."*
- ❑ *„Erst pfuschen sie, und jetzt soll ich dafür büßen ..."*
- ❑ *„So billig kommen mir die nicht davon ..."*
- ❑ *„Sauladen, die lassen mich einfach hängen ..."*

Aus der Reklamation heraus sind die Weichen nun auf *Streit* gelegt. Selbst wenn die Rechtfertigung stimmt, so hat sie bei Streit doch den Kunden gekostet. Das rechnet sich in den seltensten Fällen.

„Wer Streit sucht, kann in der Wahl seiner Worte nicht unvorsichtig genug sein."

Werner Mitsch

Ganz generell gilt: *Es gibt selten eine unberechtigte Reklamation.* Mit jeder Reklamation drückt der Kunde aus, dass er sich enttäuscht fühlt, dass er sich verärgert fühlt, dass er sich unzufrieden fühlt. Solche Gefühle beim Kunden aber müssen immer ein Alarmsignal beim Lieferanten auslösen, ganz egal was sachlich dahinter steht. Jede Reklamation be-RECHT-igt sich aus den Gefühlen des Kunden heraus. Daher sollte es leicht fallen, dem reklamierenden Kunden zuerst mal „Recht" zu geben, ihm Verständnis zu signalisieren.

- ❑ *„Recht haben Sie, Herr Kunde, Ihren Ärger kundzutun ..."*
- ❑ *„Das ist verständlich, dass Sie sich ärgern über solche Probleme ..."*
- ❑ *„Ja, Herr Kunde, das sehe ich ein, bei solchen Problemen würde ich auch auf die Palme gehen ...."*
- ❑ *„Das kann ich gut verstehen, dass Sie jetzt schnelle Abhilfe nötig haben ..."*

Durch *Verständnis* fällt niemand ein Stein aus der Krone. Sich in den reklamierenden Kunden hineinversetzen, damit ist oft schon der halbe Ausweg aus der Reklamation gewonnen. Kunden, die Verständnis spüren, sind leicht besänftigt. Kunden, die abgewiesen werden, fangen an zu kämpfen.

Reklamationen sollten stets so schnell wie nur möglich aus der Welt geschafft werden. Schwelender Ärger belastet nur die Ertragskraft der Beziehung. Je länger Ärger schwelt, desto länger die Dauer der Verführung für den Kunden, doch mal einen anderen Lieferanten zu testen.

„Nichts lernen wir so spät und verlernen wir so früh, als zugeben, dass wir unrecht haben."

Marie von Ebner-Eschenbach

Bei Reklamationen gegen Verhaltensweisen von Mitarbeitern ist der schnellste Weg der Bereinigung die aufrichtige *Entschuldigung*: Aber nicht nur bedauern, nicht nur einen Blumenstrauß oder eine andere Aufmerksamkeit, sondern vor allem auch Besserung für die Zukunft sicherstellen. Bei Tatsachen-Reklamationen kommt es auf das finanzielle Volumen an. Garantiert lohnt es nicht, einen Kunden im Ärger stehen zu lassen wegen eines Betrags, der nur Bruchteile seines „Ertragswertes" ausmacht.

Natürlich gibt es Reklamationen, die aus „rein objektiver" Sicht nicht dem gelieferten Produkt oder dem liefernden Unternehmen anzulasten sind. Bei anderen Reklamationen verteilt sich die *„Schuld"* in wechselnden Relationen auf beide Parteien. Und in anderen Fällen können Sachverständige und Juristen belegen, dass allein der reklamierende Kunde das Problem verschuldet hat. Doch was bringt alle Schuldanalyse? Den Kunden hält sie nicht bei der Stange. Also steht als Alternative: Reklamation anerkennen oder den Kunden verlieren. Da hilft nur der schnelle Überschlag:

Was ist ein Kunde wert? Welches *Ertragspotenzial* steht für kommende Jahre hinter ihm?

Sticht das Argument des Zukunftspotenzials, dann ist schnelle Kulanz in aller Regel der beste Weg, diesen Kunden weiter als Fan zu behalten. Rechtfertigung, Verzögerung und „Anspruchsabwehr" sind dagegen die Wege, die mit Garantie zum Verlust des Kunden führen. Es ist rundweg schockierend, wie häufig millionenträchtige Kunden-Potenziale aus dem Zukunfts-Portfolio eines Unternehmens eliminiert werden, nur weil Recht behalten vor dem Denken aus Kunden-Perspektive rangiert.

Tatsächliche Ursachen von Beschwerden aufspüren

Nicht immer lassen sich Reklamationen schnell und ohne Ursachen-Erforschung aus der Welt schaffen. Das hängt zuweilen von der Tragweite einer Reklamation ab. Tiefer gehende Analyse der Ursachen kann aber auch nötig sein, wenn ein Kunde häufig reklamiert und das vorwiegend wegen Kleinigkeiten. Was steckt dahinter?

Mit einer Reklamation teilt der Kunde zunächst mal ganz schlicht und einfach mit: „Ich bin enttäuscht." Diese *Enttäuschung kann viele Ursachen haben*. Natürlich können es Tatsachen sein, wie z. B. ein Produktmangel (technisches Problem) oder eine verzögerte Lieferung oder eine falsche Rechnung (kaufmännische Probleme). Aber häufig haken sich Reklamationen nur oberflächlich an solchen greifbaren Tatsachen fest. In Wirklichkeit haben sie ganz andere, tiefer liegende Ursachen wie

- ❑ unfreundlicher Verkäufer,
- ❑ nicht kompetente Auskunft,
- ❑ patzige Reaktion am Telefon,
- ❑ nicht eingehaltene Zusage eines telefonischen Rückrufs,
- ❑ Abstufung in eine tiefere Kunden-Klasse,
- ❑ nicht erfüllte Erwartungen.

Das sind nur ein paar wenige Beispiele möglicher Ursachen für Reklamationen, die sich Tatsachen nur suchen, weil das wahre, das emotionale Motiv nicht „geschäftsfähig" ist.

Der erfolgsorientierte Verkäufer mit emotionalem Talent setzt daher auf vorsichtige Fragen mit Feingefühl, um die Hintergründe einer Reklamation auszuleuchten. Vorsichtiger Konjunktiv geht vor bohrendem, feststellendem Indikativ:

- ❏ *„Herr Kunde, könnte es sein, dass ... "*
- ❏ *„Wäre es denn vielleicht möglich, dass ... "*
- ❏ *„Erinnern SIE sich denn noch, was dazu damals besprochen wurde ... "*
- ❏ *„Wie könnte es denn dazu gekommen sein ... "*
- ❏ *„Erinnern Sie sich, wann es erste Anzeichen gegeben haben könnte ... "*

Diese Formulierungen sollten Sie vermeiden:

- ❏ *„Herr Kunde, ich vermute, Sie haben da ... "*
- ❏ *„Machen wir uns nichts vor, da haben Sie ... "*
- ❏ *„Sie wissen genau, dass Sie damals zugestimmt haben, dass ... "*
- ❏ *„Die Spuren zeigen doch deutlich, dass Sie ... "*
- ❏ *„Den Schaden haben Sie doch schon lange gekannt ... "*

Nicht den Elefanten im Porzellanladen spielen ...

Wer als „Reklamations-Bearbeiter" nicht erkennt, wie es zur Reklamation gekommen ist, wer nicht klarstellen kann, ob eine Tatsache oder eine unterschwellige Empfindung die *Quelle der Reklamation* ist, wer nicht ausloten kann, wo Reklamationen ihre Ursache weit hinter den vorgeschobenen Tatsachen haben, der hat keine Chance, den Kunden zu besänftigen. Der kann den Kunden schon gar nicht über die Reklamations-Behandlung als „Fan" gewinnen.

Kulanzaufwand ist Investition in feste Kunden-Beziehungen

Kundenbezogene *Nutzen-Aufwand-Rechnungen* zeigen im Fall von Reklamationen, dass es oft am günstigsten ist, die Kunden-Klage mit visionärer Großzügigkeit aus der Welt zu schaffen. In zahlreichen Unternehmen haben daher die Reklamations-Sachbearbeiter (egal wer immer als solcher zuständig ist) einen Spielraum, bis zu dessen Obergrenze Reklamationen „aus dem Stand" entschieden und der Kunde befriedigt werden darf. Darüber kommt zunächst ein Bereich, der vom Chef des Reklamations-Bearbeiters entschieden werden kann, meist nach der Vorgabe „möglichst kundenfreundlich".

Kulanzaufwand wird in kundenorientierten Unternehmen als hoch rentierliche *Werbeinvestition* verstanden. Kulanz macht Kunden zu dankbaren Fans. Aber dennoch kann natürlich Kulanz nicht grenzenlos sein.

Erst bei Reklamations-Fällen über einer relativ hoch festgelegten Betragsgrenze geht gründliche Ursachenforschung der Erledigung voraus. Aber: *Der Kunde muss mit einbezogen werden.* Er muss erfahren, wie die „leidige Sache" angegangen wird, von wem und bis wann die Klärung erfolgt sein soll. Der Kunde muss mit ins „Team" der Aufklärung. Nur so besteht die Chance, dass die letztendlich gefundene Lösung auch von ihm akzeptiert wird. Und dann ist es durchaus auch möglich, dem Kunden klar zu machen, dass er eine „Störung" selbst herbeigeführt hat, zum Beispiel durch Handhabung entgegen der Betriebsanleitung, und er daher leider für den Schaden selbst einstehen muss. Kann ein Lieferant sich jetzt großzügig zeigen und anbieten, einen Teil des Schadens dennoch zu übernehmen, so ist die Chance groß, einen wirklich begeisterten Kunden auf lange Zeit gewonnen zu haben.

Der Kunde wird zum Mit-Unternehmer.

Das Angebot darf dabei ruhig so liegen, dass der Aufwand für den Lieferanten in tragbaren Grenzen bleibt. Das Angebot kann z.B. sein, Ersatzteile nicht zu berechnen, wenn diese ohnehin als „Ladenhüter" auf Lager liegen, oder den Techniker nicht zu berechnen, wenn die demnächst fällige Garantie-Leistung oder Wartung gleich mit erledigt wurde. Ein wenig Cleverness ist hier durchaus erlaubt und kann beste Ernte in der Kunden-Beziehung einbringen.

Dauer-Nörgler rechtzeitig in die Schranken weisen

Natürlich ist es nicht zu leugnen: Es gibt notorische *Nörgler.* Es gibt die Nachlass-Jäger, die immer etwas finden, um die Rechnung nicht voll bezahlen zu müssen. Und es gibt auch die Kunden, die einfach eine Ausflucht brauchen, um den Auftrag rückgängig zu machen. Laufen die Geschäfte der Kunden schlecht oder lockt ein Wettbewerber mit günstigeren Preisen, dann steigt die Reklamations-Rate. Frustration wird auf die bezogene Ware abgeladen, auf den Lieferanten und auf dessen Mitarbeiter. In solchen Situationen stößt kundenorientiertes Reklamations-Management an die Obergrenzen von Kulanz.

Bedingungslose Kulanz in allen Fällen droht „Gewohnheitsrecht" zu werden. Bisher faire Kunden müssen dann zusehen, wie Nörgler Preisnachlässe erreichen. Bald fragt sich der Redliche: Warum die und ich nicht auch? Und es

Notorische Nörgler gehören dem Wettbewerber.

geht bergab mit seiner Redlichkeit. Das Zulieferunternehmen wird ausgebeutet und trudelt den roten Zahlen entgegen.

Für jede Reklamation den festen Ansprechpartner

Der erfolgsorientierte Verkäufer empfiehlt sich „seinen" Kunden als „Ersthelfer in allen Sorgenfällen". Sein Motto:

> *„Herr Kunde, wenn Sie zufrieden sind,*
> *dann sagen Sie's bitte den anderen.*
> *Haben Sie Klagen, dann sagen Sie's bitte mir."*

Hilfsbereitschaft als Basis für begeisterte Kunden heißt auch: Als Verkäufer „da" sein, wenn der Kunde mal unzufrieden ist, wenn er Klagen hat, wenn etwas nicht stimmt. Der Verkäufer kennt den Kunden zumeist am besten. Er hat die beste Chance, im verständnisvollen Gespräch herauszufinden, welche Ursachen hinter der Reklamation stecken, wenn sich die zunächst vorgetragenen sachlichen Gründe als nicht haltbar zeigen.

Für den reklamierenden Kunden ist vor allem eines wichtig: einen festen Ansprechpartner zu haben, der sich der Sache annimmt. Kunden-Ärger wächst, wenn der Kunde ständig einem neuen Ansprechpartner das Problem von Anfang an ausführlich schildern und darlegen muss.

Reklamationen für Lernprozesse nutzen

Ihren wahren Wert aber offenbaren Reklamationen erst dann, wenn sie als *Anstoß für einen Verbesserungsprozess* genutzt werden. Die Suche nach Schuldigen, die Forschung nach Ursachen hilft nicht weiter, solange dahinter Ziele von Bestrafung und Rechtfertigung stehen. Fehlersuche steigert sich in blanke Wut, wenn sie nach dem Buchbinder-Wanninger-Prinzip stattfindet.

> *Der Buchbinder Wanninger ist eine bekannte Gestalt aus einem Sketch des Münchner Komikers Karl Valentin. Bei einem Anruf wird Wanninger unendlich durch das Leitungsnetz des angerufenen Unternehmens verbunden, so lange, bis sich sein Anliegen erledigt hat.*

Reklamationen sind Chancen.

Konstruktive, in die Zukunft weisende Auswertung, nichts anderes sollte sinnvolles Reklamations-Management sein. Problemlösung wird in dem Moment zur Ertragsquelle, wenn sie auf die Vermeidung gleicher und ähnlicher Fehler in der Zukunft zielt. Die Philosophie des KVP (Kontinuierlicher Verbesserungs-Prozess) und die aus Japan kommende KAIZEN-Theorie bauen auf dem ständigen Besserwerden und dem Lernen aus Fehlern auf.

So wächst die Reklamation über den Einzelfall hinaus und bringt Gewinn für alle Kunden und ebenso natürlich für den Lieferanten.

Fruchtbare Lerneffekte aus Reklamationen setzen auch eine *zentrale Erfassung und Auswertung* der Reklamationen voraus. Nur zu natürlich ist die Gefahr, dass Reklamationen, die dort ankommen, wo der Fehler verursacht wurde, im „Kurzschluss" und „unter der Decke" bereinigt werden. Nach oben soll möglichst nichts durchsickern. Angst der Schuldigen vor Bestrafung geht um und ist stärker als die Motivation, andere Kollegen oder Abteilungen vor ähnlichen Fehlern zu bewahren. Das Vertuschen von Fehlern aber ist für ein Unternehmen im Ganzen kontraproduktiv. Lernprozesse werden verhindert. Bald sind andere besser in der Orientierung auf die Kunden hin.

In der lernenden Organisation sind Reklamationen daher willkommene Antriebskräfte für ständige Verbesserungen. Daher wird auch jedem Kunden zunächst für die Reklamation gedankt. Und später erfährt der Kunde, welche Konsequenzen aus seiner Reklamation gezogen wurden. Warum nicht Kunden einladen, die positiven Wirkungen ihrer Reklamation am eigenen Leib zu testen?

Hotelier Klaus Kobjoll, Leiter des Seminarhotels Schindlerhof bei Nürnberg, rechnet vor, wie ein über ein Geschäftsessen unzufriedener Gast einen Umsatzschaden von über 100 000 Euro verursachen kann. Das läuft so: Ein Geschäftsessen endet in erheblicher Unzufriedenheit. Der Gast entschuldigt sich bei den drei Geschäftsfreunden heftig über das misslungene Essen und verstärkt damit auch deren Urteil. Alle vier erzählen über die Enttäuschung fünf Geschäftsfreunden im Raum Nürnberg und drei Familienmitgliedern und drei privaten Freunden. Macht einen Ausbreitungsfaktor von 4 x 11 = 44. Die Wirkdauer des umlaufenden Negativ-Urteils sei mal nur auf zwei Jahre angenommen, und alles weitere als Schnittwerte. Alle 44 negativ Informierten wären irgendwann in den beiden Jahren mit drei Begleitpersonen zum Essen in den Schindlerhof gekommen. Jede 4-Personen-Mahlzeit mit Getränken repräsentiert einen Umsatzwert von ca. 200 Euro. Zudem hätten ohne die Negativ-Werbung vielleicht pro Jahr fünf der negativ beeinflussten Firmen ihre Seminare oder Feiern im Schindlerhof abgehalten, Umsatzausfall 2 Jahre x 5 x je 8 000 Euro. Zudem hätten die 20 negativ informierten Firmen Geschäftsgäste im Schindlerhof untergebracht, jeweils fünf Übernachtungen pro Jahr, macht über die zwei Jahre 200 Übernachtungen zu je 100 Euro. Und vier Familien hätten Geburtstag oder Hochzeit gefeiert, Umsatzausfall 4 x je 2500 Euro. Summe des Umsatzausfalls durch ein

misslungenes Mittagessen: 118 800 Euro. Konsequenz des Hotellei-
ters: „Da lade ich lieber ganz schnell alle vier Beteiligten des miss-
lungenen Essens mitsamt Familien zu je einem kostenlosen Wieder-
gutmach-Essen ein und bin der persönliche Gastgeber, statt die
Ausbreitung des Gast-Ärgers zu riskieren.“

Reklamationen sind der Gewinn der Zukunft – wenn die Denke stimmt.

Spannend wird es im folgenden Kapitel:

- ❑ Wie reagiert der Einzelne, das Verkaufs-Team, ja das ganze Unternehmen auf die heutigen Herausforderungen?
- ❑ Wie passt es sich an?
- ❑ Wie positioniert es sich im Kampf um den Kunden ganz vorne?

Beginnen wir mit dem Verkaufs-Team, eingebettet im Unternehmen mit all seinen Abteilungen. Hier gibt es auch eine Menge von Abhängigkeiten zu meistern. Denn als Verkaufs-Abteilung ist man immer angewiesen auf andere, die Disposition, die Produktion, den Versand und so weiter.

Der Verkauf ist in vielen Organisationen ein Prellbock. Alles trifft auf ihn, alles rüttelt an ihm. Und letzten Endes ist der Verkauf auch für alles verantwortlich.

Widmen wir uns diesen Aufgaben mit Elan. Und mit Begeisterung, denn wo es schwierig ist, braucht man uns!

Zehn Erfolgswege durch Konflikte hindurch und aus Konflikten heraus:

1. *Zuerst sorgfältig trennen, ob es sich um einen sachlichen oder persönlichen Konflikt handelt.*
   Fakten lassen sich klären, über Meinungen lässt sich nicht streiten, mit Kunden schon gar nicht.
2. *Konfliktursache erkannt, Streitgefahr fast schon gebannt.*
   Ist die Wurzel freigelegt, kann der Konflikt nicht außer Kontrolle geraten.
3. *Streit mit Kunden vermeiden. Sachlich bleiben.*
   Eigene Emotionen im Griff haben, die des Kunden steuern können.
4. *Fehler eingestehen, sich aufrichtig entschuldigen.*
   Schnellstmögliche Abhilfe oder Wiedergutmachung zusagen – und das Versprechen strikt einhalten.
5. *Bei Meinungskonflikten die Zwei-ung offen legen.*
   Werte und Meinungen des Kunden achten und anerkennen.
6. *Von zwei Meinungen zurück zur einen Sache.*
   Gemeinsam in die Zukunft schauen, nützliche Lösungen bieten.
7. *Reklamationen sind keine Angriffe.*
   Jeder Reklamation gebührt erst mal ein „Danke".
8. *Kunden, die helfen wollen, haben vor allem Verständnis verdient.*
   Mit schneller Hilfsbereitschaft und Großzügigkeit werden reklamierende Kunden „umgedreht".
9. *Reklamierende Kunden stecken im Ärger.*
   Wer sie da raus holt, der hat auf lange Zeit einen großen Stein im Brett.
10. *Kunden wünschen persönliche Beziehungen.*
    „Kunden-Kontakter" sollte auch der „Reklamations-Manager" sein.

Träumt nicht jeder davon …

- ❏ morgens gerne in die Firma zu gehen,
- ❏ dort nur Freunde zu treffen,
- ❏ einfach den ganzen Tag unter netten Menschen zu sein?

Es ist doch eine Faszination, in einem begeisterten Team zu arbeiten, wo man wer ist, wo es fröhlich zugeht, wo emsig zu sein Spaß macht, dort, wo einem immer irgendeiner weiter hilft.

Doch wie schwer ist morgens der Schritt zur Arbeit, wenn man weiß, dass immer irgendeiner gehänselt wird, einem die Narrenkappe aufgesetzt wird, wo man sich zu Lasten einzelner lustig macht.

Und wie viel leichter geht die Arbeit von der Hand an einem Ort, an dem man sich freundschaftlich verhält, man sich gegenseitig unterstützt, wo niemand geht, wenn der andere noch Arbeit hat, wo sich auch die Familien (oder sogar Freunde) kennen und man gelegentlich gemeinsam feiert.

Tritt ein, bring Glück herein.

Stimmung im Team[7] bringt Leistung. Ist uns das allen bewusst?

Und diese Stimmung ist im Verkauf besonders wichtig. Denn wie sollen wir die vom Kunden gewünschte Stimmung verbreiten, wenn wir uns in einem betrieblichen Sumpf der Gefühle befinden?

Sales Spirit® ist gerade der Ausdruck eines begeisternden Mitarbeiters, eines Kräfte und Spaß spendenden Teams. Nur wer ist verantwortlich dafür? Der Chef? Der Kollege? Der andere? Nein, wir alle! Wie man in den Wald schreit, so hallt es zurück.

Wir können nur Motivation aus dem Team bekommen, wenn wir auch das Team motivieren.

Mit vielen Merksprüchen und mit markigen Sätzen wird heute Zusammenarbeit beschworen. Einer soll dem andern helfen – im Verkaufs-Team ebenso wie im „Konzert" der Abteilungen:

Alle in einem Boot … alle am gleichen Strang …

- ❏ Kooperation statt Einzelgängertum
- ❏ Sozialität statt Egoismus
- ❏ Gemeinsamkeit statt Rivalität

---

[7] „Team" bedeutet laut Fremdwörter-Duden: „Gruppe von Personen, die mit der Bewältigung einer gemeinsamen Aufgabe beschäftigt sind."

Hand in Hand dem Erfolg entgegen. Das Verkaufs-Team ist so stark wie sein schwächstes Mitglied.

Gemeinsamkeit macht stark, Gemeinsamkeit motiviert, Gemeinsamkeit gibt Sicherheit.

Nur wenn alle zur Gemeinschaft beitragen, kann der Einzelne sich in der Gruppe wohlfühlen. Denn in der Gemeinschaft findet der Einzelne ein Gefühl von „Heimat" unter „Freunden". *Geborgenheit und Wohlgefühl* kommt auf. Die Angst vor Herausforderungen schwindet.

Es verschafft Befriedigung, für andere etwas zu leisten, zum gemeinsamen Ziel etwas beizutragen. Gegenseitiger Ansporn entsteht. Wo Rechte sind, sind auch Pflichten. Wir haben in unserem Verkaufsjob das Recht, von anderen gut informiert, also unterstützt zu werden. Doch Informationen sind „Hol- und Bringschulden". Bei all unserem Tun haben wir die Pflicht zu überlegen, ob es den anderen und dem gemeinsamen Ziel nützt und niemals schadet.

Aus schlichtem Eigeninteresse heraus sollte jeder von uns nur Beiträge zur gesunden Gemeinsamkeit und zum Fortschritt auf dem Weg zum Team-Ziel leisten.

Durch Verkauf im Team wird mehr erreicht

„Der Mensch braucht Menschen wie der Haushalt Geschirr."

Otto von Bismarck, Reichskanzler

Als Wesen ist der Mensch auf die Unterstützung anderer angewiesen. *Gemeinsam wird einfach mehr erreicht.* Egoisten schaffen selten Spitzenleistungen. Das erwies sich auch in Produktionsabläufen. Ehedem stand jeder für sich allein auf seiner Position am Fließband, konzentrierte sich nur auf seinen Handgriff und hatte zuweilen keine Ahnung, wer welche Handgriffe vor oder nach ihm verrichtete.

In den 70er Jahren entdeckten Arbeitswissenschaftler dann die Vorteile von *Teamorganisation.* Erste Unternehmen (z.B. Volvo) stellten zuversichtlich ihre Fertigungsabläufe um und stellten fest, dass sich durch motivierenden Teamgeist gemeinsam Spitzenleistungen erreichen ließen.

Ein Beispiel von heute: Pirelli produziert in Höchst (Odenwald) Hochleistungsreifen. Das Werk arbeitet heute in drei Schichten und die Fabrik ist sauber wie eine Konditorei. Zur Motivation der Facharbeiter wurden am Arbeitsplatz fertige Reifen auf wertvollen Alufelgen als Ausstellungsstücke aufgestellt – glänzend wie Schmuckstücke. Damit nimmt der Arbeiter die zu vollbringende Leistung als Endergebnis

wahr. Innerer Stolz wird induziert. Dadurch wird seine Begeisterung für sorgfältigste Arbeit an der Maschine gesteigert.
Bei Schichtende läuft nun stets ein festes Ritual ab: Gemeinsam gehen die Kollegen zu einer Präsentationswand. Dort werden mit großen farbigen Schaubildern die jeweils erbrachten Schichtleistungen gezeigt: Produktionsmenge, Ausschussquote, aber auch Krankenstand usw.
Die eben beendete Schicht kann nun mit Leistungen anderer Schichten verglichen werden. Jedes Team will an der Spitze liegen. Und der Ehrgeiz spornt alle Teams an. Jede Schicht will die Leistungen der vorangegangenen Schichten übertreffen. Die „sportliche" Stimmung unter den Kollegen ist so gut, dass es Pirelli leicht hatte, die Mitarbeiter zu motivieren, von zwei auf drei Schichten überzugehen – und das bei einer 7-Tage-Woche.

Nur wer in andere Menschen investiert, der bekommt viel zurück. *Egoisten* trauen anderen nichts zu, glauben, dass nur sie fähig sind, eine Aufgabe zu lösen. Egoisten neigen dazu, eigenbrötlerisch zu werden. Egoisten kapseln sich ab. Egoisten werden einsam. Egoisten verlieren das Gleichgewicht zwischen Nehmen und Geben. Egoisten und wenig anpassungsbereite Einzelkämpfer werden damit oft zum Problem in einer Gruppe oder in einer Gemeinschaft.

Sich nach den Erwartungen und auch nach dem Tempo und der Ordnung anderer zu richten, das ist unausweichlich, um in einem Team anerkannt zu werden und zum gemeinsamen Erfolg beizutragen.

Auf Kunden-Seite wird zunehmend im Team eingekauft: Der Einkaufssachbearbeiter bespricht sich mit der betriebswirtschaftlichen Abteilung, der Konstrukteur kommuniziert mit dem Controller. In größeren Modehäusern ordern alle Verkäuferinnen gemeinsam die neue Kollektion für die nächste Saison. In wieder anderen Unternehmen steht der Verkäufer einem mehrköpfigen *Einkaufsgremium* gegenüber.

„Wissens- und Beziehungs-Kapitalisten sind Engpassfaktor wirtschaftlichen Handelns."

Thomas Sattelberger

Wo aber „Teameinkauf" gegenüber steht, da darf „Teamverkauf" nicht ausbleiben. Einzelaktivität hat gegen geballtes Auftreten keine guten Chancen. Daher gilt es, auch auf Verkäuferseite ein *geschlossenes, überzeugendes Team zusammenzuschweißen.*

Alle an einem Strang: Der Verkaufs-Gebietsleiter zieht den Service-Techniker zu Rate. Der Produktmanager entwickelt gemeinsam mit den Außendienst-Verkäufern seine Strategie zur Lancierung des neuen Produkts. Der

Außendienst legt zusammen mit dem Innendienst fest, auf welche Kunden in welcher Zeit Entwicklungsschwerpunkte gelegt werden sollen. Verkäufer und Verkaufsleiter bereiten gemeinsam eine schwierige Verhandlung vor und führen sie dann auch zu zweit.

„Einzelkämpfer müssen sich umstellen" folgerte Marketing-Professor Dr. Manfred Krafft (WHU Koblenz) aus einer Ende 2001 publizierten Studie über Erfolgsfaktoren im Verkauf, gemeinsam erstellt mit Kollegen am Zentrum für Marktorientierte Unternehmensführung (ZMU, Vallendar bei Koblenz) und mit Roland Berger Strategy Consultants (München). Im Kern-Ergebnis zeigte sich eindeutig, dass im Zusammenspiel die besseren Verkaufs-Erfolge erzielt werden.
Für viele aber klingt das Wort vom „Team im Vertrieb" noch als Widerspruch an sich. Im traditionellen Bild vom Verkauf dominiert der „Einzelkämpfer an der Verkaufs-Front". Doch dieses Bild verblasst zusehends, deckten die Vertriebsanalytiker beim ZMU auf:

„Häufig wird nur noch optimales Zusammenspiel von Verkäufern, Key-Accountants und Innendienstlern den Anforderungen eines Großkunden gerecht. Vor allem im Investgüter-Sektor wirken oftmals Vertreter aus Bereichen wie Entwicklung, Marketing, Controlling und Finanzierung in den Teams mit. "

Schlagworte allerdings bilden keine Teams. Aussagen wie „Der gesamte Außendienst ist ein Team" oder „Im Verkauf arbeiten wir doch alle als Team" sind schnell hingesagt, aber sie bringen keine Wirkung. Solche Aussagen sind oft nichts weiter als Ausrede und Deckmantel über schwelenden Probleme.

Bloße Zusammenführung von Stellen im Organigramm formt keine Teams. Das erreichen nur definitive Teamstrukturen, die dann oft Magendrücken bei Führungskräften auslösen, die nicht gewohnt sind, kooperativ zu arbeiten und zu führen.

Im August 2002 publizierte *Die Akademie* (Bad Harzburg) eine *Studie zur Teamarbeit in deutschen Unternehmen.* Dabei ergab sich:

1. Teamarbeit ist inzwischen weit verbreitet, dient jedoch weniger dem Nutzen bei der persönlichen Arbeit und bei der individuellen Karriere, sondern in erster Linie den Unternehmenszielen.
2. Teamarbeit ist nur dort erfolgreich, wo die „weichen Faktoren" genügend Beachtung finden: zwischenmenschliche Gefühle (Sympathie,

Antipathie, Kooperationsbereitschaft, Rivalität usw.) und Kommunikation. Bei 97% aller Teams sind Kommunikationsstörungen das Haupthindernis auf dem Weg zum Erfolg.

3. Für erfolgreiche Teamarbeit gelten Vertrauen, Kooperation, klare Aufgabenkoordination und ständiger Informationsfluss als wichtigste Voraussetzungen. Fehlendes Vertrauen und unausgesprochene Konflikte sind die Hauptursache für das Scheitern von Teams.

Gemeinschaftsgeist statt Egozentrik

Arbeit in Teams setzt allerdings Teamgeist voraus sowie die Fähigkeit, mit anderen gemeinsam arbeiten zu können. Daran aber mangelt es oft. Das deutsche *Schulsystem erzieht „Einzelkämpfer"*. Abschauen oder Einflüstern sind streng verboten. Ich geht vor wir. Nur wenige Lehrer fördern Teamgeist, machen dessen hohen Wert im Leben den Schülern bewusst und üben gemeinsames Arbeiten.

„Zusammenkommen ist ein Beginn, Zusammenbleiben ist ein Fortschritt, Zusammenarbeiten ist ein Erfolg."

Henry Ford

Fazit: Zu Teamgeist und Teamfähigkeit wird in der Schulzeit nicht systematisch erzogen. Aufwändige Teamtrainings müssen das daher bei Erwachsenen nachentwickeln.

Andererseits zeigte die Studie „Selbständigkeit auf dem Prüfstand" des BAT-Freizeit-Forschungsinstitut GmbH (Hamburg), dass 89 % der Deutschen sich wohler fühlen, wenn sie *angeleitet* werden und nicht selbstständig handeln und entscheiden müssen.

Auch dies ist eine folgenschwere Konsequenz des Bildungssystems, das nicht zu selbstständigem und teamhaftem Arbeiten mit Übernahme von Initiative und Verantwortung erzieht.

Als Einzelgänger und als Einzelkämpfer erreicht heute kaum ein Verkäufer das Bestmögliche. Auch strategische Vorgaben des Chefs können den Einzelnen nicht zum Maximum des Möglichen führen. Erst im *Zusammenwirken mit anderen*, also im Team, werden Bestleistungen erzielt. Eine gemeinsame Vision und ein gemeinsamer Wille lassen Menschen als Gruppe handeln, ihre Fähigkeiten bündeln und damit im Ganzen über die Möglichkeiten jedes Einzelnen hinauswachsen.

Mit nur einer Hand lässt sich kein Knoten knüpfen.

Mongolisches Sprichwort

Synergie durch Zusammenarbeit im Team

Wie aber funktioniert Teamarbeit? Wie sollen Menschen plötzlich fruchtbare *Kooperation praktizieren*, wenn sie durch ihren gesamten Bildungsgang hindurch zu Einzelkämpfern erzogen wurden? Teamarbeit ist „in" in deutschen Unternehmen, aber für die Fähigkeiten zu erfolgreicher Teamarbeit wird wenig getan: Nur jedem Dritten, der zu Teamarbeit übergehen soll, wird vom Unternehmen in einem Seminar das Erlernen der Grundregeln für erfolgreiche Zusammenarbeit ermöglicht – und auch das dann nur als Einzelner zwischen lauter anderen Einzelnen. Nur wenige der Unternehmen schicken komplette Teams ins *Teamtraining*.

Balance von Geben und Nehmen

„Was du nicht willst, das man dir tut, das füge auch keinem anderen zu."

Konfuzius, Goldene Regel

Der Ausspruch von Konfuzius wird in der Bibel umgedreht und behält dabei dennoch seinen grundlegenden Sinn: „Alles nun, was Ihr wollt, das Euch die Leute tun, das tut auch ihnen." (Matthäus, 7,12)

Sich in einer Gemeinschaft sozial zu verhalten, das heißt auch, eigene Ziele und die Ziele von anderen in einen gemeinsamen harmonischen Einklang zu bringen, also eine möglichst *große Schnittmenge für das gemeinsame Streben* zu finden. Dabei kann nicht jeder all seine individuellen Ziele im vollen Umfang durchsetzen.

Gemeinschaftsgeist setzt die Fähigkeit voraus zum *Kompromiss:* dosierte Unterordnung im Dienst des „höheren" Erfolgs durch das Zusammenspiel im Team.

Im Vertrieb müssen nun unterschiedliche Interessen zusammengeführt werden. Dabei kann ein gemeinsames Ziel sehr förderlich sein. Ein klarer Auftrag ist notwendig. Interessenkonflikte des AD-Verkäufers mit seinen ID-Kollegen sowie mit dem zuarbeitenden Produktmanager werden rasch eliminiert, wenn man z.B. gemeinsam einen definitiven Großauftrag gewinnen will.

Jetzt hat man ein Ziel, jetzt kann jeder seine speziellen Fähigkeiten einbringen. Jetzt gibt jeder Impulse, denn jeder ist an der Gewinnung des Auftrags interessiert. Jetzt hat auch jeder Lust, dem anderen zu helfen – man will ja schließlich stolz sein auf einen gemeinsamen Erfolg.

Klappt das Zusammenspiel im Team nicht, dominieren Egozentrik und Rivalität über Gemeinschaftsgeist, so gilt: Statt fruchtbarer Zusammenarbeit gibt's ein furchtbares Erlebnis. Das Team verfehlt seine Ziele, verpasst seine Chancen und scheitert.

Zusammenspiel im T-E-A-M

Das Wort „*Team*" wird scherzhaft gelegentlich so erklärt:

„**T**oll **e**in **a**nderer **m**acht's."

Da steckt in vielen Fällen ein Körnchen Wahrheit drin. Zu viele fassen (zumindest unbewusst) Teamarbeit auf als die bequeme Möglichkeit, sich auf andere zu verlassen.

> „*Team*" *hat aber per Definition immer etwas mit a n d e r e n zu tun und könnte am besten so definiert werden: den anderen trauen, die anderen anerkennen und motivieren und ihnen helfen, von den anderen annehmen und sich helfen lassen, Gleichwertigkeit bei aller Verschiedenartigkeit, gegenseitig füreinander einstehen, Ehrgeiz und alle Anstrengungen für den gemeinsamen Erfolg.*

Trau den

Ehrgeiz für die

Anerkennung für die

Motivation für die

1. Vertrauen zu den anderen

Wer anderen große Leistungen zutraut, der kann bei ihnen „intrinsische Motivation" auslösen, also Motivation, die aus eigenem Leistungswillen entspringt, die nicht durch äußere Anforderungen entfacht wird. „Du schaffst das" motiviert stärker als „Du musst das". *Innere Motivation* ist der Top-Faktor für Erfolgsstreben. Jemandem etwas zutrauen, das heißt ihm Zuspruch geben, Respekt vor seiner Leistungsfähigkeit zu haben.

Natürlich ist es ein haarscharfer Grad zwischen Zutrauen und Zumuten. Aber auf den Einwand

> *„Da muten Sie mir aber allerhand zu"*

kann als Antwort kommen:

> *„Ja, aber nur weil ich weiß, dass Sie den Mut dazu haben,*
> *sonst würde ich es Ihnen nicht zutrauen."*

2. Ehrgeiz für die anderen

> *„If you always hire people who are smaller than you are,*
> *we shall become an assembly of dwarfs.*
> *If, on the other hand, you always hire people who are bigger than you,*
> *we shall become an army of giants."*
>
> *David Ogilvy*

Loben, bevor der Schweiß getrocknet ist

(147)

Der einfache, der bloße Egoist denkt nur an sich selber. Der „weise" Egoist denkt aber an andere. Er hilft anderen, lässt andere groß werden, er setzt Ehrgeiz ein für andere – alles im Bewusstsein seiner Erfahrung: Wenn die anderen um ihn herum erfolgreich sind, so wird er von der Sonne des Erfolgs profitieren. Nur wer zulässt, sogar fördert, dass andere im Team gut und groß werden, wird von deren Erfolg profitieren und damit selbst wachsen.

3. Anerkennung für die anderen

Warum wird in deutschen Unternehmen so viel kritisiert und so wenig gelobt? Das Gute ist selbstverständlich, kaum eines Wortes wert. Jedes Abfallen, jedes Nachlassen, jeder Fehler wird mit Aufmerksamkeit überschüttet, löst aufwändige Nachforschungen aus, meist rückwärts gewandte Suche nach Schuldigen statt vorwärts gewandte Ausschau, wie es sich künftig besser machen lässt. Schon in der Schule werden *Fehler* mit roter Tinte dick hervorgehoben, alles Richtige aber bekommt keine besondere Hervorhebung. In den Medien konzentrieren sich die Berichte Tag für Tag auf Katastrophen. Glückliche Ereignisse sind selten der Aufmerksamkeit wert.

Das *Ungleichgewicht von Tadel und Lob* mag eine vertrackte Ursache haben: Wer kritisiert, der stellt sich über den anderen. Wer lobt, hebt den anderen hoch. Menschliche Ur-Instinkte lassen offenbar davor zurückschrecken, anderen unterlegen zu sein.

Ein *Lob bedeutet Anerkennung.* Lob ist der Beweis, dass andere als wertvoll erachten, was man geleistet hat. Lob erreicht bleibende Wirkung aber nur, wenn es aus ehrlicher Überzeugung und Sachkenntnis kommt, und also auch der tatsächlichen Leistung angemessen ist. Zudem ist es entscheidend, dass das Lob auch den richtigen Zeitpunkt erwischt: Bei zu schnellem Lob gerät die gebührende Abwägung in Zweifel, zu spätes Lob wirkt leicht künstlich und zwanghaft „Das muss er ja sagen".

Lob beflügelt, Kritik lähmt zunächst.

Unglaubwürdig wirkt auch, wer immer nur lobt. *Ausgewogenheit* zwischen Anerkennung (Lob) und fruchtbarer Kritik gibt wirkliche Orientierung vor. Erst vor dem Hintergrund gerechter Kritik bekommt Lob sein rechtes Gewicht und wird zum An dasporn für zusätzliche An dastrengungen.

Kritik öffnet neue Wege in erfolgreichere Zukunft erst dann, wenn sie als konstruktiv erkannt und anerkannt wird. Erst dann führt Kritik zum Lern-Prozess, der Fehler und Rückschläge fruchtbar macht. Destruktive Kritik verurteilt, zielt unter die psychische Gürtellinie, nimmt die Zuversicht für die Zukunft.

4. Das Verkaufs-Team und seine Kultur: Gemeinschaftsgeist macht stark

4. Motivation für die anderen

Niemand gelingt alles, schon gar nicht auf Anhieb. Jeder braucht Anläufe, Atemholen für neue Kraft nach einem Fehlschlag. Nach einer Panne ist niemandem gedient, wenn er die Narrenkappe aufgesetzt oder den Versagerkittel umgehängt bekommt. Zum allgemeinen Gespött am Pranger stehen, das treibt nur in die innere Kündigung und schürt Hass: „Denen werd ich's eines Tages heimzahlen." So nimmt vernichtendes *Mobbing* seinen Anfang.

„You can learn more about people in two month of bad times than in five years of good times."

Leo B. Helzel

Wer zurückfällt, wer erlahmt, hat im funktionierenden Team die helfenden Hände aller anderen verdient. Jetzt braucht dieser Mensch Mitgefühl, Verständnis, Stütze und Ablenkung in seinem Kummer und Ärger. Gerade in Bedrängnis und Not lernt man Menschen besonders gut kennen. An der Bereitschaft zu helfen, zur Seite zu stehen, unter die Arme zu greifen, daran beweist sich intakter Teamgeist.

Gemeinsame Verantwortung mit dem „Boss"

Liegt in einem Unternehmen oder in einem Unternehmensbereich etwas im Argen, so kursiert rasch das geflügelte Wort: *„Der Fisch stinkt am Kopf zuerst."* Woran liegt es, dass immer wieder so heftige Kritik aufkommt an der *„Führungskultur"* deutscher Manager? Liegt es am fehlenden Teamgeist? Es ist nicht zu leugnen: In den Unternehmen wird zwar viel von Mitarbeitern gesprochen, aber über Untergebene regiert.

„Wer gute Mitarbeiter halten will, muss zur emotional intelligenten Führungskraft heranreifen, denn die Leute trennen sich nicht von Unternehmen, sondern von schlechten Chefs."

Daniel Goleman

Kritiker deutscher Management-Praxis stellen immer wieder fest, dass in den Führungsetagen das *Einsamkeitsprinzip* herrscht. Tatsächlich wird in viel zu vielen Führungsetagen die meiste Kraft damit vergeudet, an den Stühlen der „Kollegen" zu sägen. Besser wäre es, das Schwergewicht auf gemeinschaftliche Erfolgsorientierung sowohl mit den Mitarbeitern wie auch mit den Management-Kollegen in anderen Bereichen zu legen.

Es wird viel zuviel Zeit damit vertan, Fehler und Misserfolge anderer aufzuspüren und auszuschlachten, Ideen, Pläne und Aktionen anderer abzuwerten, Negativ-Urteile über andere zu verbreiten, Zweifel und Gerüchte in Umlauf zu setzen.

Manager müssen oft im vollen Gegenwind unter ständiger Angst um ihr Ansehen und um ihre Position Strategien und Lösungen entwickeln und ihre Mitarbeiter führen. Nur selten haben Führungskräfte einen echten Vertrauten im Unternehmen, jemanden, dem sie sich anvertrauen können, mit dem sie Alternativen durchdiskutieren und sich im Gespräch der optimalen Lösung annähern können. Manche Führungskräfte glauben ohnehin, Selbstbewusstsein zeige sich über *einsame Lösungssuche* und im *Wettbewerb anstelle von Kooperation*. Gemeinsamkeit haben viele nicht gelernt, für Autorität und „geniale" Einzelkämpfer haben sie umso mehr Vorbilder. Das veranlasste den Unternehmensberater und Bestseller-Autor Dr. Reinhard K. Sprenger zur provokanten Anklage:

> *„Unternehmen sind die letzten feudalistischen Enklaven unserer Gesellschaft."*

Der größte Nachholbedarf vieler Führungskräfte liegt im Bereich sozialer Kompetenz und der dazu erforderlichen Fähigkeit, teambezogen und prozessorientiert zu denken und zu handeln. Seit der grundlegenden Trendwende in den *Schlüsselqualifikationen für Manager* zeigen sich bei diesen immer wieder Defizite, wenn es darum geht, Mitarbeiter als reife Persönlichkeiten mit gut ausgebildeten Qualitäten zu behandeln.

Die Analysen von Stellenanzeigen lassen erkennen, dass bei der Suche nach Führungskräften Fachkompetenz von den Unternehmen zunehmend als selbstverständlich vorausgesetzt wird. Im Zentrum der Anforderungen stehen deutlich die persönlichen „Talente" (Fähigkeit, sich zu öffnen, mit Gefühlen/Motiven umzugehen, Authentizität, Verantwortung) und die sozialen Kompetenzen (Kommunikation, Netzwerkdenken, Kooperationsfähigkeit).

Fachkompetenz wird unterstellt.

Die gesamten Arbeitsstrukturen können durch respektvolles Miteinander effektiver werden. Das aber verlangt, dass sowohl bei den Führungskräften wie bei den Mitarbeitern die Fähigkeiten zu Kommunikation und zu offenem Austausch von den Wurzeln her entwickelt und gestärkt werden.

Persönliche Talente stehen zusehends vorne.

In diesem Zusammenhang ist eine Untersuchung der „Wirtschaftswoche" interessant. Sie befragte im Jahre 2000 rund 350 Führungskräfte, was diese in der Zusammenarbeit und im Management besonders fasziniert. Die Untersuchung ergab sieben Faszinationsfacetten (siehe Abbildung S. 150), die Wünsche von Führungskräften an ihre Mitarbeiter und an die Zusammenarbeit widerspiegeln, und zwar der Wichtigkeit nach.

Faszinationsfacetten der Zusammenarbeit

Faktor 1	Substanz

erfolgreich, selbstbewusst, überzeugend, erfahren, kraftvoll

Faktor 2	Prägnanz

eigenständig, unverwechselbar, eigenwillig, extravagant, ausgefallen

Faktor 3	Dynamik

beweglich, lebendig, zukunftsgerichtet, fortschrittlich, spritzig, modern

Faktor 4	Niveau

anspruchsvoll, exklusiv, kultiviert

Faktor 5	Solidität

solide, vertrauenswürdig, vernünftig, bodenständig, traditionsbewusst, zeitlos

Faktor 6	Menschlichkeit/Nähe

freundlich, menschlich, natürlich, gefühlvoll

Faktor 7	Thrill

geheimnisvoll, sexy, verführerisch, fantasievoll, einfallsreich

Aus den USA kam vor einigen Jahren ein neues Schlagwort: *Empowerment.* Gemeint ist damit die Weitergabe von *Verantwortung* an Mitarbeiter, damit alle gemeinsam an einem Strang ziehen.

Schon in den 60er Jahren orientierten sich viele deutsche Unternehmen am „Harzburger Modell", das in sehr formalistischer Weise die *„Delegation von Verantwortung"* propagierte.

Auch das Management-Prinzip *„Management by Objectives",* das die frühen 70er Jahre dominierte, hat den einen Kern: mit Mitarbeitern absprechen, um was es geht, was für das Erreichen der Aufgabe an „Mitteln" bereitsteht, und dann als Führungskraft für Bedingungen sorgen, in deren Rahmen alle das Ziel optimal erreichen können. Alle gemeinsam sind für das Ergebnis *verantwortlich.*

Isoliert betrachtet ist der Vertrieb ja ein „Unternehmen" im Rahmen des Gesamtunternehmens. Und der „Chef", der *Verantwortliche* für das „*Unternehmen Verkauf*", muss die Interessen des Bereichs im Gesamtunternehmen nicht nur vertreten, sondern sie möglichst auch durchsetzen. Je besser die Ergebnisse des „*Unternehmens Verkauf*", desto leichter hat es der Verkaufsleiter mit dem Durchsetzen von Verkaufs-Interessen. Daher hat jeder einzelne Verkäufer (egal ob im Außen- oder im Innendienst) die *Verantwortung* für das Erreichen der Ziele – gemeinsam, zum Nutzen aller. Die Konsequenz heißt: Alle ziehen an einem Strang, alle übernehmen *Verantwortung*, wenn es darum geht, neue Kollegen schnell einzuarbeiten, ihnen zum Erfolg zu verhelfen, und wenn es darum geht, schwächeren Kollegen auf die Sprünge zu helfen. Gemeinsam schaffen es dann alle, die Ziele zu erreichen. Aber auf alle kommt es an: Wenn eine(r) nicht mitzieht, dann gerät der gesamte Erfolg ins Wanken.

Der Verkaufsleiter kämpft an allen Fronten.

Zu oft ist der Verkaufsleiter im Unternehmen der *Prellbock* zwischen der Verkaufsmannschaft und der Unternehmensleitung.

- ❑ „Dieses Produkt verkauft sich doch von allein", ist der Techniker überzeugt.
- ❑ „Nach unserer umfassenden Marktvorbereitung ist Verkaufen doch nur noch das Abholen von Aufträgen", glaubt der Marketing-Chef.
- ❑ „Kunden-Betreuung forcieren, Umsätze steigern, Preise halten, Erträge verbessern", gibt die Unternehmensleitung vor.

Verkäufer berichten hingegen aus ihren Kunden-Kontakten:

- ❑ „Die Kunden sehen den Nutzen des Produktes nicht …"
- ❑ „Am Markt gibt es preisgünstigere Wettbewerber …"
- ❑ „Es gibt ein Ersatzprodukt, das in der Anwendung einfacher ist …"

Und der Verkaufsleiter steht dazwischen und hat keine „Lobby".

Zur Knautschzone zwischen Kunde und Unternehmen wird der Verkaufsleiter auch durch *unklare Kompetenzen* oder durch Verkäufer, die zu gern Verantwortung nach oben abschieben.

- ❑ Einerseits will der Kunde wissen, worüber er mit dem Verkäufer verhandeln kann, wofür der Verkäufer kompetent und zuständig ist, worüber er fundiert und verlässlich informieren, was er entscheiden kann. Der Verkäufer, der wegen jeder Kleinigkeit erst mal beim Verkaufsleiter anruft, der ist beim Kunden unten durch.

❑ Andererseits gibt es Verkaufsleiter, die sich immer wieder ungefragt einschalten in die Beziehung zwischen Kunde und Verkäufer. Der Verkäufer hat zum Beispiel mit Mühe eine Nachlassforderung des Kunden abgebogen, aber im „freundschaftlichen" Gespräch mit dem Verkaufsleiter erreicht der Kunde diese dann doch. So untergräbt der Chef das Gesicht seiner Verkäufer und nimmt ihnen dadurch die Motivation. Von koordiniertem Zusammenspiel im Team kann keine Rede mehr sein.

Die Spannungssituation ist beträchtlich: Der Verkaufsleiter sollte sich nur als von beiden Seiten herbeigezogener *Moderator* in Kontakte und Auftragsverhandlungen zwischen Kunde und Verkäufer einschalten. Wer verdenkt ihm, wenn er gelegentlich „durchgreift". Er will ja auch nur das Geschäft machen.

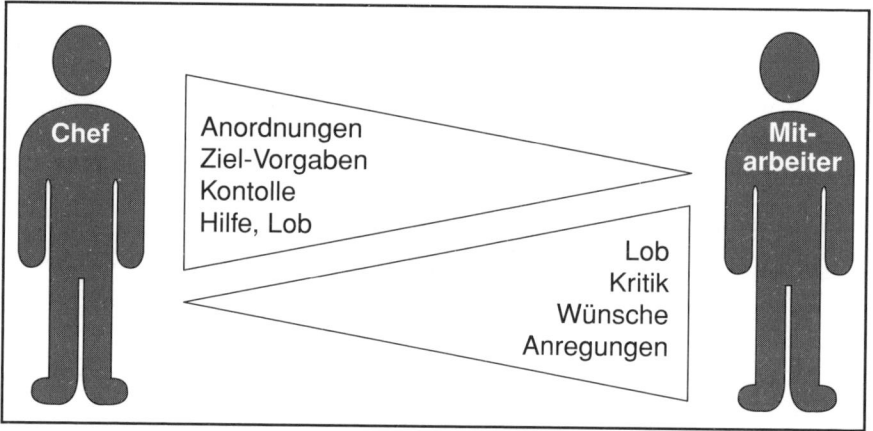

Bevormundung fähiger Mitarbeiter ist in der Ego-Gesellschaft das Schlimmste, was sich ein Unternehmen auf dem Weg zum Erfolg selbst zwischen die Beine werfen kann. Zwischen Kontrolle einerseits und Kreativität und Motivation andererseits gibt es einen unüberwindbaren Graben. Das volle *Potenzial an Kreativität und an Motivation* kann nur freigesetzt werden, indem sich in den Unternehmen kooperative Zusammenarbeit und übergreifende Kommunikation weiter durchsetzen. Das allerdings ist für Führungskräfte anstrengender als autoritärer Stil von Aufgabenzuweisung und Ergebniskontrolle. Da wächst bei manchen Managern schnell die Angst, dass ihnen die „Führung" abhanden kommen könnte.

Natürlich steht umgekehrt auch jeder „mündige" Verkäufer immer wieder vor der Frage: „Wie sag ich's meinem Chef?"

❏ Wie und wann ist Kritik am besten anzubringen, von Kunden geäußerte Kritik ebenso wie Kritik aus eigenem Empfinden, sei es am Verhalten des Chefs, sei es am Produkt oder an Vorgaben „von oben", sei es an Auftritt oder Verhaltensweisen von Kollegen im eigenen Bereich oder in anderen Bereichen.

❏ Wie lässt sich die eigene Meinung am besten durchsetzen, wie lassen sich persönliche Wünsche vorbringen, ohne die gute Zusammenarbeit zu stören?

Am besten klappt es, wenn *der Chef wie ein Kunde behandelt wird*: sachlich, nicht persönlich, nicht kritisierend abwertend, sondern aufbauend und auf Erfolge in der Zukunft gerichtet, dabei neue mögliche Wege aufzeigend, Nutzen und Vorteil des Einwands und der Alternativen von Anfang an klar herausstellend. Besonders wichtig ist auch der passende Zeitpunkt für Kritik oder für das Vorbringen von persönlichen Wünschen. Und zudem gilt: Was als Frage formuliert wird, hat weniger angreifenden Charakter als Kritik und Forderungen. Auf keinen Fall Kritik innerlich aufstauen, bis Wut und Demotivation daraus werden! Teamarbeit im Verkauf braucht auch Mitarbeiter, die offen und kooperativ mit dem Chef umgehen können.

Verkäufer sind für die Führungsfähigkeit ihres Chefs mitverantwortlich.

Ziele von Unternehmensführung und Verkäufern harmonisieren

Verkäufer *Gscheitle* mag das Ziel haben, mit vierzig sein Häuschen gebaut zu haben und jährlich eine große Reise zu machen. Das Unternehmen dagegen wünscht, dass *Gscheitle* in seinem Bezirk im kommenden Jahr 10 % Umsatzwachstum erreicht und gleichzeitig die Zahlungsmoral seiner Kunden verbessert. Wie lassen sich solche Ziele miteinander in Gleichklang bringen? Ist das überhaupt möglich?

„Führungskunst besteht darin, die individuellen Motive des Mitarbeiters mit denen des Unternehmens zu verbinden."

Marcella Kessel

Die allgemeine Grundregel lautet: Nur *gemeinsame Ziele führen zum Erfolg*. Nur gemeinsame Ziele motivieren. Wie aber können persönliche Ziele des Verkäufers auch die Ziele des Unternehmens sein und wie sollen Ziele des Unternehmens auch Ziele der einzelnen Verkäufer sein?

Die Praxis zeigt: Nur sehr selten kommt die Übereinstimmung zustande. Aber gerade dies ist der Grund für so unendlich viele *Misserfolge* – für persönliches Scheitern ebenso wie für Flops von Produkten oder ganzen Unternehmen.

Eine der zentralen Aufgaben von Führungskräften ist es, sich für die persönlichen Ziele ihrer Mitarbeiter zu interessieren und darauf aufzubauen mit Anreizen, diese zu erreichen. Erfolgreiche Führungskräfte müssen Mitarbeiter für *gemeinsame Ziele* begeistern können. So erhöhen sie die Leistungsbereitschaft und fördern sie das Verantwortungsbewusstsein.

Andererseits sollte in jedem Verkäufer das Bewusstsein wach sein, dass er seine persönlichen Ziele dann am besten erreicht, wenn er sich die Ziele des Unternehmens zu eigen macht. So erreicht er maximales Einkommen, das ihm persönliche Zielerfüllung erlaubt.

„Die Menschen werden durch Gesinnungen geeinigt und durch Meinungen getrennt."

Johann Wolfgang von Goethe

Häufig driften persönliche Ziele und Unternehmensziele auseinander, geraten sogar in Gegensatz zueinander. Das führt dazu, dass der Verkäufer „mauert", und das schon bei der Zielvereinbarung mit seinem Verkaufsleiter. Pessimistische Prognosen sollen den Chef dazu bringen, von seinen (zweckoptimistischen) Erwartungen Abstriche zu machen.

Verkäufer tendieren auch zu möglichst pessimistischen Erwartungen, um diese eher übertreffen zu können, als sie zu verfehlen. Lob für Über-Erfüllung wird angestrebt, nicht Missstimmung über verfehlte Ziele. Verkaufsleiter wollen schon mit der deutlich über Vorjahr angesetzten Zielvorgabe glänzen und tendieren also zu hohen (optimistischen) Zielvorgaben. Dieser Widerspruch ist natürlich und wird in der Regel im Prozess der Zielabsprache überbrückt.

Im Prozess der *Zielabsprachen* aber muss jedem einzelnen Verkäufer bewusst sein: Erst alle Detailziele, also die Summe der Ziele aller Verkaufs-Gebiete, führt zum Ziel für den gesamten Vertrieb, das dann in das Gesamtunternehmensziel einfließt. Auf diesem wiederum baut die strategische Planung, von den Finanzen bis zur Produktion, vom Marketing bis zu den Investitionen. Gelingt von der Basis her keine realistische Zielfindung, dann kann auch die Summe kein realistisches Gesamtziel ergeben.

Die Steuerung des Unternehmens baut auf trügerischen Fundamenten. Gemeinsame Zielfindung und Zielvereinbarung ist also Pflicht gegenüber dem Ganzen.

Kann jeder Verkäufer auch ein Team führen?

Karriere zu machen ist ein Ziel, das den meisten Menschen vorschwebt. Aufsteigen in Ansehen, in „Macht" und natürlich auch im finanziellen Entgelt. Die besten Verkäufer rücken in vielen Unternehmen nach oben, zum Regional-Leiter und zum Verkaufs- und Vertriebs-Leiter. Doch oft ist das Charisma dahin, sobald der Top-Verkäufer auf die Führungsposition befördert wurde.

Viele Verkäufer verkennen das wahre Rüstzeug zum Verkaufsleiter. Hier müssen sie durch andere erfolgreich sein, vorher waren sie nur für sich selbst verantwortlich. Als Verkaufs-Chef müssen sie in Systematik und Steuerung glänzen, vorher in Begeisterung und Abschlussorientierung.

Das *Werte- und Orientierungssystem von Star-Verkäufern und von Managern ist sehr unterschiedlich.* Daher werden Star-Verkäufer nicht notgedrungen zu guten Führungskräften. Zudem besteht die Gefahr, dass Top-Verkäufer in Führungspositionen an das gesamte Team ihre Leistungsmaßstäbe anlegen, damit aber die Mehrheit überfordern und in De-Motivation treiben. An der Spitze von Teams im Vertrieb sollte daher in der Regel kein ehemaliger Spitzen-Verkäufer stehen. Das Zusammenspiel im Verkauf kann nur fruchtbare Ergebnisse bringen, wenn alle im Team sich zuhause fühlen und in ihren individuellen Möglichkeiten akzeptiert werden.

Schuster bleib' bei deinen Leisten.

Gute Verkäufer fühlen sich in ihrer Funktion wohl, sie genießen die Freiheit, das Abenteuer, immer wieder Menschen glücklich zu machen.

In der Wettbewerbsgesellschaft des 21. Jahrhunderts will *jeder Erster* sein, Sieger und Bester. Doch in jedem Team kann nur einer „Bester" sein. Und er kann es nur dank der Unterstützung durch die anderen. Team ist keine Wettkampfveranstaltung untereinander, sondern ein gemeinsamer Zielmarsch. Das Ziel wird nur erreicht, wenn *die Besseren den Schwächeren helfen.* Dabei kann von Situation zu Situation, von Aufgabe zu Aufgabe, von Idee zu Idee die „Führung" wechseln: Der Beste hier zählt zu den Schwächeren dort. Das Endresultat kann nur stimmen, wenn das Gemeinschaftsbewusstsein siegt. Erst in der Summe der einzelnen „Besten" zeigt sich die *Synergie-Qualität des Teams.*

Kooperation und Abstimmung zwischen Bereichen und Abteilungen

Noch herrscht in zu vielen Unternehmen der interne Wettkampf zwischen einzelnen Abteilungen oder Bereichen. Manchmal steigert sich der Bereichs-Egoismus zum „*Abteilungskampf*". Da fehlt dann so gut wie jede übergreifende Identifikation, da mangelt es an gegenseitiger Information, Arbeiten laufen isoliert und ohne Einbeziehung der anderen. Aktionen gehen aneinander vorbei, laufen sogar oft gegeneinander.

- ❏ Da sind zum Beispiel die uralten Mauern in den Köpfen von Marketing und Vertrieb. Da zeigt des weiteren die *Produktentwicklung* wenig Gemeinschaftssinn mit dem Marketing. Und der Vertrieb wird in die Entwicklung neuer Produkte meist viel zu spät eingeschaltet – recht verwunderlich, da doch dieser den Markt am besten kennen sollte.
- ❏ Auf *Reklamationen* antwortet die Rechtsabteilung auch beim Stamm- oder beim Entwicklungskunden mit paragrafengespickter Abwehr von Ansprüchen.
- ❏ Auf *Kundenwünsche* antwortet die technische Abteilung mit technischen Erklärungen über Normen, um zu belegen, dass es nicht geht.
- ❏ Auf *Anregungen von Verkäufern* antwortet die Innendienst-Leitung mit Aktennotizen voll mit Zitaten aus dem Organisationshandbuch, um die Unmöglichkeit zu belegen.
- ❏ Auf *Vorschläge des Innendienstes* antwortet die Verkaufs-Leitung mit „Studien" und „Analysen" zur Unmöglichkeit der Umsetzung.

„Teams und Abteilungen können nur dann optimal zusammenarbeiten und beste Ergebnisse erzielen, wenn sie auf gemeinsame Visionen und Ziele eingestimmt sind."

Daniel F. Pinnow

Solche Verhaltensweisen und die dahinter stehenden Einstellungen würgen jeden Ansatz von erfolgsorientierter, kreativer Teamarbeit schon im Ansatz ab. Das Gegeneinader behält Oberhand gegen ein Miteinander. Weiterentwicklung wird in solchen Unternehmen blockiert.

In zahlreichen Unternehmen arbeiten die Bereiche nicht nur isoliert nebeneinander, sondern es stoßen *unterschiedliche Mentalitäten* zusammen: In der Technik der abgeschirmt vor sich hin entwickelnde Ingenieur, verliebt in Produktdetails einerseits, fasziniert vom technisch Machbaren andererseits. Im Vertrieb dagegen der eloquente kommunikationsstarke Verkäufer-Typ, der sich mehr auf Kunden-Wünsche konzentriert, als sich Gedanken zu machen um technische Machbarkeiten.

Die drinnen ...
Die draußen ...

Aus vielen Unternehmen ist der *Dauerkonflikt zwischen Innen- und Außendienst* sattsam bekannt: Innen schimpft auf Außen, Außen schimpft auf Innen. Die einen heißen die anderen dumm, träge und bequem. Die anderen nennen die einen faul und unfähig. Beide Seiten pflegen die Scheuklappen und erkennen allein ihre Belange an. Gegenseitig wird nach Fehlern gesucht, Schuldige werden an den Pranger gestellt. Jede Seite sucht eifrig danach, der anderen eins auswischen zu können. Feindschaft herrscht statt Kooperation.

Kooperation Innendienst/Außendienst

Die Unternehmensfunktion „*Verkauf*" stützt sich in aller Regel auf drei Säulen: *Außendienst, Innendienst und Service*. Zwischen diesen drei Säulen ist enge Kooperation unerlässlich, sollen beste Erfolge erreicht werden. Anstöße und Chancen werden dort aufgenommen, wo sie empfangen werden, und dann sofort in den „Verteiler" der drei Säulen eingegeben. Unabhängig von überkommenem Bereichsdenken werden Chancen dort genutzt, wo die Nutzenbrücke zum Kunden den kürzesten Bogen schlagen muss.

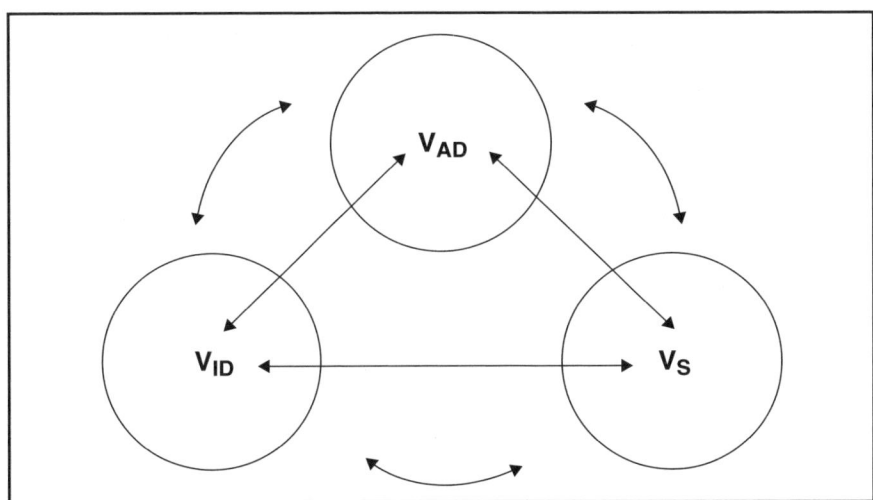

Erfolge bei den Kunden fordern *verzahntes Arbeiten* der drei Säulen, Hand in Hand. Direkt-Werbung per Brief oder E-Mail und zügige Bearbeitung des Response, Telefon-Akquise, Bearbeitung von Anfragen, Ausfertigung umfangreicher Angebote, Annahme und Bearbeitung von Kunden-Fragen und auch von Reklamationen, Einsatz von Verkaufs-Förderung und Planung von Kunden-Events, Beratung und Betreuung durch den Service-Techniker parallel zum Fortschritt der Auftragsverhandlungen, vorab exakt informierter Kundendienst in Blitzesschnelle nach dem Anruf beim Innendienst – tagtäglich ist eng verzahnte und partnerschaftliche Zusammenarbeit gefordert.

Eines meiner Außendienst-Seminare im Frühjahr 2002 fand ganz in der Nähe der Unternehmenszentrale statt. In meinem Beisein schimpften alle Außendienst-Mitarbeiter wie die Rohrspatzen auf den Verkaufs-Innendienst: Die sind unpünktlich, die lassen Anfragen zu lange liegen, die nehmen das Telefon nicht ab, die lassen sich verleugnen, die sind unfreundlich usw.

Eine Weile hörte ich die Klage-Litanei an, dann stellte ich die Frage: „Wir sind doch so nah am Zentralsitz. Wer hat das denn genutzt, um mal einen Kollegen vom Innendienst kurz zu besuchen? Oder wer hat sich mit einem vom Innendienst für ein Gespräch am Abend verabredet, um gemeinsam über bessere Zusammenarbeit und künftige Vorgehensweisen zu sprechen? Peinliches Schweigen. Keiner hatte an so etwas auch nur gedacht. Tiefe Betroffenheit lag plötzlich über der Seminargruppe. Den Rest des Seminars hindurch waren keine Vorwürfe an den Innendienst mehr zu hören.

Beim nächsten Seminar war das bereits anders: Die Außendienstler reisten früher an, um sich mit den Innendienstlern zu treffen. Man speiste abends nach dem Seminar gemeinsam. Man konferierte nach dem Seminar.

Und beim übernächsten Seminar wurde bereits ein gemeinsames Abendessen vereinbart. Die Außendienstler bestanden darauf, zu diesem Essen einzuladen, obwohl die Führungskräfte die Finanzierung übernehmen wollten.

Inzwischen ist in diesem Unternehmen konstruktive Freundschaft eingezogen. Beide Seiten arbeiten für- und miteinander, nicht mehr gegeneinander.

In vielen Unternehmen aber ist solche *Teamarbeit über Grenzen der strukturellen Organisation hinweg* noch nicht die Wirklichkeit. Der Kunde bleibt mit seinen Bedürfnissen und Erwartungen dabei auf der Strecke – und damit auch der Verkaufs-Erfolg. Teamarbeit lässt sich zwar in Aufgaben- und Stellenbeschreibungen leicht als „Pflicht" festschreiben und in Organisationsdiagramme wunderschön einzeichnen, aber die lebendige Verwirklichung und die Ausschöpfung von Synergie-Effekten hängt in starkem Maß von den beteiligten Menschen ab, von deren Einstellungen und Verhaltensweisen zu- und untereinander.

Dort, wo Vertriebs-Teams bereits realisiert sind, ergab eine Studie des Zentrums für Marktorientierte Unternehmensführung (ZMU, Valendar bei Koblenz), dass 75% der Teams regional oder kundenbezogen zusammengesetzt sind und Teams primär etabliert werden, um mehr *Kunden-Nähe* zu erreichen.

Regelmäßige *Teammeetings* zum Austausch von Informationen und zur Entwicklung neuer Pläne und Projekte sollten fester Bestandteil in den Teamablaufplänen sein. Hier lassen sich gemeinsame Vereinbarungen treffen, zum Beispiel darüber, welche Kunden als Development-Kunden ausgewählt und besonders intensiv entwickelt werden sollen. Hier lassen sich gemeinsame Vertriebs- und Verkaufs-Strategien ebenso erarbeiten wie gemeinsame Maßnahmen zur Kundengewinnung. Wichtig ist dabei, vereinbarte gemeinsame Maßnahmen auch in ein Termin- und Zuständigkeiten-Korsett zu kleiden. Die ZMU-Studie ergab: Zwei Drittel der Teams kommen einmal im Monat zusammen, jedes fünfte Team trifft sich wöchentlich.

Die Vertriebs-Studie des ZMU zeigte auch, dass durch Teams im Vertrieb die *Fluktuation* stark eingedämmt und die Bindung an das Unternehmen stark gesteigert werden kann. 40 % der Teams hatten über zwei Jahre hinweg überhaupt keine Fluktuation. Nur in einem Zehntel der Teams gab es Kündigungsquoten über 15 %. Die Studie führt die im Vergleich mit allgemeinen Vertriebswerten relativ geringe Fluktuation zurück auf die hohe *Entscheidungsfreiheit* hinsichtlich Kunden- und Besuchs-Strategien, die überwiegend den Teams für ihre Aufgabenerfüllung eingeräumt werden. In jedem sechsten Team gibt es nicht mal einen formalen Teamleiter. Die Studie ermittelte zudem: Je höher die Entscheidungsfreiheit, desto höher der Erfolg der Teams.

Nicht an das Team delegiert sind jedoch nach der ZMU-Studie in aller Regel auch in stark teamorientierten Unternehmen die Vergütungskompetenz und die Preiskompetenz. Persönliche Einkommen als Führungsinstrument behalten sich dann doch „übergeordnete" Instanzen vor. Und mit freigegebenen Preisnachlässen sollen keine Erfolge bei den Kunden „erkauft" werden.

Kein Teamwork ohne Entscheidungsfreiheiten

Teamgeist im Verkauf zeigt sich nicht nur in formalen Organisations- und Entscheidungsstrukturen, sondern ebenso auch im *Umgang miteinander.* Für jede Partnerschaft gilt: Gegenseitige Freundlichkeit tut gut, ein Blumenstrauß erfreut und fördert die gegenseitige Motivation für das Miteinander. Jede(r) Beteiligte freut sich über Anerkennung der erbrachten Leistungen. Lob tut gut, insbesondere auch das vom Kunden. Anerkennende Äußerungen von Kunden weiterzugeben ist daher eiserne Pflicht.

Lob tut gut.

Im Rahmen enger Teamarbeit ist auch der gelegentliche gemeinsame Besuch bei wichtigen Kunden selbstverständlich, nicht zu oft, aber doch regelmäßig. Wie soll denn der Mitarbeiter im Innendienst den Kunden kennen, ihn verstehen, ihn würdigen, wenn er ihn nie persönlich gesehen hat?

Nicht zu jeder Minute, wenn es beim Kunden brennt, ist der Außendienst-Verkäufer erreichbar. Nicht jede Frage der Kunden kann der Außendienst-Verkäufer selbst bearbeiten. Er käme ja nicht mehr zu den Gesprächen bei seinen Kunden. Daher gehören in die Koffer der Außendienstler nicht nur die eigenen Visitenkarten, sondern auch die Visitenkarten des Teamkollegen im Innendienst. Dem Kunden wird sie überreicht zum Beispiel mit Worten wie:

„Und hier noch die Karte von Frau/Herrn Maier – sie/er weiß über alles ebenso gut Bescheid wie ich. Ich bin ganz stolz auf diese/n Kollegin/Kollegen. Sie/er kann scheinbar zaubern und macht immer wieder sogar Wunder möglich …"

Von Schnittstellen zu Nahtstellen

Darüber hinaus ist enge *Kooperation über alle Bereiche hinweg* unverzichtbar, sonst kommt es zu Flops am laufenden Band. Erfolge am Markt fordern „Teamarbeit" zwischen Marktforschung, Produktentwicklung, Werbung, Marketing, Vertrieb, Verkauf, Kundendienst, Service, Buchhaltung, Rechnungswesen und Reklamationsbearbeitung.

Klaffende Lücken in der übergreifenden Kooperation zwischen Bereichen und Abteilungen haben ihre Ursache oft auch in *Spannungen und Rivalitäten* der Führungskräfte. In anderen Fällen wurzeln die Kooperationsdefizite in grundlegenden Unterschieden im Denken und sogar in der Sprache. Da entwirft das Marketing „geniale" Strategien und erschauert, wenn die komplizierten Interdependenzen dann für den Verkauf in „banale" Slogans und Argumente heruntergebrochen werden. So zeigen sich immer wieder Schnittstellen dort, wo eigentlich Nahtstellen sein sollten.

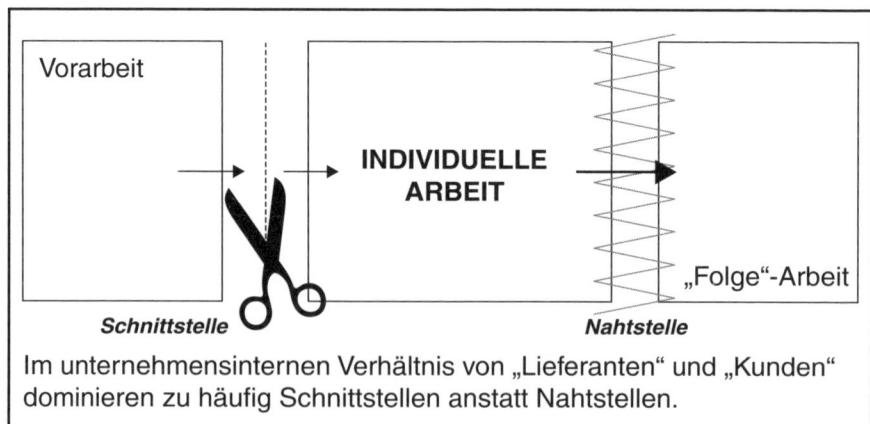

Im unternehmensinternen Verhältnis von „Lieferanten" und „Kunden" dominieren zu häufig Schnittstellen anstatt Nahtstellen.

Keiner macht absichtlich Fehler in seiner Arbeit. Doch über *Schnittstellen* hinweg werden immer nur halbfertige „Produkte" geliefert. Diesen wird dann unter neuem „Abteilungsaspekt" weiteres hinzugefügt, ehe sie über die nächste Schnittstelle in die nächste Bearbeitungsstufe weiterwandern. Auf jeder Stufe fehlt die Gesamtschau.

Teamdenken aber fordert das Verständnis des Gesamten von jedem Einzelnen. Teamarbeit kann nur Erfolg haben, wenn jeder bei seinen Teilaufgaben stets das Gesamtziel vor Augen hat. Durch eng verzahntes Zusammenwirken wird das beste Ergebnis erzielt. Laufende Abstimmung kann keine Schnittstellen hinnehmen, sondern erfordert *Nahtstellen*. Notwendig ist ein Denken in Prozessen oder auch in Abläufen anstelle von Denken und Handeln nach Ab-Teil-ungen. Die „Prozesse" oder die Gemeinschaftsprojekte heißen dann zum Beispiel: Gewinnen neuer Kunden, Umsatz mit Produkt XYZ steigern, höheren Marktanteil im Gebiet NN erreichen usw.

In modernen Unternehmensstrukturen wird daher die Abteilungsstruktur ausgemerzt. Zielorientiertes *Projekt-Management* löst Abteilungsdenken auf und führt unterschiedliche „Wissenspotenziale" zu aufgabenbezogenen Teams zusammen. An die Stelle von Abteilungen tritt ein Netzwerk von internen „Lieferanten" und internen „Kunden". Die „Lieferanten" haben die Aufgabe, möglichst perfekte Arbeit abzuliefern. Die „Kunden" haben die Aufgabe, perfekte Arbeit wohlwollend zu akzeptieren, auch mal Danke zu sagen, auch mal anerkennend zu loben, um so ihre unternehmensinternen „Lieferanten" zu weiter gesteigerter Leistung zu motivieren. Ein jeder „Kunde" ist sich aber auch im Klaren, dass er, wenn er seine eigene Arbeit erledigt hat und weiterreicht, selbst „Lieferant" wird.

Kästchendenken ist der Tod jedes Teamworks.

So verschwindet allmählich Abteilungsdenken mit all den schädlichen Spannungsfeldern.

Zehn Leitsätze für Erfolg schaffenden Gemeinschaftsgeist:

1. *Menschen brauchen Menschen.*
   In der Gemeinschaft wird jeder Einzelne stärker als allein. Im Team wird mehr erreicht.

2. *Der Einzelkämpfer steht gegen Teams auf verlorenem Posten.*
   Einzelkämpfer müssen sich umstellen und stärkere Fähigkeiten zur Zusammenarbeit entwickeln.

3. *Wer sich ins Team einbringt, wird durch das Team gewinnen.*
   Die integrierte Summe aller Talente und Fähigkeiten bringt mehr Erfolg als alle im Alleingang erringen können.

4. *Alle für einen – einer für alle.*
   Vertrauen untereinander, Einsatz füreinander und gegenseitige Anerkennung, das sind die tragenden Säulen für erfolgreiche Teamarbeit.

5. *Die Fähigkeit zur Teamarbeit.*
   Schule und Studium erziehen zu Einzelkämpfern. Grundsätze und Handwerkszeug für fruchtbare Teamarbeit müssen erlernt und geübt werden. Das heißt: Seminare nutzen, am besten das ganze Team gemeinsam!

6. *Zusammenarbeit unter „Kollegen".*
   Durch Gemeinschaft mit dem „Chef" und Solidarität mit dem Unternehmen über diese drei Stufen werden schlagkräftige Gemeinschaften für erfolgreiches Bestehen am Markt gebildet.

7. *Freiräume lassen Kreativität sprudeln.*
   Bevormundung würgt Motivation gut ausgebildeter Mitarbeiter ab. Kollegialität statt Autorität ist für Chefs schwieriger, fördert aber Teamarbeit und bringt die Leistung auf die Erfolgsspur.

8. *Das Ende von Ab-Teil-ungen.*
   Nur gesamtheitliches Denken und Handeln sichert den Erfolg beim Kunden. Miteinander statt gegeneinander – von Telefon-Zentrale bis Liefer-Fahrer, von Außendienst bis Innendienst, von Verkäufer bis Rechnungsabteilung.

9. *Erfolgreiche Teams bündeln Wissen, Kräfte und Ideen über Grenzen hinweg.*
   Viele unterschiedliche Einzelaspekte machen die Gemeinschaft geschlossen und stark.

10. *Frauen und Männer haben unterschiedliche Stärken.*
    In gemischten Teams lassen sich die Vorzüge beider optimal nutzen. Die Zukunft fordert Synergie statt Rivalität.

Team ist Kultur, Team prägt Kultur

Unternehmenskultur bezeichnet das *Wertesystem eines Unternehmens* und damit den „Geist", nach dem ein Unternehmen handelt, sowohl der Gesellschaft (Allgemeinheit, Umwelt) gegenüber wie auch den Mitarbeitern und seinen Kunden und Lieferanten gegenüber. Unternehmenskultur ist der Sammelbegriff für die „weichen" Faktoren, die ein Unternehmen „attraktiv" machen oder aber als „arrogant" oder als „unsympathisch" erscheinen lassen.

„Unternehmenskultur ist das die ganze Unternehmung durchziehende Eingeschworensein auf gemeinsame Werte und Ziele."

Peter Drucker

Unternehmenskultur wird gewiss von *Grundeinstellungen der Unternehmensführung* vorgezeichnet. Ins Leben übertragen und für die Allgemeinheit sichtbar und erlebbar aber wird sie erst durch das *tägliche Verhalten aller Mitarbeiter* des gesamten Unternehmens – vom Pförtner bis zum Top-Manager, von der Telefonistin bis zum Service-Ingenieur, vom LKW-Fahrer bis zum Außendienst-Verkäufer. Unternehmenskultur ist in vollem Umfang eine Gemeinschaftsaufgabe.

„Wenn über das Grundsätzliche keine Einigkeit besteht, ist es sinnlos, miteinander Pläne zu schmieden."

Konfuzius

Unternehmenskultur spiegelt sich in der kleinsten Einheit, dem einzelnen Mitarbeiter.

Im Verkauf ist die Frage der Kultur besonders wichtig, erlebt sie doch der Kunde hautnah. Und hier muss er eines spüren: *„Da will ich dabei sein."*

Nur wenn der Kunde Nutznießer unserer Unternehmenskultur sein möchte, fällt Verkaufen leichter. Deswegen ist dieses Kapitel so wichtig.

Unternehmenskultur: äußere Symbole und tiefere Werte	
Design Erscheinungsbild „Corporate Identity"	Einstellungen Philosophie (Sinn, Ziel) Moral (Mittel, Wege)
Rituale	Prinzipien Handlungsmaximen
Planungen	Visionen Daseinszweck
Aktionen Verhaltensweisen	Verhalten im Markt Einstellungen gegenüber Kunden

Unternehmenskultur: äußere Symbole und tiefere Werte	
Organisation Struktur	Selbstverständnis Identifikation der Mitarbeiter
Vorgaben Zielsetzungen	Motivation der Mitarbeiter Leistungsmoral

Unternehmenskultur prägt das „Image" eine Unternehmens und ist damit heute einer der wichtigsten Basisfaktoren für langfristig gesicherte Erfolge. Nur vordergründig werden Produkte gekauft. Tiefere Analysen von Kaufentscheidungen decken auf: Kunden wollen stolz sein auf „ihren" Lieferanten. Kunden wollen sich „gut fühlen". Kunden mögen nicht bei Unternehmen kaufen, die allseits in der Kritik stehen und angegriffen werden, zum Beispiel infolge ihrer Unzuverlässigkeit, ihrer häufigen Qualitätsmängel, ihrer Preispolitik, kurzum wegen ihrer egoistischen Unternehmenskultur.

„Unternehmenskultur ist das von den Mitarbeitern anerkannte und als Verpflichtung angenommene Werte- und Zielsystem eines Unternehmens."

Hermann Simon

Unternehmenskultur spiegelt also auch die *Leistungsbereitschaft* und Leistungsmoral eines Unternehmens. Qualität, Zuverlässigkeit, Redlichkeit sind prägende Faktoren der Unternehmenskultur und ebenso der Leistungskultur. Unternehmenskultur trägt zur Leistungsentwicklung bei. Nicht kurzfristiger schneller Profit bestimmt Angebot und Auftritt gegenüber den Kunden, sondern langfristige Zufriedenheit; möglichst sogar Begeisterung der Kunden ist das Leistungsziel.

Der laufende Lebensunterhalt zwingt die meisten Menschen dazu, einer Erwerbstätigkeit nachzugehen. Doch *Geld ist nicht alles.* Die Motivationskraft von Geld erschöpft sich schnell. Hinter dem Bedarf nach Geld suchen Menschen *Sinn in ihrer Arbeit,* auch Spaß bei der Arbeit und die Aussicht auf die Erfüllung übergeordneter Ziele und Werte.

Die Motivationsforschung zeigte, dass die *Loyalität von Menschen* allenfalls kurzfristig durch geldwerte Vorteile erkauft werden kann. Langfristig aber taugen nur intrinsische, von innen kommende Motive, eine emotionale Bindung und zuverlässige Loyalität. Wie aber kommt es zu solcher „innerer Bindung" an die Gemeinschaft „Unternehmen"?

Lässt sich Unternehmenskultur auf Papier herbei- und festschreiben? Gilt für die Unternehmenskultur nur das, was auf Papier festgehalten wurde? Gilt alles erst dann, wenn alle unterschrieben haben? Wird Unternehmenskultur von externen Beratern geliefert – oder wie entsteht Unternehmenskultur eigentlich in der Realität?

Natürlich darf Unternehmenskultur nicht dem Zufall und dem Wildwuchs überlassen bleiben, sonst trudelt das Unternehmen wie ein steuerloses Schiff auf einer Flut von Meinungen und Zielvorstellungen, sowohl von Einzelnen wie auch von Gruppen. Heute hü, morgen hott. Klare Ziele, klare Richtungen sind nicht zu erkennen. *Unternehmenskultur muss vom Top-Management vorgeformt und unter klare Steuerung genommen werden.* Das heißt: Unternehmenskultur muss von der Unternehmensführung vorgelebt werden. „Oben" sitzen die Vorbilder. Natürlich aber muss Unternehmenskultur dann durch alle Mitarbeiter übernommen, mit Leben erfüllt und konsequent praktiziert werden.

„Die Unternehmenskultur soll nicht kurzfristigen Modetrends folgen, sondern der Kompass sein, mit dessen Hilfe die Mitarbeiter in unruhigen Zeiten sicher navigieren."

Hermann Simon

Einstellungen prägen die Unternehmenskultur. Aber die Unternehmenskultur prägt auch die Einstellungen derer, die im Unternehmen mitarbeiten. Auch an Einstellungen und Fähigkeit zur Teamarbeit zeigt sich das deutlich. Schon bei der Rekrutierung neuer Mitarbeiter muss geprüft werden, ob deren Einstellungen und Werte sich mit der Unternehmenskultur vertragen. Typische Einzelkämpfer (und seien sie noch so gut in ihrem Fach) haben in einer ausgeprägten Teamkultur wenig Chancen.

Wie der Herr, so's Gescherr.

Deutsche Redensart

Mit schwankender Geschäftslage allerdings besteht verbreitet die Gefahr, dass „heilige" Werte der Unternehmenskultur über Bord geworfen werden. Das gilt sowohl in der Euphorie scheinbar grenzenlos boomender Geschäfte wie auch in der Existenzangst während Rezessionsphasen. Der *Boom* verleitet dazu, es mit der Pflege von Werten nicht mehr so genau zu nehmen. Der Mammon lockt. Der Versuchung, im Boom mitzunehmen was nur mitzunehmen ist, verfiel schon so mancher, der zuvor auf beachtenswerte Grundsätze schwor. Und wenn im *Abschwung* das Wasser bis zum Halse steht, dann sind auch zuweilen Qualitäts- und Redlichkeitsgrundsätze schnell vergessen, wenn die Hoffnung lockt, durch ein paar Tricks doch das eigene Hemd retten zu können.

Sechs Basis-Elemente der Unternehmenskultur

Die sechs Basis-Elemente der Unternehmenskultur ergeben gemeinsam eine Blüte und symbolisieren so, was Unternehmenskultur erreichen soll: Natürlichkeit, Wachstum und Freude an der Schönheit, und vor allem ein *Geflecht der Gemeinsamkeit* gemäß dem Motto „Alle an einem Strang".

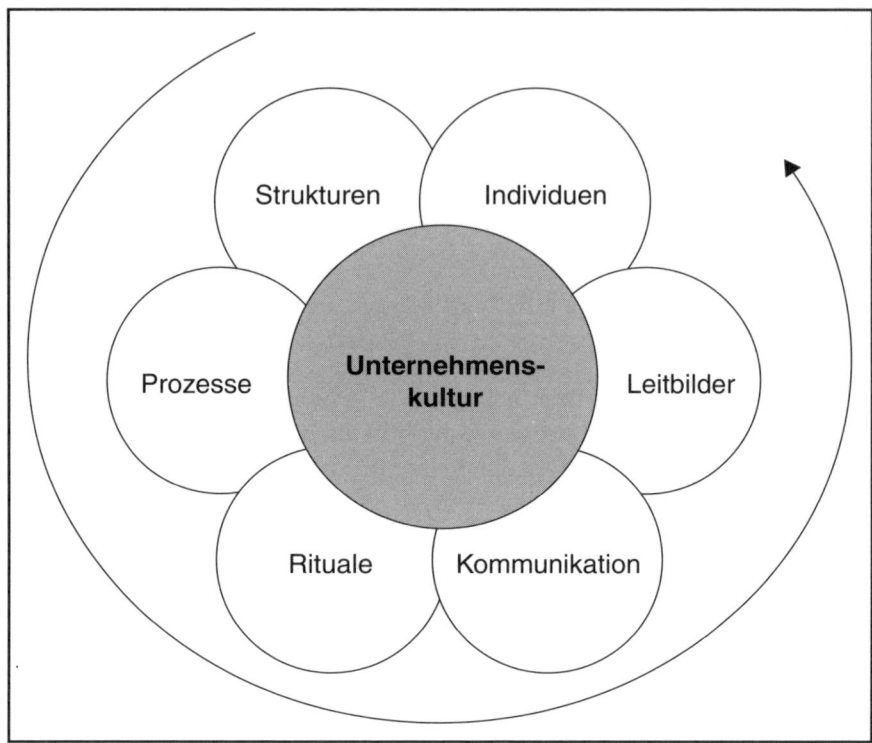

Eine Blüte ergibt nur im Ganzen die Faszination. Lassen Sie uns jetzt die einzelnen „Blütenblätter" gewinnender Unternehmenskultur beleuchten.

1. Strukturen in der Unternehmenskultur

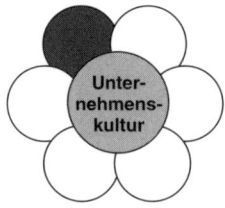

Jede Gemeinschaft hat eine *„Struktur"* – genau genommen sogar meist zwei: einerseits die formale Struktur, die Organisationsstruktur, die sich in einem Organigramm darstellen lässt. Und andererseits die informelle Struktur, die Verflechtungen an Beziehungen, Brücken von Sympathie und Mauern aus Antipathie. Die *formale Struktur* bildet geregelte Hierarchien und Verantwortungsstufen ab. Formale Strukturen sind relativ starr und zeigen wenig Veränderungsmöglichkeit. Für die *informelle Struktur* gelten nirgendwo festgelegte, aber dennoch allseits bekannte und befolgte Kommunikationsbrücken, Meinungs- und Hackordnungen wie auf dem Hühnerhof. Informelle Strukturen lassen sich nur in komplizierten Netzwerken darstellen, sie sind von hoher Änderungsflexibilität. Ohne die Flexibilität informeller Strukturen könnte keine formale Struktur funktionieren und in den unplanbaren Abläufen der Realität überleben.

Bei formalen Strukturen ist deren *Klarheit*, deren *Logik* und deren *Eindeutigkeit* zu prüfen: Sind sie transparent oder gibt es Zweifel in den Aufgaben, Zuständigkeiten, Befugnissen und Verantwortungsbereichen? Kann sich etwa gar ein Mitarbeiter aussuchen, zu welchem Chef er läuft, um sein Anliegen durchzusetzen?

Informelle Strukturen sind nicht transparent. Oft laufen sie sogar der formalen Struktur zuwider und sind de facto eigentlich illegal. Sie sind daher kaum nachvollziehbar auf Papier darstellbar, sondern nur erlebbar. Bestenfalls werden sie mündlich weitergegeben – oft im Flüsterton und unter der dem Siegel der Verschwiegenheit („Lass dir mal in aller Freundschaft sagen, wie das bei uns ist …").

Ein Beispiel für die Entwicklung informeller Organisationsstrukturen: Ein Unternehmer der Baubranche, Dipl. Ingenieur, wurde wegen des Verdachts auf Bestechung längere Zeit in Untersuchungshaft genommen. Dort war er im Hofgang täglich mit acht Männern zusammen, die wegen unterschiedlicher Delikte einsaßen. Schnell stellte sich heraus und wurde auch von allen anerkannt, dass der Ingenieur der gebildetste war. Durch seine tägliche Zeitungslektüre hatte er Informationsvorsprung vor den anderen. In einigen Diskussionen mit Aufsichtspersonal zeigte er sein rhetorisches Talent und konnte Vorteile für alle herausholen. So wurde er schnell als der „Ranghöchste" anerkannt und er wurde unter den Mithäftlingen (teils sogar bei der Wachmannschaft) eine geachtete Persönlichkeit – eine absolut informelle Organisationsstruktur; denn in der formalen Organisation der Haftanstalt war der Unternehmer natürlich ein Häftling wie jeder andere auch.

Dass jemand allein durch seine Fähigkeiten zur Führungskraft wird, ist leider nicht alltäglich. Organisationsstrukturen werden auf dem Papier erstellt und dann die „Posten" besetzt. Die Menschen, die Führungspositionen haben, werden dann die wichtige Aufgabe eines „Managers" erfüllen: Talente zu erkennen, sie zu fördern, aus unterschiedlich ausgeprägten Talenten dann ein Team zusammenzuschweißen, jeden in der Gemeinschaft individuell ebenso zu motivieren wie die gesamte Gemeinschaft und alle in der Gruppe zu Erfolgen zu führen.

2. Prozesse in der Unternehmenskultur

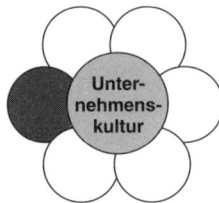

Einfluss auf die Unternehmenskultur haben auch *Ablaufprozesse,* wie sie seit einigen Jahren unter den *ISO-9000er-Normen* zertifiziert werden. Als Gedankengang steht dahinter, dass sich Gesamtqualität durch gesicherte Qualität der einzelnen Abläufe der Leistungserstellung erzeugen lässt. Dies ist im Prinzip nicht von der Hand zu weisen, aber die Umsetzung war von Anfang an heftig umstritten.

Sie zeigte im Urteil von Kritikern erhebliche Bürokratisierung. Andere monierten die Momentaufnahme, auf die bereits am nächsten Tag kein Verlass mehr sein muss. Dennoch orientieren sich vor allem die Einkäufer in Großunternehmen an ISO-Zertifizierungen – mag sein, um sich abzusichern und später bei Leistungsmängeln ein Papier zur Rechtfertigung in der Hand zu haben.

Unabhängig von den Diskussionen um die ISO-Zertifizierung ist aber zu fragen: Sind die Leistungsprozesse des Unternehmens klar strukturiert? Wer trägt was wann und wie zur Gesamtleistung bei? Sind die Abläufe und ist das Zusammenwirken einfach und transparent? Werden die Leistungsprozesse kontinuierlich überwacht und verbessert? Stimmen Abstimmung und Koordination? Ist die Qualität der Leistungen für den Kunden bewertbar oder sogar messbar?

Nur wenn Prozesse (Produktion, Distribution etc.) für den Kunden transparent sind, lässt sich Vertrauen gewinnen. Nicht umsonst gibt es heute in der Landwirtschaft die „gläserne Produktion" oder in der Gastronomie das Küchenfestival, offen an diesem Tag für jeden Gast.

3. Rituale in der Unternehmenskultur

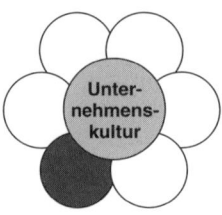

Ein Ritual ist laut Fremdwörter-Duden: 1. religiöser (Fest-)Brauch in Worten, Gesten und Handlungen und 2. ein Vorgehen nach festgelegter Ordnung, Zeremoniell, Verhalten in gewissen Grundsituationen.

Rituale braucht jede Gemeinschaft – von der Begrüßung bis zum Abschied, von der Taufe bis zur Beerdigung, vom gemeinsamen Familienmittagessen bis zur sommerlichen Grillparty mit den Nachbarn, von der Einstellung und Einarbeitung eines neuen Kollegen bis zur Kündigung, vom ersten Telefonanruf bei einem potenziellen

Kunden bis zur Unterschrift unter den Auftrag, von der Zielvereinbarung bis zur Incentive-Tour. Zwischenmenschliches Handeln ist weitgehend in Rituale geformt. Einhaltung von Ritualen oder der Verstoß gegen sie sind Ausdrucksmittel im zwischenmenschlichen Umgang wie Sprache und Körpersprache.

Rituale haben *Signalcharakter*, bauen Brücken oder reißen sie ein. Rituale grenzen ab oder verbinden. Rituale geben Sicherheit, denn stetig Wiederkehrendes gibt Halt und Orientierung. Rituale dienen aber sicher auch der emotionalen Befreiung: In festgelegter und damit tolerierter Form können beim Kunden ebenso wie im Team Konflikte auf den Tisch gelegt und ausdiskutiert werden, in festgelegter Form kann Unmut beim Chef vorgetragen werden.

Teamarbeit ohne Rituale ist nicht denkbar. Erst anerkannte Formen und Verhaltensregeln für die Zusammenarbeit, für den Umgang miteinander, für Information und Kommunikation, erst ein verlässliches Fundament trägt fruchtbare Kooperation. Hierher gehören zum Beispiel die „Disziplin" bei Meetings (Pünktlichkeit, Entscheidungs- und Diskussionskultur etc.) oder auch das gelegentliche gemeinsame Mittagessen, um in „informellem Kreis" die abteilungsübergreifende Kommunikation zu verbessern.

In manchen Unternehmen gibt es zum Beispiel jeden ersten Freitag im Monat nach Feierabend die „Happy hour": In einer „Stammkneipe" sind die Chefs des Unternehmens anwesend. Kritik und Anregungen, Fragen und Wünsche können ohne formellen Zwang direkt an den Mann (oder an die noch seltene Chef-Frau) gebracht werden.

In anderen Unternehmen dagegen halten sich die „Verantwortungsträger" für unnahbar. Ein mittelständischer Unternehmer erzählte zum Beispiel ohne Verlegenheit, dass er höchstens zwei Mal im Jahr in die Büroetagen und in die Werkhallen geht. Statt direkte Gespräche zu führen, lassen sich manche Manager lieber von Direktionsassistenten und/oder von Bereichsleitern vortragen, was wo vor sich geht. *Distanz und Unnahbarkeit*, Obrigkeit und Untertanen prägen die Kultur dieser Unternehmen. Teamarbeit ist hier ganz gewiss nicht der Stil des Hauses.

„Management by walking around" ist ein altes deutsches Unternehmerritual. Männer wie Robert Bosch, Henry Ford oder Carl Borgwardt liefen unregelmäßig, aber häufig durch ihr Werk. So waren sie immer präsent, wirkten motivierend und hatten Informationen aus erster Hand. Ein schönes Ritual – nachahmenswert noch heute.

Management by walking around

Unternehmenskultur will gelebt sein und ständig erneuert werden. Eine starke, liebenswerte Unternehmenskultur führt zum Beifall unserer Kunden. Das beflügelt unseren Sales Spirit®.

4. Kommunikation in der Unternehmenskultur

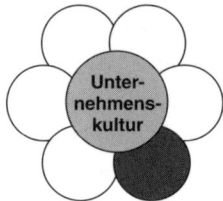

Ohne Information gibt es keine *Kommunikation,* und ohne *Kommunikation* gibt es keine *Kooperation.* Auf Kommunikation beruht alles menschliche Miteinander. Zusammenarbeit ohne Kommunikation ist unmöglich. Kommunikation entsteht, wenn zwei Menschen miteinander im Dialog stehen, im Austausch von Wissen, Informationen, Meinungen und Ansichten – egal ob mündlich oder schriftlich oder sogar durch Telepathie.

Kommunikation ist nur möglich, wenn vorher beide Partner über eine *gemeinsame Basis an grundlegenden Informationen* verfügen. Denn man kann über nichts kommunizieren, was man nicht weiß, worüber man nichts weiß. Genauso wie man nicht über etwas nachdenken kann, was man nicht kennt. Unser Wortschatz als Abbild erlangter Kenntnisse bestimmt unsere Denk- und Kommunikationsfähigkeit. Umgekehrt aber gilt ebenso: Wissen allein genügt nicht zur Kommunikation. Angemessene Sprachfähigkeit ist der zweite Baustein für den Dialog.

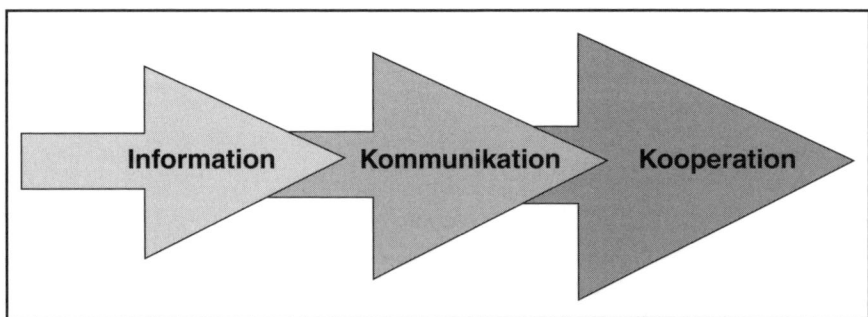

Information ist zunächst eine geistige Bewegung auf einer Einbahnstraße. Doch was nutzt es, jemand zu informieren, ohne *Rückkopplung* zu bekommen:

- ❑ Was ist angekommen?
- ❑ Was hat der andere verstanden?

Doch sobald es zur Rückkopplung kommt, hat ein *Kommunikationsprozess* begonnen. Findet man im Kommunikationsprozess eine gemeinsame Basis, dann kann die *Kooperation* beginnen.

In vielen Fällen aber kommt es nicht zur Kommunikation, weil die Beteiligten sich nicht einigen können über Ursprung und Fluss der Informationen:

- ❑ „Information ist Hol-Schuld" sagen die einen und warten darauf, dass die anderen kommen und Fragen stellen.
- ❑ „Information ist Bring-Schuld" sagen die anderen und warten darauf, dass die einen mit Berichten und Unterlagen durch die Tür treten.

Zueinander konnten die beiden nie kommen. Jede Abteilung blieb in ihrem eigenen begrenzten Informationsstand haften. Viele Informationen wurden doppelt erhoben, manche Maßnahmen doppelt durchgeführt. Und Dritte wunderten sich heftig darüber, wie es denn möglich sein kann, dass in diesem Unternehmen ganz offenbar die linke Hand nicht weiß, was die rechte bereits bekommen oder erledigt hat.

Engstirniges *Bereichsdenken* blockiert zu häufig die Bereitschaft zu Information und zu daraus folgender Kommunikation. In einem teamstrukturierten Unternehmen dagegen gibt es nicht nur allgemeine Bereitschaft zur Kommunikation, sondern sogar das Bedürfnis danach. Und wer Informationen bunkert, wer sich gegen Kommunikation abschottet, der ist schnell *Außenseiter* und Störenfried im Prozess notwendiger Kooperation.

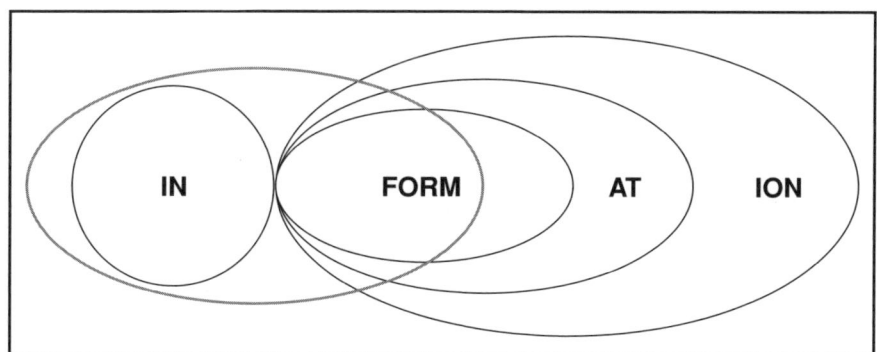

Information ist ein zusammengesetztes Wort, das uns aufgeschlüsselt interessante Einblicke vermittelt.

INFORMATION als Startbasis für jede Kooperation erfordert, die richtige FORM dafür zu finden, wie man andere am besten informiert. Mal ist das schriftlich, mal mündlich, mal per Fax, mal per E-Mail, mal in Bildern oder mit einer Parabel.

Ist es z.B. die richtige Form, einem Kollegen, der über den Flur hinweg arbeitet, eine E-Mail zu schicken, statt kurz zu ihm rüberzugehen? Sicher nicht. Und wer informieren will, der muss bei einer INFORMATION auch das richtige FORMAT besitzen. Das heißt, er muss beweisen, dass er seinen Dialogpartner auf dem richtigen Niveau ansprechen kann, dass er weiß, was er an Respekt zu zeigen hat, den er dann auch wieder bekommen wird. Niveaulosigkeit oder Scherzhaftigkeit sind meistens fruchtbarer Kooperation abträglich. Das eine stößt auf Ablehnung, das andere wird nicht ernst genommen.

Natürlich soll unsere INFORMATION auch bewirken, dass alle Angesprochenen in die gewünschte FORMATION kommen, die nötig ist, um im Team etwas gemeinsam und gleichzeitig zu erreichen. Also dient die Information auch dem Appell, die Botschaft zu realisieren. Viel geredet und nichts erreicht – das darf nicht sein.

Und haben wir nun die richtige FORM gefunden, das FORMAT bewiesen, und befinden uns alle in FORMATION, so erleben wir dann auch das Ergebnis. Das Ziel wird erreicht. Alle fühlen sich IN FORM, weil sie spüren, dass der Einsatz sich gelohnt hat. Gemeinsam kann das Team nun Erfolge genießen, gemeinsam spürt man, dass alle IN sind.

5. Leitbilder in der Unternehmenskultur

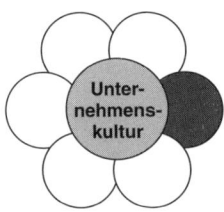

Leitbilder sind Modelle, Ideale, Archetypen, Vorbilder. Es gibt Leitbilder, die von der Mehrheit der Gesellschaft positiv bewertet werden. Ziemlich unumstrittene Beispiele für positive Leitbilder sind Albert Schweitzer, Mutter Teresa oder in einem ganz anderen Bereich auch Gottlieb Duttweiler. Positiv eingestuften Leitbildern nachzueifern wird gefördert. Auf positiv eingestufte Leitbilder kann man sich berufen.

Leitbilder können Menschen sein oder Philosophien oder auch Religionen. Ein Leben nach dem Leitbild des Buddhismus zum Beispiel ist geprägt von Grundsätzen wie „niemanden etwas zuleide tun, andere(s) immer tolerieren, dem Leben seinen Lauf lassen."

Als Beispiel für Menschen als positive Leitbilder blicke ich zurück in mein persönliches Leben: Ich spreche stets davon, drei Väter zu haben, die ich alle drei ehre und die alle drei für entscheidende Bereiche meine Lebens Vorbild waren:

1. *Mein leiblicher Vater, Otto Detroy, der mir sehr wichtige ethische Werte und Grundweisheiten mit auf meinen Weg gab und der mir immer ein großer Freund war.*
2. *Mein beruflicher Vater, Jan L. Wage, der mir begeistert das wirkliche Rüstzeug zu meinem heutigen Beruf vermittelte.*
3. *Mein geistig-seelischer Vater, Walter Zulauf, der mit seiner unwiderstehlichen Lebenslaune immer für die Menschen da war und der mir meinen Optimismus, meine Kraft der positiven Lebenssicht mitgegeben hat.*

Aber es gibt auch Leitbilder, die in der Gemeinschaft auf breite Ablehnung stoßen oder heftig umstritten sind. Beispiele sind Karl Marx, Adolf Hitler und der Nationalsozialismus, Che Guevara, Ulrike Meinhoff oder Osama Bin Laden. Wer sich auf negativ eingestufte Leitbilder beruft, läuft Gefahr, ausgegrenzt zu werden, ja sogar Sanktionen zu erfahren. Negative Leitbilder können zum geheimen und gefährlichen Götzenidol werden und über Fanatismus ins Verderben führen.

Gottlieb Duttweilers vorbildhaftes Prinzip in der Führung prägte die Schweizer Migros-Gruppe: „Nur weitergebildete Menschen sind leistungsstarke Menschen." Daher gründete er eine eigene Weiterbildungsakademie für die Migros-Mitarbeiter, nicht nur um deren berufsbezogene Fähigkeiten zu entwickeln, sondern ebenso auch um deren Fähigkeiten auszubauen, die sie brauchen, um das private Leben zu meistern.

In den meisten Unternehmen werden *Leitbilder durch Menschen* geschaffen. Unternehmensgründer werden hervorgehoben als Vorbilder für Mut, Tatendrang, Erfindergeist, Schaffenskraft oder auch für ethisch oder sozial vorbildliche Gesinnung und Verhaltensweise. Wer überlegt, neu in ein Unternehmen einzutreten, sollte sorgfältig prüfen:

- ❏ Welche Leitbilder gelten dort?
- ❏ Wie vertragen sie sich mit meinen persönlichen Leitbildern?

6. Individuen in der Unternehmenskultur

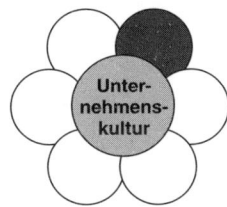

Kommunikation ist ein Prozess zwischen Menschen. Und Menschen sind Individuen – und zwar sehr unterschiedliche. Jeder Mensch hat sein Recht auf seine ureigenste Persönlichkeit. Nicht alle Menschen passen zusammen, nicht alle haben die *gleiche Wellenlänge*. Und das ist ja vom Radio und inzwischen auch von den Handys bekannt: Wenn Sender und Empfänger nicht auf gleicher Frequenz einjustiert sind, dann kommt es nicht zum Empfang, mag die Sendeleistung noch so hoch sein.

In vielen Fällen schalten Menschen gegenüber anderen vorschnell ab. Oder aber sie schalten auf Vorurteile um, die dann den Empfang neuer Informationen verhindern, zumindest solcher, die nicht ins Vorurteil passen. Da setzt der eine vorschnell dem anderen die Narrenkappe auf und nimmt nichts mehr ernst, was der andere sagt. Da duckt sich ein anderer zutiefst in den Schatten von hohem Respekt vor dem anderen und verfällt in Sprachlosigkeit vor lauter Demut.

Wenn aber die Menschen so unterschiedlich sind, so oft in ihren Wellenlängen nicht zusammenkommen, dann steht Teambildung vor der entscheidenden Frage: Kann man denn mit jedem Menschen zurechtkommen, kann man mit jedem Menschen kooperieren?

Gleich und gleich gesellt sich gern. Gegensätze ziehen sich an.

Zwei „Volksweisheiten" – und eine widerspricht der anderen diametral. Was stimmt nun eigentlich? Beides! Denn es gibt viele Menschen, die suchen für Freundschaft und auch für Zusammenarbeit nach anderen, die so sind wie sie selbst: möglichst gleiches Alter, gleiche regionale Herkunft, in etwa gleiche Bildung, ähnlicher Charakter. Und es gibt dann die anderen, die verbinden sich bevorzugt mit „Gegenparts": deutlicher Altersunterschied, große Unterschiede in Bildungsgang und Herkunft, weitgehend konträrer Charakter.

Eine gute Partnerschaft besteht aus Motor und Bremse.

Erfahrungen aus privaten Partnerschaften zeigen: Beides kann gut gehen, beides kann scheitern. Es kommt auf die Beteiligten an, was sie aus Gleichheit und Unterschiedlichkeit machen, wie sie damit umgehen. Bei hoher Gleichheit besteht tendenziell die Chance zu großer *Harmonie*, aber auch die Gefahr von *Langeweile*. Bei starker Gegensätzlichkeit besteht tendenziell die Gefahr dauernder *Auseinandersetzungen*, aber auch die Chance starker gegenseitiger *Impulse* und deutlicher Horizonterweiterung für die Beteiligten.

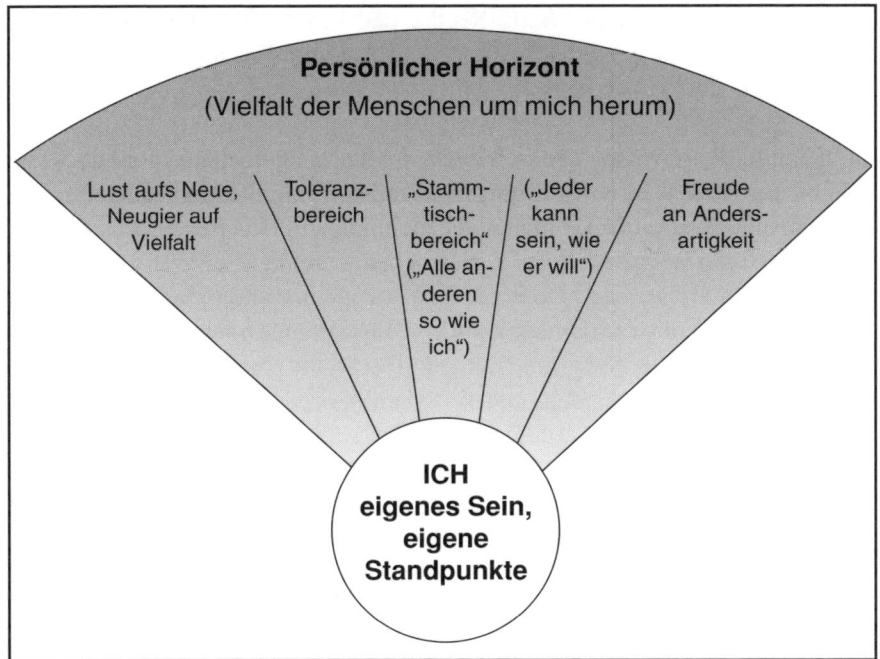

Der Verkäufer, der sich nur für Kommunikation mit Menschen öffnet, die so sind, die so denken wie er, der schränkt seine Erfolgsfähigkeit enorm ein. Erfolg im Verkauf setzt die Bereitschaft voraus, anderen Menschen in ihren Eigenarten zumindest mit *Toleranz* zu begegnen.

Doch auch das ist nur der erste Schritt zum Aufbruch, in Richtung eines erweiterten Horizonts.

Toleranz, so der Fremdwörter-Duden, ist „Entgegenkommen, Duldung, Duldsamkeit". Johann Wolfgang von Goethe meinte: „Toleranz heißt, sich über die anderen zu erheben." „Duldung" ist im Grunde genommen ein Blick von oben herab auf die anderen, zeugt also von Überheblichkeit. Besser als Toleranz zu üben, ist der nächste Schritt, die *Anerkennung des anderen*, die Neugier für seine Sicht der Welt bis hin zur Lernbereitschaft angesichts neuer, überzeugender Aspekte. Arbeit im Team wird erst dort fruchtbar, wo bei allen Beteiligten die Bereitschaft besteht, neue Ideen aufzugreifen und verschiedene Denkansätze zu einem besseren Neuen zusammenzuführen.

„Wir lieben Menschen, die frei heraus sagen, was sie denken, sofern sie genauso denken wie wir."

Mark Twain

Einheitliches Bild und Auftreten gegenüber dem Kunden

„One Face to the Customer"

Dem Kunden gegenüber das *einheitliche „Gesicht"* zeigen, das fordert dieser Slogan aus dem Marketing-Einmaleins und meint damit die Einheitlichkeit im Auftreten gegenüber Kunden und Öffentlichkeit. Das Bekenntnis zur einheitlichen *„Corporate Identity"* formt sich aus drei Elementen:

❑ abgestimmtes Erscheinungsbild (Corporate Design = CD)
❑ übergreifende Sprachregelungen (Corporate Communications = CC)
❑ koordiniertes Handeln und Verhalten (Corporate Behavior = CB)

Warum Corporate Identity? Nun aus Sicht von Sales Spirit®: Damit der Kunde auch äußerlich darauf bauen kann, immer die gleiche Leistung zu bekommen. Vertrauen zu haben zu Kontinuität und Konsequenz – das begeistert.

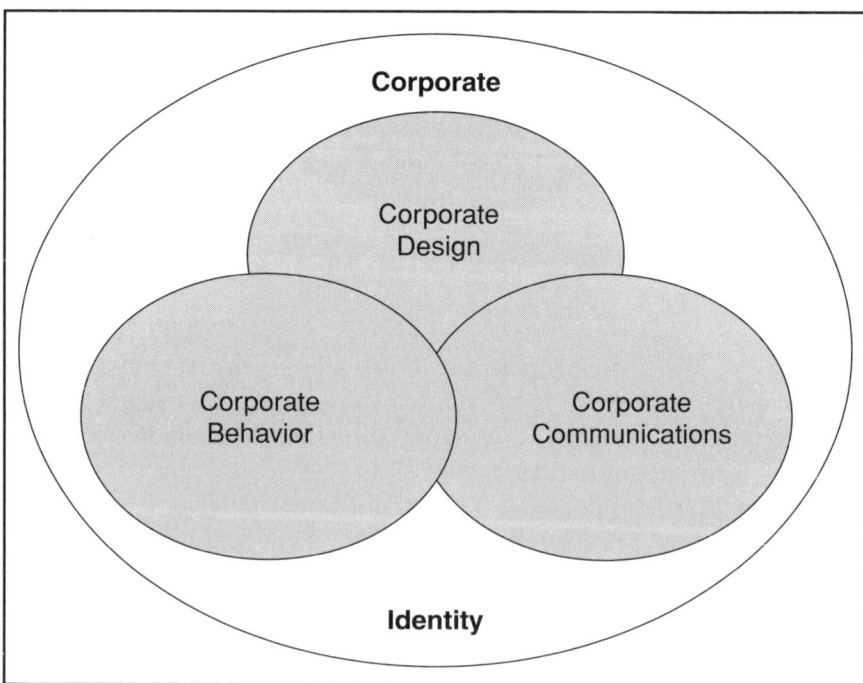

Gemeinsames Erscheinungsbild, gemeinsame Sprache und gemeinsame Denk- und Handlungskultur formen zusammen *„Corporate Identity"* oder auch Unternehmenskultur. Gibt es dabei eine Reihenfolge? Kann ein einheitliches Erscheinungsbild die einheitliche Sprache oder gar das einheitliche Verhalten herbeiführen?

Schwerlich. Wird eine gemeinsame „Philosophie" auch zu gemeinsamer Sprache und einheitlichem Auftritt gegenüber den Kunden führen? Schwerlich. Oder anders herum: Löst eine gemeinsame Verhaltens- und Handlungskultur das gemeinsame Erscheinungsbild aus? Schwerlich. *Die Abhängigkeiten sind vielmehr gegenseitig und intensiv ineinander verwoben.*

Corporate Design (Einheitliches Erscheinungsbild)

Aussehen wie alle?

> *„Sagen Sie bloß, Sie wollen uns in eine Uniform stecken?"*
> *„Wir sind keine Soldaten, Postler, Schaffner."*

Die Streitfrage um auch äußerlich einheitliches Auftreten entfacht sich fast in jeder Organisation immer mal wieder. Mal ist es die Vorbereitung einer Messe, ein anderes Mal das Gala-Essen mit Kunden oder Vertretern offizieller Instanzen.

Diese Frage kann auch nicht für jeden Fall einheitlich geklärt werden. Erstens hänge es davon ab, inwieweit man Flagge zeigen muss. Zum anderen davon, ob Kunden uns sofort erkennen sollen. Aber drittens ist die „Uniform" auch ganz eindeutig eine Leistungsverpflichtung. Für Post und Bahn kann man sich kaum vorstellen, dass hier die Mannschaft in Freizeitkleidung agiert. Das Vertrauen würde sofort schwinden.

Wie aber ist zu denken über einheitliches Outfit in den Konstruktionsabteilungen oder der allgemeinen kaufmännischen Verwaltung oder bei technischen Fachberatern im Außendienst? Früher trug man in technischen Bereichen einen weißen Kittel, der Stolz des Ingenieurs; er war aber ursprünglich da, um Verunreinigungen durch Tusche, Bleistifte und Radiergummi vom Anzug fernzuhalten.

Wie sieht es in kaufmännischen Abteilungen aus? Klar, die Chefs repräsentieren. Deswegen hängt in deren Büro ja auch der Firmengründer in Öl. Und die Angestellten? Wo ist da das äußere Zeichen der inneren Identität? Firmenwimpel auf dem Tisch? Logo-Anstecker am Revers? Firmenschaltuch um den Hals? Zuviel verlangt? Sicher nicht, denn erst das öffentliche Bekenntnis zum Unternehmen, das Verkünden uneingeschränkter Loyalität, schweißt zusammen, motiviert, wenn es alle tun.

Flagge zeigen

Auch im Außendienst ist es so. Wenn wir schon keine einheitliche Kleidung haben, so doch freiwilliges Tragen der Firmenlogos am Revers, als Krawatte, als Schaltuch, am Präsentations-Laptop, am Koffer etc.

Auf einer Messe ist die einheitliche Kleidung eigentlich nur eine Frage des Budgets. Denn Kunden wollen schnell erkennen, wer ihnen helfen kann. Zudem verpflichtet ein einheitlicher Messeauftritt zu hoher Leistung – und wer will die nicht bringen.

Bei McDonald's ebenso wie in vielen Hotel-Gruppen tragen die Mitarbeiter einheitliche Dienstkleidung. Auch die Fahrer bei UPS (United Parcel Service) steigen alle im einheitlichen braunen Overall aus den einheitlichen braunen Fahrzeugen. Durch eine Flotte einheitlich auffällig gestalteter Smart-Stadtautos wurde die Immobilienfirma Remaxx in München in kurzer Zeit ein weithin bekannter Begriff. Niederlassungen und Händler von BMW sind schon von weitem am *äußeren Bild* zu erkennen. Sie tragen alle den einheitlich chrom-silbernen Schriftzug.

Das Erscheinungsbild eines Unternehmens wird mitgeprägt von den Farben und Formen einer „Kennmarke" (auch „*Logo*" genannt). Meist besteht das Logo aus einem unverkennbaren Schriftzug oder einigen Buchstaben, unverwechselbar in Farben und Formen und meist markenrechtlich geschützt beim deutschen und europäischen Patentamt in München. Zweck der Einheitlichkeit ist die schnelle Wiedererkennung aller Auftritte des Unternehmens, sei es zum Beispiel in Gestalt von Produkten, von Drucksachen, von Menschen, von Gebäuden oder Messeständen. Im Erscheinungsbild signalisiert das Unternehmen sein einheitliches *Leistungsversprechen*.

In den Werkstattbereich von Autohäusern kommen gelegentlich auch Kunden. Mehr oder minder bewusst prägt der Kunde sein „Bild" vom Autohaus auch über die Eindrücke, die er in der Werkstatt aufnimmt: Chaos oder Ordnung, Schlamm und Öl oder Sauberkeit, die Mitarbeiter in sauberen Overalls oder abgerissen und von oben bis unten verschmiert. Beim Kunden kommt Entsetzen auf, sobald er sich bewusst wird, dass solch verschmierte Mitarbeiter in sein Auto steigen und es rangieren oder Probe fahren.
Die Unternehmensleitung eines größeren Autohauses wollte den Mitarbeitern daher bewusst machen, dass ihr Erscheinungsbild den Eindruck bei den Kunden prägt. Daher wurde am Ausgang der Sozialräume ein mannshoher Spiegel angebracht mit der Aufschrift „So sieht Dich Dein Kunde". Zwangsweise sah sich in diesem Spiegel jeder Monteur, der wieder zu seinem Arbeitsbereich zurückging. Und

das Spiegelbild veranlasste die Mechaniker, schnell auf ihr Aussehen zu achten und machte auch den fälligen Wechsel der Overalls bewusst.

Corporate Communication (Gemeinsame Sprache)

Corporate Identity erschöpft sich also bei weitem nicht in der Gestaltung von Briefpapier, Visitenkarten, Prospekten oder Messeständen, und auch nicht in einprägsamen Logos oder in schicken oder praktischen und vor allem gepflegten „Uniformen" für die Mitarbeiter. Prägnante Slogans sind ebenso entscheidende Elemente der Selbstdarstellung und *Identitätsprofilierung* eines Unternehmens – Identität sowohl den Kunden gegenüber wie auch im eigenen Selbstbild.

In Schwendi, einem kleinen Dorf südlich von Ulm, ist der renommierte Heizungssystembauer Weishaupt zu Hause. Sein Unternehmen zu besichtigen ist eine Delikatesse: Alles akkurat in Ordnung, Stil und Sauberkeit. Denn Qualität – so die Hauptphilosophie – kann nur bei Sauberkeit entstehen.

Den übergreifenden Slogan „One Company, one Culture" wählte der multinationale Konzern Procter & Gamble zur inneren Verbindung der „Divisions", die in vielen Bereichen ohne übergreifende Dachmarke tätig sind (z.B. Waschmittel, Körperpflege/Kosmetik usw.). Eine andere Strategie verfolgte der Schweizer Nahrungsmittelkonzern Nestlé: Hier setzte der langjährige Generaldirektor Helmut Maucher durch, dass auf all den tausenden von Produkten des Konzerns das Nestlé-Symbol (Vogel im Nest) aufgedruckt wird. Denn er hatte festgestellt, welch hohen positiven Image-Wert dieses Symbol weltweit trägt – trotz der vor ein paar Jahrzehnten zeitweise heftigen Angriffe gegen Nestlé aus einigen Entwicklungsländern. Einheitliche Kennzeichen von Identität und Herkunft bringen nach außen für Qualitätsprodukte und für Unternehmen mit positivem Image einen vorteilhaften Wiedererkennungseffekt. Nach innen verpflichten sie zu gemeinsamem, abgestimmtem Handeln.

Der Slogan bei Avis, dem weltweit zweitgrößten Autovermieter, der mit diesem Versprechen den Vorsprung des Branchenführers Hertz in den Augen der Kunden auszugleichen suchte, lautete: „We try harder.". Gleichzeitig aber war der Slogan nach innen eine ständige Herausforderung und Verpflichtung der Avis-Mitarbeiter.

„We are ladies and gentlemen, serving ladies and gentlemen." Ritz-Carlton, einer der führenden internationalen Hotelkonzerne im Top-Segment, stellte mit diesem Slogan sowohl die Service-Orientierung den Kunden gegenüber heraus, machte mit diesem Leitspruch aber auch

gleichzeitig klar, dass trotz aller Dienstleistungen die Mitarbeiter der Hotels keine gering geachteten Untergebenen sein müssen. Aufrechte, selbstbewusste Mitarbeiter für anspruchsvolle Kunden.

Abgestimmte Sprachregelungen eines Unternehmens schaffen Klarheit und Selbstverpflichtung nach innen und sie schließen Widersprüche und Irritationen bei den Kunden aus. Mit abgestimmten Kernaussagen wird verhindert, dass jede(r) gegenüber dem Kunden eine andere Aussage zum Produkt und zum Unternehmen vorträgt.

Corporate Behavior (Gemeinsames Handeln)

Übergeordnete *Verhaltensnormen* zielen darauf, einheitliche Auftritte gegenüber Kunden zu sichern: Hier werden z.B. Grundzüge festgelegt für Freundlichkeit und Höflichkeit, für die individuelle Ansprache, für Hilfsbereitschaft und auch für die Bereitschaft zum „Danke" den Kunden gegenüber.

Doch weder Auftritt noch Sprache oder Verhalten von Menschen sind statisch. Was einmal abgesprochen und festgelegt wurde, schleift sich ab mit der Zeit. Regelmäßige *Kontrollen und Auffrischungen* sind daher erforderlich. In intakten Teams kontrollieren sich die Beteiligten laufend untereinander. Die besten dienen als Vorbild, bei Schwächeren heißt es: helfen, mahnen und Vorbild geben, um zu verhindern, dass das Gesamtbild Kratzer und Dellen bekommt.

Steter Tropfen höhlt den Stein.

Egal ob Auftreten, Erscheinungsbild, Sprache oder Handeln und Verhalten – *Corporate Identity bedarf ständiger Pflege.* Auffrischen, trainieren, weiter verbessern – im ständigen Kreis der Teams ebenso wie in Seminaren und Trainingsgruppen. Wichtig ist dabei vor allem: Corporate Identity geht alle an, nicht nur die Kunden-Betreuer im Außendienst. Der Fahrer, der ausliefert, prägt die CI ebenso mit wie die Werkstudentin, die in der Telefonzentrale über die Urlaubzeit aushilft.

Wer neu ins Boot kommt, braucht eine gewisse Zeit, eh sie/er den einheitlichen „*Stallgeruch*" annimmt. Doch so sehr einerseits Einheitlichkeit nötig ist, so ist andererseits die Kontrolle der Wahrnehmung durch „Fremde" entscheidend. Nach einer Weile praktizierter Einheitlichkeit treten nämlich häufig Blindheit und Taubheit ein. Die Selbstkontrolle geht verloren: Empfindet der „draußen" denn überhaupt freundlich und hilfreich, was als freundlich und hilfreich festgelegt wurde? Können denn die Argumente noch Kunden überzeugen, so wie sie damals bei der Produkteinführung als überzeugend definiert wurden? Neue im Team können da (hoffentlich willkommene) nützliche Kritiker sein, solange sie noch nicht den „Stallgeruch" angenommen haben.

Unternehmenskultur ist in hohem Maß Gemeinschaftskultur. Gemeinsam abgestimmtes Verhalten und vor allem gemeinsame *Bekenntnisse* stärken die Identifikation des Einzelnen mit dem Unternehmen. Aus Japan wird berichtet, dass in manchen Unternehmen täglich zu Arbeitsbeginn ein „Leistungsschwur" im gemeinsamen Chor abgelegt wurde. Bei IBM gab's die gemeinsame Hymne.

Bei einer großen Tagung in den USA von Microsoft stürmte zu Beginn der Versammlung der Stellvertreter von Bill Gates, Steve Balmer, auf die Bühne, entriss dem Eröffnungsredner das Mikrofon und schrie in heller Begeisterung „I love this company", „I love this company", „I love this company" – so lange, bis ihm die Stimme versagte. Tausende von Mitarbeitern und Händlern im Saal waren nicht irritiert, sondern brachen voll ungezügelter Begeisterung in stürmischen Jubel aus.

In deutschen Unternehmen sind solche emotionalisierten *Gemeinschaftsrituale* oder solche ungezügelten *Begeisterungsausbrüche* eher ungewöhnlich. Korrektheit und Förmlichkeit beherrschen in deutschen Unternehmen weithin das Klima und den Stil des Umgangs untereinander – und auch mit den Kunden. Wäre es nicht besser für den Teamgeist, wenn auch in deutschen Firmen stärker auf Emotionalität gesetzt würde? Gefühle schweißen stärker zusammen als verstandesbezogene Einsicht.

Gemeinsames Verhalten zu praktizieren, das bedeutet zunächst nach innen im Team Zusammengehörigkeit, *Gemeinschaftsgeist* und kooperativen Umgang untereinander zu pflegen. Nach außen, also den Kunden gegenüber, bedeutet es mit Feuer von der eigenen Firma zu reden und deren Botschafter zu sein. Dabei geht es dann darum, durchgängige *Hilfsbereitschaft* und Freundlichkeit zu leben und auf breiter Basis Service-Schnelligkeit zu zeigen.

„Nichts ist unmöglich" – dieser Spruch führte Toyota in der Pannenstatistik des ADAC auf Platz eins, vor Mercedes, BMW und Porsche.

Anhang zum 4. Kapitel: „Das Verkaufs-Team und seine Kultur"

Übung zur Überprüfung von Teamfähigkeit
unter dem Aspekt des Lobens

Lesen Sie zunächst in Ruhe die zwölf Zitate – allesamt von bedeutenden Persönlichkeiten zum Thema Lob.

Danach beginnen Sie noch einmal von vorne. Schreiben Sie in das jeweilige rechte Kästchen, was die Aussage für Sie bedeutet, was Ihre persönlichen Schlussfolgerungen sind.

Ehrungen, das ist, wenn die Gerechtigkeit ihren guten Tag hat. Konrad Adenauer	
Lob: eine Huldigung, die wir solchen Leistungen darbringen, die den eigenen zwar nicht gleichkommen, ihnen aber doch ähnlich sind. Ambrose Bierce	
Ein kluger Chef serviert den Tadel in der Teetasse, das Lob im Suppenteller. Edward Billington	
Tadel ist leicht, deshalb versuchen sich so viele darin. Mit Verstand loben ist schwer; darum tun es wenige. Anselm Feuerbach	

Gegen Angriffe kann man sich wehren. Gegen Lob ist man machtlos. Sigmund Freud	
Wer jemand lobt, dem stellt er sich gleich. Johann Wolfgang von Goethe	
Wenige Menschen sind weise genug, nützlichen Tadel verräterischem Lob vorzuziehen. La Rochefoucauld	
Man lobt oder tadelt je nach Gelegenheit, um seine Urteilskraft leuchten zu lassen. Friedrich Wilhelm Nietzsche	
Ein angeknurrter Hund knurrt wieder, ein geschmeichelter schmeichelt zurück. Arthur Schopenhauer	
Auf Vorschußlorbeeren kann man sich nicht ausruhen. Gerhard Uhlenbruck	
Es ist ein Zeichen von Mittelmäßigkeit, nur mäßig zu loben. Vauvenargues	
Lob ist die einzige Kraft, die uns zu edlen Handlungen antreibt und Ausdauer dafür verleiht. Jean de la Bruyère	

**Halt! Bitte lesen Sie jetzt nicht einfach weiter.
Gehen Sie wirklich mit sich selbst ins Gericht.
Prüfen Sie Ihre Fähigkeit, kreativ und initiativ zu
erfolgversprechendem Teamgeist beizutragen.**

Zehn Anregungen zur Förderung der Teamkultur:

1. *Bereit sein zum aktiven Benchmarking unter Kollegen:*
   Nur wenn man sich gegenseitig stärkt, wenn die Synergie untereinander stimmt, wenn man anderen hilft, groß zu werden, wird man selbst groß. Aufgefordert ist jeder, anderen direkte Hilfe zu geben, wenn man selbst die bessere Methode hat. Auch Mehr-Kanal-Kontakte (verschiedene Mitarbeiter, Vertrieb, Marketing etc.) zum Kunden können dabei nützlich sein.

2. *Aushelfen im Nachbargebiet*:
   Das ist wahre Kollegialität, das ist besondere Freundschaft: dem Kollegen, wenn er Urlaub macht oder wenn er gar krank ist, in seinem Gebiet zu helfen, damit es zu keinem völligen Umsatzzusammenbruch kommt. Wenigstens die wichtigsten und umsatzstarken Kunden, die Entwicklungskunden weiterbearbeiten. Der Dank kommt zurück, ganz sicherlich.

3. *Beiträge zu Verkaufs-Meetings leisten:*
   Regelmäßige Verkaufs-Meetings sind gar nicht so einfach vorzubereiten. Natürlich hat der Verkaufsleiter immer genügend aktuelle Themen. Doch zu Aktuellem muss sich immer auch Grundsätzliches gesellen. Das Aktuelle dient den sofortigen Maßnahmen. Das Grundsätzliche den generellen Verbesserungen der Leistungsfähigkeit. Und hier ist der Verkaufsleiter auf aktive Beiträge von allen angewiesen. Deswegen sollte sich jeder überlegen, welche Vorträge/Beiträge er leisten kann oder wie er durch innovative Gestaltung das Rahmenprogramm bereichern kann.

4. *Gegenseitig offen informieren:*
   Die linke Hand muss wissen, was die rechte tut. „Oh, wie gut, dass niemand weiß, dass ich Rumpelstilzchen heiß." – Solch eine Einstellung bedeutet: absichtlich anderen Schaden zufügen. Informieren heißt andere befähigen und ist Pflicht.

5. *Gemeinsame Feste, Erfolge feiern:*

   Muss denn immer nur die Firma Gastgeber sein? Oder ist der „wechselnde Gastgeber" das richtige Konzept? Wann gestaltet das Team ein Sommerfest? Wie trägt das Team bei zum Tag der offenen Tür der eigenen Firma?

6. *Stimmung machen:*

   Gute Laune hebt die Stimmung, gute Laune steckt an, gute Laune lässt alle beschwingt an die Arbeit gehen und lässt das gesamte Team verkaufsfähiger werden. Daher auf keinen Fall Miesepetrigkeit zulassen. Launen sind hausgemacht, gute Laune ist „Pflicht".

7. *Teamausgewogenheit schaffen:*

   Achtung: keine Clubs im Club! Drei können sich gut leiden, spielen miteinander Skat, lassen die anderen noch nicht einmal zusehen. Welche Schande! Es darf nicht sein, dass andere geschnitten werden. Jeder muss mithelfen, zu integrieren und wechselnde Beziehungen untereinander aufzubauen. Aus der Vielseitigkeit der Individuen wächst die stärkste Kraft der Gemeinschaft.

8. *Andere erfolgreich machen:*

   Gibt es bereits abteilungsübergreifende Projektteams? Bietet sich jeder dort an, wo er beitragen kann?

9. *Die Fehler-Lern-Kultur installieren:*

   Das ist von anderen Firmen wohlbekannt: Jeweils den „anderen" wird die Schuld in die Schuhe geschoben. Mies gemacht werden immer „die anderen". Für das eigene Unternehmen muss daher gelten: kein Intrigenspiel zulassen. Und wenn schon einer Fehler gemacht hat, heißt es, ihm zu helfen, alles wieder glatt zu bügeln.

10. *Nicht dauerhaft invertiert akquirieren:*

    Natürlich muss man auch in der eigenen Firma das verkaufen, was der Kunde möchte. Doch es ist fatal, die Wünsche eines Kunden zu verallgemeinern: „Alle Kunden sagen ..." Wird dem gehorcht, so können solche Empfehlungen nicht nur zum Chaos im Unternehmen, sondern zu dessen Zusammenbruch führen. Kämpfen für den Kunden ist gut. Kämpfen für unsere Interessen ist gut und im rechten Zusammenhang höchst angebracht. Doch auch darin muss Ausgewogenheit herrschen!

Charisma, geradezu göttliche Ausstrahlung – wer wollte das nicht haben? Menschen mit Charisma werden bewundert, zuweilen auch vergöttert. *Charismatische Menschen ziehen an. Verkäufer mit Charisma* sind beliebt und geachtet, sie *sind bei den Kunden willkommen.*

Charisma kommt selten zugeflogen. Manche haben es in den Genen. Anderen wächst es durch Erziehung zu und durch Lebenserfahrungen, vor allem aber durch Selbsterziehung. Menschen mit Charisma sind geprägt von Visionen, von Ausstrahlung, von eigenen festen Überzeugungen und von Überzeugungskraft. Charismatische Menschen denken und handeln ganzheitlich, durchbrechen dabei Grenzen von Ich-Bezogenheit, von Kleingläubigkeit und Mutlosigkeit, von Abhängigkeit und von Inaktivität. Die Qualität des „Ich", des Fühlens und Denkens, bestimmt die Ausstrahlung eines Menschen.

Charis ist die Göttin der Anmut.

Grundverschiedene Merkmale formen eine „Persönlichkeit"

Als „Persönlichkeit" bezeichnet die deutsche Sprache Menschen im Rampenlicht, Menschen, über die man spricht. „Persönlichkeiten" sind Menschen, die sich durch besondere Leistungen, durch besondere Merkmale, oft auch durch besondere Skandale aus der „großen anonymen Masse" abheben. Ob Mutter Teresa oder Konrad Adenauer, ob Albert Einstein oder Winston Churchill, ob Franz Beckenbauer oder Willy Brandt – gemeinsam ist ihnen allen die Aufmerksamkeit der Medien und der breiten Masse. Aber solche Aufmerksamkeit sagt nichts Schlüssiges aus über den „Wert" dieser Menschen.

Was prägt eigentlich einen Menschen als „ Person"? Das Wort „Person" bezeichnet die Summe aller Eigenschaften, die einen Menschen ausmachen, sein individuelles, einmaliges „Wesen" und „Sein". Mit „Person" wird aber ebenso ausgedrückt, wie die Umwelt einen Menschen sieht und beurteilt. *Äußerlicher Eindruck und inneres Wesen, Fremdbild und Selbstbild sind beileibe nicht immer deckungsgleich. Doch je stärker die Deckung, desto integrer der Mensch.*

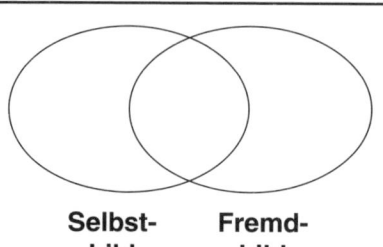

Selbst-bild	Fremd-bild

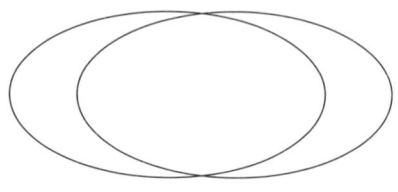

Selbst-bild	Fremd-bild

Geringe Überschneidung von Selbstbild und Fremdbild kennzeichnet Menschen, die undurchschaubar und widersprüchlich, also nicht integer sind. Solche Menschen können kein Vertrauen wecken.

Menschen, deren Selbstbild sich weithin deckt mit der Sicht, die andere von ihnen haben, sind integer, schlüssig, klar und durchschaubar. Solchen Menschen wird Vertrauen entgegengebracht.

„Nichts widersteht, Berge fallen und Meere weichen vor einer Persönlichkeit, die handelt."

Emile Zola

Menschlich-individueller Eigenschaften-Mix hat so viele Ausprägungen wie es Menschen gibt. *Keine zwei sind gleich*, nicht einmal eineiige Zwillinge. Wie viele Eigenschaften hat ein Mensch eigentlich? Denken, Handeln, Fühlen, Gestik, Mimik, Sprache, Temperament, Verantwortungsgefühl, Ehrgeiz sind nur einige Beispielfelder. Der eine neigt zu Extremen, die andere ist ausgeglichen. Die eine ist forsch und weltoffen, der andere ist nachdenklich, zögernd und in sich gekehrt. Je länger man nachdenkt, umso mehr Eigenschaften treten zutage. Die gesamte Komplexität ist im Ganzen nicht zu überschauen.

Ständige Entwicklung der Persönlichkeit

Was die „Person" eines Menschen ausmacht, lässt sich mit Worten oder gar mit Formeln niemals erschöpfend beschreiben oder gar stichhaltig „definieren". *Der Mensch als Person ist auch nicht statisch.* Der Wandel der Umwelt verlangt ständige Weiterentwicklung – mal durch Einflüsse von außen, mal durch Selbstbeobachtung, Nachdenken und eigene Einsichten. Selbstentwicklung hat dabei den Vorzug vor der Entwicklung unter Zwang durch die „Umstände" oder durch andere.

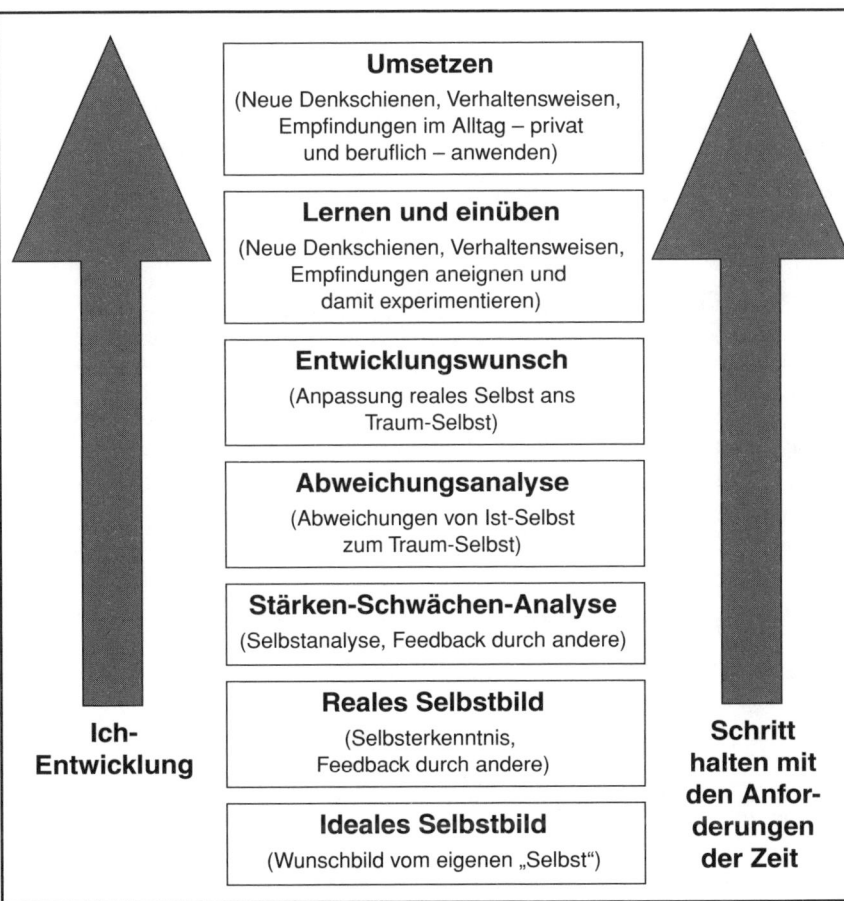

Umsetzen
(Neue Denkschienen, Verhaltensweisen, Empfindungen im Alltag – privat und beruflich – anwenden)

Lernen und einüben
(Neue Denkschienen, Verhaltensweisen, Empfindungen aneignen und damit experimentieren)

Entwicklungswunsch
(Anpassung reales Selbst ans Traum-Selbst)

Abweichungsanalyse
(Abweichungen von Ist-Selbst zum Traum-Selbst)

Stärken-Schwächen-Analyse
(Selbstanalyse, Feedback durch andere)

Reales Selbstbild
(Selbsterkenntnis, Feedback durch andere)

Ideales Selbstbild
(Wunschbild vom eigenen „Selbst")

Ich-Entwicklung

Schritt halten mit den Anforderungen der Zeit

„Sei wer du bist, werde was du sein kannst."

Andreas Bornhäußer

Eindrücke formen Urteile – Schein und Sein des Verkäufers

Das Urteil, die Bewertung eines Menschen als „Person" wechselt mit dem Auge des Betrachters. Was den einen liebenswert und attraktiv erscheint, finden andere unsympathisch oder gar abstoßend. *Vom äußeren Bild* (Selbstdarstellung, Selbstpräsentation, Erscheinung) *schließen Menschen auf das innere Sein* (Wesen, Charakter). Äußerlichkeiten des Erscheinungsbildes und des Auftretens prägen das Bild, das sich andere vom „Inneren", also vom „Wesen" eines Menschen machen. *Nachlässigkeit oder gar Gleichgültigkeit beim äußeren Bild hat im Leben eines erfolgreichen Verkäufers keinen Platz.*

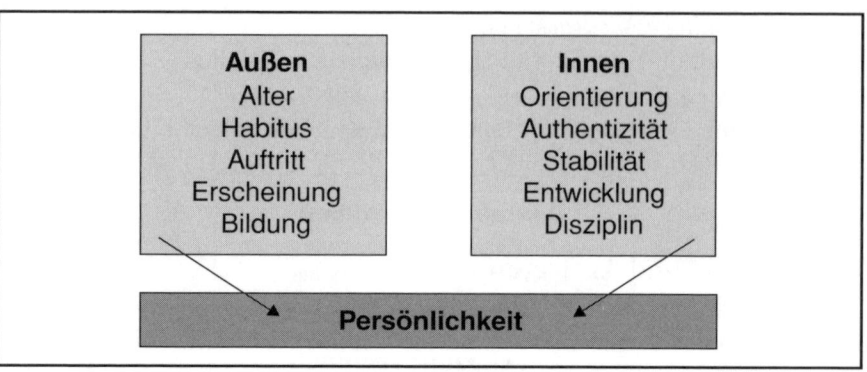

Menschen, deren „Sein" und „Schein" auseinander klaffen, fehlt die Integrität, die Harmonie. Ihre „Person" ist nicht rund, hat Brüche. *Kunden aber suchen Sicherheit und Vertrauen* und mögen daher keine gebrochenen, keine widersprüchlichen Verkäufer.

Die Selbstdarstellung – Türöffner zum Kunden

Für den Erfolg im Verkauf ist es ganz besonders wichtig, dass der Verkäufer seine innere Integrität auch im äußeren Bild signalisiert. Das uralte Sprichwort sagt es:

> *„Es gibt keine zweite Chance für den ersten Eindruck."*

Niemand kann für Grundzüge seiner körperlichen Gestalt oder seines Gesichts. Aber schon der durch unkontrolliertes Frustessen angezüchtete und längst über den Gürtel hängende, aus dem Sakko quellende „Schmerbauch" muss nicht sein. Ebenso wenig ist die abstoßende Nikotin- oder Bierfahne naturgegeben oder das ungepflegte strähnige Haar, oder die seit Wochen nicht mehr polierten Schuhe oder der fehlende Knopf am Hemd oder am Sakko. Sein äußeres Bild prägt der Verkäufer vor allem durch vier Faktoren:

1. *Erscheinung und Auftreten*
   gepflegt oder schlampig, dezent oder prahlerisch, aufrecht oder geknickt.
2. *Benehmen*
   „Knigge" bzw. Höflichkeitsregeln bei Begrüßung, Kontakt und Abschied, Verhalten und Haltung, Tischsitten usw.

3. *Sprachliche Ausdrucksfähigkeit*
   Tonfall, Flüssigkeit, Wortschatz, oder auch Dialekt.
4. *Körpersprache*
   Gesten, Bewegungen, Haltung vom Kopf bis zu den Füßen, von den Händen bis zu den Augen.

Erscheinung und Auftreten

Wer den Kunden schon durch den ersten Auftritt verprellt, hat kaum noch eine Chance, wieder aus dem Fettnapf zu kommen. Für das passende Erscheinungsbild aber heißt es: die Kunden kennen, um situationsgerecht zu entscheiden:

„Wie Du kommst gegangen, so Du wirst empfangen."

- ❏ Wann ist legere, sportliche Kleidung angebracht?
- ❏ Wann gehört der korrekte Anzug zur Pflicht?

Als Grundregel gilt: *stets um einen Deut „overdressed" sein im Vergleich zum Kunden, aber bloß nicht zu viel.* Das signalisiert dem Kunden Aufwertung, bringt ihn aber nicht in die Verlegenheit, seinerseits nicht dem „Anlass entsprechend" gekleidet zu sein. Und ebenso bedeutend wie die Wahl des Outfits ist die Pflege. Vom Scheitel bis zu den Schuhen, von Mund- bis Schweißgeruch: Schlampigkeit und Nachlässigkeit dürfen keine Chance haben, auch nicht im größten Stress.
Aber Achtung: auch nicht „overstyled" sein. Das wirkt affektiert, das löst unnötige Diskussionen aus.

Korrektes Benehmen

Ebenso wie das Styling prägt auch das *„Benimm"* den ersten Eindruck, den der Verkäufers erzeugt. Polterndes, von Langzeitregeln des „Knigge" unbelecktes Hereinplatzen ist ganz gewiss nicht der Türöffner zum Erfolg. *Höflichkeit signalisiert dem Kunden Achtung* und wirkt damit als Aufwertung. Der Kunde fühlt sich geschätzt. Sein „Herz", zumindest sein Wohlwollen, öffnet sich einen ersten kleinen Spalt.

Grundregeln des korrekten Benehmens gelten natürlich auch beim Verkaufs-Besuch: *höfliche, korrekte Begrüßung*, nicht vorlaut, kein unhöfliches Unterbrechen des Kunden, kein unhöflicher Widerspruch und *keine Abwertung des*

Kunden und seiner Argumente, zuhören können und auf die Argumente des Kunden eingehen.

So hat auch *im Lauf des Verkaufs-Gesprächs „guter Knigge" seinen großen Stellenwert:*

- ❑ Wie nahe geht der Verkäufer an den Kunden heran? (Toleranzzonen)
- ❑ Wann und wie reicht er die Hand zum Gruß?
- ❑ Wie sitzt oder steht der Verkäufer?
- ❑ Wo und wie hat er die Hände?
- ❑ Wohin wendet sich sein Blick?
- ❑ Welche Gesten sind erlaubt, welche tabu? (Schulterklopfen etc.)
- ❑ Wie spricht er den Kunden an? (Titel etc.)
- ❑ Wie geht er mit Meinungsverschiedenheiten um?

Ein Beispiel zeigt, wie „Guter Benimm" sich direkt auf Verkaufs-Erfolge auswirken kann:

Mancher Manager stellt mit Vorliebe Verkäufer auf die Benimm-Probe und lädt sie zum Essen in sein Privathaus ein. Da liegen dann drei Bestecke am Platz und drei Gläser stehen vor dem Teller. Voller Neugier wartet der Gastgeber ab, wie damit umgegangen wird: bei Aperitif und Vorspeise, beim Wein und beim Hauptgericht, bis hin zu Dessert und Espresso. Und sorgfältig achtet der Gastgeber auch auf den Smalltalk des Gastes, auch gegenüber der Ehefrau, die gekocht hat.

Wohl dem, der sich rechtzeitig die Mühe machte, eines der zahlreichen „Benimm"-Bücher zu studieren oder sich in einem Kurs auf solche Ereignisse des Verkäufer-Lebens vorzubereiten. Tadelloser Benimm und Eloquenz haben schon so manches Tor zur festen Beziehung geöffnet.

Die Sprache

Wer verkaufen will, dem sei Sprache gegeben. Das heißt nicht, Kunden zuzuqatschen, sondern das heißt: sich flüssig, überzeugend und schlagfertig ausdrücken zu können. *Langweilige Formulierungen und abgedroschene Phrasen schrecken Kunden ebenso ab wie antrainierte Floskeln*, als da zum Beispiel sind:

„Guten Tag, kann ich Ihnen helfen?"
„Guten Tag, wieder Sauwetter heute."

Wem nichts weiter einfällt, dem ist nicht zu helfen.

Die „Sprache" des Verkäufers äußert sich gesprochen ebenso wie geschrieben. Im geschriebenen Text zählt vor allem *profunde Kenntnis von Rechtschreibung und Grammatik.* Ein *Wortschatz,* der abwechslungsreiche und vor allem treffende Formulierungen erlaubt, ist zudem nützlich. *Über Präzision und informationsbezogene Kürze freut sich der Kunde.* Bei der gesprochenen Sprache ist zunächst die *Beherrschung des Hochdeutschen eine Grundvoraussetzung.* Gewiss, manche Kunden mögen Dialekt. Aber das zeigt sich erst, wenn der Kontakt enger und persönlicher wird. Und nicht jeder mag jeden Dialekt.

Zweite Forderung an den Verkäufer: *Deutlich und klar sei seine Sprache.* Kein Nuscheln und kein Murmeln. *Mit dem gesprochenen Wort richten sich die Augen des Verkäufers auf die Augen des Kunden.* Es ist nicht nur höchst unhöflich, mit jemand zu reden und ganz woanders hinzuschauen. Der Kunde versteht auch nur die Hälfte, wenn der Verkäufer mit ihm redet, dabei aber den Blick anderswo umherschweifen lässt.

> „Die Sprache ist die Kleidung der Gedanken."
>
> Samuel Johnson

Nicht jedem Menschen ist die kräftige, volle Stimme gegeben. *Bei manchen Menschen liegen psychische Blockaden über der Sprache.* Sie sind gehemmt, laut und deutlich zu sprechen, und ihr Blick ist meist zu Boden gerichtet, wenn sie sprechen. Solche Blockaden kann sich ein Verkäufer nicht leisten. Da heißt es im Fall des Falles zu trainieren, notfalls sogar einen Sprachtherapeuten zu konsultieren.

> „Sprich, damit ich Dich sehe."
>
> Sokrates

Zu den sprachlichen Grundvoraussetzungen für Erfolg im Verkauf gehört auch die Fähigkeit, *in der Sprache des Kunden zu formulieren,* den Kunden nicht mit „Techno-Kauderwelsch" zu überfahren und ihn auf diese Weise in die abwertende Position des Unwissenden zu drängen. Und auch in der gesprochenen Sprache gilt: *Ein anschauliches Bild überzeugt mehr als tausend technische Details.* Entscheidend für die Formulierungen ist vor allem immer wieder: *Dem Kunden seinen Nutzen aufzeigen bringt näher an den Abschluss als tausend technische Erklärungen.*

> „Den Sprachstil zu verbessern heißt den Gedanken verbessern."
>
> Friedrich W. Nietzsche

Mit seiner Sprache verrät der Verkäufer auch seine innere Einstellung: Sätze, die voll sind mit *Konjunktiven* (z.B. würde, könnte, möchte usw.) signalisieren Unsicherheit und fehlende innere Überzeugung. Das klingt dann zum Beispiel so:

„Könnte es denn vielleicht sein, dass Sie, Herr Kunde, etwa möchten, dass die Variante B geliefert werden sollte, weil sie Ihnen möglicherweise mehr Nutzen bringen würde?"

Klare Ziele und feste Überzeugung zeigen sich im *Indikativ* (z. B. ist, wird, will, kann usw.). Das klingt dann in etwa so:

„Für Ihren Bedarf, Herr Kunde, ist da ganz besonders passend die Variante B, die Ihnen mehr Nutzen bringt."

Ein weiterer wichtiger Aspekt der Sprache ist auch die Zielorientierung im Gespräch: *kein zielloses Geschwafel, das dem Kunden die Zeit stiehlt.* Ebenso wenig aber angelernte Phrasen dreschen oder auf das Wetter ausweichen, wenn der Faden verloren geht. *Zeit ist wertvoll.*

Daher *klare Konzentration auf Thema und Ziel des Gesprächs.* Abschweifungen in den Smalltalk sind nur dann zulässig, wenn der Kunde dafür ein Signal der Offenheit gibt oder wenn sich ein Gespräch im Moment an unvereinbaren Standpunkten festzufressen droht. Nach einer kleinen Erholungspause abseits vom Kernthema lässt sich oft dann doch eine Brücke finden.

„Die wahre Heimat ist eigentlich die Sprache. Sie bestimmt die Sehnsucht danach und die Entfremdung vom Heimischen geht immer durch die Sprache am schnellsten und leichtesten, wenn auch am leisesten vor sich."

Wilhelm von Humboldt

Verwirrung durch Sprachschwall blockiert und öffnet keine Einsicht beim Kunden. Ob gesprochen oder geschrieben: *Der logische Aufbau muss stimmen.* Der Kunde braucht *Orientierung durch die Abfolge der Argumente.*

Sprache besteht nicht nur aus Worten und Sätzen. *Sprache besteht auch aus Tonfall, aus Wortfluss und Gesten.* Schriller Tonfall schreckt ab, sonorer Tonfall vermittelt eher Wärme und Geborgenheit. Ein Wortschwall voller Hektik raubt dem Kunden nicht nur den Atem, was dann beim Kunden zu Abwehrreaktionen führt – vom Verständnisproblem ganz zu schweigen. Hinter Schnellreden verbirgt sich oft *Unsicherheit* eines Menschen. Schnellreden verbreitet *Hektik*. Das ist kein gesunder Nährboden für die Entscheidung des Kunden zum Auftrag.

Andererseits fällt der Kunde in Ungeduld, wenn jedes Wort des Verkäufers sich erst nach schier unendlichem Atemholen Bahn bricht. Hinter zögerlichem, zuweilen sogar stotterndem Wortfluss und unzusammenhängenden Sätzen steckt oft *unzureichende Vorbereitung* oder *mangelnde innere Identifikation* mit den Argumenten und dem Ziel des Gesprächs. *Schlagfertigkeit kann nur auf bester Vorbereitung gedeihen.* Dazu bedarf es des gedanklichen Sofortzugriffs auf Detailinformationen zum Kunden, zu seinen bisherigen Orders, zu Produkt und Anwendungen, zu Markt und Wettbewerb.

Grundlegender Bestandteil für Sprache, die beim Kunden Erfolge verspricht, ist das *Lächeln*. Dies gilt ganz besonders auch für Gespräche am Telefon. Der Kunde hat Freundlichkeit verdient. *Freundlichkeit öffnet Türen.* Der gesamte *Tonfall beim Sprechen ist anders, wenn ihm inwendig ein Lächeln unterliegt.* Mit vor innerer Wut oder vor Abneigung und Unlust knirschenden Zähnen lässt sich kein offenes, zum Auftrag einladendes Gespräch führen.

Lächle und du gewinnst die Welt.

Der Erfolg bringende sprachliche Weg liegt im *breiten Wortschatz*, im *flüssigen, zuweilen an passender Stelle mit bedächtigen Pausen durchsetzten Wortfluss*, im angenehmen, von Lächeln unterlegtem *Tonfall* und in der *Fähigkeit zu dialekfreiem Vortrag*. Dies alles lässt sich üben und optimieren.

Die Körpersprache

Ein weiterer wesentlicher Einflussfaktor beim ersten Eindruck ist die Körpersprache. *„Worte können lügen, der Körper nicht"*, verrät Samy Molcho, der „Pabst" für Analyse und Training von Körpersprache. Einkäufer wissen Körpersprache haarscharf zu deuten. *Die besten Argumente stranden, wenn die Körpersprache sie konterkariert anstatt sie zu untermauern.*

„Der Körper ist der Handschuh der Seele."

Samy Molcho

Einige Beispiele zeigen die *große Bedeutung des körpersprachlichen Ausdrucks* deutlich:

- ❑ Sicherer, vorwärts gerichteter Schritt statt unentschlossenem Tippeln, aber auch kein überfallartig forsches Hereinstürmen.
- ❑ Aufrecht statt gramgebeugt oder angstvoll in sich zusammengezogen.
- ❑ Offen und mit einem Anflug von Lächeln den Blick auf die Augen des Kunden gerichtet statt den Fußboden zu mustern.
- ❑ Ein fester, selbstsicherer Händedruck, weder lasch-flaues Handhinhalten noch nervenzerrendes Dauerschütteln der Hand des anderen.
- ❑ Die Arme offen, niemals abwehrend vor der Brust verschränkt.
- ❑ Die Hände ruhig, weder in der Hosentasche versenkt noch zappelnd und ständig an irgendwas herumnestelnd.
- ❑ Beim Sprechen zwar unterstreichende, lebendige Gesten, aber kein wirres Herumfuchteln mit den Armen.
- ❑ Im Sitzen die Stuhlfläche voll einnehmend, die Knie geschlossen, Oberkörper aufrecht, mal auch raumgebendes Zurücklehnen, aber auf keinen Fall sich lässig in den Sessel fläzen.

Die Selbstpräsentation

Erfolgsorientierte Verkäufer wollen ganz bewusst kein „Irgendwer" sein. Erfolgsbewusste Verkäufer sehen sich nicht als namenloses Rädchen im großen Laufwerk des Unternehmens, das sie vertreten. Sie wissen: Ohne gute Eigen-PR gibt es kein Fortkommen. Der persönliche Name soll beim Kunden für Kompetenz und Hilfsbereitschaft stehen. Das zeigen sie mit Selbstbewusstsein und sie legen dadurch *eine wesentliche Grundlage für ihren Erfolg.*

Sei wer und man begehrt dich sehr.

Selbstbewusstsein wächst auch aus der Art und Weise, sich selbst darzustellen:

- ❑ Deutlich den eigenen Namen nennen, beim Gruß und am Telefon.
- ❑ Auch der Vorname gehört zum Namen dazu, er schafft Nähe.
- ❑ Stets die persönliche Visitenkarte überreichen und Schriftlichem immer beifügen.
- ❑ Hinweise ins Kunden-Gespräch einfließen lassen, dass der Kunde Wünsche und auch eventuelle Unzufriedenheit direkt äußern möge,
- ❑ aber seine Zufriedenheit, oder noch besser seine „Begeisterung" doch gern mal beim Verkaufsleiter erwähnen könne.
- ❑ Mit geschicktem, aber unaufdringlichem „Eigen-Marketing" sich als unverwechselbaren „Markenartikel" aufbauen.
- ❑ Die Kunden nicht als „Meier von der Sowieso AG" betreuen, sondern als „DER Andreas Meier, der im Notfall Tag und Nacht zu erreichen ist".

„Arroganz ist das Selbstbewusstsein des Minderwertigkeitskomplexes."

Jean Rostand

Mit gekonnter *Eigen-Positionierung* sichern sich erfolgsorientierte Verkäufer *eine persönliche und damit unaustauschbare Beziehungsebene.*

Vorsicht: Die Grenzen zur Arroganz sind eng, wenn Selbstbewusstsein als Überheblichkeit gedeutet wird.

Sieben Erfolgsleitlinien zur Selbstdarstellung des Verkäufers:

1. *Erfolg ist abhängig vom äußeren Schein wie vom inneren Sein.*
   Beides muss übereinstimmen, um Vertrauen beim Kunden zu wecken.
2. *Selbstbild und Fremdbild müssen sich soweit als möglich decken.*
   Träume machen keinen Eindruck beim Kunden. Die Entwicklung zur
   integren Persönlichkeit ist jedem Verkäufer vor den Erfolg gelegt.
3. *Für den ersten Eindruck gibt es keine zweite Chance.*
   Für Nachlässigkeit im äußeren Erscheinungsbild gibt der Verkäufer-
   Beruf keinen Raum. Der Stil des Outfits soll dem Anlass, dem Kunden
   und auch dem Produkt entsprechen.
4. *Gutes Benehmen und Höflichkeit sind wesentliche Einflussfaktoren.*
   Damit lassen sich Kunden gewinnen.
5. *Mit der Sprache wird die Brücke zum Kunden gebaut.*
   Schriftlich, am Telefon oder Aug in Aug: Tonfall, Wortschatz, Klarheit und Verständlichkeit sind entscheidende Erfolgsbausteine.
6. *Körpersprache verrät das Unausgesprochene.*
   Haltung, Bewegungen, Gesten sprechen Bände, verraten, was Worte
   überdecken wollen. Nur Übereinstimmung von Sprache und Körpersprache weckt Vertrauen und öffnet den Zugang zum Kunden.
7. *Auf die Selbstpräsentation kommt es an.*
   Daher führt der Weg zum Erfolg weg vom „irgendwer". Sei wer – man
   begehrt dich sehr.

Das innere „Sein":
Stark und stabil durch Sturm und Wellen

Wodurch wird das „Wesen" eines Menschen bestimmt? Was prägt den „Charakter"? Warum sind alle Menschen unterschiedlich, nicht nur in ihren äußeren Merkmalen, sondern ebenso in ihrem Wesen und Handeln? Vier miteinander verwobene Einflussfaktoren bestimmen die Unterschiedlichkeit:

- ❑ *Gene* (Vererbung, Veranlagung)
- ❑ *Erziehung* (Elternhaus, Schule, Ausbildung, Partnerschaft)
- ❑ *Erfahrungen* (von frühester Kindheit an bis ins hohe Alter)
- ❑ *Selbststeuerung* (durch positives Denken)

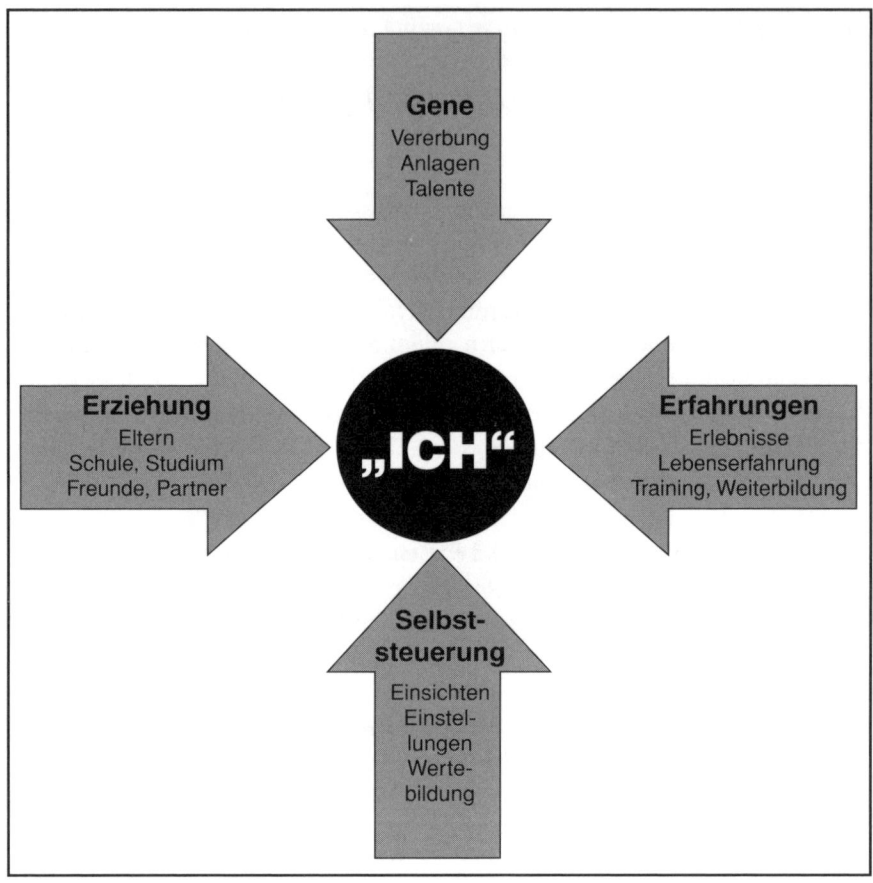

Die Erbanlagen

„Charakter besteht darin, seine Seele so hoch zu erheben, dass sie von Beleidigungen nicht mehr erreicht wird."

René Descartes

Ein Teil der Menschen ist von Geburt an fröhlich und zum Lachen aufgelegt. Sie freuen sich am Leben, treten im Lauf ihres Lebens anderen offen und mit Freude entgegen, haben Spaß an Kontakten, feiern gern. Sie sehen immer zuerst das Positive an einer Sache, können das meiste leicht nehmen, kommen gut mit Hindernissen und Herausforderungen klar, können Kompromisse schließen und Streitigkeiten überbrücken. Andere Menschen sind von Geburt an in ihrem Wesen eher in sich gekehrt. Sie neigen später dann zum Grübeln, haben hohe Hemmschwellen im Kontakt zu anderen und wirken daher oft abweisend und verschlossen. Sie sehen Hindernisse zumeist als Bedrohung, und durch die tiefschürfende „Grundsätzlichkeit" ihrer Art haben sie große Schwierigkeiten, eigene Standpunkte zu verlassen und auf andere einzugehen.

Ganz klar: *Die erste hier skizzierte Gruppe ist eher zum erfolgreichen Verkäufer prädestiniert als die zweite.* Ausnahmen bestätigen auch diese Regel. Denn eiserner Wille, gepaart mit Ehrgeiz und Fleiß, kann Berge versetzen.

Die Erziehung

Der erste „äußere" Einflussfaktor auf das Wesen eines Menschen ist das Elternhaus. Ideale und Prinzipien, aber ebenso auch Charaktereigenschaften und Lebenseinstellungen der Eltern pflanzen sich fort – zum größten Teil völlig unbewusst. Liebe und Zuwendung, Offenheit oder Verschlossenheit, strenge Ordnung oder „Laissez-faire", Toleranz oder Vorurteile, Konstanz oder Sprunghaftigkeit, Ehrlichkeit oder „Taktik" – *in jeder Familie herrscht eine charakteristische Atmosphäre, die Kinder prägt.*

Entscheidend im Prozess der Erziehung ist gewiss auch, ob Einzelkind oder Geschwister: Schon zwei Kinder in einer Familie reichen aus, um zu erfahren, dass *immer nur einer „Erster" sein kann*, am besten natürlich abwechselnd. In der Mehrkind-Familie lernen die Kids auch mal zurückzustecken und zu warten. Ebenso lernen sie auch, sich um die anderen mal kümmern zu müssen – soziale Kompetenz, die für Verkaufs-Erfolg höchst wertvoll sein wird.

„Das wichtigste Zimmer im Leben lässt sich weder verleugnen noch vortäuschen – die Kinderstube."

Oliver Hasenkamp

Charaktereigenschaften und Wesenszüge werden in starkem Maß also durch Erziehung geprägt. Nach Eltern, Großeltern und Tanten, Kindergärtnerinnen, ersten Freunden oder „Vorbildern" sind es dann Lehrer und „Idole" aus Musik, Sport oder aus Büchern, zuweilen auch Politiker oder hoch bewertete „Persönlichkeiten", die erziehenden Einfluss auf den jungen Menschen ausüben – *von vielen Seiten wirken sehr unterschiedliche „Werte" und „Lebensmuster".*

Erziehung kann im Wesen eines Menschen viel bewirken.

Das fröhliche Kind kann zum verklemmten Duckmäuser werden, wenn die Eltern stets nur abwerten und strafen statt anzuerkennen und Wertschätzung und Geborgenheit zu signalisieren.

Das zunächst in sich gekehrte Kind kann lernen, sich zu öffnen und ohne Angst auf andere zuzugehen, kann Selbstsicherheit erwerben, wenn die Eltern mit Geduld und Verständnis auf die individuelle Eigenart des Kindes eingehen, es liebevoll ermuntern, jeden kleinen Schritt mit offen gezeigter Freude bestätigen, und wenn sie dann helfen, dass das Kind auch im Kindergarten und in der Schule die nötige Ermunterung, Anerkennung und Bestätigung findet.

Das Kind, das von klein an lernt, dass „Wohlergehen" vor allem davon abhängt, zu gehorchen, sich still und unauffällig zu verhalten, und stets möglichst das zu antworten, was als Antwort erwartet wird, kann später als Erwachsener schwerlich ein offener, weltzugewandter oder gar kreativer Mensch werden. Das Kind, das nie Grenzen erfährt, das nie warten oder verzichten musste, wird sich als Erwachsener schwerlich in Ordnungen einfügen und die Rechte anderer achten können.

Die Erfahrungen

„Wenn ein Mensch das Scheitern aus seinem Leben verdrängen will, dann ist er nicht mehr am Leben."

Johannes Galli, Clown und Theatermacher

Jeder Mensch ändert seine Einstellungen, seine Werte und damit sein Verhalten sein Leben lang. Neben der Erziehung sind es Erfahrungen, die das Wesen eines Menschen prägen. Erziehung kann zum Leidwesen vieler Eltern nicht bewirken, was Erfahrungen im Leben vermitteln, auch wenn sie dann oft schmerzhaft sind.

Menschen entwickeln das Bild ihrer Welt aus individuellen Erfahrungen. „Der Mensch ist die Summe seiner Erfahrungen", sagt eine häufig auch umstrittene Redewendung. Ein guter Kern Wahrheit steckt allemal drin, auch wenn es natürlich auch eine gute Portion weiterer Einflüsse auf das Wesen eines Menschen gibt.

Positive Erfahrungen ermuntern und spornen an. Aus negativen Erfahrungen, aus Fehlern zu lernen ist gewiss ratsam, aber unendlich über negative Erfahrungen zu lamentieren, das blockiert die Psyche für den neuen Aufbruch zu neuen Erfolgen. *Rückwärtsgewandter Trauerblick wird dem Menschen zur Erfolgsblockade.* Erfolgsorientierte Menschen lösen sich von Selbstmitleid. Die Vergangenheit lässt sich nicht mehr ändern.

Gewinner bleiben – auch bei Fehlschlägen!

„Niederlagen-Resistenz" zählt zu den tragenden Fundamenten für ein erfolgreiches Leben: Wer ein Misslingen nicht als „Niederlage" oder gar als „Untergang" begreift, sondern darin eine Chance zum Lernen sieht und zum Neuanfang, dem öffnen sich neue Perspektiven. Niederlagen-Resistenz ist die Fähigkeit, *negative Erfahrungen nicht als Scheitern zu verinnerlichen, sondern sie als Herausforderung zu neuem Anlauf zu begreifen,* nur ein wenig klüger als zuvor. *Erfolge, die stolz machen, entstehen im Gegenwind!*

Die Selbststeuerung

Erfolg basiert auf positivem Denken Es liegt an jedem Menschen selbst, wie er Ergebnisse wahrnimmt, welche Erfahrungen er sucht und zulässt. Der erfolgsorientierte Verkäufer nimmt *Erfahrungen als unentwegte Chance, sich selbst zu erziehen.* Aus jedem „Fehlschlag" schöpft er einen Tipp für das Besser-werden.

Unfallfreies Autofahren fordert zu 95% den *Blick nach vorn, nicht in den Rückspiegel,* Konzentration in Fahrtrichtung, durch Kurven steuern, vorbei an Hindernissen, mit Rücksicht auf Gegen- und Querverkehr. Ebenso selbstverständlich wie aktives Steuern im Straßenverkehr muss für den erfolgsorientierten Verkäufer seine *aktive persönliche Selbsterziehung* sein.

Erfahrungen von gestern sind keine Erfolgsrezepte beim Ergreifen neuer Chancen. Es macht keinen Sinn, das Leben lang über fehlende Talente, unglückliche Kindheit, untaugliche Erziehung oder schlimme Erfahrungen zu lamentieren. *Selbsterziehung ist ein Prozess von Einsicht und Bemühungen,* eigene Belastungen und Schwächen zu überwinden – damit wird erfolgreiches Leben geformt. *Der Mensch ist das, was er letzten Endes selbst aus sich macht.* „Zukunft" ist ein diffuses Agglomerat von Chancen, sie ergreifen, sie nutzen, das liegt bei jedem selbst. Die meisten *Chancen warten Zaudern und Unentschlossenheit nicht ab.*

Die Zukunft ist nicht Schicksal, sondern das, was man aus ihr macht.

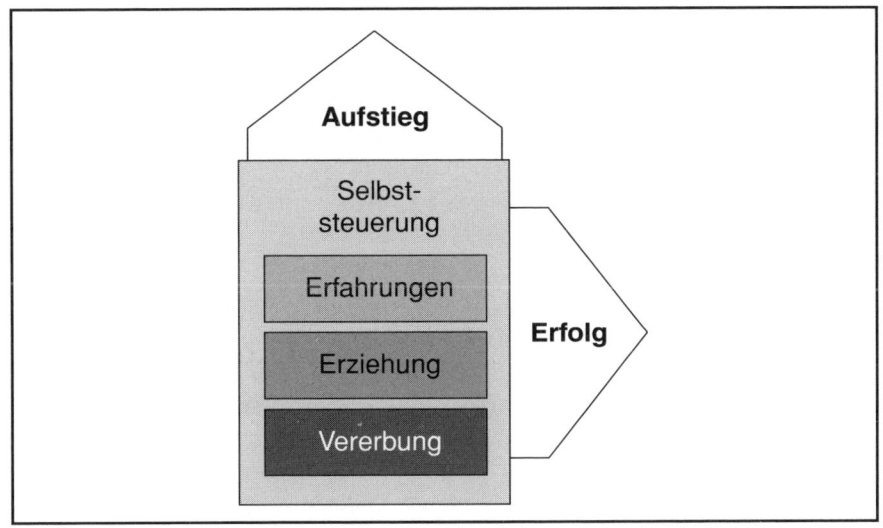

Die Straße der Erfolge pflastert jeder charismatische Verkäufer sich selbst:

❑ Wer sich Kunden als grimmige Schreckgespenster vorstellt, also Angst aufbaut, ihnen zu begegnen, der wird auch abweisende, unzugängliche „Nein"-Erlebnisse haben.

❑ Wer sich Kunden als freundliche, hilfsbedürftige, liebenswerte Menschen vorstellt, sich darauf freut, helfen zu können und Nutzen zu bringen, der wird Zugang finden, Kontakte schließen und Erfolg ernten.

Mit einem *„Ich will"* freudig in den Tag zu starten bringt positive Ergebnisse. Wer dagegen schon missmutig antritt mit einem *„Ich muss"*, der legt sich selbst den Bremsklotz der De-Motivation unter seine Antriebsräder zum Erfolg.

Erfolg zeugt Erfolg.   *Gewinner managen sich selbst! Erfolg ist planbar, ist machbar.* Erfolg aber heißt ja *„Erfüllung im Beruf"*. Und daraus wieder resultiert *Zufriedenheit und Harmonie im privaten Leben.* Das sind dann wieder *neue Kraftquellen für weitere Erfolge.* Einmal mehr zeigt sich: *Erfolg zeugt Erfolg.*

Sieben Erfolgsleitlinien für die persönliche Stärke des Verkäufers:

1. *Vererbung und Erziehung sind kein unveränderliches Schicksal.*
   Talente dürfen nicht als totes Kapital ungenutzt verkümmern.

2. *Erfahrungen sind nur wertvoll, wenn sie für Lernerfolge genutzt werden.*
   In jeder „üblen" Erfahrung steckt die Chance, morgen besser zu handeln. Lamentieren über Fehlschläge blockiert die Erfolge der Zukunft.

3. *Nur Energie, die sich vorwärts richtet, kann Früchte tragen.*
   Alle Erfolge liegen vorne. Die Zukunft ist voller Chancen. Vergangenheit lässt sich nicht mehr ändern.

4. *Erfolg beginnt im Kopf – im eigenen!*
   Nur wer an den Erfolg glaubt, zieht ihn an. Positives Denken ist eine der stärksten Wurzeln für den Erfolg.

5. *Gewinner haben schon am Start die Nase vorn.*
   Die innere Einstellung entscheidet – und auf die hat jeder Einfluss.

6. *Selbsterziehung heißt Schwächen erkennen.*
   Es lässt sich lernen, persönliche Talentdefizite zu meistern. Stärken zu erkennen, sie auszubauen und zu nutzen – das steht jedem Verkäufer offen.

7. *Jeder Mensch ist herausgefordert, sich und sein Schicksal selbst zu formen.*
   Nicht „andere" entscheiden lassen und verantwortlich machen, sondern aktiv das eigene Wachstum gestalten. Erfolg ist machbar.

Persönliche Säulen für den Verkaufs-Erfolg

Auf vier tragende Säulen baut der Verkäufer seinen beruflichen Erfolg – und persönliche, private Erfolge ebenso.

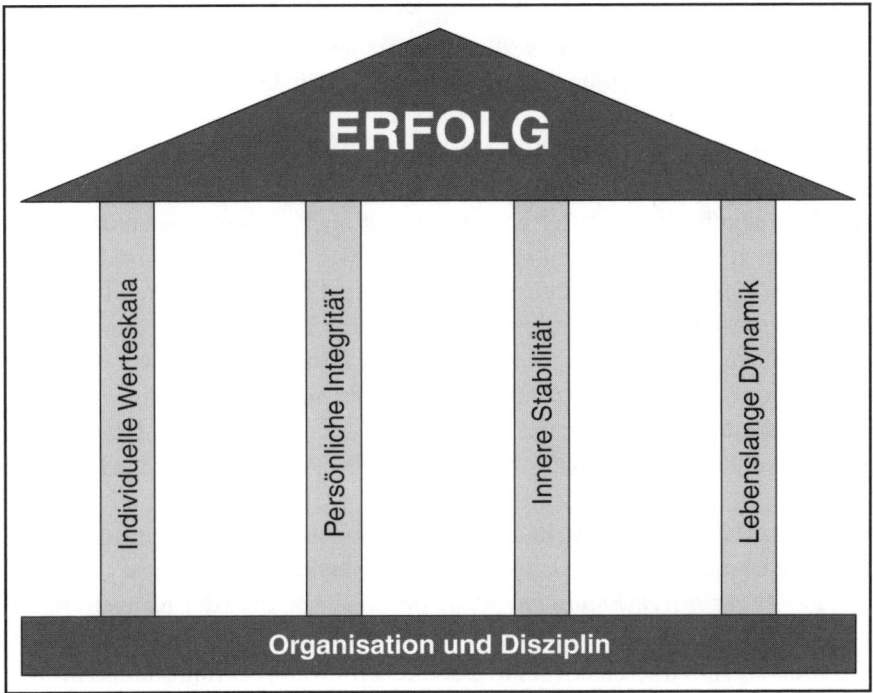

Das Fundament bildet unsere „Selbstorganisation und Selbstdisziplin", worauf fest die Säulen

1. Individuelle Werteskala
2. Persönliche Integrität
3. Innere Stabilität
4. Lebenslange Dynamik

stehen.

Die individuelle Werteskala

Persönliche Werte sind keine feste, keine „normierbare" Größe:

- ❑ Werte sind ständig in Fluss. Sie wandeln sich mit der Zeit.
- ❑ Werte sind individuell. Was dem einen heilig, ist anderen Nebensache.
- ❑ Überkommene Werte verlieren an Bedeutung.
- ❑ Neue Wertvorstellungen kommen auf.

Familiensinn, wo ist er geblieben? Respekt vor menschlichem Leben, auch in dessen frühesten Anfängen, wo ist er geblieben? Respekt und Hilfsbereitschaft gegenüber dem „Alter", wem gilt das noch als eine Sache der Ehre? Rücksicht auf die Natur, wohin ist sie entschwunden? Gehorsame Anerkennung von Gesetzen und staatlicher „Macht" und Einfügen in die öffentliche Ordnung, wer lebt das heute noch konsequent? Rücksicht auf die anderen, insbesondere auf die Schwachen und auf die Benachteiligten, wer orientiert sich heute noch daran? *Wertesysteme überleben nur durch ständigen Wandel.* Wohin allerdings der Wandel geht, das erwächst aus einer Gesellschaft selbst. Und die „Gesellschaft" ist jeder Einzelne zunächst mal selbst.

„Die eigenen Überzeugungen sind nicht unbedingt moralisch höher zu bewerten als die der Mitmenschen."

Prof. Ernst Ulrich von Weizsäcker

Erfolg im Verkauf wächst nicht aus Ellenbogen-Mentalität und nicht aus blindem Ehrgeiz und rücksichtslosem Egoismus. *Erfolg im Verkauf hat viel zu tun mit der Anerkennung der Werte der anderen*, also der Kunden. Kernpunkt ist die Frage: *Wie lassen sich Wertvorstellungen und Werterwartungen des Kunden verwirklichen* – seine „sachlichen" Werterwartungen ebenso wie seine psychischen Wünsche?

Erfolg im Verkauf setzt voraus, mit Sensibilität *das Werteempfinden des Kunden erkennen* zu können – im geschickt geführten Gespräch und mit einer guten Portion Menschenkenntnis. Nur wer über das eigene Wertesystem intensiv nachgedacht hat, wer es kennt und wer die Einflüsse dieser inneren Skala auf Denken und Handeln kennt, nur der kann auch die Werteordnung im anderen erkennen und damit umgehen. Dabei heißt es im Verkauf des öfteren auch mal eigene Werte zurückzustellen oder unterzuordnen. Auch darin zeigt sich emotionale und soziale Kompetenz.

Die persönliche Integrität

Glaubwürdigkeit, Geradlinigkeit, Ehrlichkeit, Authentizität sind Eigenschaften, die einen Menschen prägen, ihn „wertvoll" machen. *Integre Menschen sind klar, bestimmt und einschätzbar. Sie sind unbescholten, auf sie kann man sich verlassen.*

Viele Menschen sagen, was sie nicht glauben. Viele Menschen reden anderen nach dem Mund, ohne innerliche Überzeugung. Viele Menschen schwadronieren über Dinge, von denen sie keine Ahnung haben oder plappern Vorurteile nach, ohne darüber nachzudenken. Viele Menschen handeln, ohne innerlich hinter ihrem Tun zu stehen.

Lügen haben kurze Beine.
Volksmund

Lügen und (Vor)täuschen hat unendlich viele Formen. Nicht immer ist den Redenden oder den Handelnden ihr Mangel an Integrität überhaupt bewusst.

Der Bruch zwischen Denken und Fühlen im Inneren und dem, was nach außen gezeigt und vorgetragen wird, muss nicht in Worte fließen. Auch durch Körpersprache, übertriebene Gesten, antrainierte Floskeln oder in künstlicher Dauer-Euphorie und aufgesetztem Optimismus kann sich der Mangel an Integrität deutlich ausdrücken. *Das macht unglaubwürdig.* Authentizität liegt im Einklang von Denken, Sagen und Tun.

Falsches kommt an das Licht. Getürktes hat keinen Bestand auf Dauer. Unehrlichkeit entlarvt sich selbst. Auf des Verkäufers Wort will der Kunde sich verlassen können. Daher: *keine Versprechen, keine Zusagen, die sich nachher nicht mit voller Sicherheit halten lassen.* Da darf es keine Brüche geben, keine Kalkulationen, die im Vergleich mit dem Wettbewerb nicht standhalten, keine ablenkenden Informationen, die wesentliche Einschränkungen verbergen – das ist der Boden, auf dem schwarze Schafe des Verkaufs ihre Weidegründe suchen. Das ist aber auch die Wurzel der Vorwürfe und auch der Vorurteile, die reelle, authentische Verkäufer immer wieder von sich abwehren müssen.

„Was Du denkst, musst Du auch sagen, was Du sagst, das musst Du auch tun, was Du tust, das musst Du auch sein."
Johann Wolfgang von Goethe

Zwischen das oft etwas zu schnelle (und gut gemeinte) Wort des Verkäufers und dessen reale Erfüllung sind immer noch Verkaufs-Leitung, Innendienst, Auftragsabwicklung, Spedition oder Rechnungsabteilung gesetzt, oft auch der Montage- und der Kundendienst, zuweilen auch die Einweisungstrainer oder wer sonst noch. Daher *keine Zusagen, deren Eintreffen der Verkäufer nicht selbst sicher in der Hand hat.*

Nichts verzeiht der Kunde weniger als gebrochene Versprechen und nicht eingehaltene Zusagen des Verkäufers. *Das Gesicht ist verloren.* „Leere Worte, nichts dahinter", sagt sich der Kunde und der Ruf des „Sprücheklopfers" eilt dem Verkäufer dann voraus. *Das Vertrauen des Kunden ist rasend schnell verspielt* und kann (wenn überhaupt) nur mit enormer Mühe wieder zurückgewonnen werden. Daher gilt für langfristig erfolgsorientierte Verkäufer: *Lieber die Zunge im Zaum halten als Zusagen zu geben, die nicht mit absoluter Sicherheit auch eingehalten werden können.*

„Früher genügte ein Handschlag. Heute braucht man einen 20seitigen Vertrag."

Unbekannt

Der erfolgreiche und reelle Verkäufer steht zu dem, was er sagt und zu dem, was er tut. Er übervorteilt nicht, zieht Kunden nicht über den Tisch. Er ist innerlich selbst voll überzeugt vom Wert und Nutzen seines Produkts für den Kunden. Er kann immer wieder kommen und er ist für den Kunden wertvoll. *Auf Ehrlichkeit und Verlässlichkeit wächst das Vertrauen des Kunden.* Und das ist eine der ersten *Voraussetzungen für die stabile, die wertvolle Kunden-Beziehung.*

Ein Mann (eine Frau), ein Wort

Zur Authentizität des Verkäufers gehört nicht zuletzt auch die *Übereinstimmung seiner eigenen Überzeugungen, seines eigenen Lebensstils mit dem Produkt*, das er verkauft, *und ebenso mit dem Unternehmen*, das er vertritt.

Die innere Stabilität

Krisenbeständigkeit, innere Ausgewogenheit und Harmonie, stabile persönliche Kräfte und die Stabilität gegenüber Kritik sind wertvolle Eigenschaften eines Menschen. Die *Gegenwart voller Spannungen*, Konflikte, Widersprüche und heftiger Pendelbewegungen zwischen positiven wie negativen Extremen *macht diese Eigenschaften doppelt wertvoll.*

Menschen sind in ihrer individuellen Stabilität höchst unterschiedlich. Jeder reagiert völlig anders auf grundlegend gleiche Situationen:

Der eine ...	Der andere ...
... zappelt voller Nervosität im Stau und schwitzt sich durch alle Horrorbilder vom Kunden, der ihn ob der Verspätung gar nicht mehr empfängt.	... nimmt sein Handy, verständigt die Sekretärin des Kunden über Verspätung und Ursache, und nimmt dann sein Laptop und geht nochmals alle Informationen über den wartenden Kunden durch.
... erregt sich voller Ärger über die ungeplante Wartezeit beim Kunden, mäkelt und murrt halblaut vor der Sekretärin herum. Und innerlich sagt er sich vor: „So eine Unverschämtheit. Die wollen mich vorführen. Das lasse ich mir nicht bieten. Die werden erleben, wie hart ich sein kann ...“ Den Erfolg bei der Frage nach dem Auftrag kann er jetzt schon abschreiben.	... dückt sein Bedauern aus, lässt dabei Verständnis erkennen, erkundigt sich, wie lange es denn wohl dauern kann und ob er denn besser nach einer Stunde nochmals kommt. Er nutzt die Wartezeit, um Notizen über den vorherigen Kunden sofort ins Laptop zu tippen. Vor allem meldet er sich per Handy beim Kunden des folgenden Termins und vereinbart eine neue Besuchszeit. Ehe er sich versieht ist die Wartezeit vorbei. Der Einkäufer entschuldigt sich und er hat einen ersten Vorteils-Stein im Brett.

Innerlich stabile Verkäufer können die Kluft zwischen „Den Auftrag bekommen" (= Erfolg) und „Diesmal keinen Auftrag bekommen" (= Nicht-Erfolg) in sich ausbalancieren. *Für den auf langfristigen Erfolg orientierten Verkäufer ist der Auftrag kein „Sieg" über den Kunden.*

Im Hinblick auf Auftrag oder Nicht-Auftrag sollte NICHT von „Sieg" und „Niederlage" gesprochen werden. Speziell im Verkauf darf es keine „Besiegten" geben. *Verkaufen ist ein wirtschaftlicher Vorgang zum beidseitigen Nutzen.* Wesen des Verkaufens ist der Kompromiss, die Einigung zwischen Anbieter und Nachfrager. Der Kunde hat dabei aber stets die Freiheit, sich den Anbieter seiner Wahl zu suchen. Fällt ein Verkäufer durch das Sieb der „ersten Wahl", so ist das keine Niederlage und er sollte sich tunlichst die Tür zur Teilnahme an der nächsten Wahl weit offen halten. Und auch der Kunde, der den erstrebten Auftrag erteilt, ist kein „Besiegter", sondern er muss eigentlich ebenfalls „Sieger" sein, denn er hat sich für seinen optimalen Nutzen entschieden.

Kommt es zu keinem Auftrag, so sieht er darin kein Scheitern und wird keinesfalls frustriert die Türen zuschlagen durch einen unrühmlichen Abgang. *Wichtig ist es dann, vor allem die gute Beziehung zum Kunden intakt zu halten* und sich die Chance nicht zu verbauen, *bei nächster Gelegenheit wieder unter den Anbietern sein zu können.* Erst wenn die Beziehung zum Kunden bricht, dann ist es ein „Verlieren", denn dann ist der Kunde verloren.

Ausgewogenheit von Anspannung und Entspannung

Nicht nur für den Spannungsbogen zwischen „Auftrag" und „Nicht-Auftrag" benötigt der erfolgsorientierte Verkäufer d*as stabile Fundament von Ausgewogenheit und Harmonie.* Darauf ruht ein großer Teil des individuellen Lebensverlaufs, egal ob in Familie oder in Freundschaften, ob im Beruf als Verkäufer oder als Trainer im Seminar.

Im Training setzt der erfolgreiche Sportler alle Kräfte ein und reizt die Grenzen seiner Leistungsfähigkeit aus. Mit höchster Konzentration aller Kräfte geht er dann in den Wettkampf. Aber in der Freizeit lässt er Beine und Seele baumeln, schaltet völlig ab, denkt an ganz was anderes, beschäftigt sich mit Dingen, die Freude machen und ablenken. *Der wohldosierte Ausgleich zwischen Anspannung und Entspannung ist eine der stärksten Energiequellen des Menschen.*

Anspannung aller Konzentration, Aufgebot aller Kreativität, voller Einsatz von innerer Persönlichkeit und äußerlich überzeugendem Eindruck, so rüstet sich der auf Erfolg ausgerichtete Verkäufer vor dem Besuch beim Kunden. *Entspannung*, Durchatmen, Arme ausschütteln, tief Atem holen und alle Anspannung von sich prusten, das sollte er sich gönnen im nächsten Stück Wald, das an seinem Weg liegt – ganz egal ob nun mit unterschriebenem Auftrag oder „nur" mit der Zusage, beim nächsten Bedarf wieder mitbieten zu können.

Gleichgewicht durch Balancing

Schon drei bis fünf Minuten *Entspannung stellt die innere Balance wieder her*, macht die Lungen frei zu neuem Durchatmen, reguliert die Herzfrequenz, bringt frisches Blut in die Kreativzellen im Kopf … Nochmals das Erscheinungsbild überprüft, Haare, Kleidung, Schuhe, Geruch, und die neue Anspannung des nächsten Kunden-Termins kann mit guten Erfolgsaussichten folgen.

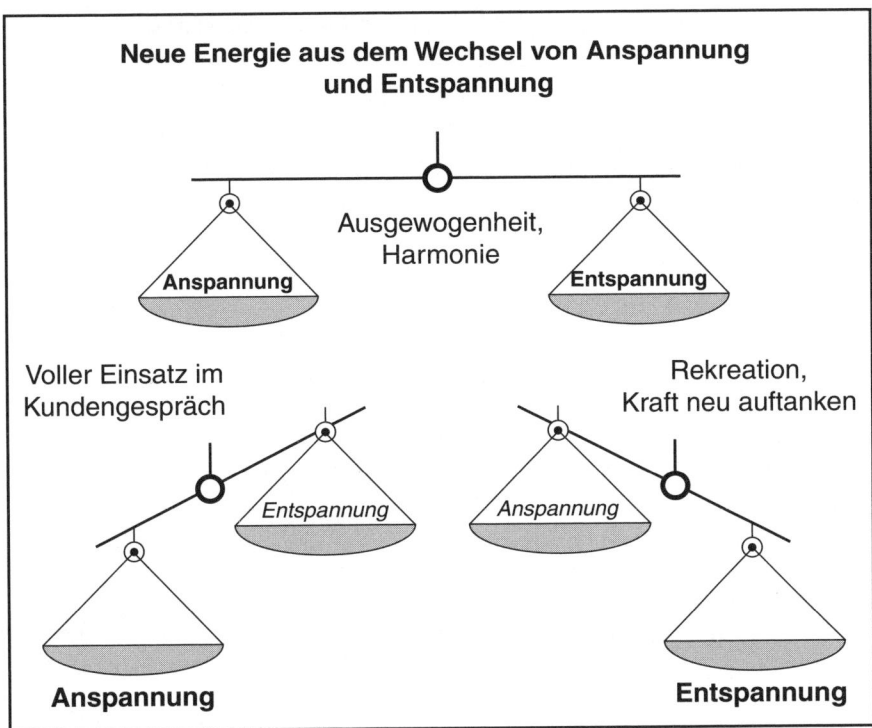

Neue Energie aus dem Wechsel von Anspannung und Entspannung

Kraft tanken für Körper, Geist und Seele

Wie im Lauf des Tages, von Kunde zu Kunde die kurze, eingeschobene Entspannung für die Regeneration der Kräfte sorgt, so gilt dies auch für das Nachtanken frischer Energie am Feierabend, Wochenende und im Urlaub. Stabilität und Ausgeglichenheit vertragen sich nicht mit durchzechter Nacht vor dem wichtigen Kunden-Besuch am nächsten Vormittag. *Hoch konzentriertes Argumentieren und Standfestigkeit in Gesprächen und Verhandlungen mit schwierigen Kunden gelingt nur, wenn Freizeit zum Nachtanken von Kraft und Energie genutzt wird.* Fitness für den Erfolg wächst aus sorgfältiger „Hege und Pflege" von Körper, Geist und Psyche.

Über 40% aller Arbeitnehmer sind in ihrer beruflichen Leistungsfähigkeit eingeschränkt, weil sie Beziehungsprobleme haben. Berufsleben und Privatleben sind ebenso wenig voneinander zu trennen wie körperliche und psychische Fitness. Viele Männer frönen leider dem Aberglauben der Isolierbarkeit von Privatleben und Beruf, von Seele und Körper, und sie manövrieren sich damit sowohl in Partnerschaftskrisen als auch in beruflichen Misserfolg – und zudem in Magengeschwüre und häufig sogar in den Herzinfarkt.

„Kraft kommt nicht aus körperlichen Fähigkeiten. Sie entspringt einem unbeugsamen Willen."

Mahatma Gandhi

Wechselt der Verkäufer nach dem Arbeitstag nicht in Entspannung und körperlichen Ausgleich, sondern in häusliches Chaos und in Abende und Wochenenden voller Zwist und Streit, so raubt ihm das schon nach kurzer Zeit die *Kraft zum Erfolg*. Die menschliche „Seele" ist nur in Grenzen belastbar. Das ist Fakt. *Jenseits der Belastungsgrenzen erlahmen zuerst die Leistungsfähigkeit und die Leistungsbereitschaft.* Innere Kündigung ist die fast zwangsläufige Folge. Damit aber *verliert der Verkäufer dann auch die Überzeugungskraft, die „Integrität" seinen Kunden gegenüber.*

Planvolle Regeneration der verfügbaren Kräfte prägen den bewusst auf Erfolge ausgerichteten Verkäufer. Er kümmert sich um:

❑ seine *körperliche Fitness*:
Er pflegt sie durch regelmäßige Bewegung. Gymnastik, Joggen, Radfahren oder Schwimmen am Morgen pumpt Sauerstoff ins Gehirn, das dadurch hohe Kreativität und Konzentration entwickeln kann.

❑ seine *gesunde Ernährung*:
„Voller Bauch denkt nicht gern" und „Gesunder Geist wohnt im gesunden Körper" mahnt der Schatz der Spruchweisheiten.

❑ seinen ausreichenden, *entspannten Schlaf*.

❑ seine Möglichkeiten zum *Entspannen und Abschalten:*
am Abend, an Wochenende und im Urlaub, beim Hobby, beim Sport, in der Familie und/oder im Freundeskreis.

❑ seine *positive psychische Einstellung*:
um den Erhalt seiner Freude an den Herausforderungen des Tages.

❑ seine *Ausgeglichenheit und Harmonie:*
auch in privaten Angelegenheiten, in Partnerschaft oder Familie und im Freundeskreis.

❑ seine laufende „*Geistesnahrung*":
nicht nur zu beruflichen Kenntnissen und Fertigkeiten, sondern auch für die Allgemeinbildung durch breit gefächerte Informationen aus Büchern (Fach- und Sachbücher ebenso wie Belletristik), aus informativen und fundierten Zeitungen und Zeitschriften und durch ausgewähltes Fernsehen (z.B. Reportagen und Features zu Politik, Gesellschaft, Wirtschaft, Kultur, Geographie usw.).

Standhaft im Spiegel der Kritik

Ein weiterer *Faktor der persönlichen Stabilität ist auch die Fähigkeit, Kritik sachlich und gelassen annehmen zu können.* Der Verkäufer mit innerer Stabilität kann seinen Widerspruchgeist zähmen, auch wenn der kritisierende Kunde mal nicht „Recht" haben sollte. Notorische Rechthaber und Besserwisser haben im Verkauf nichts verloren. Sie sind auf Konflikte mit dem Kunden programmiert. Die aber blockieren den Verkaufs-Erfolg.

Kritik stellt nicht aus sich heraus einen Angriff auf den Verkäufer dar oder auf das Produkt oder das Unternehmen, das er vertritt. Also ist es auch nicht nötig, auf Kritik sofort mit Rechtfertigung oder mit Abwehr oder gar mit Gegenangriff zu reagieren. *Kritik kann konstruktiv sein*, ein Hilfsangebot anderer auf dem Weg ständiger Verbesserung. *Kritik kann ebenso auch destruktiv sein*, der Versuch anderer, Geltung, Selbstbild und auch Erfolg zu demontieren.

Kritisiert der Kunde, so ist das oft nur sein Signal, dass er mehr Zuwendung oder Hilfsbereitschaft erwartet. Wehe also, wenn der Verkäufer Kritik von Haus aus als Abwertung oder als Angriff auf seine Person empfindet. *Der in sich stabile Verkäufer dagegen nimmt Kritik als Aufforderung zum weiteren Gespräch.* Er sieht darin konstruktive, hilfreiche und weiterführende Argumente des Kunden. Also *reagiert er nicht beleidigt und auch nicht mit Abwehr,* sondern sucht nach den Motiven des Kunden und beruhigt oder befriedigt diese (so gut er kann) im weiteren Gespräch.

Kritik begegnet dem Verkäufer aber nicht nur von Kunden-Seite. *Auch aus dem Kollegenkreis oder durch den Chef kann es Kritik geben.* Doch auch hier gelten die Grundregeln zu Annahme und Abwägung von Kritik:

- ❏ Nicht jeden Fehdehandschuh sofort aufnehmen.
- ❏ Berechtigung der Kritik möglichst objektiv bewerten.
- ❏ Ursachen der Kritik analysieren und offen legen.
- ❏ Boshafte Absicht erkennen (Mobbing) und sachlich abwehren.
- ❏ Berechtigte Kritik als Hilfe und konstruktiven Beitrag annehmen.
- ❏ Das Gespräch suchen und so Kritik entweder entkräften oder in neues Handeln umsetzen.

Kritik muss jedoch nicht unbedingt von anderen kommen. *Selbstbewusste und in sich stabile Menschen zeichnen sich auch aus durch ihre Fähigkeit zur Selbstkritik.* Weder blinde Selbstüberschätzung noch Dauer-Euphorie, und ebenso wenig der Absturz in heftigste Selbstzerfleischung beim Misslingen einer Aufgabe sind Merkmale des in sich stabilen Menschen. Ein *gesundes, realistisches Selbstbild, das auch die Reflexion von Fehlern und Misserfolgen zulässt, hilft zur Stabilität auf dem Erfolgskurs.*

„Der Kritiker ist ein Wegelagerer zum Ruhm"
Robert Burns

Der Lebenspartner oder gute Freunde im wahren Sinn des Wortes, Eltern oder Geschwister können fruchtbar zur kritischen Selbstreflexion beitragen und wertvolle Anstöße geben. Nicht alles Gute muss unbedingt aus dem eigenen Ich erwachsen. *Die etwas distanzierteren Augen von anderen erkennen oft mehr und deutlicher, wo umgesteuert und/oder Neues angenommen werden muss.*

Fehler der anderen haben einen hohen Unterhaltungswert. Wir brauchen deswegen Berater, die möchten, dass wir besser werden, die sogar Freude daran haben, wenn wir dann besser sind als sie selbst. Vorsicht allerdings vor falschen Ratgebern!

Persönliche Souveränität und Glaubwürdigkeit zeigt, wer sich durch Kritik weder aus dem Gleichgewicht noch aus der Erfolgsbahn werfen lässt. Sachlichkeit gegenüber Kritik, egal aus welcher Richtung, egal ob von außen oder aus eigener Sicht, zeichnet den in sich stabilen Menschen aus. Unberechtigte Kritik kann ihn nicht treffen, *berechtigte Kritik nimmt er als Hilfe, als weiterführenden Beitrag auf seinem erfolgreichen Lebensweg*, im Beruf ebenso wie im Privatleben.

Stabiles Bollwerk gegen Ärger

Die Erfolgsstützen Stabilität und Harmonie fußen auch im privaten Leben. Es gilt, private Angelegenheiten im Griff und unter Kontrolle zu behalten. Wer aus einer Nacht voller Grübelei über ungelöste private Probleme in den neuen Verkaufs-Tag startet, der hat höchst geringe Erfolgschancen. Wie soll seine volle Konzentration dem Kunden gelten?

Turbulenzen gibt es immer mal. Meist kommt Ärger gerade dann, wenn alles so schön glatt und harmonisch zu laufen scheint. Die Herausforderung heißt dann: unkontrolliertes, selbstschädigendes Handeln vermeiden. Klar und zielorientiert eine Lösung ansteuern, *nichts schleifen lassen* und nicht warten, bis aus dem Funken das ungebändigte Inferno wird.

„Sich ärgern heißt zu sühnen für die Schuld anderer."

Johann Wolfgang von Goethe

Natürlich *geht es im Leben nicht ohne Ärger ab.* Aber es bestehen immer zwei Alternativen:

❑ Entweder sich in Ärger und in dessen anhaltende Fortsetzung *hineinsteigern*
❑ oder aber den Ärger (so gut es geht) an sich *abprallen lassen.*

Es heißt ja: *„Ich ärgere mich!"* Wörtlich genommen ist der Ärger also „ichgemacht" und damit im Prinzip leicht abzustellen: Was hindert mich dran, mich nicht mehr zu ärgern? Das ist eine Frage der inneren Stärke! Doch meist sieht man es ja ganz anders: *„Die anderen ärgern mich!"* Aber wieso sollen andere die Möglichkeit haben, in mir Ärger zu entzünden? Der Ärger ist in mir. Also hat doch auch jede(r) selbst die Möglichkeit, ihn schnell wieder zu löschen oder schon von vornherein Schutzschilde aufzubauen.

Der eine prozessiert um jeden Fussel, der andere wägt ab:

Der ärgste Feind ist in uns selbst.

- ❑ *Wie stark wird die Belastung durch den zu erwartenden Ärger?*
- ❑ Wie stark wird die Stimmung nach unten gezerrt durch die Ärger-Fortsetzung?
- ❑ *Wie stehen diese negativen Folgen zur Bedeutung der Sache?*

Vorsicht auch vor dem Sadisten im Angreifer, er hat nur vor, uns zu demütigen. *Wer sich nicht ärgert, ärgert oft die am heftigsten, die ihn ärgern wollen.* Andere ärgern macht doch erst so richtig Spaß, wenn die sich wirklich ärgern.

Die lebenslange Dynamik

Stürmischer *Wandel* beherrscht das Leben im 21. Jahrhundert. *Neues zerstört und verdrängt Altes* – immer wieder in der Geschichte der Menschheit. *Fortschritt setzt sich über Traditionen hinweg.* Aber Tradition geht deswegen nicht spurlos unter. Die Römer überflügelten die Griechen, aber Griechenlands große Philosophen beeinflussten die großen Denker Roms. Die Germanen stürzten das Römische Reich und übernahmen dabei doch wesentliche Elemente der römischen Kultur.

Ehedem galten Ehrungen für 25-, 40- oder gar 50-jährige Betriebszugehörigkeit als hohe Anerkennung für Treue und Stetigkeit. Heute lösen sie nur noch ungläubiges Staunen aus.

Selbst in Japan zerbrach das einst „heilige" Prinzip des „Lifelong Employment" im Handumdrehen, als wirtschaftliche Klippen die Unternehmen zum Umdenken zwangen. *Dynamik, lebenslange Lernfähigkeit und Lernbereitschaft sind entscheidende Voraussetzungen für Erfolge im Beruf* ebenso wie auch im privaten Leben.

An der Bereitschaft und an der Fähigkeit zu Wechsel und Wandel hängen heute Karriere und Erfolg in der Zukunft. Morgen ist heute schon gestern. Die *Zeit und die Entwicklung kennen keine Stopps.* Zeitgemäßer Service erlaubt keine veralteten Methoden. *Erfolg im Verkauf von morgen kann sich*

Morgen ist heute gestern.

nicht auf das Bewährte von gestern stützen. Kunden-Bedürfnisse, Produkte, Dienstleistungen, technische Möglichkeiten verharren nicht im Stillstand. *Erfolgreiche Wirtschaft lebt von Innovation. Was gestern noch gut war, zählt heute nur noch zum Mittelmaß.*

„Das Bessere ist der Feind des Guten."

Voltaire

Kunden fordern Gesprächspartner, die ihnen an Wissen und Kenntnissen überlegen sind und fundierte Beratung geben können. *Flexibilität und laufende Weiterentwicklung* werden daher Grundvoraussetzungen für den erfolgreichen Weg im Verkäufer-Beruf. *Verkaufen wird bleiben*, also werden auch *Verkäufer bleiben, aber sie sehen sich ständig vor neuen Herausforderungen. Grundlegende Voraussetzung für Erfolge im Verkäufer-Beruf ist heute die Fähigkeit sich anzupassen und sich weiterzuentwickeln.*

Lernen ohne Ende für Erfolge in der Zukunft

„Wer glaubt etwas zu sein, hat aufgehört, etwas zu werden."

Sokrates

Jeder Mensch hat seine „sicheren Zonen" – Fertigkeiten, die er „blind" beherrscht. Und viele Menschen sehen tunlichst zu, möglichst im Kreis ihrer sicheren Zone zu bleiben, *sich bloß keine Blöße zu geben* durch Ungeschicklichkeit bei Tätigkeiten, in denen sie keine Übung haben, für die sie keine Sicherheit mitbringen. Sie sind zufrieden mit dem, was sie sicher beherrschen.

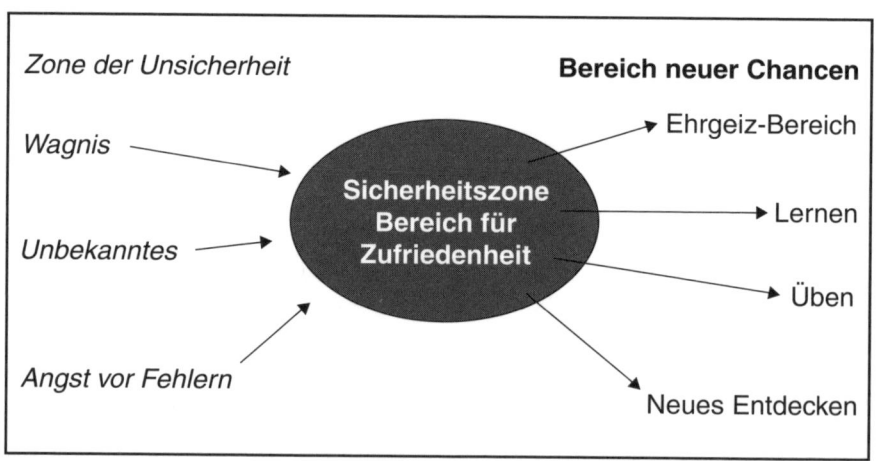

Aufbruch aus der Sicherheitszone

Trial and Error

Manche packt dann aber doch irgendwann der innere *Ehrgeiz* und sie verlassen ihre „Sicherheitszone", beginnen (zuweilen heimlich) etwas *Neues zu üben*. Manche fürchten das Gesicht zu verlieren, solange sie das Neue noch nicht sicher beherrschen. Vors Auge des „Publikums" wagen sie sich daher erst, wenn sie *in den neuen Fertigkeiten sicher* sind. Sie haben ihre *Sicher-*

heitszone erweitert. Zirkus-Artisten haben da eine ganz andere Einstellung. Sich an Neues zu wagen ist Bestandteil ihres Alltags. Tausend- und abertausendfach fallen dem 6-jährigen Jongleur-Junior die Bälle auf den Boden. Aber er hat von den Eltern gesehen, dass das ganz natürlich ist. *Also immer wieder aufheben und weiterüben.* Keiner schaut hin, keiner lacht. *Üben ist selbstverständlich,* probieren, *dran bleiben, bis es irgendwann klappt,* erst einmal, dann immer öfter, schließlich mit blinder Sicherheit.

Für den erfolgsorientierten Verkäufer *darf es für die Zukunft keine unverrückbar feststehenden Tatbestände mehr geben.* Leben in dauerhaft instabilen, turbulenten und sogar unkalkulierbaren Umwelten ist heute Alltag. Nur wer regelmäßig *neue Herausforderungen außerhalb seiner Sicherheitszone anpackt,* kann Schritt halten mit den galoppierenden Anforderungen im Beruf und den ständig wachsenden Voraussetzungen für Verkaufs-Erfolge. Wie der Sportler nach errungener Meisterschaft nicht aufhören wird, seine Muskeln zu trainieren, neue Grenzen, neue Medaillen anzustreben, so gibt es heute auch *im Verkauf kein zufriedenes Ausruhen mehr* in sicherer Zone. *Ständige persönliche Weiterentwicklung ist oberstes Gebot.*

> *„Zufriedenheit macht die Überholspur frei für die Wettbewerber.“*
>
> *F. Christian Zach*

Kaizen-Philosophie: Jeden Tag ein bisschen wachsen

Die japanische Erfolgsphilosophie des *Kaizen* beruht auf dem Grundsatz: „Der Weg ist das Ziel.“ Den Zustand der Vollendung zu erreichen ist dem Menschen nicht gegeben. Aber *ständige Verbesserungen sind möglich,* seien sie noch so klein und scheinbar unbedeutend. Es kommt darauf an, *ständig lernbereit zu sein, ständig offen für das Neue.*

Eine weltweite Studie des International Institute of Management-Development (IMD) deckte im Jahr 2002 auf, dass *deutsche Unternehmen hinsichtlich ihrer kontinuierlichen Weiterentwicklung und Innovationskraft weit abgeschlagen rangieren.* Spitzenreiter sind USA, Niederlande und Finnland. Als Ursache deutscher Neuerungsschwäche deckten die IMD-Forscher auf: *„In deutschen Unternehmen mangelt es an Fehlertoleranz. Das Management vergeudet hohen Krafteinsatz mit der Absicht, Unvorhersehbares zu vermeiden. Das blockiert Innovationen.“*

Herausgefordert sind damit also auch die Unternehmen: *Sie müssen so deutlich mehr an geistigem Freiraum zulassen.* Dadurch kann allerdings auch ein gerüttelt Maß an organisatorischer Unordnung entstehen, aber die *Epoche der Regelungsbeflissenheit und der Bevormundung ist vorbei.* Weit oben in den individuellen Lebensentwürfen rangiert Selbstständigkeit in eigenverantwortlichen Tätigkeitsbereichen. *Die Erfolge der Zukunft schaffen Verkäu-*

Nichts gedeiht im Schatten großer Bäume.

fer, die sich auch mal trauen, Gewohntes in Frage zu stellen, Vertrautes aus neuen Blickwinkeln zu bewerten und bislang Getrenntes zu vernetzen.

Mit der rasanten Entwicklung von Technik und Produkten kann menschliche Anpassungsfähigkeit oft nur schwer mithalten. Die Aufnahmefähigkeit des menschlichen Gehirns (und ebenso auch der menschlichen Psyche) für Informationen ist begrenzt. *Flexibles „Entlernen" ist daher eine der Grundanforderungen für erfolgreichen Umgang mit neuen Herausforderungen.*

Entlernen bezeichnet die Fähigkeit des Menschen „gezielt zu vergessen", den Schatz der Erfahrungen, der Kenntnisse und des angelernten Wissens zu entrümpeln nach Kriterien von „in Zukunft noch nützlich" oder „überholt/ entbehrlich". Wer zu lange und zu intensiv an Alt-Wissen haftet, ist blockiert für das lebenslange Lernen, für Flexibilität und Innovation. Durch „Entlernen" wird informative Überladung vermieden. Es ist erwiesen, dass bei Überladung mit Informationen die Entscheidungs- und Handlungsfähigkeit sinkt.

Eigeninitiative geht vor Fremdbestimmung

Der erfolgsorientierte Verkäufer wird nicht darauf warten, dass Dritte darüber entscheiden, was er wann, wo und bei wem weiterbildet oder neu erlernt. Er ist *stets wach und neugierig* und darum bemüht, selbst aktiv zu erkennen, *wohin die Trends gehen.* Jeder Verkäufer ist gefordert, unentwegt durch Lektüre, aus dem Internet, über Vorträge oder Seminare neue, weiterführende Kenntnisse und Fertigkeiten zu erwerben. Diese sind seine Grundlage, um *neue Chancen, die sich aus dem ständigen Wandel ergeben, für persönliche Erfolge nutzen zu können.*

Bereitschaft und Fähigkeit, sich lebenslang weiterzuentwickeln, hinzuzulernen, neu zu lernen, *Altes loszulassen und sich an Neues zu wagen – das alles sind keine Eingeständnisse von Schwäche oder gar von Scheitern.* Das sind Charaktereigenschaften, die erfolgsorientierte Menschen auszeichnen, ganz besonders auch im Verkauf. *Ständig an sich arbeiten*, ständig nach Wegen und Chancen suchen, *sich zu verbessern*, dem Kunden mehr Nutzen zu bringen, der beruflichen Aufgabe besser, also erfolgreicher gerecht zu werden, das sind Wesenszüge, die dem erfolgsorientierten Verkäufer seinen *Vorsprung verschaffen* vor anderen.

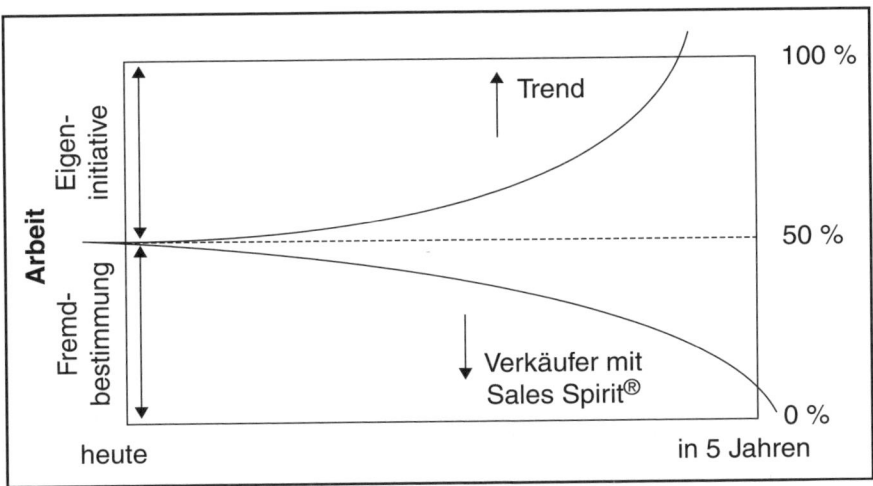

Der Verkäufer mit Sales Spirit® entgeht dem zunehmenden Trend der Fremd-bestimmung durch ständige Eigeninitative, z.B. durch

- ❑ Aktionspläne zur Kunden-Akquisition,
- ❑ Verbesserung seines Verhandlungsgeschicks,
- ❑ Forcierung kollegial-freundschaftlichen Teamworks.

Selbstorganisation und Selbstdisziplin

Wessen Leben im totalen *Chaos* abläuft, der wird auch im Beruf keinen Er-folg haben, schon gar nicht im Verkäufer-Beruf. Ordnung ist das halbe Leben – das hat gewiss seine Berechtigung. Ordnung nicht nur auf dem Schreib-tisch, sondern auch in den Gedanken.

„Wer Ordnung hält, ist zu faul zum Suchen": Das ist die meist wohlfeile Aus-rede für das unentwirrbare Chaos, das sich dann häufig vom persönlichen Outfit über die privaten Unterlagen hinzieht bis ins berufliche Feld. *Sinnlos wird Zeit vergeudet* mit unnötigem Suchen unter *kräftefressendem Stress* nach wichtigen Unterlagen. Im letzten Moment wird Präsentationsmaterial wenigstens oberflächlich in Ordnung gebracht, am Anzug ein Knopf notdürf-tig angenäht, der Tagesplan im Davoneilen noch überflogen, um vom ersten Kunden sich wenigstens noch den Namen einzuprägen.

Ganz anders dagegen der erfolgsorientierte *Verkäufer mit Selbstdisziplin und Selbstorganisation*. Am Feierabend ist für ihn eben doch noch nicht so ganz und gar Feier-Abend:

❑ Jetzt ist die Erinnerung frisch, um wichtige Anmerkungen in die *Kunden-Datei* im Laptop einzutragen und wichtige Unterlagen ins persönliche *Archiv* einzusortieren. Unterlagen aufzubewahren macht nur dann Sinn, wenn sie bei Bedarf auf einen Griff auffindbar sind.

❑ Jetzt ist die Zeit, das *Präsentationsmaterial* von den Spuren des Tages zu befreien, von den Mustern und den Prospekthüllen die Fingerabdrücke abzuwischen und alles für den nächsten Tag aufzupolieren.

❑ Jetzt ist die Zeit zu kontrollieren: Sind noch genügend *Prospekte und Preislisten* im Koffer, und auch genügend *Visitenkarten und Auftragsformulare*? Ist das *Video* wieder auf Anfang gespult?

❑ Jetzt ist die Zeit sich vorzubereiten: Welche Kunden stehen im *Tagesplan für morgen,* was gibt die Kunden-Datei über sie an wichtigen *Informationen zur Vorbereitung,* zum Geschäft ebenso wie für den Smalltalk. Ist ein Glückwunsch, ein kleines Geschenk fällig?

❑ Jetzt ist auch die Zeit, die eigene *Buchhaltung* tagesaktuell zu erledigen und die Einträge nicht in den Horror-Wust für das Jahresende abzuschieben.

❑ Jetzt ist auch die Zeit, schon das *Outfit für den nächsten Tag* bereitzulegen: Ist alles tipptopp in Ordnung?

Planvoll arbeiten durch Selbstorganisation

Ordnung im alltäglichen Lebensablauf erfasst dabei dann auch scheinbar banale „Planungen", wie die folgenden Beispiele zeigen.

Der Tagesstart:

❑ Wieviel Zeit möchte ich für ein Lust spendendes Frühstück haben?
❑ Wie lange genehmige ich mir für „Morgen-Muffelei"?
❑ Welche Zeit ist für die Anfahrt zum ersten Kunden einzukalkulieren?
❑ Wann muss also der Wecker klingeln, um nicht gleich in Hektik zu verfallen?

Im Tagesverlauf:

❑ Wie viele Kunden plane ich „fix" zu besuchen?
❑ Und bei welchen Kunden bin ich „variabel" ... wenn es reinpasst?
❑ Welche Pufferzeiten sind notwendig?
❑ Wie werden (unvorhergesehene) Pausen sinnvoll genutzt?
❑ Wie komme ich tagsüber ständig zu neuen Kräften?

Nur Vorsicht, überzogene Vorsätze sind kein Ausdruck von Fleiß, sondern von Mängeln in der Selbstorganisation.

Zur persönlichen Stärke gehört es auch, jederzeit selbst in der Lage zu sein, sich selbst zu organisieren.

Zehn Leitlinien zu den Erfolgssäulen der Verkäuferentwicklung:

1. *Eigene Werte konstruktiv entwickeln.*
   Stillstand ist der Anfang zum Rückschritt. Werte der Kunden achten und dem Kunden helfen, seine Werte zu verwirklichen.

2. *Glaubwürdigkeit bringt Vertrauen.*
   Kunden wollen sicher gehen: klar, geradlinig, redlich und zuverlässig.

3. *Der Fels in der Brandung sein.*
   Stabilität wächst aus der Balance zwischen Erfolg und Nicht-Erfolg, zwischen Anspannung und Entspannung, zwischen Stress und Auftanken der Kräfte, das bringt kraftvolles Äußeres.

4. *Die Harmonie von Seele, Geist und Körper formt starke Verkäufer.*
   Für seine Fitness und Leistungsfähigkeit ist jeder selbst verantwortlich. Familie, Freunde, Hobby, körperlicher Ausgleich sind starke Quellen neuer Energie.

5. *Kritik und Ärger bekommen keine Chance, die Erfolgssäulen zu untergraben.*
   Kritik kann hilfreich sein auf dem Weg ständiger Selbstverbesserung. Gesunde Selbstkritik bewahrt vor Abstürzen aus aufgebauschten Träumen.

6. *Nur wer mit dem Wandel Schritt hält, kann Erfolge ernten.*
   Lebenslange Flexibilität, Aufgeschlossenheit für das Neue, Bereitschaft zum Lernen und zum Abschied vom Alten sind die Grundlagen für künftige Erfolge im Verkauf.

7. *Zukunft ist keine Bedrohung, sondern enthält eine Fülle von Chancen.*
   Durch permanente Innovation bleibt die Nase vorn, Spitzen-Verkäufer wittern dadurch jede Chance.

8. *Kunden fordern den Partner, der auf der Höhe der Zeit ist.*
   Kunden erwarten vom Verkäufer, dass er Wissen und Anstöße mitbringt. Kreative Ansporner sind beim Kunden willkommen.

9. *Ständige persönliche Weiterentwicklung vollzieht sich in kleinen Schritten.*
   Tag für Tag. Fehler sind unvermeidlich, solange Menschen handeln. Fehler sind Basis für das Lernen und dürfen sich nicht wiederholen.

10. *Eigene Initiative ist allemal fremdem Anstoß überlegen.*
    Vorneweg statt hinterher. Dazu aber bedarf es auch planvoller Selbstorganisation und Disziplin.

Energiequellen für den Erfolg im Verkäuferberuf

Energie ist die Quelle für Kraft, auf Englisch „Power". Das Schlagwort vom „*Power-Selling*" geht um. *Energie steht nicht grenzenlos zur Verfügung.* Jeder Mensch hat einen unterschiedlichen Energiehaushalt:

- ❏ Welche Menge an Energie braucht er?
- ❏ Welche Energiemenge hat er in sich verfügbar?
- ❏ Woher holt er sich neue oder zusätzliche Energie?
- ❏ Wie teilt er seine verfügbare Energie auf?
- ❏ Wie steht es um Reserven?
- ❏ Was passiert bei Energieausfall?

Entscheidend für die verfügbare Energie, die „Power" des einzelnen Menschen sind seine konstitutionelle Gesundheit, seine Lebensweise (Ernährung, Sport), sein „Energie-Umfeld" im privaten und im beruflichen Bereich (Familie, Freunde, Kollegen, Team) und seine persönliche Balance (körperlich, psychisch, sozial).

„Jeder tickt anders", sagt der Volksmund. Und so *verbraucht jeder andere Energiemengen für oft scheinbar gleiche Aufgaben.* Dem einen fällt es schwer, dem anderen geht es leicht von der Hand (oder aus dem Kopf). Der eine hat hier seine Talente, der andere dort. Das ist in der Schule schon so und das ganze Leben lang dann ebenfalls. *Breite Unterschiede der individuellen „Power" gibt es also auch im Verkäufer-Beruf.*

Essen, Trinken, Schlafen – das sind zwar wichtige, aber für den Verkäufer-Beruf nur Basis-Quellen. Wir beschäftigen uns in diesem Kapitel mit den stärksten Quellen für echte verkäuferische Power:

- ❏ Begeisterung
- ❏ Innere Einstellung
- ❏ „Flow", Wachstum
- ❏ Visionen
- ❏ Ziele

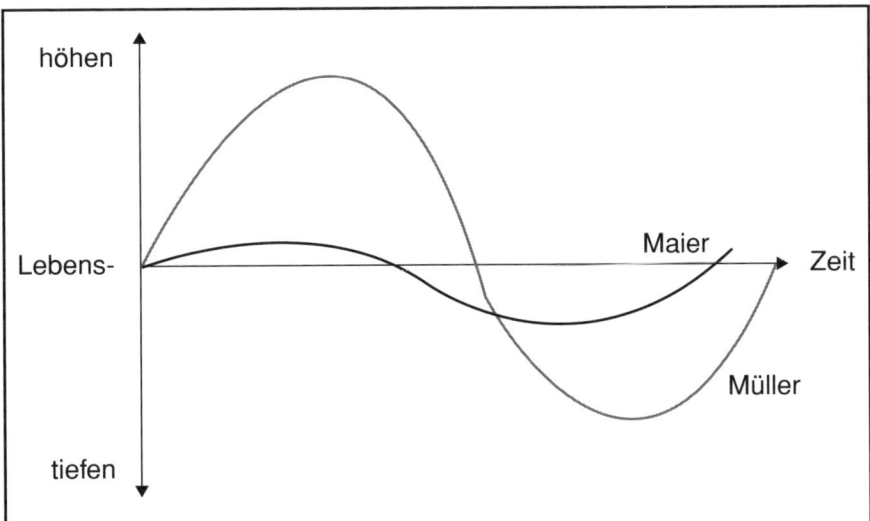

höhen

Lebens-

Maier

Zeit

Müller

tiefen

Die Energiekurve jedes Menschen verläuft anders.

• Der eine ist ausgelichen, kennt keine extremen Tiefen und Rückschläge, aber andererseits auch keine außergewöhnlichen Höhen, kein „Himmelhochjauchzen".	• Bei anderen Menschen sind sowohl Freude und sogar Überschwang, aber andererseits auch Niedergeschlagenheit und Antriebsmangel stark ausgeprägt und die Antriebskraft zeigt damit starke Schwankungen in beide Richtungen.

Nur begeisterte Verkäufer können Kunden begeistern

Begeisterung ist eine der stärksten Energiequellen des Menschen. Fans geben oder tun (fast) alles für ihren Club oder ihr Idol. *Begeisterung reißt Menschen mit.* Sie strahlen vor Energie. Begeisterte Verkäufer stecken Kollegen an und Kunden ebenso. Die Begeisterung beginnt bei der positiven Einstellung zu sich selbst, zur privaten Umwelt, zur beruflichen Aufgabe, setzt sich fort gegenüber Produkt und Unternehmen und schließt schließlich ebenso auch den Kontakt und die Beziehung zu den Kunden ein.

„Begeisterung flößt der menschlichen Seele die Kraft ein, ihre schönsten Anstrengungen zu machen."

Samuel Smiles

Das typische Beispiel für den begeisterten Verkäufer sieht so aus:

❏ Er wacht morgens auf und freut sich am neuen Tag, an den Kindern, am Frühstück, an den bevorstehenden Aufgaben des Tages. Er freut sich auf die vielen menschlichen Kontakte, auf die vielen Möglichkeiten, Kunden zu helfen und dafür deren Dankbarkeit zu ernten.

❑ Er ist in sein Produkt geradezu vernarrt. Und dadurch fällt es ihm leicht, mit seiner inneren Begeisterung auch Kunden anzustecken und sie für Aufträge zu gewinnen. Er verbraucht recht wenig Energie dabei.

❑ Er ist bis ins tiefste Innere von seinem Arbeitgeber-Unternehmen überzeugt, und daher fällt es ihm relativ leicht, auch auf Kunden überzeugend zu wirken und ihr Vertrauen zu gewinnen. Auch das kostet relativ wenig Energie.

Das Beispiel für das andere Extrem dagegen sieht so aus:

❑ Dies ist der Verkäufer, dem innerer Widerwille die gesamte Energie auffrisst: Morgens, wenn er aufsteht, spürt er als erstes den tiefen Widerwillen gegen seinen „Job". Dann denkt er mit Schaudern daran, wieder für das Produkt plädieren zu müssen, das er für Schund und Schwindel hält. Ebenso hält er auch sein Arbeitgeber-Unternehmen für eine Ansammlung von unanständigen Abzockern. Und seine Kunden sieht er allesamt als lästige, gierige und nimmersatte Ungeheuer.

„Der Widerstand ist die Rechtfertigung jeder Kraft vor sich selbst."

Hans Lohberger

Dieser Verkäufer mit dem *hohen inneren Widerstand* wird Tag für Tag seine *letzten Reserven* anzapfen müssen, um sich morgens irgendwie zurechtzumachen, ins Auto zu steigen und dann wieder die Klinken an den Türen der Kunden niederzudrücken. „Burn out" ist der englische Ausdruck dafür. Lange geht das nicht gut. Entweder rastet er nervlich aus oder Herzinfarkt oder Magengeschwür strecken ihn nieder.

Die richtige innere Einstellung erleichtert Verkaufserfolge

Die beiden Beispiele zeigen: *Der Verkäufer kann sehr unterschiedlich zu seinem Beruf stehen*, ebenso zum Produkt, zum Arbeitgeber-Unternehmen und auch zu den Kunden. Das ist aber weniger Veranlagung, sondern mehr Einstellungssache. *Und auf seine Einstellungen hat der Mensch durchaus erheblichen* Einfluss. Innere Einstellungen lassen sich formen und ändern. Und dort, wo sie sich nicht ändern lassen, da muss die Situation geändert werden: anderer Arbeitgeber, anderes Produkt, notfalls anderer Beruf.

„Herr, gib mir die Kraft, Dinge, die ich nicht ändern kann,
mit Gelassenheit hinzunehmen, und gib mir den Mut, zu ändern,
was geändert werden kann und muss. Und gib mir die Weisheit,
das eine vom anderen zu unterscheiden."

Friedrich Christoph Oetinger

Seine Einstellungen zu durchforsten und sinnlose Kräftevergeudung abzu-stellen – das hat jeder selbst in der Hand. Es fruchtet nichts, an verlorenen Fronten zu kämpfen und sich dabei selbst zu ruinieren. Kämpfen, wo Aussicht besteht, oder flüchten, wenn die Lage hoffnungslos ist.

Erfolg bleibt aus, gelingt es nicht, aus den Fängen von Energiefressern zu entkommen. Zu den stärksten Energievernichtern zählen innere Konflikte, Motivationsmangel, Ärger und vor allem auch Ängste:

- ❑ Angst vor Versagen
- ❑ Angst vor dem „Nein" des Kunden
- ❑ Angst vor dem Neuen und vor dem Wandel
- ❑ Angst um den Job
- ❑ Angst um Ansehen und Geltung seitens der Familie und im Freundes-kreis
- ❑ diffuse Angst „vor der Zukunft"

Nur wer energiefressende innere Einstellungen erkennt und ebenso auch blo-ckierende Ängste und Quellen von Ärger, und nur wer dann auch energisch gegen sie angeht (notfalls mit psychotherapeutischer Hilfe) – *nur der hält seine Energie zusammen und kann sie mit voller Power einsetzen.*

„Flow" – Aufstieg zum Gipfel der Energie

Von *„Drive"* spricht die junge Generation und meint damit den inneren An-trieb, die *Freude an und die Lust auf Herausforderungen,* auf das Ausreizen immer neuer Horizonte.

Ausgehend von öfters beschriebenen „Gipfel-Erlebnissen" von Bergsteigern, die bewusst *über ihre bisherigen Grenzen hinausgehen,* die dann plötzlich spüren, wie im Moment alles gelingt, analysierte an der Universität von Chi-cago Psychologieprofessor und Bewusstseinsforscher Mihaly Csikszentmi-halyi aus Ungarn das Prinzip des *„Flow".*

„Panta rhei."
(Alles fließt.)

Heraklit

Csikszentmihalyi fand dabei einen Zustand des Menschen, in dem „alles fließt": Die Hormone fließen, die Kreativität fließt, *ungeahnte Kraft fließt*. Im Flow-Zustand herrscht im Menschen ein *nahezu grenzenloses Selbstvertrauen*. Das Zeitgefühl, das Gefühl für „Hier und Jetzt" geht teilweise verloren. *Die innere Stimmung sagt: „Alles gelingt."*

Das Phänomen des Flow zeigte sich aber in allen Forschungen Csikszentmihalyis *nie bei Routinetätigkeiten* oder bei Unterforderung und ebenso kamen die untersuchten Probanden auch nie in Flow, wenn sie überfordert waren. Vera F. Birkenbihl hat das in eine anschauliche Zeichnung gebracht:

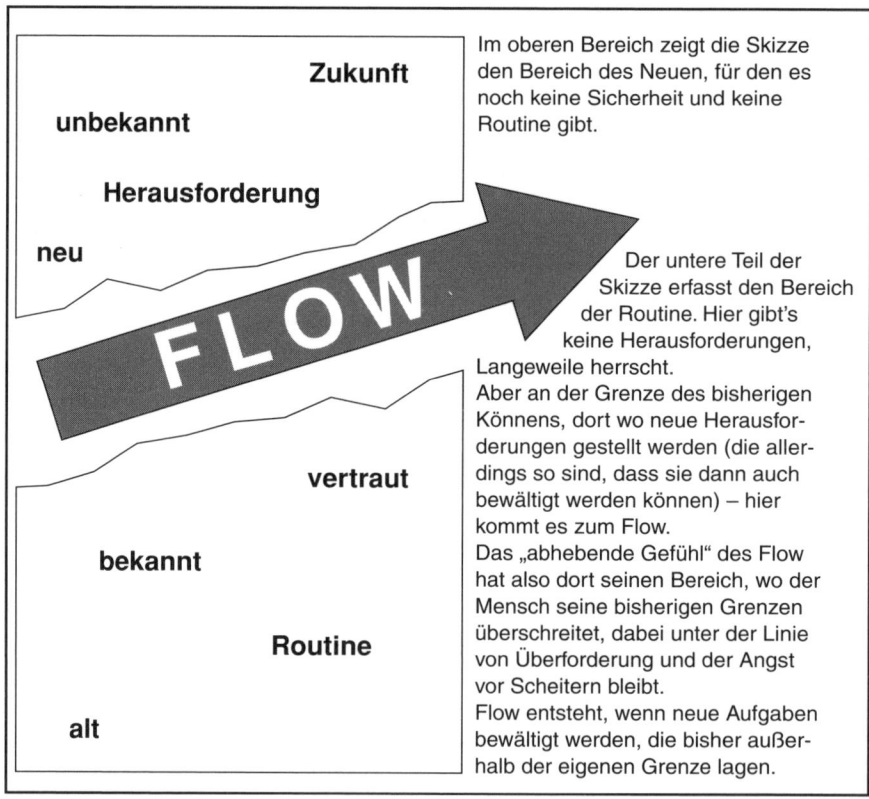

Zukunft

unbekannt

Herausforderung

neu

FLOW

vertraut

bekannt

Routine

alt

Im oberen Bereich zeigt die Skizze den Bereich des Neuen, für den es noch keine Sicherheit und keine Routine gibt.

Der untere Teil der Skizze erfasst den Bereich der Routine. Hier gibt's keine Herausforderungen, Langeweile herrscht.
Aber an der Grenze des bisherigen Könnens, dort wo neue Herausforderungen gestellt werden (die allerdings so sind, dass sie dann auch bewältigt werden können) – hier kommt es zum Flow.
Das „abhebende Gefühl" des Flow hat also dort seinen Bereich, wo der Mensch seine bisherigen Grenzen überschreitet, dabei unter der Linie von Überforderung und der Angst vor Scheitern bleibt.
Flow entsteht, wenn neue Aufgaben bewältigt werden, die bisher außerhalb der eigenen Grenze lagen.

Csikszentmihalyi folgerte aus seinen Forschungen: *Jede Tätigkeit lässt sich zur Flow-Tätigkeit machen*. Management-Trainerin Birkenbihl zeigt das an sehr simplen Experimenten mit selbstverständlichsten Tätigkeiten. Ihr Beispiel:

Eine der menschlichen Tätigkeiten im Bereich größter Routine ist ganz gewiss simples Gehen. Es erfordert keinerlei Anstrengung und stellt auf ebenem Boden vor keinerlei Herausforderung – Glatteis und Windstärke zwölf einmal ausgenommen. Doch schon beim Rückwärtsgehen ändert sich dies. Und die Anforderung wird weiter verstärkt durch verbundene Augen beim Rückwärtsgehen. Eine weitere Schwierigkeit kommt beim blinden Rückwärtsgehen durch vorher eingeprägte Hindernisse hinzu. Helle Begeisterung und inneres Hochgefühl erleben die Versuchspersonen, wenn es klappt ohne anzustoßen. Der Reiz des Erfolgs verführt dazu, die Herausforderung weiter Schrittchen für Schrittchen zu erhöhen, der Flow trägt nach oben …

„Flow" bezeichnet also einen Motivationszustand, der Menschen zu Hochleistungen trägt, ihnen neue Dimensionen erschließt. „Flow" mündet in „Ego-Drive" – den inneren Antrieb zu hohen Leistungen. Das lässt sich auch so ausdrücken: *„Erfolg zeugt Erfolge."* Erfolg spornt an, gibt Kraft und Selbstvertrauen.

Routine und Langweile lähmen den Ego-Drive, ebenso wie Zagen und Zaudern. Hohe aber erreichbare Ziele spornen ihn an. Der Vergleich mit den Besten fordert dazu heraus, *bisherige Grenzen zu sprengen*, wohldosiert Schrittchen für Schrittchen.

Aus Wachstum entspringen Erfolge

Der Erfolg im abgelaufenen Jahr ist kein Ruhekissen für das neue Jahr. Letztes Jahr 10 % zugelegt? Na und? Das letzte Jahr ist abgeschlossen, die Incentives sind verteilt, der neue Plan gilt und *das neue Rennen ist wieder völlig offen*: „Dieses Jahr bitte alle mindestens 12 % Umsatzplus." Keine Verkaufs-Planung wird je Umsatzreduzierungen vorgeben. *Im Wachstum liegt das Überleben.*

Unternehmen sind in vieler Hinsicht mit dem menschlichen Organismus zu vergleichen. Wie der menschliche Körper, so braucht auch ein gesundes Unternehmen gesundes Wachstum.

Beim menschlichen Körper sterben Zellen ab, wachsen neue Zellen nach. Ist der Körper jung, geschieht dies automatisch, der Ältere muss sich hüten vor allzu starkem Zellsterben (bedingt durch schlechten Lebenswandel, ungesunde Ernährung, zu wenig Fitness-Training), denn die Zellerneuerung hat sich verlangsamt und ist nur schwer zu aktivieren. Für Zellaktivierung gilt es, sich gerade im Alter ordentlich anzustrengen, z. B. ist das Fitness-Studio für den Senior nötiger als für den Spaß suchenden Jüngling.

„Warum wachsen wir? Weil wir nicht anders können."

Hermann Simon

Satte Löwen jagen nicht.

Auch für Unternehmen können wir auf das gleiche Gesetz schließen. Ist es jung, wächst es (gute Ideen vorausgesetzt) von selbst. Kommt es in die Jahre, ist ständige Erneuerung angesagt. Und ist es erst saturiert, neigt es zur schwerfälligen „Verkalkung". Wachstum ist also angesagt, für den Menschen im Verkäufer wie für sein Unternehmen. So bleibt das Unternehmen „gesund" und ein guter Arbeitgeber.

Neuen Schwung schöpfen aus Wachstumsdellen

Wachstumsdellen kennt die Wirtschaft sei eh und je. Sowohl die Gesamtwirtschaft wie einzelne Unternehmen haben *mit Wachstumsrückschlägen zu kämpfen*. Gerade besonders lange erfolgsverwöhnte Unternehmen haben dann häufig die allergrößten Schwierigkeiten, sich *auf die neue Situation einzustellen*. Die Schuld wird überall gesucht, nur nicht im selbstgefälligen Ausruhen auf den Lorbeeren der vergangen Jahre.

Und was für Unternehmen gilt, das gilt auch für die persönliche Erfolgskurve des Verkäufers: *Wer ständig nach oben schritt, muss auch mal eine Delle verkraften können.* Es kommt drauf an, sie sinnvoll zu nutzen! Lamentieren hilft nichts. In vielen Verkaufs-Teams geht der *Bazillus der Resignation* um. Da *stimmt die Motivation nicht.* Es fehlt der kraftvolle Wille zum Erfolg. Frustriert und flügellahm sitzen die Verkäufer klagend in den Meetings und prägen die Diskussion mit Zweifeln an sich selbst, am Produkt und auch an den Kunden. *Die De-Motivation eines einzelnen kann das ganze Team anstecken.* Da heißt es gegensteuern, vom Verkaufsleiter her ebenso wie aus dem Kollegenkreis.

Zukunft hat keine Erinnerung.

Der aussichtsreiche Weg aus dem Rückschlag kann nur heißen: *neuer Anfang, Blick nach vorne.* Über sich selbst und die Ursachen des Rückgangs klar werden. *Lernen aus der Delle:*

- ❑ Woher kam sie?
- ❑ Was steckte dahinter?
- ❑ Wie lassen sich ihre Ursachen überwinden?
- ❑ Wo liegen die neuen Herausforderungen?
- ❑ Daraufhin die Ziele prüfen, wenn nötig ändern oder neu definieren.
- ❑ Angepasste Maßnahmen, Etappenziele und Kontrollmarken festlegen.
- ❑ Mit neuem Mut und aufgeladener Kraft *neue Herausforderungen aktiv angehen.*

Der Trick (die Carver unter den Skifahrern kennen ihn): Nutze den Abschwung für die Einleitung des Aufschwungs.

Zehn Leitlinien für verkäuferische Energiequellen:

1. *Die persönliche Energiebilanz mit Power aufladen:*
   Energie steht nicht grenzenlos zur Verfügung. Daher achten auf gesunde Lebensweise, persönliche Balance und auf positives, anspornendes Energie-Umfeld.

2. *Den eigenen Energiekoeffizienten erkennen: Wo liegen die Widerstände?*
   Wieviel Energie ist für den eigenen „Motor" nötig? Woher kann sie kommen? Wie und wo kann Verschwendung vermieden und optimale Nutzung erreicht werden?

3. *Die persönlichen Energiequellen erkennen:*
   Stärken bewusst machen, sie ausbauen und nutzen. Eigene Schwächen erkennen und hier ganz besondere Energie investieren: üben, hinzulernen, von den Besten abschauen, kleine Erfolge feiern, sich von Rückschlägen nicht entmutigen lassen.

4. *Für harmonischen Ausgleich von Anspannung und Entspannung sorgen:*
   Abschalten lernen. Wellness aufbauen durch körperliches Training, gesunde Ernährung, ausgleichende Hobbies, Kraft gebendes Sozialleben.

5. *Persönliche „Hygiene" für alle Lebensbereiche:*
   Beruf, Familie, Freunde, soziale Umwelt. Ordnung ins Leben und ins berufliche Umfeld bringen.

6. *Energiefresser aus dem Leben verbannen:*
   Ärger und unnötigen Streit vermeiden oder gezielt beenden. Gewissens- und Identifikationskonflikte abbauen: erkennen, was sich ändern lässt und wo nur „flüchten" hilft (in neue Situationen wechseln).

7. *Den Flow-Bereich suchen:*
   Routine verlassen, sich an das Neue wagen und so lange üben, bis es Spaß macht. So entstehen die Auftriebskräfte des Flow.

8. *Stillstand vermeiden, Erfolg baut auf stetem Wachstum:*
   Erfolge sind keine Ruhekissen, Erfolgsdellen, zuweilen auch ein Misserfolg ist kein Grund, die Flinte ins Korn zu werfen. Verkaufen ist eine permanente Herausforderung.

9. *Persönliches Wachstum ist unumgänglich:*
   Nicht nur berufliches Wissen ständig auf dem neuesten Stand halten, sondern auch laufend für breite Allgemeinbildung Sorge tragen: Lesen, aktuelle und bildende Fernsehsendungen, Theater, Musik … Mitreden können!

10. *Visionen geben die Richtung vor:*
    Ziele zeigen den Weg und die Mittel. Visionen machen Lust, Ziele fordern heraus.

Emotionale und soziale Kompetenz

In einer Zeit, in der das Buch von Daniel Goleman „EQ – Emotionale Kompetenz" zu einem weltweiten Bestseller wird, darf dieses Thema nicht fehlen.

Sind die emotionale und die soziale Kompetenz neue Vekäufer-Eigenschaften? Oder schlichtweg eine gute Überschrift für längst Bekanntes? Das Urteil mag dem Leser überlassen sein.

Emotionale Kompetenz bedeutet eigene und fremde Gefühle erkennen und steuern zu können. Goleman hat dies in seinem Buch ausführlich beschrieben und damit ins breite Bewusstsein geholt. Wichtig für einen Verkäufer ist, dass er sich diese Fähigkeiten erwerben und sich ständig darin perfektionieren muss.

Wissen und Kenntnisse auf aktuellem Stand erwarten Unternehmen heute selbstverständlich von ihren Verkäufern. *Doch was nutzt alles Produkt- oder auch Anwendungswissen dem Verkäufer, der es nicht „rüberbringen" kann?*

Das *Vorsprungspotenzial von Top-Verkäufern* setzt sich zusammen aus einem Puzzle von Persönlichkeitsmerkmalen, von Fachwissen sowie von Sozial- und Emotionalkompetenz. Jenseits von „technischen" Kenntnissen, jenseits von Produkt- und Anwendungswissen *sind es vor allem die „menschlichen" Fähigkeiten, die im Wettbewerb um den Kunden heute über Erfolge entscheiden:*

❑ *Kundenorientierung und Service-Denken,*
❑ *also das Denken in Kunden-Nutzen und in Hilfsbereitschaft.*

Starke Gefühle sind starke Brücken zwischen Menschen.

Bei einheitlichen Produkten gewinnt die persönliche Brücke.

Soziale Kompetenz und emotionale Kompetenz sind nötig, um den Kontakt zum Kunden aufzubauen und tragfähige Beziehungen daraus zu formen.

Weithin sind Produkte heute nahezu „genormt". Oder der Kunde hat unter der Vielfalt die Qual der Wahl. Konditionen und Preise sind vielfach ziemlich gleich. *In solchem Umfeld lassen sich Vorteile beim Zugang zum Kunden und Pluspunkte bei Vertrauens- und Beziehungsaufbau nur noch über besser entwickelte „menschliche" Fähigkeiten erzielen,* eben durch soziale und durch emotionale Kompetenz.

Der Kompetenz-Mix für erfolgreiches Verkaufen

Emotionale Kompetenz

Soziale Kompetenz

Selbst-kompetenz
z.B. persönliche Stabilität, Disziplin und Authentizität

Kunden-kompetenz
Fachwissen

Verkaufs-kompetenz
z.B. Rhetorik, Argumentations- und Abschluss-techniken

mit Menschen

Organisato-rische Kompetenz
Verantwortungs-bereiche, Befug-nisse, Pflichten und Rechte

Werte-kompetenz
Ethik, „Anstand", Fairness, Hilfs-bereitschaft usw.

gut um-gehen können

Eigene und fremde Gefühle erkennen und steuern können

In Stellenanzeigen werden soziale und emotionale Kompetenz zunehmend gefordert. Wem diese Fähigkeiten fehlen, der wird Reibungspunkt und Störfaktor. *Denn auch innerhalb des Unternehmens, im Team und in der Zusammenarbeit mit den anderen Abteilungen sind soziale und auch emotionale Kompetenz von entscheidender Bedeutung.*

Soziale Kompetenz schafft Kontakte und Beziehungen

Soziale Kompetenz bezieht sich auf den *Umgang mit anderen Menschen*, auf das menschliche Miteinander. Dale Carnegie drückte bereits treffend mit seinem Buchtitel *„How to win friends and to influence people"* aus, was darunter zu verstehen ist:

Sozialität heißt: für den anderen da sein.

5. Der Verkäufer mit Charisma

- ❏ Die Fähigkeit, sich anderen zuzuwenden.
- ❏ Die Fähigkeit, andere öffnen zu können, Sympathie zu gewinnen.
- ❏ Die Gabe, Kontakte leicht und ohne Hemmungen aufzunehmen.
- ❏ Die Fähigkeit zum Zuhören und zum Verstehen der Worte des anderen.
- ❏ Das Talent, Gespräche einfühlsam zu steuern, auch über Hindernisse hinweg.
- ❏ Die Fähigkeit, Beziehungen zu erkennen und / oder sie herzustellen.
- ❏ Die Fähigkeit, Beziehungen auf Dauer lebendig und tragfähig zu erhalten.
- ❏ Die Fähigkeit, Vertrauen zu wecken, auch Vertrauen zu geben und zu bewahren.
- ❏ Die Gabe, überzeugen zu können.
- ❏ Das Geschick, Kompromisse zu finden und dafür überzeugen.
- ❏ Die Fähigkeit, „Führung" geben zu können, Motivation zu wecken.
- ❏ Das Talent, im Kontakt mit anderen Spannung, Neugier zu erzeugen.
- ❏ Die Fähigkeit, „unterhaltsam zu sein", kein „Langweiler" zu sein; gute Teamfähigkeit und Kollegialität; die Fähigkeit, für „gute Stimmung" bzw. „gutes Klima" in einer Gemeinschaft zu sorgen.

Für den Verkäufer fängt soziale Kompetenz an bei der Art und Weise, sich selbst zu präsentieren, geht über die Kompetenz in Umgangsformen und in der Beherrschung des körpersprachlichen Ausdrucks bis hin zur persönlichen Integrität und Stabilität. Ein erfolgsentscheidender Bereich sozialer Kompetenz des Verkäufers liegt auch im Feld seiner privaten Beziehungen: Wer mit seinen Nachbarn keinen Streit vermeidet, wer sich unentwegt mit allen Freunden zerkracht, wer in der Familie nur Zwist und Konfrontation durchlebt, der zeigt, dass ihm ein gehöriges Quantum an sozialer Kompetenz fehlt. Darunter leidet unweigerlich auch der berufliche Erfolg im Verkauf.

Dem sozial kompetenten Verkäufer fällt es zum Beispiel leicht,

- ❏ mit dem Kunden gemeinsam einen passenden Besuchstermin zu finden,
- ❏ vom ersten Auftritt an beim Kunden einen positiven Eindruck und positive Grundstimmung zu wecken,
- ❏ das Gespräch kreativ einzufädeln und nicht die ewig gleichen Krücken der Gesprächseröffnung zu benutzen wie zum Beispiel: „Schönes Wetter heute" im freien Wechsel mit „Wann hört endlich dieser entsetzliche Regen auf?" oder gar „Wie kann ich Ihnen helfen?",
- ❏ dem Kunden zuzuhören und dessen Argumente „für voll" zu nehmen,

- ❏ nicht mit antrainierten Phrasen aus dem Training „ Wie überwinde ich Kunden-Widerstände" zu antworten, sondern auf den Kunden individuell einzugehen und mit dem Kunden gemeinsam nach Antworten und Lösungen zu suchen,
- ❏ Konflikte zu vermeiden und geschickt Brücken zu bauen,
- ❏ gut im Team zu arbeiten, auf gutem Fuß mit Innendienst, Service und anderen „Kollegen" zu stehen,
- ❏ ganz selbstverständlich an den Nutzen des Kunden zu denken und darauf seine Argumente und eine „gemeinsame Strategie" aufzubauen.
- ❏ die Motive des Kunden zu erkennen und einzubeziehen, die sich hinter dessen Sätzen und Fragen verbergen,
- ❏ Vertrauen zu wecken durch Auftritt, Verhalten, Worte und Körpersprache.

Im Kunden wächst so das Gefühl, dass seine Bedürfnisse, seine Wünsche, sein Nutzen im Mittelpunkt stehen. Dadurch fühlt der Kunde sich persönlich geachtet, aufgewertet, ernst und „für voll" genommen. Die tragfähige emotionale Brücke entsteht. *Soziale Kompetenz ist daher für den künftigen Erfolg im Vekaufsgespräch eines der wesentlichen Fundamente.*

Denke im Kopf des Kunden!

Soziale Kompetenz erlernen

Soziale Kompetenz heißt Kontakt- und Kommunikationskompetenz. Wer sich schon im privaten Leben als ausgesprochen „maulfauler Einzelgänger" profiliert, dem wird es schwer fallen, als Verkäufer dann plötzlich *gegenüber den Kunden kontaktoffen und gesprächsfreudig zu agieren.*

Sachliche und funktionale Kompetenz, also Produkt- und Verfahrenswissen sowie verkäuferische Grundfähigkeiten (z.B. Techniken der Kontaktaufnahme zu Neu-Kunden, Preisargumentation oder Einwandbehandlung) *lassen sich relativ leicht vermitteln.* Auch wenn nicht alle dafür gleiche Talente haben, ein solides Verkaufs-Können kann jeder erwerben. *Dagegen ist es wesentlich schwerer, soziale Kompetenz zu „erlernen".*

Am leichtesten entwickelt sich zwischenmenschliche Kompetenz in der Kindheit, beim Aufwachsen unter Geschwistern. Hier sind Zwist und Versöhnung, Streit und Kompromiss, besitzen und teilen, wünschen und zurückstecken, vom anderen lernen, dem anderen etwas beibringen ganz und gar alltägliche Erfahrungen. Im Umgang mit Freunden, Freundin, Ehefrau, Kindern lässt sich's üben, *auf andere einzugehen, ihnen zuzuhören, auf sie Rücksicht zu nehmen, sich selbst nicht als Mittelpunkt der Welt zu verstehen.*

„Je mehr ich trainiere, umso mehr Glück habe ich. "

Bernhard Langer, Golfspieler

Der Profi-Verkäufer kommt allerdings meist um ein professionelles Verkaufs-Training nicht herum. Soziale Kompetenz ist zunächst innere Einstellung, die sich im *Verhalten zeigt.* Und überall wo es auf meisterhaftes Verhalten ankommt – im Sport wie im Handwerk, beim Vortrag wie beim Verkaufen – ist Übung unabdinglich.

In professionellen Seminaren findet der professionelle Verkäufer seine professionelle Einstellung und trainiert sein professionelles Verhalten. Hat „Profession" überhaupt noch mit „Menschlichkeit" zu tun? Ja, denn es ist der höchste Grad der Ernsthaftigkeit. Nichts anderes hat der Kunde verdient.

In guten Verkaufs-Trainings lernt der Verkäufer, sich selbst als besseren Partner zu verkaufen, die Motivlage des Kunden zu erkennen und gemeinsam mit diesem Pläne zu schmieden für eine großartige (Nutzen-)Zukunft. Das ist höchste Wertschätzung am und für den Kunden.

Zuhören lernen

Verkaufs-Erfolge der Zukunft ernten vor allem die „Kunden-Kenner" und nicht länger in erster Linie die „Produkt-Kenner", zu denen allerdings immer noch zu viele Verkäufer zählen.

Reden ist Silber, doch Zuhören ist Gold.

Leicht abgewandelte Spruchweisheit

Eines der zentralen Elemente sozialer Kompetenz ist das *Zuhörenkönnen.* Zuhören ist kein passives Hinhören, während der Kunde spricht. *Zuhören ist ein aktiver Prozess:* Signale der Aufmerksamkeit werten den Kunden auf. Interessierte Zwischenfragen stärken seine Bereitschaft, sich zu öffnen. *Zuhören ist nicht nur akustische Aufnahme, sondern richtet sich auf den „Kern":* Was meint der Kunde wirklich? Derjenige hört aktiv zu, der

- ❏ hellwach ist (und das muss auch spürbar sein),
- ❏ bestätigend mitmacht, nickt usw.
- ❏ Kundenwünsche und -anregungen mitnotiert,
- ❏ die Worte des Kunden zusammenfasst.

Der Zuhörer ist ein schweigender Schmeichler.

Wohl dem, der „Zuhören" gelernt hat, nicht nur auf das gesprochene Wort, sondern auch auf die körpersprachlichen Signale. Wohl dem, der von Anfang seiner Besuche an seinem Kunden aufmerksam und einfühlsam zugehört hat und dank *intensiver Vorbereitung* jetzt Argumente, Ansichten und Bekenntnisse des Kunden aus früheren Gesprächen parat hat. *So kann der erfolgsorientierte Verkäufer jetzt individuell auf den Kunden eingehen und seine tieferen Motive ansprechen.* Und er wird sich nicht mit Widerspruch das Tor zum Auftrag zuknallen.

Kunden durch Hilfsbereitschaft begeistern

Sozial kompetent zu sein, das heißt auch, für den Kunden nützlich und hilf-reich zu sein. Das ist der beste Weg zu tragfähigen Kunden-Bindungen. Dem Kunden stets ein klein bisschen mehr geben als er erwartet, dadurch wird Kunden-Begeisterung geweckt. Begeisterung ist ein Gefühl, also eine Kraft im emotionalen Bereich.

Das tief verankerte soziale Zusammenspiel unter Menschen führt zudem dazu, dass *durch Hilfe und Nutzenmehrung beim Kunden Dankbarkeit ent-steht,* häufig sogar ein Gefühl von „Verpflichtung" gegenüber dem Helfer. Dies wird auch *„Reziprozität im menschlichen Verhalten"* genannt und es spricht absolut nichts dagegen, erfolgreiche Kunden-Beziehungen auch da-rauf zu verankern.

Emotionale Kompetenz – Königsweg zu begeisterten Kunden

Verkäufer mit emotionaler Kompetenz haben die *Fähigkeit, Gefühle bei sich und bei anderen zu erkennen, sie steuern und sie nutzen zu können.* Mensch-liche Emotionen, Gemütsbewegungen, Gefühlszustände sind ungeheuer viel-fältig. Jeder hat seine ureigenste Gefühlspalette. Aber Gefühle sind nicht nur vielfältig, sie sind auch wechselhaft, mal von Moment zu Moment, mal von Situation zu Situation.

Emotionale Intelligenz bezieht sich auf die Fähigkeiten im Umgang mit Ge-fühlen, also darauf, *die eigenen Gefühle und die Gefühle anderer verstehen und steuern zu können.* Zu solchen Fähigkeiten zählt zum Beispiel:

- ❏ Zu eigenen Gefühlen zu stehen, sie zu beherrschen, sie zu steuern.
- ❏ Gefühle im zwischenmenschlichen Kontakt einsetzen zu können.
- ❏ Gefühle wecken, sie lebendig erhalten oder besänftigen zu können.
- ❏ Sich einfühlen zu können in andere (Empathie).
- ❏ Gefühle von anderen beeinflussen, zuweilen auch steuern zu können.
- ❏ „Harmonie-Gefühle" erzeugen zu können (Gleichklang, Überein-stimmung, „Wir-Gefühle").
- ❏ Bindungsgefühle, Dankbarkeitsgefühle, Sympathiegefühle wecken zu können.
- ❏ Begeisterung aufbauen und erhalten zu können.

Den Schlüssel zum Verkaufs-Erfolg der Zukunft sehen Trendforscher in Emo-tionalität: „Wir müssen lernen, mehr Tiefe und mehr Nähe zu leben", mahnt Claus Diers von der Cicero-Gesellschaft für Unternehmensentwicklung in

Bremen. Nur so gelingt es, „die wirkenden Motive hinter vordergründigem Verhalten erkennen zu können". *Nur wer erkennt, kann auch steuern.*

Emotionale Motive sind es, die Menschen zu Höchstleistungen führen. Kunden-Führung heißt also, in die emotionalen Tiefen der Kunden-Motive hineinschauen zu können und aus dieser Tiefe heraus *Kunden dazu zu bewegen, dass sie langfristige und treue Stammkunden und Empfehler werden.* Nur der Verkäufer kann erfolgreiche Beziehungen zum Kunden aufbauen, der *den Zugang zur „Seele" des Kunden findet,* also Zugang zu den bewussten und unbewussten Empfindungen, Wertungen und Gefühlen des Kunden.

Gefühle erkennen und bewusst machen

Man sagt „Ich habe das aus dem Bauch heraus entschieden" und meint damit, dass man nach seinem Gefühl gehandelt hat. Gefühle entstehen ja im Bauch, dort flattert der Schmetterling bei der ersten großen Liebe, dort wird es ungemütlich bei Angst, Ärger und Zorn: „ Es ist mir auf den Magen geschlagen."

„Das Gefühl findet, der Scharfsinn weiß die Gründe. "

Jean Paul

Im Kopf – also in unserem Gehirn – ist das rationale Denken angesiedelt. Hier werden Gefühle bewertet, gewichtet, hier werden logische Argumente abgewägt und entschieden

Ob nun „Kopfling" oder „Bauchling", *es gibt keine Handlungen, keine Entscheidungen im Leben des Menschen, auf die nicht Gefühle maßgeblichen Einfluss haben.* Menschen, die stark in ihrem Kopf-Verstand leben, können erstaunliche wissenschaftliche Leistungen hervorbringen. Doch „ganzheitliche Intelligenz" kommt nicht allein aus dem Kopf, sondern auch aus den Gefühlen.

> *„Wir trennen ganz selbstverständlich Kopf und Bauch, denken und fühlen.*
> *Wir ordnen ebenso selbstverständlich unsere Gefühle der Familie*
> *und der Freizeit zu, unser Denken der Arbeit und dem Beruf.*
> *Diese Gewohnheit wurde durch einflussreiche*
> *Organisationstheoretiker nachgerade zementiert. "*

> *Frankfurter Allgemeine Zeitung, 11.2.2002, in:*
> *„Wenn es um Emotionen geht, sind Manager oft überfordert"*

Der abendländische *Glaube an den „vernunftgesteuerten" Menschen ist ein Irrglaube.* Keiner kann sich abnabeln von seinen inneren Vorlieben, seinen (meist unbewussten) Tabus und Ängsten, seinen emotionalen Kräften von Anziehung und Abneigung, Sympathie und Antipathie. Was den einen anmacht, stößt den anderen ab. Rational begründen kann's keiner. Es ist einfach so. *Jeder Mensch muss mit seinen tief verwurzelten Emotionen klar kommen – wohl ihm, wenn er sie wenigstens kennt,* mit ihnen auf gutem Fuße steht, sie beherrschen und auch steuern kann.

Ist es oft schon schwierig genug, die *eigenen Gefühle richtig zu erkennen,* einzuordnen und handhaben zu können, so ist das natürlich noch viel schwieriger bei anderen. Schon in der engsten persönlichen Beziehung, in Freundschaft oder Ehe, gibt es immer wieder Klagen zuhauf: „Die Frauen versteht doch keiner" lamentieren die einen. „Was soll frau da schon sagen, ist eben typisch Mann" – so beklagen sich die anderen.[8]

Emotionale Kompetenz erwerben und ausbauen

Manchen ist das Talent in die Wiege gelegt, andere erwerben es anhand des Vorbildes und der Erziehung. Wieder andere müssen sich erst in oft schmerzhaften Erfahrungen die „Hörner abstoßen" und lernen so, ihre Gefühle zu erkennen, sich zu ihnen zu bekennen, sie hoffentlich auch im Griff zu halten und zu steuern und sie auch zielgerichtet einzusetzen.

Auch für emotionale Kompetenz ist zunächst das private Leben das angebrachte Trainingsareal. Intensives Training in emotionaler Kompetenz erfährt, wer von Kindheit an lernt, seine *Gefühle wahrzunehmen, sie offen zu zeigen, und sie dabei aber auch im Zaum zu halten, sich über die Wirkung auf andere klar zu werden.* Wichtig ist auch das „Feedback" anderer: Was ist „angekommen"? Welche Gefühlsreaktion entstand bei den anderen? Wird in Familie oder Partnerschaft offen über Gefühle geredet, so entsteht dadurch Einsicht und Verständnis.

Erfahrungen aus dem Privatleben gehen dann natürlich über ins Kunden-Gespräch. Allmählich kommt mehr Sicherheit auf, mehr Vertrauen in die wachsende Sensibilität, in die *wachsende Sicherheit im Umgang mit eigenen Gefühlen und mit Gefühlen des Kunden.*

Der *Trainingsmarkt* bietet ebenfalls zahlreiche Angebote mit dem Versprechen, emotionale Kompetenz zu entwickeln. Als „Psycho-Training" oder „Verhaltenstraining" werden diese Seminare oft bezeichnet. Aber viele sind in ihrem Nutzen umstritten. Der große Nachteil vieler Psycho-Trainings liegt

„Die Übung ist in allem die beste Lehrerin den Sterblichen."

Euripides

---

[8] Ein köstliches Buch zum ewigen Thema der emotionalen Miss- und Unverständnisse zwischen Frauen und Männern: *„Männer – eine Spezies wird besichtigt"* von Dietrich Schwanitz, Eichborn-Verlag, Berlin 2001.

darin, dass sie sich vorwiegend mit der Selbstfindung und mit der Selbstverwirklichung befassen und weniger mit Sensibilität für andere.

Mit Empathie beim Kunden gewinnen

Von besonderer Bedeutung im Verkauf ist die *Fähigkeit der Empathie,* der Fähigkeit, sich in andere, in ihre Einstellungen und Gefühle einfühlen zu können. Erst damit wird dem Verkäufer klar und vor allem verständlich:

- ❑ Was steckt dahinter, wenn der Kunde „Nein" sagt?
- ❑ Was geht im Kunden vor, wenn er einwendet „Komme wieder auf Sie zu"?
- ❑ Welche psychischen Hemmnisse lassen den Kunden sagen „Muss das zuerst intern abklären"?

Dabei macht es einen grundlegenden Unterschied, ob Signale nur „wissensmäßig" wahrgenommen werden oder aber vom Verkäufer *Gefühlssignale* des Kunden aufgenommen und *mit dem Kunden „im Einklang"* gefühlt werden.

Durch echte Empathie weckt der Verkäufer beim Kunden auch tief verwurzelte Vertrauensgefühle.

Den Kunden Glück verkaufen

„Dem Kunden nicht ein Produkt verkaufen, sondern ihm Nutzen verkaufen." Das ist das Credo für erfolgreiches Verkaufen in der Zukunft. Doch „Nutzen" ist eine rationale Dimension, unterliegt sachlichen Kriterien. *Gelingt es dagegen, dem Kunden „Glück" zu verkaufen, ihm Träume zu erfüllen, dann sind emotionale Tore zum Kunden geöffnet. „Glück" für den Kunden kann sein,*

- ❑ *seine heimlichen, oft sogar unbewussten Sehnsüchte zu erfüllen,*
- ❑ *ihm zu helfen bei der Lösung drückender Probleme,*
- ❑ *ihm das Gefühl Betreuungssicherheit zu geben,*
- ❑ *ihm Prestige und/oder Vorsprung in seinem Markt zu verschaffen,*
- ❑ *ihm mehr Freude und Spaß zu vermitteln,*
- ❑ *ihn am emotionalen G-Punkt zu treffen (Familie, Hobby, langgehegter Traum etc ...).*

Emotionale Brücken zum Kunden schlagen

„Man sieht nur mit dem Herzen gut."

Antoine de St. Exupéry, Der Kleine Prinz

Herz-Verstand siegt über reinen Sachverstand. Für eine tragfähige Beziehung braucht es mehr als rationale Zufriedenheit über Qualität, Preis und Konditionen. Erfolgreiche Kunden-Beziehungen entstehen über gefühlsabhängige Brücken, über *Begeisterung des Kunden.*

Der Bedarf der menschlichen Seele nach Zuwendung, nach Sicherheit und Geborgenheit kommt in der Welt der rasanten technischen Entwicklung und der immer stärker systematisierten Abläufe ständig zu kurz. *Emotionale Zuwendung fängt Kunden*, das beweisen die Erfolge emotional kompetenter Verkäufer.

Kunden, Einkäufer und andere Entscheider über Auftrag oder Nicht-Auftrag sind auch nichts anderes als Menschen. Auch sie suchen daher nach *Harmonie* mit anderen. Gleichklang gibt *emotionale Sicherheit.* Das Gefühl von Gemeinsamkeit lässt ein Gefühl von Stärke entstehen. *„Wir-Gefühle"* sind eine gute Basis für gute Beziehungen zum Kunden. Der Kunde fühlt sich angenommen, aufgewertet, umsorgt und geborgen.

Vorsprung für weibliche Kompetenz?

Allgemein ist anerkannt: *Frauen haben die ausgeprägteren sozialen und emotionalen Talente.* Gefühlsausdruck, Kommunikation (Sprache, Mimik), Mitfühlen, Zuwendung, Fürsorge und auch Hilfsbereitschaft („Bemutterungskomplex") sind klare Stärken der Frauen.

Männer sehen laufend Herausforderungen, an denen sie sich beweisen müssen. Männer suchen Ergebnisse bevorzugt im *Alleingang.* Männer stehen ständig im Wettbewerb miteinander. Andere einbeziehen, andere fragen, das empfinden sie im tiefen Unterbewusstsein schon als Eingeständnis von Scheitern. Männer empfinden „Niederlagen" (z.B. Fehler, Misserfolge) als tiefe Verletzung. *Männer gehen Lösungen „grundsätzlich" an.* Sie suchen zuerst nach einer Theorie oder einer Strategie. Danach gehen sie dann *geradlinig auf ein Ziel zu*, oft ohne Rücksicht auf „Verluste" im Umfeld. *Hindernisse werden beseitigt*, Einwände und Zweifel ebenso, im Bedarfsfall mit Kettensäge, Bulldozer oder Dynamit.

Frauen nehmen Aufgaben ganzheitlich wahr. Der erste Gedanke: Wer oder was kann mir bei der Lösung helfen? Frauen verfolgen ein Ziel lieber gemeinsam mit anderen, tasten sich „sprech-denkend" an die Lösung heran, tendieren zum Probieren anstatt zum Studieren. *Frauen erreichen ein Ziel auch mal auf Umwegen oder über einen Kompromiss,* wenn damit auf Empfindlichkeiten Dritter besser Rücksicht genommen wird. Frauen sehen den Fehler als Notwendigkeit zu korrigieren und einen neuen Anlauf zu nehmen. *Auch hinsichtlich Teambildung und Teamintegration haben Frauen im breiten Schnitt die höheren Fähigkeiten.*

Voneinander lernen statt gegeneinander intrigieren

Häufig kommt die Frage: *Gehört die erfolgreiche Zukunft im Verkauf den Frauen?* Das muss nicht zwangsweise so sein. Männer haben in den letzten Jahrzehnten teils heftig umlernen müssen. Nicht alle haben es geschafft. Ehedem belächelten die „Herren draußen" die „Damen drinnen". Heute herrscht schon weithin *„gleich zu gleich" und entsprechender Wettbewerb* auch im aktiven Verkauf.

Die Herausforderung durch Frauen, die im Verkauf ihre Stärken erfolgreich ausspielen und damit satte Ernten einfahren, *kann den Männern nur nutzen.* Herausforderungen sind dazu da, an ihnen zu wachsen. Der Erfolg der Zukunft liegt nicht im „Kampf der Geschlechter", sondern in der *Synergie der beidseitigen Stärken.* Das aber verlangt: *Kräfte bündeln, sich ergänzen und sich in die Hände arbeiten, miteinander statt gegeneinander.*

„Ehret die Frauen! Sie flechten und weben Himmlische Rosen ins Leben, flechten der Liebe beglückendes Band. "

Friedrich von Schiller, Würde der Frau

Es kommt für jede und für jeden darauf an, das Beste zu machen aus dem individuellen Talente-Mix. *Es kommt darauf an, voneinander zu lernen,* statt über die anderen herzuziehen, sich aufzuspielen, sich für „besser" zu halten, die anderen zu diffamieren und sie möglichst nicht aufkommen zu lassen. *Frauen haben es nach wie vor oft schwer* in vielen „Männer-Zirkeln", wie sie in manchen Unternehmen im Verkauf noch bestehen. *Aber wer Talente ausgrenzt, der verbaut sich selbst große Erfolgspotenziale für die Zukunft.*

Wertekompetenz schützt vor persönlichem Untergang

Kann jeder Verkäufer jedes Produkt nach jeder Strategie verkaufen? Heute Pharma, morgen Versicherung? Heute „Drücker", morgen Berater und Beziehungspfleger?

❑ Da nehmen manche eine Stellung in der Pharma-Industrie an, nur weil in dieser Branche die Umschulung bezahlt wird.

❑ Da wählen manche ihren neuen Arbeitgeber vor allem nach dem in Aussicht gestellten Verdienst.

❑ Und andere sind heilfroh, ohne große Schwierigkeiten in den Versicherungsverkauf schlüpfen zu können.

Gibt es für sie alle denn keine *innere Werteordnung*, die erst mal befragt werden will, ob das zu verkaufende „Produkt" sich mit ihr überhaupt verträgt? Was geschieht, wenn sich die innere Werteordnung aufbäumt gegen ein Produkt, gegen ein Verkaufs-Ziel, gegen eine Drücker-Methode? Wie steht es, wenn der persönliche Lebensstil rundum nicht zum „Image" des zu verkaufenden Produktes passt?

Sei du selbst!

❑ *Wie gehen Verkäufer mit ihrem persönlichen Wertesystem um?* Wie mit ihrem „Gewissen", ihrem Gefühl für Verantwortung gegenüber Umwelt, Kunden und auch Familie?

❑ *Wie viele Verkäufer vergewaltigen sich, nur um einen Job nicht zu verlieren?* Wie lange kann das gut gehen?

Erfolg im Verkauf hängt zunächst von einigen inneren „Ja" ab.

Das Gesicht vor sich selber wahren

Wie passt es zu Integrität, zu Authentizität und Glaubwürdigkeit, wenn Martin Maier im Dezember sich für deutsche Qualitätsware einsetzt, diese über den grünen Klee lobt, die ausländische Konkurrenz dagegen blass aussehen lässt … wenn er aber dann im Januar zum fernöstlichen Anbieter überläuft und plötzlich nur noch die Stärken derer kennt und für die Kostennachteile europäischer Produktionen nur noch ein müdes Lächeln übrig hat?

❑ *Kann sich jeder Verkäufer mit jedem Hersteller und jedem Produkt identifizieren* und es mit Begeisterung beim Kunden vertreten?

❑ *Spielt es keine Rolle, in welcher Branche ein Verkäufer verkauft?* Wie steht es dabei ums Fachwissen, um die Produkt- und die Verfahrenskompetenz?

❑ *Sind Überzeugungen und inneres Wertesystem eines Menschen so frei wandelbar?* Geht dabei nicht das Gesicht verloren?

Vor Übernahme einer neuen Aufgabe muss der erfolgsorientierte Verkäufer sich achterlei fragen:

Niemals das Gesicht verlieren

1. Kann ich mich für das Produkt genügend begeistern?
2. Würde ich selbst das Produkt ohne Wenn und Aber kaufen?
3. Bin ich überzeugt, mit dem Produkt den Kunden Nutzen und Hilfe bringen zu können?
4. Vertragen sich das Produkt und die „Philosophie" des Unternehmens mit meinen persönlichen Grundwerten zu Anstand, Ethik, Religion, natürlicher Umwelt und sozialem Gemeinsinn?
5. Kann ich mich mit dem Unternehmen stark genug identifizieren? Kann ich es als „meine Firma" sehen?
6. Welcher Menschentyp sind die Kunden? Sind das Menschen, mit denen ich etwas gemeinsam habe, die mit mir auf einer Wellenlänge liegen?
7. Denke ich, glaube ich, kann ich persönlich vertreten, was ich den Kunden sagen soll? Denn allein durch der Kunden Geld verdient letztendlich jeder Verkäufer sein „täglich Brot", auch wenn es erst mal den Umweg nimmt über den Arbeitgeber.
8. Wie steht meine Familie (mein Freundeskreis) zur neuen Aufgabe? Kann ich mich noch sehen lassen? Werden sie mich anfeinden? Muss ich mich verstecken?

Wer diese acht Fragen nicht mit klarem „Ja" beantworten kann, wird sich schwer tun, im neuen Arbeitsbereich auf längere Sicht auf Erfolgskurs zu steuern.

Aufgabe und „Umfeld" müssen weitgehend den persönlichen Werten und Wünschen des Verkäufers entsprechen und auch mit den Werten seines „sozialen Umfelds" konform gehen (Familie, Freunde) *. Innere Konflikte zwischen beruflichem Tun und individuellem Werteurteil untergraben die beste Motivation. Auf Dauer machen sie krank, bringen hier Magengeschwüre, dort Herzstörungen und wieder bei anderen Resignation und sogar Depression.*

Auf Identifikation des Verkäufers mit Unternehmen, Produkt, Zielen und Aufgaben und mit den Bedürfnissen der Kunden baut also nachhaltiger Erfolg im Verkäufer-Beruf.

Nur begeisterte Verkäufer können Kunden begeistern.

Dieser Kernsatz für erfolgreiches Verkaufen kann kaum oft genug wiederholt werden. Innere Begeisterung aber kann ein Verkäufer nur einbringen, wenn er sich mit Produkt und Unternehmen in hohem Maß identifiziert. Unternehmen, die auf *Kunden-Begeisterung* ausgerichtet sind, betreiben daher permanentes Innen-Marketing mit dem Ziel, *hohe Zufriedenheit und Motivation bei den Mitarbeitern* zu schaffen und zu erhalten. Doch alle Motivationsstärkung bleibt vergeblich, wenn nicht zunächst die persönliche Identifikation vorhanden ist.

Auf dem Altar von Identifikation und Solidarität allerdings darf nicht das eigene Selbst, die inneren Werte und Überzeugungen geopfert werden. Selbstaufgabe ist weder Voraussetzung noch Ziel des Verkäufer-Berufs. Und vor allem gilt auch: *Wer von seinem Arbeitgeber, von seinem Chef und in seinem Team nicht die notwendige Unterstützung bekommt, der wird zwischen Kunden-Forderungen und Abteilungsbürokraten zerrieben.*

„Gott hat Euch ein Gesicht gegeben und Ihr macht Euch ein anderes."

William Shakespeare, Hamlet

Bereitschaft zum Wertekompromiss

Gelegentlich kommt es natürlich auch vor, *dass der Verkäufer Kompromisse schließen muss mit inneren Überzeugungen.* In Engpass-Situationen kann schon mal ein Produkt oder eine Aktion forciert werden, die persönlichen Einstellungen des Verkäufers zuwiderlaufen. Was dann? Die Stellung quittieren? In Zeiten hoher Arbeitslosigkeit entschließt sich niemand leicht zu diesem Schritt.

Zudem bedeutet der Ausstieg ja auch, die Kunden im Stich lassen. Auch die *innere Selbstverpflichtung zur Hilfsbereitschaft und Fürsorge gegenüber den Kunden* ist ja ein anerkennungswürdiger persönlicher „Wert" eines Verkäufers.

Den rechten Kompromiss zu finden in solchen Zweifelssituationen ist zuweilen nicht einfach. *Kompromisse, die erhebliche Hintanstellung eigener Werte verlangen, sollten auf alle Fälle nur vorübergehend sein.* Die Phase des Kompromisses ist dann die Phase, um für das Bessere zu kämpfen. Das Rezept kann nicht lauten: Kopf einziehen, volle Deckung, abwarten und überleben, bis neue Winde wehen. *Das eigene Selbst verlangt, für das Bessere zu kämpfen:* Kritik nicht in sich hineinfressen, nicht in der Familie oder bei Freunden „Dampf ablassen", sondern weiterführende Ideen offen auf den Tisch legen, dem Verkaufsleiter gegenüber ebenso wie in der Runde des Teams. Aber niemand kann es verübeln, wenn gleichzeitig der Blick auch umherschweift und Ausschau hält nach neuen Ufern.

Der in sich starke und stabile Verkäufer hat durchaus die Position, dass er auch mal „Nein" sagen kann zu Anforderungen, die an ihn herangetragen werden. Besser ein „Nein" zur rechten Zeit als irgendwann innerlich ausgebrannt auf der Strecke zu bleiben. In bestimmten Situationen ist auch mal der Mut gefordert, *Verantwortung zu übernehmen* und Vorgaben nicht ganz und gar buchstabengetreu umzusetzen – das aber verlangt, dass nachweisbarer Erfolg solches Tun bestätigt.

„Ein jeder gibt Wert sich selbst.“

Friedrich von Schiller

Kompromisse zwischen inneren Werten und Einstellungen und gestellten beruflichen Aufgaben lassen sich mit drei Argumenten begründen:

1. Es lohnt die Mühe, den Kompromiss auf sich zu nehmen, um das arbeitgebende Unternehmen wieder auf sicheres und rundweg akzeptables Terrain zu bringen.
2. Es lohnt die Mühe, weil am Kompromiss nicht nur der eigene „Job" hängt, sondern auch die Jobs vieler Kollegen im gesamten Unternehmen daran hängen.
3. Es lohnt die Mühe, der Kunden wegen, deren Bedürfnisse und Probleme wegen. Die Kunden vor Unbill bewahren, die ihnen droht, wenn sie im Stich gelassen werden.

Zwölf persönliche Stützen für das Charisma des Verkäufers:

1. *Selbstbewusste Verkäufer-Persönlichkeiten wirken gewinnend.*
   Keine grauen Mäuse, keine künstlich euphorischen „Gecken" – Aufrichtigkeit und Redlichkeit wecken Vertrauen.
2. *Da sein ist zu wenig, wirken ist mehr.*
   Gepflegt, aufrecht, höflich sei der Auftritt. Korrektes Benehmen, flüssige Sprache, stimmige Gesten und Körperhaltung stimmen die Kunden von Anfang an positiv.
3. *Über Erbanlagen und Erziehung kann sich jeder Mensch selbst erheben.*
   Klagen über Missgeschicke bringt nicht vorwärts. Aufschwung zum Erfolg beginnt im eigenen Kopf. Positives Denken führt durch Sturm und Wellen. Kunden mögen optimistische Verkäufer.
4. *Erfolg ruht auf vier persönlichen Kraftsäulen.*
   Selbsttreue und Authentizität, Stabilität und Dynamik. Dem Wandel ins Auge schauen, Mut zum Verlassen der Sicherheitszonen, Offenheit für das Neue und ein gerüttelt Maß an Selbstdisziplin bereiten den Boden für das Bestehen bei anspruchsvollen Kunden.
5. *Selbststeuerung geht vor Fremdsteuerung.*
   Die Initiative nicht anderen überlassen. Die Nase vorn haben, statt Mitläufer oder gar Nachläufer zu sein.

---

6. *Innere Einstellungen entscheiden über Erfolge.*
   Einstellungen sind ich-gemacht. Also heißt es: Persönliche Stärken erkennen, Energiefresser ausmerzen, aus Routine ausbrechen, neues wagen, den „Flow" suchen und darauf zu immer neuen Erfolgen gleiten.

7. *Visionär sein.*
   Großes erreichen wollen, mit dem Kunden Pläne schmieden.

8. *Ziele sind gleichzeitig Antrieb und Leitplanken auf dem Weg zum Erfolg.*
   Realistische Ziele setzen und sie in Etappen gliedern, dafür sorgen, dass sie nicht aus den Augen verschwinden, Kontrollen einbauen und viele kleine Zwischensiege feiern. So bleibt die Motivation lebendig und strahlt auf die Kunden aus.

9. *In unserer komplexen Welt siegt der Verkäufer mit der persönlichen Brücke.*
   Fachwissen und Verkaufs-Können allein genügen nicht mehr. Soziale und emotionale Kompetenz sind Voraussetzungen für den Erfolg. Umgehen können mit Menschen und mit Gefühlen – so öffnen sich Tore zu stabilen Netzwerken mit Kunden

10. *Hilfsbereitschaft und Nutzen für den Kunden sind Trumpf im Poker um den Auftrag.*
    Verkäufer, die dem Kunden mehr Gewinn und Vorteile bringen, machen den Stich. Das aber setzt voraus, sich in Kunden hineinversetzen zu können, Kontakte und Beziehungen auch jenseits der rein geschäftlichen Ebene zu pflegen. Nähe zum Kunden zahlt sich aus.

11. *Verkäufer können viel von ihren Kolleginnen lernen.*
    Weibliche Talente ergänzen männliche Eigenschaften vortrefflich und auch umgekehrt. Der Erfolgsweg liegt daher in Kooperation, nicht in Konfrontation. Synergie nutzen statt Arroganz pflegen. Charme, fürsorgliche Zuwendung, kreative Kompromisse – das schafft „Harmonie" und gewinnt damit so manchen Kunden.

12. *Der Königsweg zum Erfolg heißt: dem Kunden „Glück" verkaufen.*
    Wer des Kunden Herz bewegt, der bewegt seine Hand zur Unterschrift. Kunden erwarten mehr als Qualität und pünktliche Lieferung. Kunden wollen begeistert werden. Begeisterte Kunden sind treue Stammkunden und Empfehler nach vielen Seiten.

Viele Menschen beklagen die Ungerechtigkeit dieser Welt:

- ❑ Da ist einerseits die Kassiererin von Schlecker oder Lidl auf jeden Cent angewiesen, um den Familienhaushalt in Balance zu halten.
- ❑ Da sind andererseits die Nachfahren der Gründergeneration, die Millionen aus ihren Erbschaften für Yachten und Villen, für Rolex-Uhren und Luxus-Autos ausgeben.
- ❑ Da verdient der Vorstandsvorsitzende einer Aktiengesellschaft fünf Millionen im Jahr, die Mehrheit der Verkäufer des Unternehmens aber schaffen gerade mal 50 000 Euro im Jahr. Ist der „Ober-Boss" wirklich hundertmal so wertvoll wie die Kontakter zu den Kunden?
- ❑ Da führen Manager traditionsreiche Unternehmen in den Ruin und gehen dann mit Millionenabfindungen „in Pension", während die Arbeiter und Angestellten kurzerhand „wegrationalisiert" werden.

Woran liegt es, wenn sogar im Verkaufs-Team eines Unternehmens der eine um 5.000 Euro im Monat hart ringen muss, während ein paar andere 10.000 Euro geradezu „spielend" mit nach Hause nehmen? Entscheiden denn *Zufälle* oder gar *Glück* und *Pech* des Einzelnen über strahlend erfolgreiche oder weniger erfolgsgesegnete Lebensverläufe?

Ist es denn „Glück", dass Bill Gates, der in den 1970er Jahren in einer Garage das Unternehmen Microsoft gründete, in nur zehn Jahren zu einem der reichsten Männer der Welt aufstieg?

Kann es denn nur am Glück hängen, dass die beiden Albrecht-Brüder mit Aldi innerhalb von 50 Jahren zu den Reichsten in Deutschland wurden? Woran hängen, woher kommen, wie entstehen solche Erfolge?

Unter „Glück" rangiert ganz gewiss der Sechser im Lotto. Und von einer „Pechsträhne" kann man ganz gewiss reden, wenn am Roulette-Tisch einen ganzen Abend lang die Kugel entgegen allen Gesetzen der Wahrscheinlichkeit unentwegt auf Schwarz landet, der Spieler aber mit der Zeit immer höher auf Rot setzt, da ja „eigentlich" längst mal Rot kommen müsste.

Das Leben ist in vielem nicht vorhersehbar. Von „Zufall" sprechen die einen, von „Schicksal" die anderen. Und religiöse Menschen glauben an Gottes Fügungen. Doch ebenso gilt: *Das Leben ist das, was jeder daraus macht.* Jeder Mensch hat in weiten Bereichen sein Schicksal selbst in der Hand. Einige gegensätzliche Charaktereigenschaften verdeutlichen dies:

Fleiß	Faulheit
Zielstrebigkeit	Sprunghaftigkeit
Nach eigenem Vorteil handeln	Hilfsbereit sein
Waches Interesse	Gleichgültigkeit
Einsatzfreude	Drückebergertum
Partnerorientierung	Egozentrik
Planvolles Handeln	Sich durchwursteln
Selbstdisziplin	Sich treiben lassen
Kreativität, Initiative	Abwarten
Verantwortungsbereitschaft	Handeln nach Vorschrift
Weitblick	Engstirnigkeit
Flexibilität	Starrsinn

Wer seinen Lebensverlauf auf das „unbeeinflussbare Schicksal" oder auf „den Zufall" abschiebt, der macht es sich zu einfach. Wer sein „Pech" mit der Kürzung der Sozialhilfe begründet, der kann ständig vorhandene neue Chancen nicht erkennen. Nur eine komplette innere *Neuorientierung* kann solche Menschen aus der Jammer-Ecke und aus der Lethargie herausholen. *Erfolg ist machbar*, aber nur mit Einsatz der vollen inneren Kräfte, die jedem Menschen mitgegeben sind: Wille, Kreativität, Flexibilität, Tatkraft.

Volkes Weisheit weiß, woher der Wind weht. Dafür gibt es viele Beweisstellen im allgemeinen Schatz der Sprichworte:

> *Kein Preis ohne Fleiß.*
> *Jeder ist seines Glückes Schmied.*
> *Glück hat auf Dauer nur der Tüchtige.*

Eine Untersuchung der Universität Boston stellte fest: Eine Mehrheit der Menschen empfindet *Glück im stärksten Maß durch den Stolz auf das Ergebnis der eigenen Leistungen.*

Dazu ein Beispiel: *Im Kreis meiner Schulkameraden war ein Junge mit Stottern geschlagen. Er hatte viel an Hänseleien zu erleiden. Die*

Kinder scherten sich nicht um psychische Erklärungen seines Stotterns: Komplexe von Minderwertigkeit und Ängste, nicht anerkannt zu werden. Doch wie es der „Zufall" so wollte, bei vielen Gelegenheiten wurde er zum „Sprecher" bestimmt: Der Pfarrer wählte ihn aus, in der Kinderkirche die Ansprache zu halten. Im Tanzkurs wurde er zum „Präsidenten" gewählt. Bei der Bundeswehr wurde er Vertrauensmann der Kompanie. Und an der Hochschule sah er sich als Semestersprecher auf das Schild gehoben. Ganz gewiss spielte in einigen Fällen solcher Hervorhebung auch der pure Zynismus eine Rolle: Manche(r) wollte sich an der Pein des Stotterers ergötzen, der in seinen „Ämtern" ja jeweils zum Sprechen gezwungen war. Doch zum Erstaunen seiner Freunde lernte der Stotterer immer besser, flüssig zu reden. Er erlebte seine Erfolge als Triumphe über die, die ihn peinigen wollten. Er wurde selbstbewusster und frei von der Angst, vor anderen zu reden. Heute ist er ein gefragter Referent auf großen Kongressen – und er ist stolz darauf.

Gelesen haben Sie die Story Ihres Buch-Autoren, Erich-Norbert Detroy.

Ein weiteres Beispiel stammt von Georg Bernhard Shaw, der einmal bekannte: *„Von zehn Dingen, die ich anpackte, gingen neun daneben. Anderen gelang alles. Ich wollte kein Versager sein, also packte ich zehnmal soviel an als andere, um auch zehn Erfolge vorweisen zu können."*

Zum Erfolg bedarf es gewiss auch eines Quäntchens an Glück und einer guten Portion Verschonung vor Pech. Doch die wesentliche *Triebfelder auf dem Weg zum Erfolg ist das „Selbst" eines Menschen*: Bereitschaft zum Lernen, Tatkraft, Blick nach vorne, Visionen, klare Ziele, klare Etappen und auch die rechten Hilfsmittel für den Weg zu den Zielen.

Erfolg heißt aber auch insbesondere: *Ziele erreichen*, das geschafft haben, was man sich vorgenommen hat: Für den einen ist's das eigene Häuschen, die glückliche Familie mit gesunden, fröhlichen Kindern und letztendlich gesund in einen langen Ruhestand gehen. Andere Menschen haben andere Ziele: möglichst hohes Einkommen, Unabhängigkeit, Abenteuer, Reisen, Erlebnisse, Ausgehen, Luxus. Und wieder andere streben nach Macht, nach der Möglichkeit, viele Menschen beeinflussen zu können, nach Besitz und nach Reichtum.

Die stärkste *Kraft von Zielen wächst allerdings aus den Visionen*, die ihnen zugrunde liegen. Vision ist die geistig-bildhafte Vorwegnahme einer künftigen „Realität". Visionen zu haben hat nichts mit Traumtänzerei zu tun. Na-

„Erfolg: Triumph des Einfalls über den Zufall."

Lothar Schmidt

türlich kann eine Vision leicht hinüber gleiten ins Reich der Illusionen und Utopien. Davor gilt es auf der Hut zu sein, denn „Träume sind Schäume", wie es einmal mehr der Volksmund drastisch ins Bewusstsein rückt. Träume bauen nicht auf konkreten Fundamenten. Kinder träumen sich in Schlösser, wandeln sich träumend zu Prinzessinnen und Rittern – so lange bis Schlaf oder Spiel zu Ende gehen. Dann folgt die rauhe Wirklichkeit: Kinderzimmer aufräumen.

Wer keine Visionen hat, wird auch keinen Erfolg haben.

Wirkliche Visionen sind dagegen eine mutige *Herausforderung an das Selbst* und an dessen Entwicklung. Visionen sind innere Bilder einer erwünschten, realistischen künftigen „Wirklichkeit". Visionen sind *Orientierung* für Ziele und das sich daraus ergebende Handeln. In der Vision nimmt der Verkäufer innerlich bildhaft vorweg, wo er eines Tages stehen will: Karriere, Einkommen, Unternehmen und Produkt, privates Umfeld, Selbstbild. Visionen haben Kraft. Das wird immer wieder viel zu wenig beachtet. Grosse Erfolge wurden stets auf mutigen Visionen gebaut: Ford, Mövenpick, Migros, Walt Disney, „Der Spiegel" von Rudolf Augstein, die Landung auf dem Mond unter der Regierung von Kennedy – das sind nur einige wenige, aber eindrucksvolle Beispiele.

Erfolg – was ist das?

Als „Erfolg" wird ein erwünschtes, angestrebtes Ergebnis bezeichnet, ein „Sieg", ein Durchbruch, eine erhoffte Wirkung, ein Ereignis, ein gewolltes Resultat. *Erfolg setzt ein Ziel voraus* und darauf gerichtete Anstrengungen bzw. Bemühungen. Dem Erfolgserlebnis wohnt stets auch etwas von „Erstmaligkeit" inne. Routinehaftes Gelingen wird nicht mehr als „Erfolg" erlebt. *Erfolg zeugt also neue Erfolge*, da er zu neuen Herausforderungen ermutigt und die Kräfte zu neuen Erfolgen anspornt.

Der Weg ist das Ziel.

Erfolg haben kann auch heißen, einen Weg erfolgreich gehen, dem anvisierten Ziel Schritt für Schritt näher kommen. Erfolg liegt auch im „Prozess", der „im grünen Bereich" verläuft. Im menschlichen Leben bedeutet „Erfolg" für viele, dass jemand *„seinen Weg macht"* und gegenüber Mitbewerbern *„die Nase vorn"* hat. Für andere aber bedeutet „Erfolg" ein Leben im Einklang mit Natur und „innerem Wesen", wobei das Bewusstsein für das Materielle oft bis hart an das Existenzminimum zurücktritt.

Was also ist „Erfolg"? Das Millionendepot bei der Bank? Die Villa im Süden? Der Porsche vor dem Haus? Oder ist Erfolg im Leben eher dort zuhause, wo Gesundheit und ein glückliches Familienleben, ein verlässlicher Freundeskreis und gesunde Selbstzufriedenheit zu finden sind?

In der Gesellschaft bedeutet Erfolg *Ansehen und Geltung*, meist zählt dabei zuerst der berufliche Erfolg, dann der finanzielle und oft weit abgeschlagen erst der „Erfolg" in einem persönlich glücklichen Leben. Materieller und gesellschaftlicher Erfolg wird in der Gesellschaft des beginnenden 21. Jahrhunderts vielfach zum Götzen erhoben: Stars und Sternchen suchen (oft mit „allen Mitteln") den Glimmer des Erfolgs. Unendliche Preise sollen an möglichst viele „Ehrungswürdige" öffentlichen Erfolgsglanz verleihen. Erfolgreiche haben *Einfluss*, haben das „Glück" der *Gunst der Masse*.

Erfolglos sein bedeutet, den Aktionskreis unverrichteter Dinge verlassen zu müssen. Ziele sind nicht erreicht. Visionen zerbrechen wie das Glück vom Paradies. Der Erfolglose erlebt Abwendung statt Zuwendung, Demütigung statt Aufmunterung.

Wer kennt sie nicht, die „guten Freunde", die den Erfolglosen über Nacht nicht mehr kennen? Wer kennt sie nicht, die jubelnden Fan-Kurven und Sport-Journalisten, die nach der dritten Niederlage den Kopf des Trainers fordern? Wer kennt sie nicht, die Chefs, die bei verfehltem Umsatz-Soll schnell mit der Kündigung winken?

Wer den Schaden hat, braucht für den Spott nicht zu sorgen.

Verkäufer brauchen Balance im Spannungsfeld

Verkäufer leben in einer Reihe von Spannungsfeldern:

- ❑ *Wer ist eigentlich Arbeitgeber?*
  - – Der Kunde, von dessen Aufträgen alle im Unternehmen leben?
  - – Das „Unternehmen", das Ziele und Aufgaben vorgibt?
- ❑ *Wo ist das „tatsächliche" Zuhause?*
  - – In der Familie?
  - – Oder in der Firma, sei es unterwegs bei den Kunden oder am Schreibtisch im Büro?
- ❑ *Was ist eigentlich „Erfolg" für den Verkäufer?*
  - – Der Verkaufs-Erfolg?
  - – Oder der persönliche Lebenserfolg?

Diese *Spannungsfelder muss jeder Verkäufer in sich ausbalancieren.* Keiner kann auf Dauer gegen sein Inneres leben, auch nicht „im Job". Engagement für Unternehmen und Produkt muss sich paaren mit Zufriedenheit im privaten Leben, Familie, Freundeskreis, Hobbies. In der *Ausgewogenheit von An-spannung und Entspannung* liegt die nachhaltige Quelle für Kraft und Er-folg. Ausgewogenheit aber verlangt auch im Stress und Druck des „Jetzt", die Ziele für das „Morgen" nicht aus den Augen zu verlieren. Und anderer-seits lässt klagende Rückschau auf Scheitern und Hindernisse im Gestern keine neuen inneren Kräfte wachsen und bringt keinen Aufbruch zu neuen Erfolgen. Gedanken und Kraft gilt es auf das „JETZT" zu konzentrieren.

Mach es mit Freude und Begeisterung – oder lass es sein, wenn du es nicht zum Besseren verändern kannst …

LOVE it …

or CHANGE it
(ändere es zum Besseren)

… or LEAVE it

Natürlich ist es nicht immer einfach, das zu tun, woran sich innere Freude entzündet und persönliche Begeisterung entflammt. Und häufig ist es noch schwieriger, sich von dem zu verabschieden, was man nicht liebt, was inner-lich zuwider ist und Tag für Tag die Kräfte lähmt. Denn man hat ja so seine „Verantwortungen" und „fühlt sich in der Pflicht" oder will „das Gesicht nicht verlieren".

Doch das zu lieben, was zu tun ist, das ist oft nur eine Frage der inneren Ein-stellung. Warum nicht mit Freude sich an das Unvermeidliche machen? Dop-pelt so schnell geht es von der Hand, zigfach so gut wird der Erfolg ausfallen.

Wer nicht gern Schuhe putzt, wird sie nicht gründlich putzen und nicht kraft-voll polieren und der Glanz bleibt aus. Mit einen gesummten Lied auf den Lippen und mit sportlichem innerem Ehrgeiz fällt der Glanz ganz anders aus.

Wer sich schon beim Aufstehen ärgert über rechthaberische, meckernde und grenzenlos feilschende Kunden, reduziert seine Ausstrahlung, seine Kreativität. Mit strahlendem Selbstvertrauen, ausgeschlafen und voller innerer Freude auf die fruchtbare Auseinandersetzung mit den Kunden, so steigert jeder Verkäufer seine innere Begeisterung für den kommenden Tag.

„Erfolg stellt sich ein, wenn man mehr tut als nötig. Und das immer."

Lothar Schmidt

„Love it" – das heißt, die richtige innere Einstellung zu finden: Das was, man tut, dann auch gerne zu tun. Die innere Einstellung gilt es zu ändern. Change it, and you will love it – *Geh anders dran, und Du wirst es gerne tun.*

Erfolg haben, das heißt siegen ohne zu besiegen

Im Rahmen eines Seminar-Auftrags beobachtete ich vor einiger Zeit einige Telefon-Akquisiteure eines Finanzdienstleisters bei der Arbeit. Ihre Hauptaufgabe war es, bei gut verdienenden Ärzten Termine für die Außendienst-Berater zu vereinbaren. Mehrere Verkäufer saßen in einem Raum und arbeiteten eine Ärzte-Datei telefonisch durch. Wählgeräusche und Stimmengewirr legten eine monotone Geräuschkulisse über den Raum. Plötzlich zerriss ein Triumphschrei den Geräuschpegel: „Der hat verloren! Dem hab ich den Termin reingewürgt."

Hat ein Kunde wirklich verloren, wenn er einen Termin zusagt? Oder hat er damit eher einen ersten Sieg gelandet auf dem *Weg zu seinem Nutzen*? Das setzt natürlich voraus, dass er dann wirklich gute, also kompetente, hilfreiche, individuell maßgeschneiderte Beratung bekommt, durch die er Geld sparen kann oder Geld verdient.

Die Sicht der Dinge ist auch hier eine Frage der *Einstellung des Betrachters*: Verkaufen darf nicht heißen, über den Kunden „siegen" zu wollen. Verkaufen darf nicht heißen, im Kampf mit dem Kunden die Muskeln spielen zu lassen und ihm zu zeigen, wer der Stärkere ist. Besiegte sinnen auf Rache, auf Revanche in der nächsten Runde. Kunden mögen nicht innerlich das Gefühl bekommen, wieder mal Verlierer zu sein und aus Not oder aus Gutmütigkeit den Auftrag gegeben zu haben. Besiegte Kunden suchen mit wachen Augen und gespitzten Ohren nach Kaufalternativen. *Kunden wollen Sieger sein* – durch mehr Gewinn, durch mehr Nutzen, durch mehr Bequemlichkeit, durch mehr Spaß, durch mehr Vertrauen und Zuversicht, durch mehr Prestige und Aufwertung, bei allem und jedem, mehr als sie ursprünglich erwartet haben.

„Was Du nicht willst, das Dir man tut, das füg auch keinem andern zu."

Konfuzius

Natürlich motiviert es auch keinen Verkäufer, als ständig Besiegter jeden Kunden zu verlassen, ob mit oder ohne Auftrag in der Tasche. Beide wollen Sieger sein. *Beide Seiten müssen sogar Sieger sein*, wenn das Wirtschaftssystem des freien Marktes mit den Regelungskräften von Angebot und Nachfrage funktionieren soll. Daher das neudeutsche Erfolgsschlagwort von der *„Win-Win-Strategie"*.

Der eigene Erfolg darf nicht bedeuten, andere zu Unterlegenen zu machen. Der eigene Erfolg muss auf dem Gewinnen des anderen bauen, wenn er Zukunft haben soll. Erfolgreich verkaufen muss daher heißen: den *Kunden gewinnen lassen.*

Erfolg haben, das heißt gewinnen durch helfen und Glück auslösen

Ein weiser Egoist ist ein Mensch, der anderen so viel Gutes tut, dass die nicht anders können als auch ihm unentwegt Gutes zukommen zu lassen.

Der *Egoist* denkt nur an sich, gönnt anderen nichts. Sein dominantes Bestreben hat nur eine Richtung: stets die besten Vorteile für sich und möglichst alle Nachteile für die anderen. Der *Neider* schaut unentwegt voller Missgunst auf alles, was andere haben und er gerne auch haben möchte. Nur anderen nichts gönnen, ihnen möglichst die kleinste Freude vermiesen. Ob Neider oder Egoist: Die Menschen wenden sich ab. Der Weg in Einsamkeit, Isolation und Verbitterung ist vorgezeichnet.

Das *Gesetz der Reziprozität* ist im menschlichen Wesen und Sozialverhalten zutiefst verankert, weithin unbewusst und damit nur schwer „vom Kopf her" steuerbar.

Wie du in den Wald hineinrufst, so schallt es zurück.

„Glück entsteht oft durch Aufmerksamkeit in kleinen Dingen, Unglück oft durch die Vernachlässigung kleiner Dinge."

Wilhelm Busch

Das lässt sich auch rezepthaft formulieren: Liebe deinen Nächsten wie dich selbst. Was du gern möchtest, dass andere dir tun, das musst du vorher für die anderen tun. Je *glücklicher also der Kunde durch den Verkäufer wird* (durch das Produkt, durch die zu verkaufende Leistung), desto positiver wird der Kunde gegenüber dem Verkäufer handeln. *„Begeisterte Kunden feilschen nicht"*, so betitelte F. Christian Zach 1996 sein Buch für Auto-Verkäufer.

Die Grenze für das „Gute", das der Verkäufer von seinen Kunden erfährt, zieht natürlich wieder deren ureigenster Egoismus. Grenzenlos ist natürlich auch noch so viel Begeisterung der Kunden über Zusatznutzen und Plus-Gewinne, über Vorteile und Hilfsbereitschaft nicht strapazierbar.

Das beste Pflaster für den Erfolgsweg zum Herzen des Kunden, zu seiner Begeisterung, zu seiner anhaltenden Treue, zu Empfehlungen und Ausweitung der Zusammenarbeit ist *das „Glück" des Kunden.*

Glücklich sein heißt, sich freuen können am Glück der anderen.

Vor einigen Jahren besuchte ich im späten Herbst mit einem Freund die „grüne Insel" Irland. Für einen Ausflug nach Bally Shannon engagierten wir einen Taxifahrer, damit er uns die Gegend zeige. Während der Fahrt erzählte er, damit er im Sommer auf dem „Life Boat" Dienst tue. Und er erzählte von Stürmen und gefährlichen Klippen, von kniffligen Situationen und haarscharfem Entkommen. Er erzählte voller Inbrunst über seinen gefährlichen Job. Mittendrin fragten wir ihn: „Was verdienst du denn dabei?" Seine völlig erstaunte Antwort: „Nothing, of course." Wir konnten es nicht fassen und suchten nach seinen Motiven: „Wofür machst Du es dann?" Und er antwortete „Wenn du mal zwei Stunden mit haushohen Wellen und peitschendem Sturm gekämpft hast und schließlich doch noch einen aus der Gischt ziehst, und du dann in seine dankbaren Augen schaust, dann weißt du, wofür du es getan hast." Sein Leben zu riskieren, um das Leben anderer retten zu können, das war die Wurzel für sein Glück.

Die Erfolgsbasis im Verkauf ist gelegt, wenn der Verkäufer sich als „Glücksbringer" für seine Kunden versteht und wenn er dementsprechend handelt. Glücksbringer müssen sich freuen können am Glück der anderen. Viele Menschen müssen auf dem Weg zu solcher Einstellung zunächst ihre inneren Hemmschwellen überwinden: Egoismus und Neid. Der antike Philosoph Seneca macht das deutlich: *„Niemals wirst du glücklich sein, wenn es dich quält, dass andere glücklicher sind als du."*

„Schreiben Sie heute Ihre Biographie, bevor morgen jemand Ihren Nachruf schreibt" – so provokativ werden Seminar-Teilnehmer aufgefordert von C. P. Seibt, Trainer und Unternehmensberater, der heute in der Schweiz lebt. Die „Biographie" besteht dabei nur aus den Antworten auf drei Fragen. Dies sind dann die drei „Kapitel" für das persönliche „Lebensbuch". Wichtig dabei ist es, die Antworten wirklich selbstkritisch und aus tiefster Seele niederzuschreiben.

ÜBUNG nach C.P. Seibt:

Nehmen Sie ein Blatt Papier zur Hand und nehmen Sie sich 20 Minuten Zeit für die Antworten. Schreiben Sie Ihre Antworten nicht direkt in den freien Raum auf der vorgedruckten Übungsseite. Kopieren Sie sich die vorgedruckte Seite und halten sie diese so frei für spätere Wiederholungen der

Meine Biographie

1. Wer hat mir im Leben viel geholfen?
    Und womit?

2. Wem habe ich viel geholfen?
    Und wodurch?

3. Was sind meine großen Wünsche im Leben?
    Und in welchem Maße habe ich sie mir erfüllt?

Übung, entweder durch Sie selbst oder durch andere. Und denken Sie daran: Es geht einzig allein um Sie! Niemand außer Ihnen muss Ihre Antworten jemals lesen. Geben Sie daher Ihre Antworten, ohne vorher in die Analyse zu schielen.

Die Auswertung der Übung in den Seminaren zeigt zumeist, dass junge Teilnehmer spontan mehr Menschen nennen können, die ihnen geholfen haben, als Menschen, denen sie geholfen haben. Mit zunehmendem Alter kommen die Zahlen allmählich in die Waage. Bei älteren Menschen überwiegt dann häufig die Zahl derer, denen sie geholfen haben. Ältere Menschen finden immer weniger Menschen, die sich ihnen helfend zuwenden. Alte Menschen sind häufig einsam. Die Kinder sind in alle Welt „ausgezogen". Eine ganze Reihe von Freunden sind schon gestorben. Viele Senioren leiden und sterben einsam und fühlen sich vergessen. Dem Zerfall der Familien wird daran häufig die „Schuld" daran zugeschrieben. Stimmt das aber wirklich? Muss denn die Vereinsamung im Alter sein?

Wer bis ins hohe Alter Freunde und hilfsbereite Menschen um sich herum haben will, muss früh mit einem aktiven Programm beginnen, das für viele Helfende sorgt. Dieses „Programm" basiert auf den „großen Wünschen" der Lebensbiographie, allerdings nicht auf Träumen von der Villa auf Mallorca oder vom Porsche. Materielle Güter sind vergänglich und wecken Neid und Missgunst. Das Vorsorgeprogramm gegen Einsamkeit im Alter baut vielmehr auf früh realisierten Wünschen nach Einbindung und Handlungen in sozialer Gemeinschaft. *Im Leben etwas gemeinsam bewirken*: zum Beispiel durch ehrenamtliche Aufgaben im Sportverein oder in sozialen Projekten, durch gemeinsames Pflegen von Musik und Brauchtum oder durch aktives Mitwirken in Clubs wie Lions, Rotarier oder Schlaraffen. Grenzen gibt es hier keine.

Glücks- und Pechsträhnen

Gibt es den „Pechvogel" und die „Pechmarie", denen immer alles nur schief geht? An manchen Tagen ist fürwahr „der Wurm drin", nichts scheint zu gelingen. Mit dem linken Bein zuerst aus dem Bett, schmerzhafte Schnitte beim Rasieren (oder dreimal abgerutscht und mit dem Lippenstift quer über die Backe) und dann flutsch, beim Frühstück auch noch der Kaffee quer über das Tischtuch … Jetzt fehlt nur noch die „liebevolle" Frage: „Was stellst du dich denn so schusselig an?" Es ist zum davonlaufen oder in die Luft gehen – je nach Temperament.

Manche Tage sind wirklich wie verhext. Aber oft ist „Schusseligkeit" einfach ein Zeichen von *gedanklicher Abwesenheit*, von Zerstreutheit und Tagträumerei. Man ist einfach nicht „bei der Sache". Missgeschicke sind dann unabwendbar. Die Spirale ins Negative feiert fröhliche Urständ. *Pech zieht Pech an.* Und vor allem auch dies: Der Glaube an das Pech zieht Pech an. „Eine Pechsträhne haben" heißt: nicht mehr an das Glück glauben.

„Es geht alles schief, was schief gehen kann."

Murphy's Law

Ganz anders dagegen die Tage, an denen der Himmel voller Geigen hängt. Seliges Schweben auf Wolke sieben. Freudestrahlend und voller Tatendrang aus dem Bett, im Bad ein fröhliches Lied geträllert, lachende Gesichter am Frühstückstisch – Start in den Tag auf Flügeln voller Optimismus, geboren unter dem Glücksstern und zuhause auf der Sonnenseite des Lebens. Da haben Misserfolge kaum noch eine Chance. *Glück zieht Glück an.* Daher hängen Erfolge daran, sie in inneren Bildern in glücklichen Visionen vorwegzunehmen. Wer an sich glaubt, gewinnt den Glauben, das Vertrauen der anderen.

Glück zieht Glück an.

Erfolge im Verkäufer-Beruf reihen sich auf wie eine Perlenkette: Der erste Erfolg stärkt die innere Überzeugung von der Nützlichkeit für den Kunden und damit das Selbstvertrauen. Beim nächsten Kunden weckt die Selbstsicherheit des Verkäufers dessen Vertrauen. Auf Vertrauen baut der Abschlusserfolg. *Erfolg baut auf Erfolg.* Stein auf Stein, einer trägt den anderen. „Verkäufer brauchen Fortune" ist oft zu hören. Gemeint ist damit die „Ausstrahlung von Erfolg". *Der Kunde kauft gern bei „Erfolg-Reichen"* und er gerät in überschwängliche Glücksgefühle, also ins Stadium von Begeisterung, wenn er sich dabei noch als „Sieger" fühlen kann.

> *Im Fußballspiel gibt es den „Hattrick", drei Tore hintereinander durch einen Spieler. Das lässt sich häufig mit der „Selbststeigerungskraft" des Erfolgs erklären. Das erste Tor löst innerlichen Jubel aus, stärkt das Selbstbewusstsein, spornt zu mehr Aktivität und Kreativität an, schafft damit Leistungsvorsprung vor den Teamkollegen.*

Pech- oder Glückssträhnen entwickeln Eigendynamik. Aber der Mensch ist Herr seiner Einsichten und seiner Kräfte und mit diesen kann er hinabziehende Pechstrudel durchbrechen und sich daraus befreien. Nicht auf fremde Hilfe, nicht auf den „Motivationsschub" durch andere, sondern *auf die eigene innere Einstellung kommt es an*. Glück hängt nicht vom Schicksal ab, nicht vom Lauf der Sterne und auch nicht von einem Glücksbringer oder Talisman. Wer an sein Glück glaubt, dem wird es begegnen, wer blind ist für sein Glück, der wird lebenslang dran vorbeilaufen. Sein „Glück" findet der, der nie aufhört, voller Aktivität, voller Ideen, Einsatzfreude und Vertrauen danach zu suchen.

Erfolg heißt: Ziele erreichen

„Erfolg haben" heißt, ein erwünschtes, ein angestrebtes Ergebnis zu erreichen. Das Erstrebte ist dann er-folgt.

Erfolg stellt sich ein, wenn man sich etwas vornimmt, also ein „Ziel" setzt, und dieses dann auch erreicht. Zum Erfolg gelangt man durch die auf das Ziel ausgerichtete Anstrengungen. Für diese Astrengungen sind in aller Regel Hilfsmittel, oft auch „Helfer" nötig.

Dass Erfolg grundsätzlich das Ergebnis gezielter Anstrengungen ist, das besagt nicht, dass sich nicht ab und an auch mal ein „Erfolg" wie warmer Regen im Frühjahr einstellt, (fast) ganz ohne eigenes Zutun. Da gilt dann: „Schwein gehabt". Niemand sagt, dass *Rückenwind* auf dem Weg zum Erfolg nicht genutzt werden darf. In anderen Fällen wirft der Weg zum Erfolg aber weitaus mehr an *Hemmnissen und Hindernissen* auf, als anfangs erwartet. Zuweilen scheint sich alles und jedes dem Erfolg in den Weg zu stellen. Pech reiht sich an Pech, Rückschlag an Rückschlag.

„Einmal öfters aufstehen als hinfallen."

Lebensregel von Winston Churchill

Kritisch zu bewerten allerdings bleibt die Wahl der Mittel, die im Streben nach Erfolg eingesetzt werden.

„Was ausweglos scheint, muss nicht ausweglos bleiben."

Politikregel von Rita Süssmuth

- ❑ Zählt allein der Nutzen der Shareholder?
- ❑ Wie steht es um den Respekt vor dem „Nächsten"?
- ❑ Darf eigener Erfolg auf Schaden für andere bauen?
- ❑ Soll das Streben nach Erfolg Rücksicht nehmen auf die Interessen anderer?
- ❑ Wo und wieweit stehen Rechte anderer dem eigenen Erfolg entgegen?

Soziale Verantwortung schiebt oft einen Riegel vors Bestreben, sich ständig nur das größte Stück aus dem Kuchen für alle herausschneiden zu wollen. Blinder Egoismus aller würde die Welt schnell in ein Meer von Hass, Krieg und Verbrechen verwandeln. Allgemein anerkannte und in den menschlichen Traditionen verankerte Regeln von Ethik und Moral stehen dem Gott sei dank entgegen: Gerechtigkeit, Anstand, Ehrlichkeit, Respekt vor anderen, Toleranz sind nur einige, aber wesentliche Beispiele.

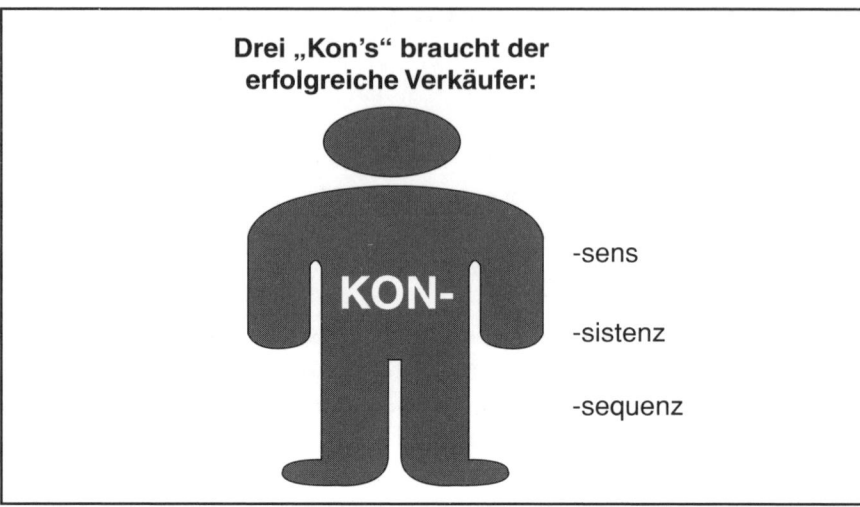

Übergeordnete Basis für den Erfolg als Verkäufer ist ausgeprägte *Kontaktfähigkeit*. Dabei sind besonders wichtig:

1. *Konsens*: Alle Maßnahmen sollten in sinnvoller Übereinstimmung mit den Lebens- und Arbeitspartnern getroffen werden. Ohne Zustimmung und Einwilligung der Betroffenen läuft alles Mühen um Erfolg ins Leere. Um Konsens zu erreichen bedarf es häufig intensiver Überzeugungsarbeit.
2. *Konsistenz*: Verkäuferisches Arbeiten muss widerspruchsfrei sein, klar, fest und zusammenhängend – danach gilt es zu streben. Verkäufer müssen hohe Beständigkeit an den Tag legen.
3. *Konsequenz:* Es geht nicht ohne Zielstrebigkeit und Beharrlichkeit. Konsequent sein heißt unbeirrt sein, entschlossen die einmal gefunden Linie „mit Biss" zu verfolgen.

Visionen – die Vorboten für Ziele

Vision kommt von „sehen" – etwas im voraus sehen, was sonst noch keiner sieht. Visionen sind seit alters her bekannt: das Orakel von Delphi, Erzengel Gabriel, Christus in der Wüste, Mohammed. Im Altertum (und nicht nur damals) hatten Hellseherinnen großen Einfluss auf das politische Handeln, die Bibel spricht von Eingebungen und Offenbarungen. „Seherinnen" werden heute noch in vielen Kulturen vor jeder wichtigen Entscheidung um Rat gefragt.

Der Mensch will die Zukunft wissen. Das ist ein Urinstinkt. Wird die Jagd erfolgreich sein, fragten sich die Neandertaler. Wird das Investment gute Rendite abwerfen, will heute der Multi-Milliardär in Hongkong von seinem „Hellseher" wissen, ehe er wieder ein europäisches Unternehmen aufkauft. Und die meisten Illustrierten werden auf der Horoskopseite zuerst aufgeschlagen. Hellseher und Hellseherinnen haben Hochkonjunktur, auch wenn im abendländischen Kulturkreis kaum jemand offen zugibt, dass er sein Handeln danach ausrichtet.

„What ever will be, will be, it's not ours to see."

Schlager von Doris Day

Doch „reiner Hokuspokus" ist Hellsehen nicht. *Voraussagungen haben magische Kraft*, sobald jemand auch nur eine Spur daran glaubt. Einmal mehr kommt hier das Gesetz der „sich selbst erfüllenden Prophezeiungen" ins Spiel. Wird ein langes, gesundes Leben vorausgesagt, so strahlt der Glaube an diese Botschaft auf den Organismus ab. Und der Glaube an das lange, gesunde Leben lässt im Organismus Kräfte entstehen, die tendenziell die Wahrscheinlichkeit für solch ein Leben erhöhen.

Wer sein „Ziel" solchermaßen „vor Augen" hat, der hat die höhere Wahrscheinlichkeit auf seiner Seite, es auch zu erreichen. Dies nutzen Spitzensportler erfolgreich im so genannten „*Mentaltraining*": Sie vertiefen sich in Bilder des Erfolgs. Sie meditieren und nehmen in geistigen Bildern ihren Sieg vorweg. Das setzt kaum geahnte Kräfte frei. Reinhold Messner nutzt mentales Training und erstieg alle 8000er der Welt ohne Sauerstoffflasche. Wayne Gretzki, wahrscheinlich der beste Eishockeyspieler, der bisher auf Schlittschuhen stand, erklärte seine Torerfolge so: „Ich fahre nicht dahin, wo der Puck ist, sondern dorthin, wohin er kommen muss, ins Tor."

Richtig stehen, im richtigen Augenblick und „instinktiv" richtig handeln – das sind *Garanten für den Erfolg*. Doch diese Instinkte für Ort, Zeit und Reaktion fallen kaum jemand von allein zu. Sie bauen auf *zigtausendfacher Übung*, auf unentwegtem Weiterüben auch bei Misslingen – erst ist dieses vielleicht in der Überzahl, allmählich wird es weniger, schließlich ist es eine gelegentlich unvermeidbare Ausnahme.

Ziele ohne wertvolle Visionen sind brüchig und hohl

Jedes Jahr geht es im Vertrieb um „Zahlen". *Das ganze Jahr wird von Zahlen beherrscht:* Vorgaben, Zwischenergebnisse, Soll-Ist-Vergleiche, Aktionszahlen. Kaum geht ein Jahr zu Ende, geht das Zahlenrennen von vorne los: wieder 10 % mehr.

Natürlich bringt diese kräfteverschleißende *Jagd nach immer noch besseren "Zahlen"* auch finanzielle Vorteile mit sich: Die Einkommen steigen, Wohlstand erfreut die Verkäufer und deren Familien, Häuser werden gebaut, Weltreisen gebucht, der neue Jaguar steht glänzend vor der Garage, hohe Lebensversicherungen werden abgeschlossen und der horrende Beitrag zum Golfclub wird "cool" abgebucht. Wehe, wenn dann plötzlich eine "Delle" in der Erfolgskurve kommt! Viel zu oft wird in blauäugigem Zukunftsglauben an das "ewige Wachstum" das kluge Anlegen von Reserven versäumt.

Je höher der Aufstieg, desto tiefer der Fall: Das Haus steht nach unbezahlten Raten schnell zur Versteigerung, das Nobelauto wird weggeholt, die Policen werden mit hohen Verlusten storniert, im Golfclub wenden sich die Freunde vor Anpump-Versuchen dezent ab, Börsenspekulationen zerplatzen in der Baisse – nicht selten geht der Fall ungebremst durch bis in die Sozialhilfe. Dort wo das Geld und "materieller Glanz" die "Visionen" für alles Leben und Handeln vorgeben, da ist mancher schnell "arm" dran. Der *Tanz ums Goldene Kalb* machte schon in der Antike die Menschen arm, vor allem innerlich, in der Seele.

Es gibt erstrebenswürdige Werte auch jenseits von Geld und materiellem Wohlstand. Erst tiefer gehende, *werthaltige Visionen geben dem Leben Bedeutung und Sinn*. Durch solche Visionen wird der Film des Lebens zum spannenden Erlebnis.

Visionen – nur für Staatsmänner und Global Player?

"If you can dream it, you can do it."

Walt Disney

Der Vater von Micky Mouse und Donald Duck kannte die *ungeheuere Kraft von Visionen*. Lance Armstrong besiegt den Krebs mental und wurde dreifacher Sieger der Tour de France. John F. Kennedy hatte angesichts des damaligen Vorsprungs der Sowjetunion in der Weltraumtechnik reichlich viel Spott zu ertragen, als er 1962 verkündete, dass ein Amerikaner als erster Mensch auf dem Mond landen werde. Aus innerer Überzeugung wachsen enorme Kräfte. *Erfolg kommt zu dem, der daran glaubt.* Je konkreter die Vision, desto höher die Wahrscheinlichkeit der Verwirklichung. Erfolg stellt sich ein mit hoher Wahrscheinlichkeit,

"Abenteuer entstehen im Kopf, und sonst nirgendwo."

André Heller

- ❏ wenn er in einer konkreten bildhaften Vision verinnerlicht
- ❏ und in *persönliche Zielplanung* umgesetzt wird.

Je öfter der Mensch sich etwas bildhaft vorstellt, es schon im voraus als kommende Realität sieht, je öfter er sich etwas innerlich vorsagt, desto stärker glaubt er daran. Sportler murmeln vor sich hin: „Du schaffst es, du schaffst es." Psychologen wissen: „Das Unterbewusstsein ist dumm. Es glaubt alles, was es oft genug hört." *Selbstbeschwörungen haben „hypnotische Wirkung".* Darin liegt die Kraft von Visionen (und von darauf aufbauend und daran anschließend) detailliert niedergeschriebenen Zielen und Plänen. Beispiele illustrieren immer wieder die Kraft von Visionen:

„Vision ist die Kunst, unsichtbare Dinge zu sehen."

Jonathan Swift

> *Als Bill Gates seine Vision vom weltumspannenden Software-Netz und von Milliarden von Homecomputern entwickelte, belächelten ihn die „Fürsten" des damals führenden Computer-Unternehmens und sie kommentierten voller Überheblichkeit: „Wir bauen doch kein Spielzeug." Im Jahr 2002 wurde die Marke von einer Milliarde verkaufter Personalcomputer überschritten.*

> *„Als ich mit siebzehn Jahren aus dem Mecklenburgischen nach Berlin kam, reiste ich zu Fuß und benötigte mehrere Tage. Ich besaß nichts, abgesehen von meinen Händen, meinem Verstand und einem Traum. Das war der Traum von einem ‚Weltgeschäft à la Fugger‘, wie ich es damals als Jugendlicher nannte. Es war der Traum von einem Unternehmen, welches durch ständige Erfindungen und den unternehmerischen Weitblick dazu beiträgt, Wissen und Wohlergehen der Menschheit zu steigern und welches – das war meine feste Überzeugung – gerade in dieser Kombination wirtschaftlich ist. Es war der Traum von einem Unternehmen, das der doppelten Verantwortung gerecht wird: Derjenigen gegenüber sich selbst und seinen Angestellten, und keiner geringeren als derjenigen gegenüber der Welt, die es umgibt."*

> *Werner von Siemens*

Nicht alle Visionen von großen Unternehmensgründern überdauern die Zeitläufe. Das beweist der Vergleich zwischen einerseits dem historischen Zitat des Gründers des Siemens-Konzerns und andererseits der Realität von Image, Auftritt und Top-Management des Weltkonzerns am Eintritt ins 21. Jahrhundert.

Doch *Visionen sind kein Privileg bekannter Persönlichkeiten.* Visionen sind kein Exklusivrecht der Mächtigen. Mit Visionen können auch Unbekannte schier unglaubliche Ziele erreichen.

- ❏ Da ist der Schielende, der durch seine Liebenswürdigkeit „die ganze Welt" für sich gewinnt. Seine Vision: „Ich will gemocht werden und durch das Beliebtsein zum Erfolg kommen, trotz meines Augenfehlers."

❑ Da ist der Stotterer, der unentwegt nach öffentlicher Aufmerksamkeit strebt, durch die er zum freien Reden gezwungen wird. Seine Vision: „Ich stehe vor einem großen Saal voller Menschen und halte eine flüssige Rede, ohne nur einmal zu stottern, ich überzeuge damit und gewinne die Zuhörer."

❑ Da ist der junge Verkäufer, der anfänglich über seine Misserfolge verzweifelt, der sich dann aber an die Fersen der Top-Kollegen heftet, sie so lange beobachtet und mit Fragen löchert, bis auch bei ihm sich Erfolge einstellen. Seine Vision: „Ich gehe wie die Erfolgreichen voller Selbstvertrauen zum Kunden, überzeuge, gewinne Vertrauen und werde die Kunden begeistern."

❑ Da ist der Verkäufer, der sich wurmt, nur der zweitbeste im Team zu sein. Seine Vision: „Ich werde der Beste sein."

„Visionen ohne Aktionen sind Halluzinationen."

Gerhard R. Wolf

❑ Da ist der Verkäufer, der immer „im Plan" abschneidet, angemessen gut verdient, der aber mindestens einmal in den Augen seiner Familie so richtig Bewunderung ernten möchte. Seine Vision: „Dieses Jahr toppe ich sie alle und ich werde beim Jahresfest auf dem Podium ganz oben stehen, alle werden mir gratulieren und das Foto werde ich dann zuhause …"

Visionen sind für alle da. Visionen sind ein Urquell persönlicher Kraft und Leistungsfähigkeit. Visionen sind die Fundamente der Brücken zum Erfolg – für jederMann und für jedeFrau.

Charisma – die „göttliche Ausstrahlung"

„Charisma" bezeichnet im ursprünglichen Wortsinn „göttliche Ausstrahlung" – auf alle Fälle aber hat ein Mensch mit Charisma eine ganz besondere *positive Ausstrahlung auf andere Menschen*: Er glänzt von innen heraus, sein Rat wird gesucht und angenommen, er ist überzeugend und findet Vertrauen. Bekannte Beispiele dafür sind Menschen wie Franz von Assisi, Albert Schweitzer, Mutter Teresa, Mahatma Ghandi.

Charismatische Menschen orientieren sich an kraft- und wertvollen, dabei aber durchaus konkreten Visionen: den Ärmsten in Kalkutta Essen und Obdach geben, medizinische Hilfe in den afrikanischen Busch bringen, Freiheit gewinnen von fremden Okkupanten. Ihre Ziele bekommen dadurch „Charisma": die Reichen bewegen, für die Ärmsten der Armen von ihrem heiligen Gelde zu geben, Millionen von Menschen in einer Bewegung zu vereinen und sie mit friedlichen Mitteln das Regiment der Engländer stürzen lassen.

Sechs Faktoren bringen Charisma, auch bei „kleinen" persönlichen Zielen:

1. Die besonders große *Vorfreude* angesichts der Vision.
   Die Augen leuchten beim inneren Verweilen in den plastischen Bildern der kommenden Realität.
2. Das intensive *Ausmalen* des Bildes bis ins Detail.
   Dafür allerdings bedarf es ruhiger, ungestörter Konzentration, manchmal sogar meditativer Versenkung.
3. Intensive *Beschäftigung* mit dem Ziel.
   Diskussionen darüber mit einem lieben, vertrauten Menschen, Notizen machen und Skizzen anfertigen, lustvoll Informationen sammeln usw.
4. Breite *Information* über das Ziel.
   Andere in die eigene Begeisterung mit einbeziehen: Familie, Freunde, Kollegen einweihen, teilhaben lassen. Die Kommunikation des Ziels nach „außen" hat verpflichtende Wirkung. Wer dann nicht dran geht, das Ziel zu erreichen, wer dann vorschnell aufgibt, verliert sein Gesicht.
5. Die *Zeit* für den Weg der Zielerreichung portionieren.
   Realistische, aber dennoch herausfordernde Etappen festlegen, im Kalender markieren. Entsprechend der Herausforderung auch genügend eigene Zeit einplanen, die nötig ist für die Schritte zum Ziel.
6. Der Weg zur Zielerreichung muss mit *Belohnungen* gepflastert sein, Schritt für Schritt, Etappe für Etappe. Jeder Erfolg auf dem Weg verdient gefeiert zu werden, mit Familie, mit Freunden, Kollegen, aber vor allem mit sich selbst!

Nur aus klaren Zielen werden Erfolge geschöpft

Visionen geben die Richtung vor. Das Ziel zeigt den Weg. Ohne Ziel gibt es kein Ankommen. *Ohne Ziel gibt es keinen Erfolg .* Nur wer ein Ziel hat, kann den Weg planen, kann seine Kräfte richtig einteilen, kann nutzloses Kreuz-und-quer vermeiden, kann sich geeignete Hilfsmittel suchen und sie sinnvoll einsetzen. Nur wer sein Ziel kennt, kann sich Verbündete suchen, helfende Hände, nützliche Coachs, Ratgeber und motivierende Vorbilder.

Zahlreiche Verkaufs-Teams werden durch „*Management by Objectives*"[9] gesteuert. Sofern hierbei die Ziele tatsächlich durch Diskussion im Team gesucht und dann beschlossen werden, ist stets der *Zwiespalt zu spüren zwischen den Optimisten einerseits und den Pessimisten andrerseits*. Oft steuert dabei auch der Zweck die Vorschläge. „Lieber ein bisschen weniger", möchten die einen, das sichert das bequeme Arbeiten und sichere Zielerreichung zum Jahresende. „Lieber ein bisschen mehr", möchten andere, *Herausforderung macht ihnen Spaß, Vorsprung sichert Zusatzprämien*. Spannungen im Team gibt es fast überall.

„Wenn wir die Ziele wollen, wollen wir auch die Mittel."

Immanuel Kant

Der Verkaufsleiter wird bei der Zielfestlegung in den meisten Fällen zum Optimismus tendieren, die Mehrheit im „Team" tendiert meist eher „pessimistisch" und legt die Ziele lieber auf geringere Herausforderungen. *Doch die zu nieder gelegte Latte fordert nicht zu Anstrengungen heraus.*

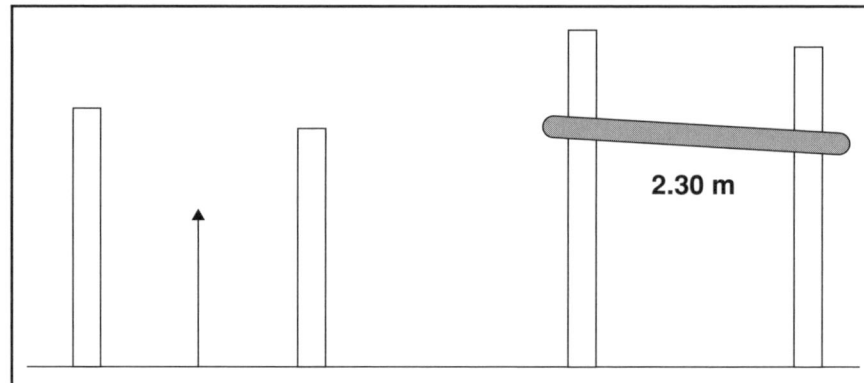

„Möglichst hoch" ist kein Ziel, das zu Höchstleistungen führt.
Erst das klar definierte Ziel, hart jenseits der Grenze bisheriger
persönlicher Spitzenleistungen spornt an, alle Reserven zu
mobilisieren, so lange bis schließlich das Ziel erreicht wird.

Auch Hochspringer schaffen ihre Rekorde nicht, indem sie sich vornehmen „Heute will ich so hoch springen wie ich nur kann", dazu aber keine Latte auflegen. Sie erreichen auch keine neuen Höchstleistungen, solange sie die Latte nur auf ihre „sichere" Höhe legen. Spitzensportler fordern sich ständig selbst heraus, indem sie die Latte immer wieder um einen oder zwei Zenti-

---

9 „Management by Objectives" (abgekürzt „MbO", übersetzt mit *„Führung durch Zielvereinbarung"*) ist ein Führungsprinzip, das Ende der 60er Jahre aus den USA nach Deutschland kam und in vielen Unternehmen sehr erfolgreich das bis dahin favorisierte „Harzburger Modell" ablöste. Statt der wirklich kollegialen Zielvereinbarung im Team und mit dem Management wird allerdings bei den meisten Unternehmen eine mehr oder minder versteckte Zielvorgabe praktiziert. Im Idealfall ergibt sich das Gesamtziel aus der Summe der Einzelziele, die diskutiert und untereinander abgestimmt und ausgeglichen werden.

meter höher legen als ihre bisherige Bestleistung. Viele Versuche gehen vielleicht schief. Profis feilen unentwegt an der Technik und trainieren im Kraftraum ihre Muskelkraft und Dynamik – und irgendwann ist der neue Rekord geschafft. *Ohne die Herausforderung durch die noch nie erreichte Höhe der Latte wäre es nie zur neuen Spitzenleistung gekommen.*

Das Beispiel aus dem Sport zeigt: *Fünf Forderungen muss ein motivierendes Ziel erfüllen:*

1. *Es muss sichtbar vor Augen sein.*
2. *Es muss präzise sein.*
3. *Es muss herausfordernd sein.*
4. *Es muss motivieren.*
5. *Es muss erreichbar ein.*

Das Ziel ständig sichtbar vor Augen

Ziele verlangen Papier und Stift, am besten das große Flipchart-Blatt, das dann im Büro hinterm Schreibtisch hängt. Woche für Woche, Monat für Monat kann eingetragen werden, welche Etappen erreicht sind, welche Erfolge gefeiert werden konnten.

Ein Beispiel zeigt, dass es *wichtig ist, ein Ziel nicht aus den Augen zu verlieren:*

> *Eine Wandergruppe befindet sich auf dem Weg zur Berghütte. Keiner von ihnen ist den Weg zu dieser Hütte schon mal gegangen. Am Anfang des Aufstiegs war angeschrieben „9 km". Nach zwei Stunden durch Wald und an steilen Abstürzen entlang verlieren die ersten die Lust, wollen Rast machen und dann umkehren. Ein paar andere ermuntern kräftig zum Weitergehen. Keiner aber kann sagen, wie weit es noch ist. Die Unlust nimmt zu: Ist's überhaupt der richtige Weg? Aber plötzlich lichtet sich der Wald und oben im Latschenfeld ist die Hütte zu sehen, winzig klein, aber da ist das Ziel. Schlagartig verstummt die Diskussion, alle haben plötzlich neue Kraft und neuen Antrieb. Die Schritte werden schneller, auf die Gesichter kehrt das Lachen zurück. Blasen an den Fersen und triefender Schweiß sind nicht mehr ausschlaggebend. Brotzeit und Rast winken und dazu der Stolz, den Aufstieg geschafft zu haben.*

„Als sie ihr Ziel aus den Augen verloren hatten, verdoppelten sie ihre Anstrengungen."

Mark Twain, Huckleberry Finn

Ziellosigkeit und ebenso Ungewissheit fressen Kraft und machen letzten Endes mutlos, lassen Zweifel aufkommen, ob's der richtige Weg ist und ob der ganze anstrengende Einsatz denn sinnvoll sei ... *Blinder Eifer,* vergeudete

Liebesmühe – das sind Folgen von fehlender Zielklarheit. Der eine *schadet nur*, die andere schmerzt.

Bei unsichtbaren Zielen weiß niemand, wie nahe oder wie fern man ihnen schon oder noch ist. Unkenntnis über die bereits zurückgelegte und die noch verbleibende Wegstrecke, Unkenntnis über die Früchte der bisherigen Anstrengungen – das verführt zum Aufgeben. Der Weg zum weit entfernten, anfangs des Weges noch nicht sichtbaren Ziel muss daher *unbedingt in Etappenziele unterteilt werden*. Jedes Etappenziel muss jeweils vom Etappenstart weg im Blickfeld liegen und es darf nicht aus den Augen geraten. Und jede durchschrittene Etappe muss Anlass sein zum Feiern des Erreichten. *Etappenziele geben auch die Möglichkeit zur Kontrolle der Fortschritte*: Sind wir im Zeitplan, sind wir im grünen Bereich?

Präzise, klar und messbar sei das Ziel

Ziele sind alles andere als schwammige Wünsche. „Möglichst viel" ist ein unpräziser Wunsch, nicht mal ein klarer Vorsatz. Denn da *fehlt das Kontrollmaß*. Ziele, die näher kommen oder Verfehlen nicht erkennen lassen, führen in die Lustlosigkeit und in die Bequemlichkeit. Nur für *konkrete, sichtbare und kontrollierbare Ziele* lassen sich *Wege* (Methoden), *Hilfsmittel* und *Etappen* mit *Kontrollen* und kleinen *Siegesfeiern*) festlegen.

> *„Wie wollen alle den Umsatz steigern" ist vielleicht ein guter Vorsatz (und auch das nur bedingt), aber kein präzises Ziel. In diesem Rahmen schiebt einer die Verantwortung zum anderen:*
> *Mayer verlässt sich auf „alle" – das sind für ihn die anderen. Müller ist mit seinem ersten Plus-Prozent zufrieden. Huber lässt jede Anstrengung sausen, denn durch die um 2% erhöhten Preise realisiert sich ja das Ziel von alleine. Schulze brüstet sich mit 6% Mehrumsatz, die er durch leichtfertige Preiskonzessionen einbringt. Und Martens freut sich über seine 8% plus, die ihm zuwuchsen, weil ein größerer Kunde den Sitz verlagerte und jetzt bei ihm statt bei Mayer bestellt.*

Ein konkret und präzise formuliertes Ziel kann zum Beispiel so aussehen:

> *„Der Umsatz im ersten Halbjahr 200X wird von jedem Verkäufer in seinem Gebiet und mit den bisherigen Kunden um 2% gesteigert, preisbereinigt zum vergangenen Jahr, und ohne Preiskonzessionen, die über den festgelegten Skonto und Mengenrabatt hinausgehen. Zudem akquiriert jeder im Team im Planungszeitraum mindestens fünf*

Neukunden. Das damit erzielte Umsatz-Plus wird nicht auf die 2% Steigerung angerechnet, sondern separat prämiert. "

Erst die eingebaute Herausforderung motiviert zum Ziel

Flow, lustvoller Energiefluss führt zur höchsten Power, die ein Mensch in sich mobilisieren kann. Flow aber gibt es nur hart an der Grenze jenseits bisheriger Leistungsnormen. Nur wer sich ständig an neue Herausforderungen wagt, nur wer ständig seine Muskeln trainiert erreicht einen Zuwachs an Kraft und Dynamik. Das gilt auch im Verkauf: *Nur wer sich immer wieder an höhere Aufgaben macht, wird mit diesen wachsen.* Siege, die ohne Anstrengung und ohne Einsatz mal so eben „mitgenommen" werden, begründen keinen Stolz und spornen nicht an.

Im Verkauf hat längst *Benchmarking* Einzug gehalten. Das heißt: An den Besten werden die Leistungen von allen gemessen. Das heißt aber auch: ständig von den Besten lernen, sich ständig von deren Leistungen anspornen lassen, von deren „Techniken" und Fertigkeiten lernen. *Persönlicher Gewinn aus Benchmarking* entsteht in fünf Schritten:

Um weiter zu springen, muss man einen Schritt zurück treten.

Französisches Sprichwort

1. *Vorbild wählen*:
   Welcher der Top-Kollegen soll das persönliche Vorbild sein?
2. *Positive Merkmale auflisten*:
   Welche Eigenschaften oder Fähigkeiten machen die Vorbild-Person so „Spitze"?
3. *Vorsätze*:
   Was ist an eigener Aktivität nötig, Eigenschaften und Fähigkeiten des Vorbilds zu übernehmen? Welche Veränderungen am eigenen Können und Tun müssen vollzogen werden?
4. *Umsetzung*:
   Maßnahmen- und Zeitplan für die Realisierung der Vorsätze aufstellen. Mit der ersten Maßnahme beginnen …
5. *Kontrolle*:
   Selbstkontrolle und auch Fremdkontrolle (Freunde, Kollegen). Anhand des Zeitplans der Umsetzung laufend prüfen: Wie wurde die erste, die zweite usw. Maßnahme bereits verwirklicht? Sind Verstärkungen nötig?

Das heißt für den erfolgsorientierten Verkäufer:

- ❏ *Mit Freude an die ständigen Herausforderungen gehen.*
- ❏ *Schwierigere Kunden dennoch erobern.*

❏ *Die einzelnen Aufträge vergrößern.*
❏ *Damit den Jahresumsatz steigern.*

Motivierende Ziele brauchen Identifikation

Aufgepfropfte Ziele motivieren nicht. Die möglichst weitgehende *Übereinstimmung von persönlichen Zielen mit den Verkaufs- oder auch Unternehmenszielen* ist für den Erfolg im Verkauf eine der grundlegenden Voraussetzungen.

> *„Wozu soll ich mich für die Ziele der anderen abrackern?*
> *Sollen die doch sehen, wie sie zu ihrem Zeug kommen."*

Laufen persönliche Ziele und die Zielvorgaben aus der Verkaufs-Leitung zu lange und zu intensiv gegeneinander, so macht das krank und führt zum Kollaps. *Berufliche Ziele, Ziele des Unternehmens, Ziele im Verkauf müssen mit persönlichen Zielen in möglichst hohem Maß harmonieren.*

Je ausgeprägter die Mitwirkung der Betroffenen an Zielfindung und Zielfestlegung, desto größer die Chance der Identifikation. *Motivierende Ziele wecken sportlichen Ehrgeiz* und Freude am Wettbewerb. Motivierende Ziele sind Ziele, die die *Identifikation der Verkäufer mit den Zielen des Unternehmens* herbeiführen. Motivierend heißt, dass *das Ziel die Lust wecken soll, Bester zu sein.*

Doch zu solcher Motivation genügt es in der Regel nicht, einfach nur ein Ziel zu setzen. Am Ziel muss dem Sieger (oder besser den Siegern) ein „Preis" winken, eine „Belohnung", die persönlich geschätzt und begehrt ist. Das kann ein unvergleichliches Erlebnis sein (z.B. Incentive-Reise) oder es kann Geld sein (z.B. Prämie), das die Erfüllung eines großen Wunsches erlaubt. Das kann aber ebenso auch die klar fundierte Aussicht auf Aufstieg und Karriere sein.

Nur erreichbare Ziele spornen an

Ziele, an die keiner glaubt, die durchwegs als zu fern und als unrealistisch angesehen werden, *solche „Ziele" demotivieren.* Zur Formulierung motivierender Ziele gehört auch die *Glaubwürdigkeit.*

Kleinmut und Resignation wuchern im Schatten von fehlendem Glauben an die Erreichbarkeit des Ziels. Ausflüchte kommen auf, Alternativen werden in die Diskussion gebracht.

Wer sich Unrealistisches vornimmt, kann nur scheitern.

Ziele in unsichtbarer Ferne sind weder motivierend noch herausfordernd. Unrealistische Ziele demotivieren. Das unrealistische Ziel zu erreichen, dafür gibt es ja sowieso keine Chance. *Aussichtslosigkeit lähmt.* Wozu sich dann überhaupt anstrengen?

Helfershelfer erleichtern den Weg zum Erfolg

Eremiten suchen ihre Erfolge nicht in „dieser Welt". Ihre Ziele liegen im Jenseits. Aber Erfolge in der „harten" Welt des Verkäufer-Berufs sind als *Einzelgänger* kaum zu gewinnen. Im Verkauf führt kaum ein Weg an das Ziel ohne eine breite Schar an Helfershelfern.

Erfolge stellen sich ein für *Verbündete in starken Teams*: mit vereinten Kräften dem Ziel entgegen. Alle ziehen an einem Strang. Gemeinsam sind wir stark! Spitzen-Profis im Verkauf erklimmen ihre Gipfel-Leistungen nur dank ihres „Drumherum" an „Verbündeten".

> *„Es ist nicht so wichtig, andere vom eigenen Standpunkt zu überzeugen. Wichtig ist es, sie zu gewinnen, als Unterstützer für die eigenen Ziele"*
>
> Rita Süssmuth

Bei Suche nach und Verlass auf Helfershelfer und Teamverbündete aber ist's entscheidend, sehr sorgsam zu bewerten: *Wer ist ein wirklicher Helfer* und eine verlässliche Stütze? Und wer ist ein „unechter Freund"?

Nicht hinter jedem lächelnden Gesicht steckt die Bereitschaft, wirklich zu helfen. Nicht jede ausgestreckte Hand lässt sich auch ergreifen, wenn dann tatsächlich Hilfe nötig ist. Selbst im engen Kreis von Familien herrscht häufig der Egoismus. Im Freundeskreis von Nachbarn bis Sportverein kommt's immer wieder zur enttäuschenden Feststellung, dass doch das eigene Hemd näher ist als des anderen Not. Im Kollegenkreis wird vielfach mehr Kraft auf gegenseitiges Sägen am Stuhl der anderen vergeudet als dass es Bereitschaft gäbe zu wirklicher Unterstützung der „Kameraden im Team".

„Verlasse dich nicht auf andere, denn leicht bist du dann verlassen."

Spruchweisheit

Echte und unechte Freunde

Drei zentrale Fragen auf dem Weg zum Erfolg stehen ständig vor Augen:

- ❑ Wer (oder was) kann *Vorbild* sein, Leitbild und permanenter Ansporn?
- ❑ Wer kann *Helfer* sein bei den Anstrengungen, das Ziel zu erreichen, möglichst gradlinig, möglichst schnell, mit möglichst wenig Kräftevergeudung?
- ❑ Wer lässt sich wann, wo und wodurch als *Verbündeter* gewinnen und stärker einbinden in meinen Weg zum Ziel?

Neudeutsch ausgedrückt heißt das dann zuweilen: Wer kann zum „*Coach*" werden? Wer eignet sich als „ständiger Begleiter" auf dem Weg zum Ziel? Wer ist optimaler Helfer durch fundierten Rat, Hilfe, Korrekturen, Anregungen? Wessen Erfahrungen und wessen Ideenkraft läßt sich „anzapfen" und auf die eigenen Mühlen lenken? Die große Gefahr dabei: an *falsche Helfer* zu gelangen, an eloquente Scharlatane, an selbstgefällige Angeber, an Egoisten-Wölfe im Samariterpelz.

Bei der Suche nach Helfern auf dem Weg zum Ziel gilt es also sehr kritisch zu analysieren: *Wer ist „falscher" und wer ist „echter" Freund?*

- ❑ Echte Freunde neiden den Erfolg nicht, sie freuen sich am Beitrag, den sie leisten zum Erfolg.
- ❑ Echte Freunde geben gern. Sie geben ohne Zögern und auch ohne Fall für Fall eine „Gegenleistung" zu erwarten.
- ❑ Unechte Freunde sind nur so lange „Freunde", als sie selbst sich davon Vorteil versprechen, und sie sind nur so lange „Freunde", als es sie nichts kostet.
- ❑ Für unechte Freunde ist Nehmen seliger denn Geben. Solange ihnen etwas zuteil wird, lachen ihre Gesichter. Bei der Bitte um Hilfe setzen sie eine Trauermiene auf: „Ach ich würde ja so gern, aber ich ..."
- ❑ Unechte Freude sind jubelnd dabei, wenn es Siege zu feiern gilt. Doch sobald die Niederlage anklopft, sind sie entflogen, gehen auf Distanz, wollen nichts „damit" zu tun haben.

„Man kann nicht allen helfen, sagt der Engherzige und hilft keinem."

Marie von Ebner-Eschenbach

Der Mensch ist gesellig und freut sich über viele Freunde. Viel Freund, viel Ehr, so denkt manche(r). Doch die kritische *Analyse des Freundeskreises* auf vermeintliche und auf tatsächliche „Freunde" ist in vielen Fällen angebracht – lieber wohlüberlegt zur rechten Zeit als voller Enttäuschung in der Not.

ÜBUNG:

Bei der Analyse des Freundeskreises hilft eine einfache kleine Tabelle (siehe nächste Seite) mit drei Feldern.

Sorgfältig überlegt werden die „Freunde" nun Name für Name den Feldern A, B und C zugeordnet: Verwandte, Bekannte, Verwandte, Familienmitglieder – dabei möglichst niemand vergessen (Sport/Hobby, Nachbarn, Ausbildung/Studium, Arbeitskollegen … usw.)

Für jeden Namen werden zwei Kriterien sorgfältig abgewogen:

- ❑ Was oder wie nutzt sie/er mir?
- ❑ Was oder wie schadet sie/er mir?

Trifft keines der beiden Kriterien zu, dann kommt der Name ins „neutrale" Feld.

„Schaden" oder „Nutzen" in dieser Bewertung kann natürlich auch der Einfluss sein, den jemand auf die persönliche Stimmungslage hat: Es gibt Menschen, deren Anwesenheit hebt die Stimmung, und es gibt Menschen, die schon ohne Worte die Stimmung ins Negative verschieben. Gute Stimmung gibt Kraft, negative Stimmung verzehrt Kräfte.

Es ist verblüffend einfach, diese Zuordnung zu machen. Die Bilanz ist manchmal ernüchternd.

Zielsetzung für die künftige Kontaktpflege muss es sein:

1. „Schädliche Freunde" schnell aus dem Kontaktkreis zu eliminieren.
2. Nach und nach Zeit und „Einsatz" für die „Neutralen" entweder zu reduzieren oder aber aus diesem Potenzial zusätzliche „nützliche" Helfer zu gewinnen.
3. Die Intensität der Beziehungen im Feld der helfenden und nützlichen Beziehungen zu steigern, hier mehr Zeit und Mühe zu investieren, diese Freundschaften zu pflegen und auszubauen.

Kontakt-Panorama **meines Freundeskreises, meiner Kollegen, meiner Nachbarn, meiner Verwandten und meiner Familie ...**	
A Gute Laune entsteht bei: Nutzen habe ich bei:	**+** Kontakte ausbauen
B Miese Stimmung entsteht bei: Schaden habe ich durch:	**–** Kontakte reduzieren
C Weder gute Stimmung fördert, noch miese Stimmung erzeugt: Weder Nutzen noch Schaden bringt mir:	**?** Kontakte nicht über- bewerten Möglichst nach A steuern Vorsicht bei Tendenz zu B

Die Helfershelfer der Profis

Der persönliche *Auftritt des Verkäufers*, seine *„Personal Identity"* (PI), entscheidet über den Eindruck beim Kunden: nur positiver Eindruck bringt Erfolg.

Ebenso wichtig aber ist die Übereinstimmung (Kongruenz) der persönlichen Identität mit der „Botschaft", die der Verkäufer dem Kunden übermitteln soll – die Botschaft über „sein" Unternehmen und dessen *„Corporate Identity"* (CI) und natürlich ebenso über „seine" zu verkaufende Leistung, sei dies ein Produkt oder ein Service (*„Service Identity"* = SI).

Nur wenn *PI und CI und SI aus einem Guss* sind, nur wenn der Verkäufer auch voll und ganz hinter seinem Unternehmen und hinter seinem Produkt steht, wenn er „lebt", was er argumentiert, nur dann gewinnt der Verkäufer das Vertrauen des Kunden. Und es gilt: Ohne Vertrauen kein Auftrag.

Beim Kunden kann es Misstrauen wecken, wenn der Verkäufer für Bally-Schuhe hemdsärmlig und in abgelatschten Sandalen auftritt oder wenn der Mercedes-Verkäufer mit einem uralten, rostigen Auslandsmodell vorfährt und seine Verkaufsunterlagen aus einem Karstadt-Jutesack herauskramt. *Das noble Produkt verlangt den noblen Auftritt.* Der Sportartikel-Verkäufer dagegen findet im dunkelblauen Nadelstreifen, mit Krawatte und Designerschuhen und mit gewählter Ausdrucksweise und dezent zurückhaltenden Gesten kaum den Zugang zum Platz- oder Zeugwart des Fußballvereins. Der Kunde misst unbewusst die „Stimmigkeit" eines Produkts oder einer angebotenen Leistung am Auftritt und Erscheinungsbild des Verkäufers.

Der Verkäufer formt sich über seine „Personal Identity" zu einer vom Kunden geschätzten Qualitätsmarke. *Verkäufer, repräsentiertes Unternehmen und präsentiertes Produkt verschmelzen zum „Markenartikel"* mit all seinen Vorzügen: Bekanntheit, positives Image, Qualitätsvertrauen und Lieferverlässlichkeit. Zwischen dem Kunden und dem Verkäufer entsteht eine tragfähige Brücke. Der Verkäufer, der vom Kunden in positiver Stimmung erwartet wird, hat den Auftrag schon beim „Guten Tag" so gut wie in der Tasche.

„Wer Erfolg haben will, muss sich auch kleiden wie ein Erfolgreicher."

Nikolaus Enkelmann

Zu diesem vertrauensvoll wieder und wieder erwarteten „Markenartikel" aber wird der Verkäufer nicht von selbst. Daran gilt es hart zu arbeiten: Da heißt es persönliche „Public Relations" auf professionelle Art einsetzen, sich ständig positiv im Bewusstsein des Kunden zu halten: nützliche Informationen, hilfreiche Tipps, kleine Hilfeleistungen außer der Reihe, Zusenden von Kopien interessanter Fachartikel, flexible Verfügbarkeit auch mal am Sonntag oder in später Nacht – *persönlicher Einsatz deutlich über das hinaus, was „normal" ist,* was die „Arbeitsplatzbeschreibung" verlangt und was der Kunde „üblicherweise erwarten kann".

Sein *individuelles Persönlichkeitsbild profilieren*, bekannt machen und aufwerten ist über zahlreiche Wege möglich, so zum Beispiel über

❑ Fachveröffentlichungen in der Firmenzeitschrift oder in einem E-Mail-Newsletter,
❑ Zusammenstellen von Dokumentationen für den Kunden,
❑ Mitarbeit in Entwicklungsteams beim Kunden,
❑ Vorträge vor Kunden-Gruppen oder Fachgremien,

- ❑ Projektarbeit in Schulungs- oder Ausbildungszentren von Kunden,
- ❑ Schulungen von Mitarbeitern des Kunden,
- ❑ Referate bei Betriebsversammlungen.

Entscheidend für den Erfolg allerdings ist eines: *Der Verkäufer muss diese „persönlichen Extra-Leistungen" dem Kunden auch bewusst machen.*

- ❑ Das darf nicht herabgewürdigt werden als „war doch selbstverständlich" oder mit „Hätte doch jeder getan".
- ❑ Da darf es nicht kleinlaut heißen: „Ich hatte ja sowieso gerade nichts anderes vor."
- ❑ Und auch nicht in norddeutscher Bescheidenheit „Da nichts für" oder in süddeutscher Jovialität „Ist nicht der Red' wert".

Guter Lohn macht hurtige Hände.

Sprichwort

Extra-Leistung hat auch das Recht, *EXTRA erwähnt und herausgestellt* zu werden, es muss ja nicht aufdringlich und penetrant sein.

> *„Klar, Herr Kunde, das geht nicht immer. Gut, dass es diesmal geklappt hat. Und ich bin sicher, Sie werden es mir anrechnen."*

> *„Schön, Herr Kunde, dass Sie diese kleine Extra-Leistung anerkennen. Ich bin froh, dass ich Ihnen helfen konnte und freu mich darauf, lange auf diese gute Art mit Ihnen zusammenarbeiten zu können."*

Wie auch immer! Der Kunde MUSS solche „Extras" auch als Extras erkennen, er muss darauf hingewiesen und gleichzeitig dezent auf das erwartete *gelegentliche „Dankeschön" bei kommender Gelegenheit* eingeschworen werden. Kunden brauchen und vertragen solche Anstöße. Und es zahlt sich aus. Tief in den meisten Menschen wirkt eine Tendenz zur ausgleichenden Gerechtigkeit – wie du mir, so ich dir!

Der Heiligenschein wird auch angesichts des systematischen Einsatzes von Extra-Leistungen nicht sofort hell erstrahlen über dem Kopf des Verkäufers mit Charisma. Aber das System wirkt, vor allem, wenn es ehrlich praktiziert wird, also „aus dem Herzen" kommt und aus gelebter Hilfsbereitschaft und Streben nach Nützlichkeit für den Kunden.

Spezielle Anforderungen an den heutigen Verkauf

Der Wind in der Wirtschaft weht eiskalt von vorne. Um Marktanteile und um jeden Auftrag wird heftig gekämpft. Der *Wettbewerb wird immer härter* – und auch immer aggressiver. Vielfach sind die Produkte materiell nahezu gleich und gegeneinander austauschbar. Jeder Kunde wird intensiv umworben, von allen Seiten, an jedem Tag, mit immer ausgefeilteren Methoden.

Wer nicht *ständig im intensiven Kontakt* mit seinen Kunden bleibt, der verliert – erst die Kunden, dann an Umsatz und Marktanteilen, schließlich im unternehmerischen Überlebenskampf. Wer sich nicht regelmäßig um seine Kunden kümmert, wer nicht voller Hilfsbereitschaft ihre Probleme löst, der hat das Nachsehen. Bis zum nächsten „Regelbesuch" war der Verkäufer des Wettbewerbers da und hat den Auftrag bekommen.

Der Verkäufer steht vor einem Paradoxon, das im Grunde Wunder von ihm verlangt: Jetzt heißt es also die *Kontaktfrequenz steigern*, gleichzeitig aber auch die *Beziehungstiefe verbessern*. Öfters Kontakt zum Kunden, und gleichzeitig mehr Zeit und Zuwendung für intensivere Gespräche mit jedem Kunden – wie soll das möglich sein? „Der Tag hat nur 24 Stunden … wenn das nicht reicht, dann nehme ich die Nacht dazu." – So mokiert sich ein altbekanntes Bonmot.

Doch die Praxis zeigt: Da gibt es immer wieder „Verkaufs-Genies", die scheinbar diesen Spagat mühelos schaffen. Wieso? Wie gelingt das? Können sie zaubern oder welche besonderen Talente oder Rezepte haben sie? Sind diese magischen Stufen auf der Leiter der Spitzen-Verkäufer für „normale" Kollegen verschlossen?

Spagat tut weh, wenn untrainiert.

Spagat-Beherrschung Nr. 1: Kontaktfrequenz steigern

Die geforderte Kontaktfrequenz zu steigern ist nicht einfach, wir müssen voll aus dem Fundus eigener Rationalisierungschancen schöpfen:

- ❏ Der Tag ist voll zu nutzen.
- ❏ Die Terminplanung muss genau und doch flexibel sein.
- ❏ Die ständige Erreichbarkeit muss gewährleistet sein.

- ❏ Konsequent ist „nebenher" das Administrative zu leisten.
- ❏ Die Vorteile von Handy, SMS, E-Mail und Mailbox sind unschätzbar.
- ❏ Und nicht nur besuchen: Faxe, Mails, Einladungen – einfach mehr!

Sicher ist das eine: Der erfolgsorientierte Verkäufer hat keine 35-Stunden-Woche, keinen Arbeitstag nach Tarifvertrag. Da gibt es keine gewerkschaftlich geregelten Mittags- und Kaffeepausen. *Der Kunde bestimmt den Tagesplan.*

Erfolg im Verkauf anstreben, das heißt oft auch: Die *Abende nutzen* oder auch die *Wochenenden*, wenn der Kunde nur dann Zeit und Ruhe hat für ein konzentriertes Gespräch. Tagesauswertung und Vorbereitung für den nächsten Tag sind ohnehin feste Aufgaben für die Abende.

Sorgfältige, aber auch flexible *Terminplanung* ist das „A" und das „O" erfolgreicher Zeitnutzung im Verkauf. Doch über alle Terminabsprachen hinweg gilt: Der Kunde ist der Herr der Termine – und das reichlich oft mehr als kurzfristig:

- ❏ Hier muss der Auftrags-Entscheider kurzfristig zu einer Besprechung und lässt den Termin absagen – oft erst dann, wenn der Verkäufer schon fast vor der Haustür angekommen ist.
- ❏ Dort treten plötzliche Störungen im Betriebsablauf auf, Hektik herrscht rundum und dem Verkäufer wird abgesagt.

Wehe dem Verkäufer, der in solchen Fällen einerseits nicht per Mobil-Telefon (natürlich mit Mailbox und SMS) erreichbar ist, andererseits keine flexiblen *Terminreserven* hat, wie zum Beispiel

- ❏ Kunden, mit denen er kurzfristig über das Handy einen Besuch vereinbaren kann,
- ❏ Kunden, denen er den Besuch versprochen hat, „sobald er in der Gegend ist",
- ❏ potenzielle Kunden, bei denen er sich schon lange mal einen ersten Kaltbesuch zur Erkundung von Chancen wünscht.

Endlich mal Zeit für den Friseur oder zum Einkaufsbummel ohne Stress ist zwar sicher schön, aber erfolgsorientierte Zeitausschöpfung ist das nicht. Ergibt sich absolut keine Möglichkeit, einen abgesagten Termin durch andere Besuche zu ersetzen, dann ist es immer noch am besten, die Zeit zu nutzen, die *Datenbank im Laptop auf neuesten Stand zu bringen* oder die

Aufträge (oder auch die Anfragen) des Vormittags an die Zentrale zu übermitteln.

Das *Mobil-Telefon* hat in Bezug auf flexible *Terminvariationen* ebenso wie für jederzeit schnelle *Datenübermittlung oder -abfrage* mit der Zentrale einen revolutionären Fortschritt gebracht. Nicht nur der Kontakt zum Kunden kann bei Bedarf im Auto vom Straßenrand aus oder aus dem Hotel oder auch von zuhause aus jederzeit aufgenommen werden. Auch Kunden und die eigene Zentrale haben stets die Möglichkeit, den Verkäufer zu erreichen.

Dabei allerdings muss eine Regel mit ganz wenigen Ausnahmen gelten: *An der Schwelle ins Haus des Kunden wird das Handy abgeschaltet.* Im Fall wirklich triftiger Ausnahmen muss der Kunde gleich zu Beginn des Gesprächs informiert werden, dass ein absolut wichtiger Anruf erwartet wird. Aber es müssen schon wirklich exorbitante und absolut konkrete Ausnahmegründe sein.

Rationalisierungspotenziale in der Zeitnutzung bringen auch die elektronischen *Navigationssysteme*:

- ❑ Rechtzeitig lassen sich Staus erkennen, alternative Wege wählen, vorausgesetzt, der Verkäufer kennt das Straßennetz seines Gebietes bis ins Detail.
- ❑ Umständliches Suchen nach unbekannten Straßen zum Neu-Kunden entfällt.

Nicht immer lassen sich Fahrstrecken und damit Fahrzeiten minimieren, denn der Verkäufer schlägt zwar vor, legt auch mal nahe, aber der Kunde bestimmt letztendlich den Termin, und so kann es schon mal zu einigem unvermeidlichen Hin und Her über die Landstraßen kommen. *Besser etwas mehr fahren als beim Kunden kurz abgefertigt werden*, weil ihm die Zeit einfach nicht passt.

Schnell sind alle *Möglichkeiten zum Zeitgewinn* für mehr Besuche ausgereizt. Dann *müssen andere Kontaktformen den persönlichen Besuch ersetzen*: mal eine einfache Karte, eine E-Mail oder SMS mit einem kurzen Tipp, mal die Kopie eines für den Kunden nützlichen Artikels aus einer Fachzeitschrift per Fax oder per Post. Vor allem aber ist es das Telefon, das stärker genutzt werden kann, diesen und jenen persönlichen Besuch zu ersetzen.

Für die tragfähige Brücke zum Kunden gibt es nur ein Baumaterial: *Kontakte, Kontakte, Kontakte*. Viele kleine „Extras" prägen beim Kunden das po-

Kontakte, Kontakte, Kontakte

sitive Bild. Wer ihm am „nächsten" ist, dessen Name und Telefonnummer fällt ihm zu erst ein, wenn er Fragen hat oder Bedarf. Natürlich ist eine gute Portion Kreativität und *„Denken mit des Kunden Kopf"* erforderlich, um immer wieder Kontaktanlässe zu finden, die dem Kunden nutzen, ihn nicht belästigen, ihm nicht die Zeit stehlen. Gute Ideen hat natürlich nur, wer sich viel und offen umschaut, viel liest, wach aufnimmt, umsetzt und weitergibt.

Spagat-Beherrschung Nr. 2:
Beziehungstiefe verbessern

Erfolge der Zukunft bauen auf soziale und emotionale Kompetenz. Das aber setzt voraus, *Kunden besser zu kennen als in vielen Fällen bisher* – also nicht nur einen Informationsfundus („Data-Base") aufbauen nach Auftragsgrößen und Umsatzvolumen, nach Zahlungsbonität und technischen Sonderwünschen, vielleicht noch nach Altersgruppe, Bildungsgrad oder nach Hauseigentum, sondern vor allem auch nach sozialem Umfeld und „Seelenlage".

❑ Das *soziale Umfeld* umfasst zum Beispiel Familie, Kinder, Partner, Haus, Hund, Hobbys, Automarke und bevorzugtem Urlaub usw.

❑ Zur *„Seelenlage"* zählt zum Beispiel pessimistisch oder optimistisch, zaudernd oder entscheidungsfreudig, modern oder konservativ, risikofreudig oder sicherheitsfanatisch usw.

Das alles sind Informationen, die nicht im Eiltempo nach Fragebogen „erhoben" werden können, sondern die erst bei *vertiefter Beziehung zum Kunden* in längeren, auch mal abschweifenden Gesprächen nach und nach auf den Tisch kommen.

„Das Vertrauen gibt dem Gespräch mehr Stoff als der Geist."

François Duc de La Rochefoucauld

Am leichtesten öffnet der Kunde den Blick auf dieses und jenes seiner Privatsphäre, seiner inneren Sorgen und Stimmungen, wenn auch der Verkäufer sich zunächst mal geöffnet hat. Mit der Tür ins Haus zu fallen ist dazu nicht der geeignete Weg. Dazu braucht es erst mal eines Grundvertrauens, einer ersten *Basis von „Vertraulichkeit"* – Zug um Zug, ein Schrittchen hier, ein Schrittchen dort ... irgendwann kommt der Durchbruch und der Kunde macht wirklich auf, nicht selten total unerwartet.

Dies illustriert trefflich ein Beispiel:

Ein Verkäufer kommt trotz aller Mühe und trotz vieler Besuche und immer wieder individuell angepassten Angeboten nicht voran. Ihm steht ein eiskalter Einkaufsleiter gegenüber. Er bekommt mit ihm einfach keine „Wärme" in die Gespräche, kein Jota von persönlicher Beziehung jenseits des rein sachlichen Produktgesprächs. Er findet einfach nicht die passende Wellenlänge und allmählich wächst seine Überzeugung: Die Chemie stimmt einfach nicht. Diesen Kunden übernimmt wohl besser ein Kollege.

Doch sein Verkaufsleiter lehnte diesen Vorschlag ab und bot ihm an, einen Coach an seine Seite zu stellen. Dieser Coach war ein sehr erfahrener Verkäufer-Trainer. Im ersten Gespräch fragte der den Verkäufer: „Kennen Sie denn den ‚Nasenring'[10] des Kunden? Kennen Sie denn diesen einen ‚Nerv', den jeder hat? Wer den trifft, der löst unwiderstehbar und automatisch eine reflexhafte Reaktion aus. Diesen Nerv hat auch Ihr ‚eiskalter Einkäufer', aber wo hat er ihn? Das müssen Sie herausfinden, denn das ist seine empfindlichste Stelle. Meine Empfehlung: Machen Sie sich auf die Suche."

Der Verkäufer machte sich also beim nächsten Besuch auf die Suche nach dem „Nasenring" dieses so unzugänglichen Kunden. Mit Argusaugen nahm er jedes Detail im Büro des Einkaufsleiters wahr. Ganz besonderes Augenmerk richtete er dabei auf den Schreibtisch. Und tatsächlich fiel ihm hier ein mächtiger Briefbeschwerer aus Bronze auf, der einen Delfin darstellte. Er sprach den Einkäufer an: „Eine bemerkenswerte Plastik. Von welchem Künstler stammt sie denn?"

Und er hatte den Nerv tatsächlich getroffen. Der Einkäufer war plötzlich weg vom nackten Sachgespräch. Er erzählte, wo er den Delfin entdeckt hatte, vom wem die Plastik stammt, und er fügte hinzu: „Wussten Sie auch, dass der Delfin das höchststehende soziale Wesen der Welt ist? Wussten Sie, dass Delfine keine Feinde haben, auch die Haie nicht, nur den Menschen? Wussten Sie, dass Delfine eine ausgeprägte Sprache haben und dass sie auch andere Lebewesen durch ihre ausgeprägte soziale Veranlagung schützen? Wussten Sie, dass Delfine schon so manchen Schiffbrüchigen über Wasser gehalten und gerettet haben? Jeden Urlaub miete ich mir ein Boot und fahre hinaus, um Delfine zu beobachten, zu filmen und ihre Gespräche auf Tonband aufzuzeichnen."

Damit aber war der plötzliche Redeschwall des Einkaufsleiters nicht beendet. Ganz im Gegenteil. Irgendwie kam er plötzlich auf seinen Sohn zu sprechen und erzählte, dass dieser Betriebswirtschaftslehre studiere, dass er früher immer mit ihm zur Delfin-Beobachtung gefah-

Man muss eine Nase dafür haben.

Redensart

---

[10] Nasenringe werden bei wilden Bullen durch die Nasenscheidewand gezogen. Die Bullen lernen schnell, dass es sehr schmerzhaft ist, sich gegen das Führen am Nasenring aufzubäumen. So lassen sich auch kräftigste Bullen bequem und willig führen

Können kommt von kennen.

ren sei, jetzt aber dieses Hobby nicht mehr teile, sondern es nur noch als Kinderkram bezeichne.

Der Verkäufer hörte aufmerksam zu, stellte die eine und andere Zwischenfrage, zeigte lebhaftes Interesse. Der Abschied war herzlich, aber über den Auftrag wurde zum Schluss gar nicht mehr gesprochen. Ein paar Tage später fragte der Verkäufer dann seinen Coach: „Was kann ich mit all dem denn bloß anfangen? Nichts? Oder was denken Sie?"

Der Coach erzählte ihm vom Buch „Die Delfin-Strategie" von Lynch/Kordis und er empfahl dem Verkäufer, dieses Buch beim nächsten Besuch dem Einkaufsleiter zu schenken und ihm vorzuschlagen, es an den Sohn weiter zu geben.

Der Verkäufer tat wie ihm empfohlen und rief kurze Zeit darauf begeistert seinen Coach an: „Stellen Sie sich vor, der Kunde hat mir gesagt, er habe dieses Buch seinem Sohn geschenkt, und dieser habe ein paar Tage später ihm gesagt: ,Vater, jetzt weiß ich, wie wertvoll dein Hobby auch für mich ist!'"

„Lieber Mann" sagte dann der Einkaufsleiter zum Verkäufer, „Sie haben mir meinen Sohn zurückgebracht. Das werde ich Ihnen nie vergessen." Seither erhält der Verkäufer von diesem Kunden die Aufträge für den gesamten Bedarf. Und auch schon einige Empfehlungen hat er von diesem Kunden bekommen.

Sicher, diese Begebenheit der Delfin-Vernarrtheit eines Einkäufers ist etwas Einmaliges. Die Zusammenhänge mit dem Sohn liefen in die offenen Arme des Verkäufers. Das war seine Chance.

Glück? Mag sein. Glück hat nur der Tüchtige, und der schaut nach den „Nasenringen" seiner Kunden und macht das Beste daraus.

Professioneller Sales Mix

Die Doppelanforderung – einerseits die Besuchsfrequenzen zu steigern und andererseits gleichzeitig die Beziehungstiefe zu verbessern – ist kein einfaches Unterfangen. Beides verlangt *mehr Einsatz und mehr Aufwand*. Doch mit professionellem *Sales Mix* ist es zu schaffen. Der optimale Einsatz aller Verkaufs-Instrumente hilft, die Herausforderung zu bewältigen.

Als *Instrumente für den erfolgreichen Verkauf* stehen zur Verfügung:

Besuche,
Telefon,
Briefe,
konventionelle Newsletter,
E-Mails,
E-Mail-Newsletter,
SMS-Botschaften über das Handy,
Messebesuche,
Cross-Selling,
Kundenzeitschriften,
Referenzinventuren,
Empfehlungen,
Dokumentationen,
Vorführungen,
Fachvorträge,
Seminare,
Kunden-Events,
Geschäftsessen,
Sponsor-Events im Sportbereich,
privat-gesellschaftliche Treffen,
Multiplikatoren.

Zwei besonders effiziente Verkaufs-Instrumente sind dabei Cross-Selling und die Nutzung von Multiplikatoren.

1. Cross-Selling

Top-Verkäufer sind natürlich nicht nur auf das Wohlwollen ihrer Kunden bedacht, sondern auch auf das eigene: Am Top-Verdienst messen und präsentieren sie voller Stolz ihre Erfolge. Kein Wunder, dass der Top-Verkäufer also zuerst an seine eigenen Aufträge denkt und erst in zweiter Linie an Chancen für seine Kollegen. Top-Verkäufer sind nicht immer ausgesprochene Förderer von Kollegen im Team.

Auf Dauer wird sich aber auch der Top-Verkäufer in seiner Existenz und in seinem Gebiet nur halten können, wenn er auch lernt, *im Team zu denken* und zu handeln. Das aber heißt: bei jedem Kontakt mit Kunden oder auch potenziellen Kunden und mit Informanten hellwach zuzuhören, ob nicht ein Tipp anklingt, der einem Kollegen hilfreich sein kann – einem Kollegen in einem anderen Gebiet, einem Kollegen in einem verschwisterten Geschäftsbereich. Der Top-Verkäufer kann seine „Fans" unter den Kunden ja dank der guten, tragfähigen Beziehung auch ohne weiteres nach Tipps fragen, nach „Kollegen" des Kunden irgendwo in Deutschland oder Europa, die durch das „gute Produkt" (den „guten Service") ebenfalls gewinnen könnten.

Das „*Danke*" für solche Tipps muss natürlich selbstverständlich sein. Der Tipp-Geber hat ein Recht darauf, informiert zu werden, wie mit seinem Tipp verfahren wurde und was daraus wurde. Stellt sich ein Tipp als erfolgreich heraus, dann hat der Tipp-Geber durchaus auch ein „*materielles Danke*" verdient – je persönlicher, desto mehr Freude wird darüber entstehen. Das „ganz persönliche" Geschenk aber setzt natürlich profunde Kenntnis über den Kunden voraus. Der eloquente Umgang mit solchen scheinbaren „*Kleinigkeiten*" *in der Kunden-Beziehung* zeichnet den Spitzen-Verkäufer aus. Ohne Rückkopplung geben selbst sehr gut „befreundete" Kunden eines Tages keine Empfehlungen mehr.

Ebenso selbstverständlich muss es im „Teamverkauf" sein, dass in der Verkaufs-Organisation getrennte Geschäftsbereiche *sich gegenseitig die Bälle zuspielen.* Das heißt: als Verkäufer nicht nur in der eigenen Sparte zu agieren, sondern ganzheitlich zu denken und beim Kunden mit wachen Augen und Ohren darauf achten, wo sich für den Kollegen im verschwisterten Bereich eine Chance abzeichnet.

Wer anderen eine Brücke baut, darf selbst darüber.

Cross-Selling bedeutet: offen und verkaufsaktiv beim Kunden der Sparte A ansprechen, was die Sparte B zu bieten hat. Der Verkäufer der Sparte A öffnet seinen Kollegen von der B-Sparte die Tür und umgekehrt. Oft lässt sich direkt ein Termin für den Kollegen vereinbaren. Manche Unternehmen gehen dazu über, getrennte *Verkaufs-Sparten zu integrieren*, um das Cross-Selling zu fördern. Ein Beispiel dafür ist Swarovski, der Tiroler Multi-Sortimenter in den Bereichen von Kristallglas bis zur industriellen Schleifmittel-Technologie. Die Verkaufs-Organisationen wurden integriert und sortiments-übergreifend geschult.

Mit Cross-Selling überwinden so manche große und bekannte Unternehmen die „enge" Kalkulation im Stammgeschäft:

❑ Kaffeeröster Tchibo macht in seinen Filialen größere Umsätze mit den Aktionsartikeln als mit Kaffee.

❑ Auch Aldi, Lidl, Norma und andere Discount-Filialisten machen mehr Gewinn mit den Aktionsartikeln als mit dem Stammsortiment, Sie profitieren dabei ganz erheblich vom Preisimage, das sie durch das Stammsortiment haben.

❑ Beim Bäcker gibt es längst eine Bistro-Ecke, sie ist so gut wie obligatorisch, auch mit Gulaschsuppe und Schnitzel-Brötchen.

❑ Die Pächter von Tankstellen erzielen ihr Auskommen kaum noch mit den Umsätzen an den Zapfsäulen, sondern mit dem Umsatz im angeschlossenen Supermarkt und Getränkemarkt. Ihr Vorteil dabei ist die Möglichkeit, 24 Stunden offen zu haben. Spätnächtliche Single-Shopper achten wenig auf den Preisvergleich mit Discountmärkten.

2. Nutzung von Multiplikatoren

Über zehn Jahre hinweg verkaufte Joe Girard jährlich 1300 Autos. Er wird deshalb oft als der erfolgreichste Verkäufer der Welt hervorgehoben. Was aber machte ihn dermaßen erfolgreich? Die Analyse ergibt: Wie andere überaus erfolgreiche Kollegen baute auch Joe Girard auf *Helfer*. Top-Verkäufer weben sich *Beziehungsnetze*, aus denen sie ständig Tipps bekommen für mögliche Verkaufs-Chancen. Doch nicht nur Tipps pflastern die Karrieren von Spitzen-Verkäufern. Eine Vielzahl von *Empfehlungen* aus dem Netz der „Freunde" heraus sind ebenfalls Sprossen ihrer Leitern zum Top-Erfolg.

Die ELKA-Erfolgsstory des Manfred Greif

Gleich nach der bundesdeutschen Wiedervereinigung, der so genannten Wende, gründete Lutz Klemme bei Halle seine ELKA, Fenster, Türen, Wintergärten. Heute ist ELKA bundesweiter Marktführer, seine Geschichte ist eine einzige Erfolgsstory.
Der Firmenchef entwickelte ein Partnerkonzept für seine Kunden, auf deren Grundlage nicht nur der Wintergarten in hoher Qualität geliefert, der Kunde in einem einzigartigen Service betreut, sondern darüber hinaus als Partner in ein Beziehungsnetzwerk einbezogen wird.
Zum Aufbau des Wintergartens vereinbart der Verkäufer mit seinem Kunden ein Einweihungsfest mit handverlesenen Gästen, allesamt Hausbesitzer ohne Wintergarten. Dabei kommt es dem Verkäufer nicht auf die Quantität, sondern auf die Qualität der Gäste an. Während der

Feier, die vom Kunden selbst ausgerichtet wird, hat der Verkäufer Gelegenheit zum Festvortrag, was er so charmant macht, dass alle Gäste sich nach einem Beratungsgespräch sehnen.
In die Ausgabe 2002 des Guinness-Buch der Rekorde wurde nun der ELKA Top-Verkäufer Manfred Greif aufgenommen. Er verkaufte acht Jahre lang täglich einen Wintergarten!

Für erfolgreiches Verkaufen ist es also nicht allein der perfekte Umgang mit Kontakten und Verkaufs-Techniken, der zum Ziel führt, sondern es kommt auch die Fähigkeit hinzu, sich ein weit verzweigtes *Netz von „Förderern"* zu weben.

Beziehungen schaden nur dem, der sie nicht hat.

Einer der erfolgreichsten deutschen Auto-Verkäufer erzählt, dass er jede Gelegenheit zur *Ausweitung seiner Kontakte* nutzt, bei der viele Menschen zusammenkommen: Parteiversammlungen ebenso wie Tierzüchterkongresse, Sportmeetings ebenso wie Jugendtreffen oder Kirchentage. Seine Devise: dabei sein, von sich reden machen.

Sponsoring und Product-Placement haben sich zu den wirksamsten Verkaufs-Förderern entwickelt.

❑ *Sponsoring* bedeutet:
Preise stiften, in Gremien mitwirken, organisatorische oder kommunikative Aufgaben übernehmen, natürlich nicht ohne entsprechend als Sponsor herausgestellt zu werden. Das schafft Beziehungen, die sich auf anderen Wegen in dieser Breite und Vielfalt kaum anbahnen und knüpfen lassen. Sponsoring aber bedeutet auch *für Bekanntheit sorgen*, wie sie oft auf andere Weise kaum zu gewinnen ist: Zur besten Fernseh-Sendezeit heißt es dann „Focus präsentiert Aspekte" oder „Krombacher widmet Ihnen die folgende Sendung".
❑ *Product-Placement* bedeutet:
In publikumswirksamen Filmen und Fernseh-Serien im Bild „ganz normal" präsent sein. James Bond fährt den neuen XKR von Jaguar. Im Marienhof-Haushalt wird das Baby mit Hipp gefüttert, der Tatort-Kommissar steigt in den Audi, in der Ärzte-Serie liegt das Schmerzmedikament XY auf dem Tisch … Über Product-Placement werden Filme und Fernseh-Serien mitfinanziert. Öffentliche Sender sind dabei zugeknöpfter als Privatproduktionen.

Ganz besonders nützlich sind natürlich gute *Beziehungen zu Meinungsmachern*: Journalisten sind hier gewiss an erster Stelle zu nennen.

Multiplikatoren aber können auch Politiker sein, von der lokalen bis zur nationalen oder sogar internationalen Ebene, oder ebenso Vorstände von Vereinen und Organisatoren, ganz generell alle bekannten und in breiten Kreisen geachteten Persönlichkeiten: Wenn sie Gutes über das Produkt und zudem über den Top-Verkäufer denken und das auch verbreiten, dann ist das besser als die aufwändigste Plakat- oder Fernseh-Werbung.

Sich *Verbündete im Verkauf* zu suchen, das ist auf vielfache Weise möglich, auch im kleinen Rahmen der Nachbarschafts- oder Freundschaftshilfe. Dazu nur ein paar Beispiele:

- ❑ Die Tankstelle stellt Gebraucht-Pkw eines benachbarten Händlers aus.
- ❑ Der Auto-Händler verkauft Versicherungen für den Kameraden aus dem Sportclub.
- ❑ Der Banker empfiehlt einen Steuerberater, der Bankkunde ist.
- ❑ Der Taxifahrer drückt mit einigen empfehlenden Worten Gutscheine für Restaurants und Nachtbars in die Hände seiner Fahrgäste.

Natürlich beruht solches „Cross-Selling" stets auf *Gegenseitigkeit*. Das muss keineswegs immer eine „Provision" oder ein geldwertes „Geschenk" sein. Das würde in vielen Fällen sogar gesetzliche oder vertragliche Regelungen oder Verpflichtungen verletzen. Solches „Cross-Selling" folgt dem Prinzip Geben und Nehmen:

- ❑ Stellst du meine Autos aus, tank ich nur bei dir.
- ❑ Verkaufst du meine Versicherungen, kauf ich deine Autos und empfehl sie meinen Kunden.
- ❑ Bring ich dir Beratungskunden, bekomm ich Tipps, wer wann eine Geldanlage oder einen Kredit brauchen kann.

Zu den überaus wertvollen *Helfershelfern im Verkauf* zählt natürlich zum Beispiel auch

- ❑ der Konstruktionsleiter, der beim Einkaufsleiter das Produkt und den Verkäufer besonders empfiehlt, natürlich technisch begründet;
- ❑ der Niederlassungs- oder Werksleiter, der auch bei seinen Kollegen rühmt, wie gut er vom Top-Verkäufer beraten wird, wie er von dessen Unternehmen zuverlässig beliefert wird, begründet, mit Ersparnissen an Zeit und Kosten.

Eine Hand wäscht die andere.

Nahezu unbezahlbar wertvoll ist es, wenn sich begeisterte Kunden gewinnen lassen, in ihren Fachgremien oder vor einem Kongress ihres Fachverbandes mit Empfehlungen und *Vorträgen* ihrer Begeisterung über das Produkt XY Ausdruck zu verleihen – je dezenter und unterschwelliger, je stärker sachlich begründet, desto glaubhafter und wirkungsvoller !

Der Verkäufer als Trendscout

„Was bringt der morgige Tag?" Diese Frage möchten sich nahezu alle Menschen beantworten können. Das galt im Altertum, das gilt heute. Rund um den Globus leben Wahrsager aller Schattierungen von dieser urmenschlichen *Sehnsucht, in die Zukunft zu schauen.* Die Macher der Wetterberichte versuchen es auf ihrem Gebiet Tag für Tag, manchmal erfolgreich, manchmal voll daneben trotz Satellitentechnik und aufwändigster Computer-Programme.

Sterne, Tarot-Karten, Knochenstückchen, Runen, Kaffeesatz und Kristallkugeln müssen dazu dienen, den Vorhang vor der Zukunft für einen neugierigen Blick zu lupfen. Und wo sich der Blick dennoch verschließt, da kommt der *Aberglaube* zum Zug: die schwarze Katze von links, der Schornsteinfeger am Morgen, das Vierer-Kleeblatt am Wegesrand.

Zukunfts- und Trendforscher erzielen Top-Honorare: Faith Popcorn, John Naisbitt, Herbert Kahn, Gerd Gerken mit dem Institut für Trend-Forschung, Mathias Horx mit dem Zukunfts-Letter oder Horst Opaschowski mit dem Freizeit-Forschungs-Institut des Tabakkonzerns BAT. Börsengurus in den Anlage-Abteilungen der Banken übertreffen sich mit Zukunftsableitungen aus bisherigen Kurstrends. Doch ihre euphorischen Empfehlungen in der Hausse der Jahre 1999/2000 konnten den Absturz in die Baisse der Jahre 2001/2002 ebenso wenig verhindern wie deswegen erforderliche Milliarden-Abschreibungen der Banken auf die eigenen Wertpapierbestände.

„Mich interessiert vor allem die Zukunft, denn das ist die Zeit, in der ich leben werde. "

Albert Schweitzer

Viel steht zu lesen über das, was möglicherweise kommt. Je mehr es glauben und demgemäß handeln, desto größer die Wahrscheinlichkeit, dass es eintritt. Egal ob Altertum oder Christentum, egal ob Hindus oder Mohammedaner: Für gläubige Menschen galt stets: *Den Blick in die Zukunft hat allein Gott.* Und so wird rund um den Globus um „gnädige" Zukunft gebetet, um Schutz vor Unglück, um reiche Ernte, um glückliche Ehe und gesunde Kinder.

Doch jenseits von Gottglauben oder rein weltlicher Einstellung: Entscheidend ist die *Offenheit für das Kommende.* Vorbereitet sein, egal was und wie es kommt. Flexibel und schnell reagieren. Nicht lamentieren über das, was nicht gekommen ist, sondern die Chancen ergreifen in dem, was eingetreten ist.

Die Chancen zum Erfolg liegen nur in dem, was ist, niemals in dem, was nicht ist – mag dessen Nicht-sein noch so beklagt werden. Die entscheidende Frage für den Weg zum Erfolg heißt also: *„Was gibt's Neues?"* Wo öffnen sich neue Perspektiven, neue Tore, neue Wege?

„What's new Pussycat?"

Titel eines Filmsongs

Hellhörigkeit und Gespür für das Neue ist die Erfolgsquelle für den Top-Verkäufer.

Kunden mögen das Neue. Kunden mögen an der Spitze von Entwicklungen sein, mögen die Nase vorn haben. *Voraussicht* hilft dem Kunden beim Planen. Der Verkäufer, der Voraussicht bringt, ist dem Kunden wertvoll und willkommen. Daher gilt für Spitzen-Verkäufer: immer auf den Zehenspitzen stehen, *Umschau halten, Informationen sammeln,* kombinieren, Schlüsse ziehen. Je höher der informative Standpunkt, desto besser die schlüssige Übersicht.

Trendscouts müssen nicht immer wissenschaftlich fundierte und belegbare Aussagen abgeben. Trendscouts nehmen Tendenzen auf und leiten daraus Fragen ab: „Könnte es sein, dass A den Schluss zulässt, dass B kommen wird?" *Anregungen zum Denken* zu geben, mögliche Denk- und Entwicklungsrichtungen zu skizzieren ist für Vorsprungserfolge wichtiger als auf perfekte Lösungen zu warten.

Verkäufer als Spürhunde für Neues

Die stereotype Einleitungsfrage des Kunden lautet: „Was gibt es Neues?" Wohl dem Verkäufer, der immer was Neues weiß.

Verkäufer müssen viel lesen, viel hören, viel beobachten, viele Fragen stellen. Fachzeitschriften, möglichst auch aus dem Ausland, Gespräche mit Kunden und mit Fachexperten, aber ebenso auch Gespräche mit Menschen aus ganz anderen Fachbereichen, sorgfältige Auswahl von informativen Features im Fernsehen und seit ein paar Jahren natürlich vor allem das Internet sind ständige *Informationsquellen.* In den unendlichen Weiten des Internets helfen Suchmaschinen und clever gewählte Suchbegriffe auf dem Weg zu einem Überblick über das Wesentliche. Mit zwei Klicks lassen sich Fundstellen ab-

„Für zwei einander ganz entgegengesetzte Dinge sind wir gleich sehr eingenommen: für die Gewohnheit und für das Neue."

Jean de la Bruyère

speichern. Bei aller Schnelligkeit nicht vergessen, die Fundquelle und das Datum des Abspeicherns an das Dokument zu heften

Doch Lesen und Schauen allein genügt nicht. Auch durch das Sammeln werden Informationen noch nicht nutzbar. Erst das *Wiederfinden* im rechten Moment macht Informationen wertvoll und fruchtbar. Auch hier haben die modernen Möglichkeiten der Datenverarbeitung ehedem kaum geahnte Möglichkeiten geschaffen, weithin ganz ohne Papier. Informationen lassen sich in einer eigenen Internet-*Datenbank* systematisch abspeichern und über klug gewählte Stichworte schnell wiederfinden und in Zusammenhänge bringen. Den nötigen Speicherplatz im Datennetz gibt es vielfach kostenfrei oder gegen geringe Beiträge.

Wer seine Sinne öffnet für das Neue, für das möglicherweise Kommende, der entdeckt *Signale des Neuen* an allen Ecken und Enden. Entscheidend für Trendspürnasen ist die *Fähigkeit zu kombinieren*: nicht Zusammengehörendes entgegen bisherigen Seh- und Denkgewohnheiten zusammenzubringen. Ein typisches Beispiel: Früher waren Fernsehen, Telefon und Computer drei separate Technologien. Inzwischen ist die Entwicklung zur Verschmelzung in vollem Gang. So manches erfolgreiche Start-up-Unternehmen hat dies vorausgesehen, wurde vielleicht angesichts der Vorhersagen belächelt, inzwischen aber von einem der großen Konzerne aufgekauft, der sich so nachträglich den Anschluss an technische Entwicklungen zu sichern vermochte.

Trends erkennen – und sie auch umsetzen

Erkenntnis und danach handeln, das sind schon immer zwei Paar Stiefel. Das gilt auch für Trends: Sie erkennen, aus Erkenntnissen die richtigen Schlüsse zu ziehen und diese Schlussfolgerungen dann auch in konsequentes Handeln umzusetzen – das ist nicht immer ein leichter Weg. Wer nur erkennt, bleibt weltferner Theoretiker. Materieller wirtschaftlicher *Erfolg entsteht erst durch Umsetzung.*

Pioniere brauchen immer Mitstreiter. Die Praxis zeigt immer wieder, wie innovative Ideen nicht als zukunftsträchtig erkannt werden. *Gründer und Pioniere haben es schwer, die nötige „Gefolgschaft" und auch das nötige Startkapital zu gewinnen.* Banker setzen lieber auf die Hypothek als auf den Glauben an eine innovative Geschäftsidee. Der Markt für Risikokapital ist in Deutschland immer noch zu eng. In den USA ist dieser Zukunftssektor stärker entwickelt.

Deutschland leidet unter seinen *Verkrustungen*. Das stellten neutrale und internationale Institutionen im Jahr 2002 übereinstimmend fest. Genannt wurden dabei:

- ❏ Übergeregelter Arbeitsmarkt und unflexible Gewerkschaften.
- ❏ Über-Bürokratisierungen im Wettbewerbs-, Bau- und Gewerberecht.
- ❏ Zu viel selbstherrliche Beamtenmacht.
- ❏ Ein Sozialsystem, dessen Fundamente von innen heraus zerbrochen sind.
- ❏ Ein zersplittertes und zurückgebliebenes Bildungssystem, dem Kraft und Mittel zur Erneuerung fehlen.
- ❏ Ein völlig undurchsichtiges und vor allem inkonsequentes Steuerrecht, das sich noch dazu ständig sprunghaft ändert.
- ❏ Ziel- und planloses, kurzfristig improvisierendes Agieren der Politiker aller Schattierungen.

Es ist gewiss nicht leicht, angesichts solcher politischer und bürokratischer Hemmnisse zukunftsträchtige Trends umzusetzen.

Doch nicht nur die öffentlichen Institutionen Deutschlands sind mehr Verhinderer als Helfer für Zukunftsentwicklungen. Auch in den großen Unternehmen und Konzernen haben sich zwischen „Spitze" und „Front" schier unüberwindliche Etagen von Bürokratie über Bürokratie entwickelt. Die Trägheit großer und vielschichtiger Organisationen hemmt die Realisation „trendgerechter" Aktionen oft bis zum Aufgeben durch die Initiatoren.

Wer angesichts dieser Hemmnisse bei der Umsetzung zukunfts-orientierter Ideen auf öffentliche Förderung hofft, der hat geringe Chancen. Und zu häufig geht es Innovatoren in Großunternehmen ebenso. Aber die Zukunft wartet nicht, bis träge Mühlen der Bürokratie sich irgendwann doch mal bewegen. Nur private Initiative hat Chancen. Und sie erfordert enorme Kraft, die Widerstände der Systeme zu überwinden.

„Und wenn ich wüsste, dass morgen die Welt untergeht, so würde ich heute noch ein Apfelbäumchen pflanzen."

Martin Luther

Dennoch zeigt der Alltag: Spitzen-Verkäufer warten nicht bis zum Sankt-Nimmerleins-Tag, sie *gestalten sich ihre Zukunft selbst*. Über oft unkonventionelle Kanäle schleusen sie den Virus der Neuerungen ein, suchen und finden *Verbündete*, die sie für die neuen Ideen begeistern können, erst einzelne, allmählich mehr. Über starre Vorgaben und Organisationsstrukturen hinweg schalten sie sich in die Produktentwicklung ein, geben oft anderen freiwillig den Lorbeer ab, „Vater" (oder „Mutter") einer erfolgreichen Idee gewesen zu sein, Hauptsache die „Sache" kommt voran …

Zukunft ist nicht,
Zukunft macht man.

„Wenn wir in zehn
Jahren über die gute
alte Zeit reden wol-
len, müssen wir heute
beginnen daran zu
arbeiten."

Sir Peter Ustinov

Spitzen-Verkäufer gestalten ihre eigene Zukunft – und die ihrer Kunden. Sie brechen den Trend der Verkrustungen, drehen ihn um, indem sie

- ❏ dem Kunden wenig „Regeln" vorgeben,
- ❏ keinerlei Bürokratisierung spüren lassen,
- ❏ „Selbstherrlichkeit" durch Freundschaft ersetzen,
- ❏ dem Kunden wahrlich helfen,
- ❏ sich ständig (dynamisch-kraftvoll) weiterbilden,
- ❏ völlig transparent sind und Prozesse transparent machen,
- ❏ langfristig planerisch und visionär wirken und vor allem
- ❏ dem Kunden zum gesteigerten Erfolg verhelfen.

Zehn Fundamente für den Aufbau von Spitzenpositionen des Verkäufer-Erfolgs:

1. *Jeder gestaltet seinen Erfolgsweg selbst.*
   Aber „Glück" hat auf Dauer nur die/der Tüchtige. Wirklich glücklich macht nur eigene Leistung.
2. *Balance in den Spannungsfeldern.*
   Erfolg baut auf Ausgewogenheit. Lieber sich abwenden, wo Schlechtes nicht zu ändern ist, als sich innerlich verbiegen.
3. *Wahre Erfolge bauen auf dem Nutzen für andere.*
   Anderen „Glück" bringen schafft Freunde und Verbündete. Besiegte sind keine Verbündeten. Auf Dankbarkeit wurzeln tragfähige Beziehungen zum Kunden.
4. *Glück hat der Tüchtige.*
   Dauerhaft nur durch das Glücksgefühl über die aus eigener Kraft erreichten Erfolge.
5. *Klar gesetzte Ziele erreichen.*
   Wer klare Ziele vor Augen hat, kann seine Kräfte auf die Ideallinie konzentrieren und leichter Hindernisse überwinden.
6. *Aus Visionen wächst die Kraft.*
   Visionen lassen Erstrebtes schon im voraus zur Wirklichkeit werden. Bilder geben *mentale Kraft*, die Berge bewegen kann.
7. *Ziele müssen präzise, herausfordernd, motivierend und sichtbar sein.*
   So geben Ziele Orientierung und spornen an.
8. *Helfer und Verbündete erleichtern das Leben.*
   Entscheidend ist's, die wahren Freunde von den negativen Kontakten zu trennen. Kunden sind die wichtigsten Verbündeten.
9. *Alle verkäuferischen Instrumente optimal einsetzen.*
   So den Spagat Beziehungstiefe – Kontaktfrequenz meistern.
10. *Alle Kraft nach vorne richten.*
    Trends und neue Herausforderungen schnell und flexibel erkennen, sie als erster aufnehmen und die darin steckenden neuen Chancen nutzen.

Böse Menschen gibt es immer, *böse Kunden* auch, Kunden, die mutwillig auf den Verkäufer einhacken, oft mit dem Ziel, sein Selbstwertgefühl zu zerstören. Der Verkäufer ist kein Fußabtreter für solche Menschen. Niemand kann vom Verkäufer verlangen, vor bösem Willen zu buckeln. Höflich, aber bestimmt kann auch ein Verkäufer sich Demütigungen verbitten.

Aber auch Verkäufer, die unentwegt ihr Fähnchen im Wind der sich ständig widersprechenden Kunden-Äußerungen flattern lassen, Verkäufer ohne Rückgrat, ohne Ehre und ohne Selbstwertgefühl haben auf Dauer keine guten Chancen in ihrem Beruf. Natürlich gilt auch: Selbstanalyse, auch angebrachte *Selbstkritik* zur rechten Zeit ist dabei durchaus erlaubt, ja sogar nötig, hilfreich und fördernd.

Mag auch der Verkäufer-Beruf oft mit geringschätzigem Blick bedacht werden, *im Verkauf liegt der Motor der Wirtschaft*. Verkaufen heißt Kontakt mit vielen wertvollen Menschen, ihnen Nutzen bringen und Gewinn. Darin liegt eine Mission. Der Verkäufer-Beruf ist ein *Beruf, der Menschen verbindet* und hohe Anerkennung verdient – sofern er reell und nach ethisch anerkennenswerten Grundsätzen ausgeführt wird.

Ein fauler Apfel in der Kiste steckt alle an. Raus damit!

Ganz generell gilt für das menschliche Zusammenleben: Nicht alles, was gut gemeint ist, fällt auf fruchtbaren Boden. Manchmal sind es bedauerliche Missverständnisse. Doch in anderen Fällen ist es böswilliges Auflaufenlassen. Meckern und Motzen, nur des Meckerns und Miesmachens wegen, persönliche Angriffe unter der Gürtellinie statt sachlicher Argumentation. Ja, es gibt sie, die Kunden, die vor allem zerstören wollen, den Verkäufer, sein Produkt und dessen Wert und Preis, das Unternehmen dahinter.

Muss der Verkäufer den Gang auf die „Richtstätte" wieder und wieder antreten, in freiwilligem Masochismus? Oder darf er den Gang zu solchen Kunden verweigern? Kommt vielleicht ein Kollege oder der Verkaufsleiter mit diesem Menschen besser zurecht? Ist's nicht besser, die ganze Kraft einzusetzen, um *kooperierenden Kunden* Hilfe und Nutzen zu bringen, als sich von einem Demontierer psychisch fertig machen zu lassen?

Der tägliche Gang zum Kunden fordert vom Verkäufer eine *gesunde Portion Selbstvertrauen und Optimismus*. Die darf er sich nicht herunterreißen lassen. Wer die Gefahr nicht meidet, kommt irgendwann darin um.

„Böse Kunden" gehören der Konkurrenz. Sollen sie doch dort die Stimmung des Verkäufers in den Schlamm treten. Das schafft Freiraum, nützliche Arbeit mit kooperativen Kunden zu gestalten, nicht nur zu deren Zufriedenheit, sondern zu deren Begeisterung. *Kunden als „Fans"* sind das sichere Fundament für Verkaufs-Erfolg auf lange Sicht.

Sales Spirit® beschreibt diese Höhenluft von Anerkennung und Erfolg, in der die Begeisterung der Kunden gedeiht und ertragreiche Blüten treibt, auf lange Zeit, auch mal bei konjunkturellem Regen oder bei reklamierendem Donnerwetter, insgesamt aber beständig auf dem Boden von Vertrauen und Zusammenarbeit.

Erich-Norbert Detroy

Verkäufer durch und durch.
Durch das Verkaufen groß geworden, durch das Verkaufen „reich" geworden, durch das Verkaufen beliebt geworden.

Sein absatzwirtschaftliches Studium (Diplom-Betriebswirt/FH) verlieh ihm die Fähigkeit zum analytischen Denken und strategischen Gestalten.

Seine „Fans" nennen ihn Turbo-Trainer, kaum ein anderer weiß sein Publikum so in Bann zu ziehen, so zu begeistern wie er. Bei seinen Seminaren und Vorträgen verspürt jeder Teilnehmer sofort Lust, die Detroy'schen Ideen erfolgreich in die Praxis umzusetzen.

In seiner 30-jährigen Beraterlaufbahn verhalf er mit seinem Trainerteam über 500 Unternehmen aller Branchen zur Steigerung des „Sale Spirit®".

Detroys Referenzliste liest sich wie ein Who's who der Weltelite: Akzo Nobel, Allianz, Beiersdorf, BMW, Cisco, um nur alphabetisch einen Anfang zu machen; wobei er gerade auch auf seine mittelständischen Auftraggeber wie Langer, Layher oder Lux besonders stolz ist.

Als nunmehr siebenfacher Fachbuchautor gehört er zu den aktivsten unter den renommierten Verkaufs- und Führungstrainern:

1. Das große Handbuch für den Verkaufsleiter (Hrsg.), 2. Auflage, München
2. Mit Begeisterung verkaufen, 6. Auflage, München
3. Das Powerbuch der Neukunden-Gewinnung, 2. Auflage, München
4. Sich durchsetzen in Preisgesprächen und -verhandlungen, 12. Auflage, München
5. Die 199 besten Checklisten für den Verkaufsleiter, 2. Auflage, München
6. Jeder Kunde hat seinen Preis (mit Frank Scheelen), Regensburg
7. Sales Spirit®, München

Darüber hinaus ist er Autor des Tonkassetten-Lehrgangs „Der Schlüssel zum Verkaufserfolg" (zwölf Verkaufsthemen auf 6 Kassetten, zwölf Stunden Spielzeit), Zürich, sowie des interaktiven CD-ROM-Lehrgangs „Erfolgsprinzip Mitarbeiter führen", Beilstein.

Kontaktadresse:
Erich-Norbert Detroy, c/o DETROY CONSULTANTS INTERNATIONAL
Kelterstraße 10, 71717 Beilstein
Tel.: 07062/5851
Fax: 07062/5703
Info @detroy-consultants.de
www.detroy-consultants.de

Literaturhinweise und -empfehlungen:

Michael Argyle: *Körpersprache und Kommunikation. Das Handbuch zur nonverbalen Kommunikation.* Junfermann, Paderborn 2002

Vera F. Birkenbihl: *Das ‚neue' Stroh im Kopf – Vom Gehirn-Besitzer zum Gehirn-Benutzer.* mvgVerlag, Landsberg 2001

Dale Carnegie: *Wie man Freunde gewinnt.* Scherz, München 2002

Cherie Carter-Scott: *Negaholiker: Der Hang zum Negativen. Wege aus der Selbstblockade.* Campus, Frankfurt am Main 1992

Felix von Cube: *Lust an der Leistung. Die Naturgesetze der Führung.* Piper, München 1998

Erich-Norbert Detroy: *Abschlusstechniken.* verlag moderne industrie, Landsberg 1994

Erich-Norbert Detroy: *Das große Handbuch für den Verkaufsleiter.* verlag moderne industrie, Landsberg 1998

Erich-Norbert Detroy: *Das Powerbuch der Neukundengewinnung – Die besten Techniken, Konzepte und Strategien, 2. Auflage.* verlag moderne industrie, Landsberg 2000

Erich-Norbert Detroy: *Mit Begeisterung verkaufen, 5. Auflage.* verlag moderne industrie, Landsberg 1999

Erich-Norbert Detroy: *Sich durchsetzen in Preisgesprächen und Preisverhandlungen, 12. Auflage.* verlag moderne industrie, Landsberg 2001

Nicolas Gage: *Griechisches Feuer. Maria Callas und Aristoteles Onassis.* Karl Blessing Verlag, München 2001

Daniel Goleman: *Emotionale Intelligenz.* Hanser, München 1999

Michael Hammer: *Business back to Basics. Die 9-Punkte-Strategie für den Unternehmenserfolg.* Econ, München 2002

Shad Helmstetter: *Anleitung zum Positiven Denken.* Pal, Mannheim

Mathias Horx: 2000X – *Der Zukunftsletter.* VNR Verlag für die Deutsche Wirtschaft, Bonn

Knaurs Neuer Knigge – Sicheres Auftreten – Stilvolles Benehmen – Sympathisches Äußeres. Droemer Knaur, München 2002

Dudley Lynch/Paul Kordis: *DelphinStrategie. ManagementStrategien in chaotischen Systemen.* Paidia, Fulda 1992

Samy Molcho: *Alles über Körpersprache. Sich selbst und andere besser verstehen.* Mosaik, München 2001

Samy Molcho: *Was ist Körpersprache?* mvgVerlag, Landsberg 1995

Samy Molcho: *Körpersprache als Dialog. Ganzheitliche Kommunikation in Beruf und Alltag.* Mosaik, München 1988

Winfried Panse/Wolfgang Stegmann: *Kostenfaktor Angst.* verlag moderne industrie, Landsberg 1996

Friedemann Schulz von Thun: *Miteinander reden 1.* Rowohlt, Reinbeck 1981

Dietrich Schwanitz: *Bildung.* Eichborn, Frankfurt am Main 1999

Dietrich Schwanitz: *Männer. Eine Spezies wird besichtigt.* Eichborn, Frankfurt am Main 2001

Lothar J. Seiwert: *Life-Leadership. Sinnvolles Selbstmanagement für ein Leben in Balance.* Campus, Frankfurt am Main 2001

Ulrich Strunz: *Forever Young, Das Erfolgsprogramm.* Gräfe & Unzer, München 2000

Linus Torvalds/David Diamond: *Just for Fun. Wie ein Freak die Computerwelt revolutionierte.* Hanser, München 2001

Werner Weidenfeld/Jürgen Turek: *Wie Zukunft entsteht. Größere Risiken – weniger Sicherheit – neue Chancen.* Gerling Akademie, München 2002

Jack Welch/John A. Bryne: *Was zählt. Die Autobiographie des besten Managers der Welt.* Econ, München 2001

F. Christian Zach: *Fang den Kunden.* Autohaus Verlag, Ottobrunn 1997

F. Christian Zach: *Begeisterte Kunden feilschen nicht.* Autohaus Verlag, Ottobrunn 1998